"十三五"国家重点图书出版规划项目

高海拔高寒地区高速公路建设关键技术

青藏高原多年冻土地区
高速公路布局及其冻土环境耦合作用

汪双杰　王　佐　陈建兵
编著

上海科学技术出版社

图书在版编目(CIP)数据

青藏高原多年冻土地区高速公路布局及其冻土环境耦合作用 / 汪双杰，王佐，陈建兵编著. —上海：上海科学技术出版社，2019.7
(高海拔高寒地区高速公路建设关键技术)
ISBN 978-7-5478-4350-5

Ⅰ. ①青… Ⅱ. ①汪… ②王… ③陈… Ⅲ. ①青藏高原—多年冻土—冻土区—高速公路—道路工程—设计
Ⅳ. ①U412.36

中国版本图书馆 CIP 数据核字(2019)第 024511 号

青藏高原多年冻土地区高速公路布局及其冻土环境耦合作用
汪双杰　王　佐　陈建兵　编著

上海世纪出版(集团)有限公司
上 海 科 学 技 术 出 版 社　出版、发行
(上海钦州南路 71 号　邮政编码 200235　www.sstp.cn)
浙江新华印刷技术有限公司印刷
开本 787×1092　1/16　印张 18.5　插页 4
字数 400 千字
2019 年 7 月第 1 版　2019 年 7 月第 1 次印刷
ISBN 978-7-5478-4350-5/U·80
定价：180.00 元

内容提要

本书针对青藏高原多年冻土地区高速公路布局及其冻土环境耦合问题，开展工程容量评价和选线方法研究，提出青藏高速公路的建设模型和线位布局。主要内容包括以下几方面：青藏工程走廊冻土环境特征和综合勘察技术；青藏工程走廊工程地质评价方法及结果；气候变化背景下青藏工程走廊多年冻土演化规律预测模型及预测方法；基于青藏工程走廊构筑物群的相互热影响和青藏工程走廊工程风险，以及工程容量评价方法；多年冻土地区公路路线选择的分层目标法、基本理论、选择层模型、困难度模型和可靠度模型；青藏高速公路建设的影响因素，如线形指标、冻土地质、干扰工程和生态环境等；青藏高速公路的建设模式；青藏高速公路的线位布局。

本书可供公路工程、铁路工程、冻土工程、岩土力学与工程等方面从事勘察、设计、科研和教学的科技人员和研究生学习参考。

高海拔高寒地区高速公路建设关键技术

学术顾问

程国栋　中国科学院院士

郑健龙　中国工程院院士

赖远明　中国科学院院士

郑皆连　中国工程院院士

杜彦良　中国工程院院士

王复明　中国工程院院士

王秉纲　浙江大学教授

王　玉　中国公路学会专家委员会委员

陈国靖　原交通部公路科学研究所所长

张鲁新　原青藏铁路专家组组长

高海拔高寒地区高速公路建设关键技术

编 委 会

总　序

多年冻土是高海拔高寒地区道路工程建设的“拦路虎”。自1954年青藏公路建成通车至今的60余年间，伴随着不同形式冻土工程病害的发生、发展，我国科技工作者对多年冻土物理、力学性质的认识逐渐深入，也对冻土工程的复杂性有了更系统的认知。2006年青藏铁路建成通车以来，全球气候变暖、冻土退化，也带来铁路路基沉陷、开裂等工程病害。几十年来国家重大冻土工程建设经验充分证明，冻土工程领域科学与技术进步将是一个螺旋式发展的长期过程。

我国科技工作者在多年冻土区道路工程建设技术探索的道路上一直没有停歇。20世纪70—90年代末，围绕着青藏公路的历次整治改建，摸索形成的冻土工程研究方法与测试技术，逐步奠定了我国冻土工程研究的基础，并创建了我国公路冻土工程病害机理分析、病害整治技术与理论体系。21世纪初，通过青藏铁路的工程实践和系统集成，冻土工程研究中进一步融入了“冷却路基”的理论探索与技术设计，取得了一大批具有国际先进水平的研究成果。2011年，国家为尽快启动玉树地震后的交通重建工作，决定建设青海省共和至玉树高速公路，再次掀起冻土工程研究的高潮。

相对青藏铁路、二级青藏公路而言，在多年冻土地基上建设大尺度、高标准、重荷载的高速公路面临着工程尺度效应、大断面厚重路面结构的封闭储热效应及黑色路面强吸热效应等问题，可能导致更大的工程风险。冻土区高速公路建设必须进行理论创新与技术突破。

令人欣喜的是，“高海拔高寒地区高速公路建设关键技术”丛书让我们看到我国冻土工程科研工作者挑战高海拔高寒地区高速公路建设关键技术的系列重要成果，其内容包含路基、路面、桥梁、隧道、环境保护、监测预警等专业方向，创立了公路冻土工程尺度效应理论及能量平衡设计方法，代表了我国乃至世界道路冻土工程研究最新成果。丛书的主编单位具有40余年多年冻土区公路工程科研与设计经验，拥有“高寒高海拔地区道路工程安全与健康国家重点实验室”这一高端研发平台。编者队伍中既有我国公路冻土工程领域的设计大师、知名专家，又有长期持续开展专项研究的青年才俊。他们深厚的技术积淀、理论功底和丰富的实践经验对保障丛书的学术和技术水平起到了重要的作用。

2013年9月，习近平总书记首次提出共同建设“丝绸之路经济带”的倡议以来，“一带一路”倡议已成为我国深化改革开放、践行中国梦、实现世界共同发展、共建人类命运共同体的国家战略，实现这些伟大战略构想的基础在交通运输。“陆上丝绸之路经济带”是实现亚欧非大陆互联互通的核心通道，由东向西跨越青藏高原、喀喇昆仑山脉、帕米尔高原、西伯利亚等高海拔高寒地区及北半球高纬度寒冷地区，涉及主要干线公路里程将达1.2万km。我相信丛书的出版将对保障穿越高海拔高寒地区的大规模道路工程建设，支撑交通行业抢抓“一带一路”发展机遇，助推我国“标准、技术走出去”发挥重要作用。

郑健龙

中国工程院院士

2019年2月10日

前　言

京藏高速公路(G6)作为西藏地区唯一的进藏高速公路,已纳入国家"71118"高速公路网。随着公路建设形式从一般二级公路整治改建到新建高速公路的转变,多年冻土地区高速公路建设技术研究的对象也将从关注单一道路工程本身转变为全工程走廊及其内部多线性工程所构成的复杂系统。青藏工程走廊内现有工程分布密集、相互作用影响显著,青藏公路经多次整治改建,路域环境破坏严重,冻土病害也依然存在,已不能满足高速公路升级改造的要求。因此,结合青海、西藏两省区地缘政治特点与实际交通需求,考虑高原脆弱的生态环境与西藏生产、生活物资保障的交通组织等问题,科学规划高原多年冻土地区青藏高速公路的建设方案,研究合理的路线走廊、合适的建设形式、恰当的建设规模以及适宜的技术标准是青藏高速公路建设必须首先解决的技术问题。

本书以作者多年来在冻土地区工程理论和技术方面的研究成果为基础,针对青藏高速公路线位布局问题,应用理论分析、数值计算、现场勘查等方法,开展工程地质评价、选线方法研究和工程容量评价,最终给出了青藏高速公路的建设模型和线位布局。本书研究对象为青藏高速公路,研究区域为青藏工程走廊,重点解决了青藏高速公路布局问题和青藏工程走廊工程容量问题。书中还介绍了以下创新成果:针对在高海拔高寒地区建设高速公路的重大技术需求,创新集成多年冻土地区勘察和综合物探技术进行冻土勘察,揭示工程走廊范围内多年冻土时空分布规律;阐释多年冻土地区高速公路布局及冻土环境效应,评价高速公路建设后青藏工程走廊工程容量的变化及其对冻土与环境的影响,检验和优化高速公路布局;研究分析高原冻土工程走廊已产生的次生冻融灾害,以及各类冻土结构物的工程病害,确定多年冻土地区青藏高速公路建设模式。

本书第 1 章由汪双杰完成,第 2 章由彭惠、于晖完成,第 3 章由牛富俊、林战举、彭惠完成,第 4 章由彭惠、陈建兵完成,第 5 章由汪双杰、张驰完成,第 6 章由王佐、邵广军完成,第 7 章由汪双杰、王佐完成。全书由汪双杰、王佐审定。

本书撰写过程中,金龙博士在资料和文献的整理分析方面做了大量的工作;路勋教授级高工、于晖博士提供了丰富的第一手青藏走廊地质勘察资料;单永森教授级高工在青藏高速公路布局研究方面提出了宝贵的建设性意见;中国科学院寒区旱区环境与工程研究所相关研究为本书提供了有益的借鉴。本书同时得到了诸多研究人员和现场技术人员的支持和帮助,在此对他们的辛勤劳动表示感谢。

作　者

目 录

第1章

绪论

1.1 中国多年冻土分布概况

冻土工程与常规岩土工程最大的区别在于它坐落于冻土上(中)。而冻土是气候的产物,其中赋存着冰(厚层地下冰、含土冰层、富冰、饱冰、少冰等),极易受外界环境的影响。因此,这种与环境的"唇齿相依"的关系决定了冻土工程的易变性、敏感性、不稳定性和复杂性。

我国的冻土区包括多年冻土和季节冻土区,其分布面积约占全国陆地总面积的68.6%。多年冻土的分布面积为2.15×10^6 km^2,占全国领土面积的22.3%,属于世界第三冻土大国。青藏高原是我国乃至世界高海拔多年冻土的代表,多年冻土面积达1.49×10^6 km^2,与极地相比,这里具有多年冻土厚度薄、地温高和太阳辐射强等特点,从而导致了高原多年冻土变化的特殊性。作为工程承载基础的多年冻土,其热稳定性差,对外界温度变化十分敏感,由冻融作用引起的不良地质现象,当它们威胁到建筑物安全运营和工程稳定性时,就演变为一种灾害,特别是在高含冰量、高温多年冻土地段,较小的工程热扰动就可能会引起冻土发生极大变化,会直接导致工程失稳。

世界上多年冻土的分布面积约占陆地面积的23%,主要分布在俄罗斯、加拿大、中国和美国的阿拉斯加等地。其中,我国的多年冻土分布面积仅次于俄罗斯(1 000×10^4 km^2)和加拿大(390×10^4~490×10^4 km^2),约为美国冻土面积(140×10^4 km^2)的1.5倍,是世界上第三大冻土大国,约占世界多年冻土分布面积的10%。我国位于欧亚大陆东南部,就陆地(包括海南岛,不包括其他岛屿)而言,从北向南大致穿越了35个纬度(北纬53°~18°),东西向为61个经度(东经135°~74°)。我国的地势西部高、东部低,辽阔的疆域和复杂的地形,使我国的冻土独具特色,其主要分布在东北大、小兴安岭和西部高山、青藏高原等地。中国东北的多年冻土位于欧亚大陆高纬度多年冻土区南缘,最南端达北纬46.5°;青藏高原的多年冻土位于高纬度多年冻土南界以南,属高海拔多年冻土,是世界上中、低纬度地带海拔最高、面积最大的多年冻土区,占中国多年冻土总面积的70%。根据多年冻土赋存状况,我国多年冻土可以划分为高纬度多年冻土、高山多年冻土和高海拔多年冻土等三个类型。

1.1.1 高纬度多年冻土

我国高纬度多年冻土主要分布在东北大、小兴安岭和松嫩平原北部,面积约39×10^4 km^2,介于北纬46.5°~53.5°,海拔几百米至1 000 m左右。涵盖大兴安岭北部和中部的针叶林区、小兴安岭的针阔叶混交林区、松嫩平原森林草原区北部及内蒙古高原(呼伦贝尔—锡林郭勒高原)干草原、荒漠草原区北部。气候属于我国最寒冷的寒温带和中温带的北部。太阳总辐射和辐射平衡的分布大致与纬线相等,降水由沿海向内陆递减。

自南向北或由东南至西北，高纬度多年冻土分布及其特征具有明显的纬度地带性规律。依上述方向，多年冻土面积由 5%～20%增加到 70%～80%；冻土温度由 0～−1.0℃下降到 −1.0～−2.0℃，最低为−4.2℃；冻土厚度由 5～20 m 增厚到 60～80 m，乃至超过 100 m；多年冻土类型由零星岛状多年冻土过渡为岛状融区多年冻土、大块多年连续冻土。由于地貌、冬季逆温、植被、松散层厚度差异等自然条件的影响，使多年冻土分布、形成、发育的上述纬度地带性规律受到一定干扰，使其在纬度地带背景上又展现出区域性或地段性差异。

在大块连续多年冻土地区，虽然多年冻土在水平及垂直方向上大体是连续的，但在不同地貌部位冻土分布及发育状况差异甚大。在苔藓发育、松散层较厚的山涧谷底、沼泽洼地、低级阶地，多年冻土非常发育，冻土厚度可达 60～80 m，个别地段大于 100 m；相反，在树木稀少、松散层较薄的阳坡及半阳坡，一般冻土发育较差或者存在融区，冻土厚度一般小于 20 m；阴坡及半阴坡冻土发育状况介于上述两者之间。

在岛状多年冻土分布区，区域自然条件不同，冻土分布及特征亦有差别。在呼伦贝尔高平原上，冻土岛多存在于湖沼湿地边缘，冻土面积不超过总面积的 10%，冻土厚度为 3～5 m 至 10～15 m；在大兴安岭南部的东、西丘陵地带，冻土岛仅沿河漫滩、低级阶地呈断续条带状分布，冻土岛大小自南向北增大，冻土面积由 10%增加到 30%左右；在小兴安岭山地，冻土岛只分布于植被茂密及沼泽地的山涧谷底或河漫滩，其面积为 20%左右。高纬度多年冻土典型地貌如图 1－1 所示。

图 1－1　高纬度多年冻土典型地貌

尽管不同地貌部位的冻土分布及发育状况差别很大，但是不论是北部或是南部，冻土分布及发育都有一个共同特点：低处冻土厚度较大、温度较低。这一特点对冻土退化过程亦有制约作用。冻土退化过程为先阳坡，后阴坡；先高处，后低处；先山上，后谷底。高纬度多年冻土分布状况见表 1-1。

表 1-1 高纬度多年冻土分布状况

多年冻土区	年平均气温（℃）	年平均地温（℃）	多年冻土所占面积（%）	多年冻土厚度（m）
多年分布（或断续分布）	<-5	-4~0	70~80	50~100
大片—岛状分布	-5~-3	-1.5~2	30~70	20~50
岛状和稀疏岛状及零星分布	-3~0	-1~3	5~30	

1.1.2 高山多年冻土

高山多年冻土主要分布在西部内陆如阿尔泰山、天山、祁连山等山系一定的海拔高度以上位置，岛状冻土出现的最低海拔高度的连线即为多年冻土分布下界。由下界随海拔高度上升，冻土分布的连续性增大，由岛状至大片连续分布过渡，冻土温度随之降低、厚度随之增大，具有明显的垂直分布性。各山系气候、地理、地质条件不同，多年冻土分布的下界亦不相同。

阿尔泰山横亘于中、蒙、俄三国边境。我国阿尔泰山属该山脉的中段和西段，山脊从东南向西北升高，海拔高度一般 1 000~3 500 m，最高峰友谊峰 4 374 m。山麓地带冬季负温期 5~6 个月，中、高山地带长达 7~8 个月，绝对最低气温可达-50℃。由于受北冰洋气团的影响，降水丰富，并随高度升高降水量增大，低山区 300~400 mm，中山带 500~600 mm，高山带 800~900 mm。冬季降雪时，低、中、高山带积雪厚度超过 2 m，稳定积雪期一般 6~7 个月。阿尔泰多年冻土区位于高纬度欧亚大陆多年冻土南界附近，因受海拔高度的影响，南界一直延伸到北纬 46°以南，属高纬度山地多年冻土，分布面积约为 1.1×10^4 km^2。2 800 m 以上是大片连续多年冻土带，年平均气温-11.5~-9.4℃，多年冻土厚度由数米增至 400 m。

在我国境内，天山自西向东延伸 1 700 km，跨越 21 个经度（东经 74°~95°）；南北宽 100~400 km，跨越 1~5 个纬度（北纬 40°~45°），主要的山脊线一般都在海拔 4 000 m 以上，最高峰为西部的托木儿峰（7 443.8 m）。气温随高度的增大而剧烈下降，在海拔 3 000 m 左右，年平均气温约为-2.0℃；而在海拔 4 000~4 500 m 的山脊，年平均气温可达-12~-8℃；3 000 m 以上负温季节可达 7~8 个月。雪线附近，年降水量达 500~700 mm 甚至 1 000 mm 以上，以固态降水为主，年降水量的 70%~90%都集中在 4—9 月。多年冻土分布总面积为 6.3×10^4 km^2。高度是冻土分布的主导因素，下界最低海拔，阴坡为 2 700 m，阳坡为 3 100 m，天山对冻土分布的影响比青藏高原和祁连山显著。据初步统计，阴坡多年冻土下界一般比阳坡低 300~400 m，纬度增加 1°，多年冻土下界下降 171.2 m；经度增加 1°，多年冻土下界下降 10.6 m。在多年冻土下界附近，冻土温度较高（-0.2~-0.1℃），冻土厚度不足 20 m，具有很大的不稳定性。在一定海拔以上,出现年平均地温低于-2℃的厚达 100 m 或更大的稳定型多年冻土。西部高山多年冻土典型地貌如图 1-2 所示。

图 1-2 西部高山多年冻土典型地貌

祁连山位于青藏高原北缘,西南部为柴达木盆地。祁连山多年冻土分布下界南侧为 3 700~3 900 m,北侧为 3 500~3 650 m,北侧下界较南侧低 206~250 m,东段下界较西段低 150~200 m,多年冻土分布面积 9.5×10^4 km^2,地温为-0.1~2.3℃,多年冻土厚度由数米至 140 m。

1.1.3 高海拔多年冻土

青藏高原多年冻土可明显地分为三个条带:昆仑山北坡至唐古拉山南麓(即藏北高原大部分),多年冻土在平原上呈连续分布;扎加藏布河谷两侧呈大片连续分布;雅鲁藏布江河谷往南至喜马拉雅山呈零星分布。青藏高原是耸立于中低纬度的巨大隆起,其海拔高(平均 4 000 m 以上)、气候寒冷的特点决定着高原冻土的存在和广泛分布。青藏高原多年冻土区是世界中、低纬度地带海拔最高、面积最大的冻土区。青藏高原地势总体为西北高、东南低;气候特点是西北部寒冷干旱,东南部温暖湿润;自然地带以羌塘高原北部和昆仑山为中心,向周围地区倾斜散开。这里是多年冻土最发育的地区,基本呈连续或大片分布,温度低,地下冰厚。青藏高原南北跨越 12 个纬度,东西横亘近 30 个经度,纬度地带性和经向水平分异同时影响到冻土分布特征和区域差异。

青藏工程走廊自北向南纵横青藏高原腹地,沿线多年冻土勘察揭示,该工程走廊穿越青藏高原的大片连续多年冻土、岛状多年冻土和季节冻土区。沿线的多年冻土具有强烈的垂直地带性，多年冻土温度、厚度受海拔高度的控制，海拔越高，温度越低，多年冻土就越厚。青藏公路沿线多年冻土基本呈大面积连续分布，发育在各种地形、地貌单元的松散和半坚硬岩层中。沿线多年冻土分布主要有岛状不连续多年冻土和大片连续多年冻土两种类型。从西大滩开始进入岛状多年冻土区，海拔高程为 4 150 m，年平均气温为−3.6～−2.5℃；于昆仑山口进入大片连续多年冻土区，海拔高程为 4 350 m，年平均气温为−5.6～−3.6℃；到唐古拉山以南头二九山区，大片连续多年冻土分布终止，海拔高程为 4 800 m。以青藏公路为例，沿线多年冻土分布状况见表 1－2。

表 1－2　青藏公路沿线多年冻土分布状况

路　　段	大片连续多年冻土	岛状多年冻土	多年冻土融区	季节冻土
累计长度(km)	422.6	97	177.4	127

昆仑山区、楚玛尔河高平原、可可西里及风火山等地区主要以大片连续多年冻土分布为主，由于受热侵蚀和构造影响，在不冻泉地区出现 4～5 km 的贯穿性融区。楚玛尔河、北麓河等地段受河流影响，形成范围较小的非贯穿河流融区。沱沱河断陷盆地由于受河流贯穿融区和渗透辐射融区的影响，出现多年冻土和融区相间分布的格局，平面上和深度上均呈现不连续性。开心岭山区属于片状多年冻土分布区。通天河盆地、布曲河谷地到温泉断裂谷底，出现沿线多年冻土区中最长与范围较大的贯穿性河流融区与多年冻土相间分布区段。在地质构造影响下，温泉断裂谷底存在着较大范围的构造-地表水融区，使得大片连续分布的多年冻土在平面和深度上出现不连续性。唐古拉山区至头二九山区，多年冻土仍呈现大片连续分布。受河流及构造影响，在捷布曲河断裂谷底，具有贯穿融区与多年冻土相间分布的特点。

青藏高原地势高耸，气候严寒，属高寒大陆性气候。高原腹地气候多变，雨、雪、冰、雹四季皆可出现。青藏公路沿线多年气温−7～−2℃，多年平均最低气温为−17.4～−14.5℃，最高气温为 6.8～8.1℃，温差为 23～26℃。根据相关气象观测资料，年平均温度为−6.9～−4.0℃，全年冻结期达 7～8 个月。

在纬度、海拔、地形地貌、坡向及其他地理因素的影响下，青藏工程走廊多年冻土厚度分布极不均匀。随着海拔高度的升高多年冻土厚度相应增大，一般来说平均海拔每升高 100 m，冻土厚度增加 20 m 左右。根据实测资料，青藏高原海拔 4 500～4 900 m 范围内，最大冻土层厚度为 128.1 m（估计海拔 5 000 m 以上地区冻土层厚度将会更大）。由于青藏高原山地、盆地、谷地、高平原相间的地貌格局及各地理区域地质、地理条件组合不同，使后期多年冻土的发生、发展形成明显的地域差别。在同一气候波动下，山地因其海拔高于盆地、谷地、高平原而具有温度更低的气候环境，再加上地势高耸有利于热量散失，以及基岩裸露具有较大导热率等原因，由此形成的多年冻土温度较低，厚度较大；高平原、盆地、谷地由于地势较低，气温相对较高，加上形成时间较晚，以及地表水、地下水影响等，故而高平原、盆地、谷地形成了温度高、厚度薄的多年冻土层。青藏高原多年冻土典型地貌如图 1－3 所示。

图 1－3 青藏高原多年冻土典型地貌

1.2 青藏工程走廊自然地理环境概述

1.2.1 青藏工程走廊地理位置

青藏工程走廊定义为包括青藏公路、青藏铁路、格拉成品油管道、兰西拉光缆通信工程、高压输变电工程等五项重大线性工程穿越的通道。该走廊平均海拔 4 500 m 以上，穿越多年冻土区的长度约为 550 km，其中年平均地温高于－1.0℃的高温多年冻土路段约占 50%，体积含冰量超过 20%的高含冰量多年冻土路段约占 40%。走廊穿越昆仑山、风火山、唐古拉山等三座大山和楚玛尔河、沱沱河、通天河等数条河流，宽处不过数公里，窄处仅数百米。走廊内热融湖塘、热融滑塌、融冻泥流等冻土地貌发育，尤其在高温高含冰量多年冻土区较为严重，地质条件复杂。且在部分区域风沙灾害严重，地表沙化等生态环境十分脆弱。走廊也穿越了青海可可西里自然保护区，是高原野生动、植物的主要栖息地。

1.2.2 青藏工程走廊气候特征

1）气象

青藏工程走廊地处青藏高原腹地，具有独特的冰缘干旱气候特征，随海拔增高而呈现明显的气候垂直分带性。青藏工程走廊跨越了三个较大的自然气候区，即昆仑山以北干旱气候区，昆仑山至唐古拉山间的高原干旱气候区和唐古拉山以南高原亚干旱气候区。

总体上来说，青藏工程走廊带内气候寒冷干旱多变，四季不分明，空气较为稀薄，气压低，一年内冻结期长达 7~8 个月（每年 9 月至次年 4、5 月）。据高原上各气象站资料显示，该区域年平均气温为-6.9~7.4℃,7月份气温最高,平均6.5~8.1℃,1月份(或12月份)气温最低,平均-17.4~-14.5℃,年平均气温较差15~26℃,极端较差不超过50℃。年内日平均较差10~19℃,极端日较差35℃。风向以西北、西风为主,如图1-4所示,大风(≥8级)多集中于10月至次年4月间。大气透明度好,日照时数一般为2 600~3 000 h/年,太阳辐射量大,高原上5 000 m以下地区辐射平衡年总量介于252~336 kJ/(cm^2·年),是全国辐射量最大的地区。

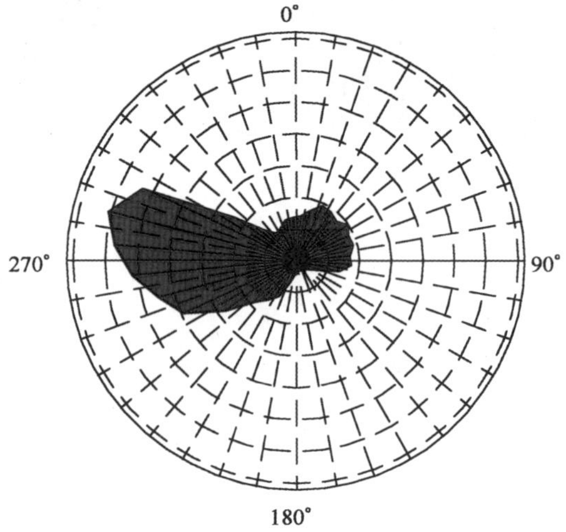

(a) 北麓河

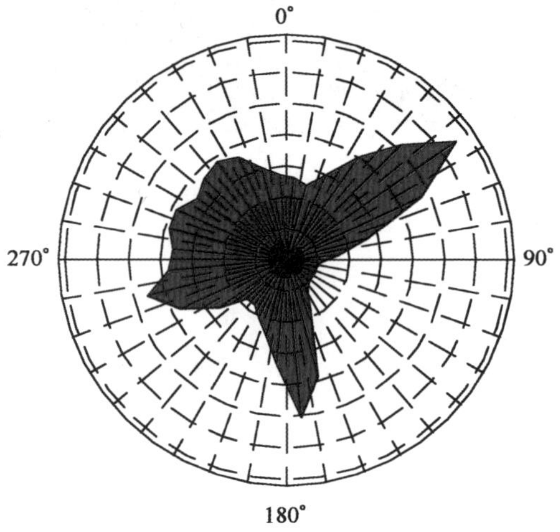

(b) 开心岭

图1-4 青藏工程走廊典型气象站风向玫瑰花图

2) **水文**

青藏工程走廊是我国水系发源地,长江、黄河及澜沧江均发源于此。依照水系流域划分,从北到南依次经过柴达木内流区、羌塘高原内流区、长江流域、长江上游内流区、怒江-萨尔温江流域。青藏工程走廊内比较大的河流主要有格尔木河、秀水河、楚玛尔河、沱沱河、通天河、布曲河、扎加藏布、那曲河等。与此同时,青藏工程走廊还发育有大量的热融湖塘、积水坑,沼泽洼地等,地表水十分丰富。

1.3 国内外冻土工程与环境研究现状

1) **冻土工程与环境相互影响监测研究**

冻土的特殊性使得冻土工程修建和安全运营具有复杂性和困难性。尽管如此,世界各国先后在冻土区修建了大量的大型线性工程,如著名的阿拉斯加输油管线、公路、铁路;横贯北美的 Norman 输油管线。第一条横贯西伯利亚大铁路跨越多年冻土区 2 200 km 以上，我国大小兴安岭地区的主要干线——牙林线和嫩林线穿越多年冻土 800 km 左右，青藏公路、青藏铁路、输油管线、兰西拉光缆、输变线等工程跨越青藏高原 550 km 多年冻土区。随着这些大型线性工程建设过程所开展的研究工作取得了重要的研究成果，涉及冻土环境变化监测、施工、设计方法和原则、地基与基础稳定性与多年冻土的关系，以及冻土工程地质方面的问题研究。这些研究在解决冻土工程与环境相互影响问题中起到了十分重要的作用。

由于多年冻土的复杂性及对生态环境保护和冻土工程问题的认识和理解不足等，已建工程先后出现了大量的工程病害。俄罗斯先后在多年冻土区修建了外贝加尔和阿穆尔铁路，工程病害率基本上在 30%左右，我国青藏公路病害率也达到 33%，我国东北大小兴安岭地区牙林线与嫩林线工程病害均超过 30%。青藏公路病害的主要类型为融化下沉和冻胀，融化下沉病害率为 85%，冻胀病害率为 15%，其中因环境问题而导致病害占融化下沉病害的 30%左右。另外在高温冻土地区，冻融以及动荷载综合作用将会影响铁路路基的稳定性。据调查，日本东海道新干线，设计速度为 210 km/h，由于路基不稳定，使速度下降到 110~180 km/h。经历了冻融作用后，道路由于动荷载作用极易发生翻浆现象，如烟双专用线在 1996 年春季，一次性发生冻融翻浆 17 处，长 465 m，造成基床松软、路肩挤出、道心与碴肩冒泥，不得不插停车牌一度封锁。2001 年青藏高原大地震造成了青藏公路路基大范围塌陷。

作为建筑物长期运营的可靠性和稳定性基础，冻土工程与环境相互作用预报方法是地质技术系统监测的最重要问题之一。因此，为了解和分析在气候变化和工程作用下多年冻土动态变化，评价冻土路基稳定性，多年冻土区工程建设完成并投入运营后，许多国家先后投入了大量的研究经费开展相应动态变化过程监测。早期苏联为了解工程建筑物地基土的工程特性，几乎所有工程构筑物均要开展冻土变化的监测研究，提出和发展合理的预测方法和模型。俄罗斯在建设外贝加尔和阿穆尔铁路初期，就开始组织和进行工程技术系统与自然环境相互作用之下的多年冻土变化动态观测，研究工程技术系统多年冻土热状况过程与规律。美国修建阿拉斯加输油管道工程，对热桩的工作状态和输油管道泄漏问题进行了密切的监测，每年通过机载红外传感器对热桩的工作状态进行监测，了解热桩的工作性能。加拿大地质调查局在 20 世纪 80 年代中期开始，从马更些三角洲、图克托亚图克半岛一直到阿尔伯塔北部设置了多年冻土热状态的监测网络，以了解 Norman 输油管线工程对多年冻土影响的评估。1991 年加拿大与俄罗斯在西西伯利亚的纳德姆地区及加拿大马更些河谷沿多年冻土区输油管线进行工程地质过程的合作研究，分别开展了活动层过程、多年冻土地温、季节融化深度和融化下沉变形的监测，在西西伯利亚监测时间长达 18 年，纳德姆地区监测时间达 8 年之久。

我国青藏公路自 1984 年改建为沥青路面后，路基下部多年冻土发生了较大的变化。为了解沥青路面下部多年冻土温度状态以及多年冻土上限变化特征等及其与路基稳定性的关系，从 1995 年开始在青藏公路沿线唐古拉山以北和以南地区布设温度和变形监测断面，一直监测至今。这些数据为分析和评价青藏公路工程多年冻土变化和路基稳定性起到了积极作用,使我们基本掌握了沥青路面的热效应及其对冻土的影响、沥青路面下冻土热稳定性的变化特征、工程病害类型、冻土路基稳定性与多年冻土变化关系等。

2001—2006年的青藏铁路多年冻土工程建设,极大地提高了冻土工程的研究水平,开展了青藏铁路工程与多年冻土相互作用及环境效应的研究工作,首次考虑了全球气候变暖对高原铁路工程的影响,提出了冷却路基、降低多年冻土温度的设计新思路,提出了基于热传导、辐射和对流的冷却路基工程技术的理论,较好地解决了青藏铁路高温高含冰量路基稳定性问题。

青藏高原多年冻土地处中低纬度、高海拔地区,与中高纬度、低海拔多年冻土相比,具有多年冻土厚度薄、地温高和太阳辐射强等特点,这些特点导致了高原多年冻土变化的特殊性,也导致了高原冻土工程的复杂性。但是从目前国际研究现状来看,基本上是单一冻土工程的研究,而且与冻土环境间相互作用研究很不系统,虽然也考虑了全球气候变暖的影响,但人类工程活动的强烈影响仅限于局部研究,而未真正开展深入、系统的研究,尤其是未从全面考虑冻土构筑物群间的相互影响过程的角度进行研究。

2)青藏高原冻土分布与病害调查

俄罗斯、加拿大等国早在20世纪40年代中期就已开始冻土研究,主要着眼于冻土区域的自然和工程研究,编写了一系列多年冻土区建筑和工程实践的国家规范、暂规、手册和指导性文件,基本形成了一套针对高纬度多年冻土区工程建筑物的设计和施工的研究体系。但这些地区的多年冻土处于高纬度地区,气候条件及多年冻土与我国青藏高原冻土存在显著差异,并突出体现在对于冻土稳定性的地温划分标准不同。因此,国外对于冻土区规划等成果不能应用于青藏高原。

1954年横贯青藏高原的青藏公路通车,青藏高原冻土引起了各方关注。1956年铁道部开始青藏铁路勘测,对沿线的冻土问题做了初步了解。20世纪70—80年代,由中科院、铁道部、交通部等部门联合开展的青藏铁路前期工作、青藏公路修建等与工程实践紧密相关的科研工作,初步形成了中国寒区冻土道路工程研究的基本框架。1983年出版了青藏公路沿线多年冻土图(1∶60万),1988年编制了中国雪、冰、冻土图(1∶400万),1996年出版了青藏高原冻土图(1∶300万),这些成果为青藏高原冻土研究及冻土工程建设提供了基础资料。

20世纪90年代,应用地质雷达、地理信息系统、计算机辅助设计等新手段,对青藏公路沿线多年冻土与人类工程活动间的相互关系进行了系统研究,在路基下多年冻土的融化深度、多年冻土顶板埋深、厚层地下冰在垂直与水平方向的分布规律、沥青路面多年作用下的温度场分布及其变化趋势、不同冻土类型与路基之间的相互作用以及适应性等方面取得了突破性进展,形成了一套较为完善的冻土工程地质勘测体系、冻土和工程稳定性的监测方法,并逐步形成了综合含冰特征和年平均地温的冻土区公路冻土区划标准以及关于合理路基高度等工程原则。针对工程需要,建立了多年冻土工程分类,对青藏公路沿线多年冻土的热状况以及沿线的冻胀丘、融区进行了描述。1993—1996年期间,编绘出了青藏公路多年冻土地区(全长 750 km),1∶5 000 的冻土工程地质纵断面图和平面网、1∶50 000 的多年冻土工程地质纵断面图;1997—1999 年,在三次大量野外勘测工作的基础上,再次编绘了 1∶5 000(全区不良工程地质地段)、1∶10 000(公路沿线大片连续多年冻土及岛状冻土地区)、1∶50 000(整个青藏公路多年冻土地区 750 km)三种类型的冻土工程地质纵断面图;在 AUTOCAD14 平台下开发了一套完整的地质图例,将 1997—1999 年完成的工程地质图全部在计算机上利用 CAD 软件绘制,建立了完整的、系统的冻土工程地质图库、钻孔柱状图库,编写了详细的冻土工程地质研究报告,为工程设计部门在网络上调用和青藏公路数据库的建立打下了良好的基础。

随着工程建设对多年冻土地质环境的扰动日趋剧烈,研究工作也开始注意由冻融灾害引起的不良地质现象,尤其是高温、高含冰量冻土斜坡地带工程热扰动带来的工程灾害问题开始受到关注。20 世纪 90 年代末期,我国针对路基稳定性问题开展了青藏公路、青康公路工程的调查及冻融灾害的定量模拟和类型划分,揭示路基冻融灾害病害机理,并建立了评价多年冻土热融蚀敏感性定量评价模型,通过青藏公路沿线地温监测资料用定量评价模型分析工程活动对多年冻土环境影响的敏感性变化。

1999 年先后对青藏公路、青康公路工程的冻融灾害进行了系统的调查,先后开展了公路工程冻融灾害的定量模拟和类型划分,揭示了公路工程冻融灾害形成机理。但是由于工程建设和运营维护的需要,上述工作主要围绕路基工程影响和工程稳定性方面开展研究,冻土环境与灾害的研究作为工程地质环境的一部分,重视的主要指标是路基温度场的变化和多年冻土地温的发展状况,而对沿线或代表性区域融沉灾害的发育过程、评价和预测方面缺乏系统性和典型性。

针对青藏铁路建设,1998 年中科院原兰州冰川冻土研究所与铁路部门进行了青藏铁路预可研工作,明确了修建青藏铁路的可行性,并指出铁路修建的关键核心问题是高温多年冻土地区路基稳定性问题。2001 年,与铁路等部门共同制定了《青藏铁路冻土勘察暂规》《青藏铁路冻土路基设计暂规》等临时性指导文件。2006 年青藏铁路建成通车后,为维护路基长期稳定性,先后开展了沿线次生冻融灾害及工程病害调查研究。近年来结合多年冻土地温、含冰量、地表植被覆盖度、土层等要素,进行了工程走廊内有限区段的热融敏感性研究,并基于 GIS 平台形成了热融滑塌、热融湖塘敏感性区划图。

随着全球气候变暖及人类活动的不断加剧所导致的多年冻土退化,对多年冻土区热融灾害防治提出了新的挑战。当然,多年冻土分布模型研究中涉及了影响冻土发育的各方面因素,如经验统计模型、遥感影像判译、冻土物理模型等,但冻土模型因尺度、判译标准、热-力耦合过程等原因,并不能解决冻土退化及热融灾害发育、发展及其预测与评价的问题。针对目前气候变化和多年冻土热融灾害的研究目标和现状,今后冻土分布、状况评估、热融灾害的研究将趋于区域化和具体化,并强调工程实践的可行性,建立区域长期监测系统,尤其监测冰冻圈环境变化指标,加强环境、生态、水文和土地利用模型间的结合研究,绘制详细的冻土分布、灾害分布和危险性评价图件,加强土地利用和资源开发的可持续性分析,为区域工程和资源开发、环境协调发展提供支撑。

目前，青藏高速公路已经列入我国国民经济建设的远景规划，在建设期间不仅会遇到很多世界性的技术难题，并将面临冻土现状、退化趋势及其过程中的地质灾害问题，这些工作在工程规划中的意义都十分显著。但是已有的工程冻土评估体系、工程规划和建设原则都是针对较低等级公路和公路稳定性问题所制定的，面对冻土区大尺度高速公路规划、如何在布局中所面临的新问题，这些成果仅能够起到一定的借鉴作用，亟需开展冻土评估与预测、热融灾害评价、预测理论和方法的研究。

3）冻融灾害与冻土工程灾害评估及其防治理论研究

冻土含有丰富的地下冰，是一种对温度和外界环境极为敏感的土体介质。在全球气候变暖的大背景下，多年冻土退化及其灾害效应是近年来国际上研究的热点问题。

针对全球气候变暖，各国政府都提出了各自的应对措施。IPCC 最新发布的调查报告指出：如果不采取果断的措施，全球性的气候变暖可能会继续加速，并造成更多的超过预期的破坏。实际上因多年冻土对温度的敏感性，多年冻土区是气候变暖所带来灾害的首发区。如何应对多年冻土区灾害的影响是近年来冻土与全球气候变化关系研究的重点之一。Kääb 提出，防治多年冻土区灾害的措施应包括：加强潜在灾害发育区域的监测，建立灾害评估的科学标准，加强基于遥感、GIS 平台和数值模拟评估方法的研究，重视科学研究团队和政治体（政府）之间的信息沟通，以减缓或避免地质灾害的危害。1998 年欧洲设立了欧洲气候变化和多年冻土研究大科学计划，专门研究气候变化、多年冻土退化和岩土工程灾害，重点研究了气候变化影响下高山多年冻土退化与斜坡稳定之间的关系。为了应对阿尔卑斯山脉多年冻土退化及冻融灾害对人口稠密的阿尔卑斯地区的居民造成极大损害，瑞士联邦技术学院、瑞士岩土研究所等部门共同发起了一个研究冻土灾害随时间和温度蠕变过程的联合项目，以预测和分析、应对可能产生的后果。Melnicov 针对亚库蒂地区管道干线的建筑，建立了以地表在极小的破坏情况下毁坏程度的热融敏感性标准，对多年冻土区地表稳定性进行评价。Dunayeva 提出根据地质环境遭受工程扰动分类对工程地质条件的稳定性进行评价。Grave 指出，人类诱导影响地表敏感性的冻土预测方法主要是物理-地理模拟，包括冻土调查手段、地表景观干扰地段和未干扰地段调查、不同时期航片的景观分析、综合资料分析和预测图表。

在气候变化、多年冻土退化背景下的冻土灾害研究方面，一般地质灾害评估主要注重于考虑环境地质因子、地貌单元的灾害制图，而相对多年冻土的考虑有限，尤其缺乏考虑气候变暖背景下多年冻土退化过程中的潜在灾害发育、发生频率和强度的预测。近年来欧洲山地多年冻土区斜坡失稳现象逐年增加，欧洲 PACE 项目和 Harris 等人建议开展系统的、分阶段的灾害评估研究，并强调了多年冻土区斜坡失稳和融沉灾害发生机理和控制对策的重要性。在极地地区，Nelson 等人结合气候变化影响下的多年冻土分布、地下冰含量、冻土敏感性建立了灾害分布图，并划分了潜在稳定、低、中等和高风险区域，从而为减灾策略的制定提供了基础。我国还没有开展过类似的研究工作，只在局部地区曾针对一些特殊的热融灾害进行过调查和监测。曾针对中天山地区斜坡岩块覆盖层的变形、青藏高原风火山地区斜坡原位蠕变及青藏高原的热融滑塌型斜坡失稳类型等进行了分析计算及概括性的描述，但从对灾害的区域分布、发展过程、潜在危害评估方面还远未形成系统，也不足以为冻融灾害的工程减灾提供全面参考。

结合工程稳定性开展冻土退化研究是我国冻土研究的特点之一。在近半个世纪的冻土与冻土工程研究中已取得了很大成果，采取“主动冷却路基”的工程措施成功地修建了青藏铁路，攻克了多年冻土这一世界性难题。但全球气候变暖的趋势预示着多年冻土研究是个长期的、不断变化的研究过程。早在 20 世纪 90 年代末期，我国针对路基稳定性问题开展了青藏公路、青康公路工程的调查及冻融灾害的定量模拟和类型划分，揭示路基冻融灾害病害机理。吴青柏等人建立了评价多年冻土热融蚀敏感性定量评价模型，通过青藏公路沿线地温监测资料用定量评价模型分析工程活动对多年冻土环境影响的敏感性变化。在热融滑塌方面，曾针对风火山地区的热融滑塌进行过定点研究，采用无限斜坡分析方法对于多年冻土区的热融滑塌型滑坡进行了稳定性评价。热融湖塘这几年也开始引起了人们的极大关注，其侧向热侵蚀作用渐渐加强，对路基稳定性威胁极大。冻土工程国家重点实验室对北麓河地区热融湖塘实施了监测，从监测结果来看，热融湖塘的侧向热侵蚀是不容忽视的。同时，为了查清路基下部多年冻土温度状态以及多年冻土上限变化特征等及其与路基稳定性的关系，在青藏、青康公路沿线先后布设监测断面，对路面下冻土热状态和路基稳定性进行监测，这些数据为分析、评价和预测公路工程多年冻土变化和路基稳定性起到了积极作用，也使我们对青藏铁路工程与气候、工程因素以及多年冻土间的关系研究更加深入。随着气候变化，多年冻土发生退化、地下冰融化，多年冻土区线性工程稳定性的潜在影响以及次生冻土灾害的危险性评估及长期预测是亟待解决的关键问题。

针对目前气候变化和多年冻土灾害的研究目标和现状，今后冻土灾害的研究将趋于区域化和具体化，并强调工程实践的可行性，建立区域长期监测系统，尤其监测冰冻圈环境变化指标，加强环境、生态、水文和土地利用模型间的结合研究，绘制详细的灾害分布和危险性评价图件，为区域工程和资源开发、环境协调发展提供支撑。

我国在应对气候变暖对多年冻土区影响方面的研究目前主要集中在维护工程稳定性方面，青藏铁路冻土路基工程设计中考虑了未来气温升高的影响。此外，在青藏铁路路基整体建成后进行了补强措施，这些工作为应对可能的路基融沉病害、维护路基稳定性起到了良好效果。但是，在青藏高原走廊内业已密集的工程及其相互影响下，加上气候变暖的影响，多年冻土灾害的发育将是未来环境保护与工程维护面临的主要问题。

目前的状况是，尽管基于工程稳定性维护的目的开展过青藏铁路沿线次生冻土灾害的调查，但还没有系统、深入开展过工程走廊范围内工程次生冻土灾害的发育条件、程度和潜在危害的研究，甚至还没有一份即使是小范围的灾害评估图件。这种状况将极大地限制高原冻土工程规划、资源开发及其与生态环境的协调发展。因此，开展工程活动及气候变暖影响下的高原冻土工程灾害发生、发育过程、影响因素、机理及评价、预测与防治对策研究是十分必要的。

4）冻土工程对生态环境变化的响应研究

寒区工程建设与生态环境变化息息相关，随着寒区经济建设和区域开发的深入，寒区科技工作者已经意识到这个问题，开始研究以工程结构物为主体，以冻土环境为影响因子，分析工程与冻土环境间相互作用关系并确保工程建筑物的稳定性。早在18世纪，冻土与工程间的相互作用关系研究就已经开始了。20世纪70年代早期已经基本形成了工程冻土学研究的基本框架，提出了许多寒区工程类型的不同施工设计方法和原则。80年代至今，多年冻土环境与工程间的关系一直是国内外研究的热点，特别是在公路工程、铁路工程和输油管线工程领域，应该说冻土区多年冻土与线性工程的关系研究非常热门。

随着寒区工程建设的蓬勃发展和区域开发，寒区冻土环境与生态环境开始出现恶化，并引起了许多学者的注意。Brown和Grave通过分析冻土区人为干扰下冻土热状态的变化，提出多年冻土环境保护问题。Brown和Hemming就美国、加拿大、苏联多年冻土区环境保护的各个方面进行了分析，提出应该在工程建设早期提出环境保护的方法和原则，以避免环境恶化。早在1982年修建北美Norman输油管线工程时，加拿大印第安和北部事务部（INAC）与输油管线建设部门间签定了环境条约，并对其进行了为期5年的连续监测。Grave对苏联多年冻土区环境保护和发展做了极为详细的回顾，探讨了地表各种工程扰动形式下冻土地表敏感性和评价方法，通过分析工程技术因素下工程建筑物与环境的关系，指出了工程建设过程中多年冻土环境保护的必要性和重要性。从石油开采、储存、钻探和开发过程以及矿山建设角度出发，探讨了多年冻土环境破坏程度及保护的方法。Mausbache提出了冻土区地质-地貌图包含的内容，并讨论了在多年冻土地区地质-地貌图的信息量在环境计划中的应用。Mcvee和Tileston讨论联邦政府在寒区生态和冻土环境方面的政策法令，联邦政府从保护多年冻土环境角度出发，可以限制和调整人类工程活动和经济开发活动的强度。

青藏公路、青藏铁路等重大工程的建设运营给人类社会带来巨大经济利益的同时，也给沿线生态环境造成许多负面影响。青藏铁路工程属大型线性工程构筑物，加之青藏公路、格尔木至拉萨输油管线工程、兰西拉光缆通信工程等的共同影响，造成了青藏工程走廊内，冻土环境和生态环境趋于严重恶化，而青藏铁路本身的取、弃土场和石料场地的选择等也会给环境造成严重的影响。多次重大工程建设已造成冻土工程走廊带植被破坏、生物多样性降低、土壤退化、沙漠化日趋严重等一系列生态环境问题。生态环境的蜕变及各退化系统间的交互影响，加之全球变暖严重影响了该区域生态系统的稳定性和可持续性，进一步造成冻土环境的不稳定，将对未来的工程建设及运营产生负面影响。

一直以来对青藏高原多年冻土区的生态环境变化评价及预测仅局限于植被状况评估和植被恢复预测等。青藏高原是极其敏感而又极其脆弱的生态系统，业已证明全球气候变暖和人类干扰活动等都会对该地区各系统组分，如植被盖度、物种多样性、能量平衡及交换模式等造成极大的影响。此外，重大冻土工程的建设所造成的植被丧失和生态景观破碎化等严重阻碍了各子系统间的物质、能量和信息交换，对不同尺度的水热过程、水热平衡关系，甚至对地上-地下系统的联系均造成巨大的影响，这些系统组分关系和平衡的打破进一步影响和降低了系统的稳定性和服务功能，造成冻土退化的加剧。从根本上来说，要解决或者缓解冻土区的生态环境变化难题，要预测和评估生态环境变化对已运营冻土工程或拟新建冻土工程的潜在影响，必须立足于揭示冻土区包括生物、土壤以及物质能量等各系统组分相互关系、系统稳定性及演变规律等基础之上。然而，目前对冻土区的各系统组分以及它们之间的相互关系、演变规律及其对人类活动或全球气候变化的响应机制等所知甚少，严重阻碍了我们理解和探明各种生态因子与冻土系统稳定性、冻土退化之间的耦联机制，以及预测和调控生态环境变化与冻土系统稳定性的相互关系。

另一方面，由植被丧失、冻土退化等生态环境变化滋生的沙漠化和风沙灾害是青藏高原冻土区的另一重要生态环境问题，已对冻土区的运营工程，如青藏铁路等，造成巨大的经济损失。愈演愈烈的沙漠化和风沙灾害反过来又加速了青藏高原的植被和冻土退化，造成生态环境的进一步恶化。由于青藏高原的风沙问题研究起步较晚，该地区的风沙运动规律和致灾机理与内陆低海拔干旱、半干旱沙漠戈壁区又存在重大的差异，这使得对防治冻土区的风沙灾害，特别是减轻其对冻土工程走廊带构筑物危害的研究缺乏系统的理论支撑。

因此，系统研究不同时空尺度下的生物群落结构特征、土壤物化性质，以及各系统间的物质能量循环过程等重要组分，对于释疑和调控各种生态因子与冻土系统稳定性、冻土退化之间关系问题意义重大；而掌握冻土工程走廊风沙过程的基本特点、查明风沙灾害的成因、特点及其对构筑物的主要危害方式，以及阐明风沙堆积对多年冻土热变化的影响过程等基础研究，则成为当前冻土工程走廊刻不容缓的紧迫任务。

5）多年冻土区公路路线选择综述

多年冻土是自然界中与温度密切相关的、工程危害极大的地基土体，中国多年冻土分布面积位居世界第三，约占国土面积的 22.3%。青藏高原是中国最主要的多年冻土区，占中国多年冻土区面积的 70%。由于多年冻土具有高温高含冰量和环境敏感性极强等特点，使得多年冻土区工程建设具有强烈的脆弱性。在高速公路选线过程中，把公路建设对冻土环境的影响降到最低程度，是设计人员面临的难题。

早在 20 世纪，国内外学者主要研究路线线位选择的影响因素。1988 年美国地质调查局的 Usery、E. Lynn 研究了应用于工程地质的以知识为基础的地理信息系统；1998 年 Sadekzai 以地质、环境影响和社区破坏评估等多项因素作为目标，开发了基于 GIS 的路线设计多目标评价体系；AASHTO 将背景敏感性设计方法（CSD）设计理念的融入公路设计规范以体现公路路线设计的功能、安全、美学、交通质量等设计目标。在国内，1994 年乔平从地质角度考虑,将铁路地质选线中的某些地质问题归结并建立了选线知识库。在青藏高原多年冻土区,2005年孙永福提出了“主动降温,冷却地基,保护冻土”的设计思想,制定了路基、桥涵、隧道成套工程技术措施和先进施工工艺,合理确定了青藏铁路线路的走向方案;2006年马巍冻土的主动冷却路基和动态设计思路引入青藏铁路建设;2014年陈拓分析了青藏高原多年冻土地区铁路选线中路基工程动力稳定性问题;王国尚在线路选线和设计阶段,通过选择合理的输电线路、塔基类型来避免或减少冻融灾害的产生。但这些都只是影响因素的考虑,对于可应用于该地区的选线方法研究较少。21世纪以来随着技术进步,国内外学者纷纷引进先进技术作为线形选择的方法。2003年Jyh-Cherng Jong基于细节地理信息,提出了一种同时优化三位道路线形的模型;2010年Li Li-ping采用定性与定量相结合的手段构建平原公路路线方案的决策指标体系,并结合模糊算法和专家经验法来确定各评价指标的权重。2011年德国地理信息研究所的Snidero M提出了基于遥感数据和地质图地质表面三维重建方法的工作流程;2013年Quantum是一个革命性的公路和铁路三维路线优化辅助决策系统,它可以帮助规划设计者在选线过程中综合处理复杂的工程、地质、自然环境、社会人文等问题。在国内,2003年吴金华结合实践,分别从路网规划、经济、地形地貌、地质、环境保护等13个方面,提出了山区高速公路路线走廊带的选择方法;中南大学的王卫东将GIS技术引入到公路地质灾害信息管理与决策支持系统;2012年刘秀英提出了将层次分析法(AHP)和灰色关联度分析法(GRAP)有机结合,运用在山区高速公路路线方案比选中;2013年许金良通过RS和GIS技术提取相关评价指标,对喀斯特地区生态本底进行综合评价与分析,得出对生态影响最弱的路线走廊。

就公路选线理念研究而言,中国与世界其他发达国家相比还比较落后,大约为发达国家20世纪90年代的水平,在选线方法方面尚存在巨大差距,国内外对多年冻土区选线研究较少。为此,本书以青藏高速公路格尔木至拉萨段为依托工程,从问题认知的角度对选线过程进行分析,以多尺度效应理论为基础,提出保护冻土为主线由粗到细、由面到带、再由带到线的分层目标选线方法。

6) 多年冻土区公路线位智能选择方法综述

青藏高原多年冻土区的公路选线是一项系统工程,设计过程中需要充分考虑厚层地下冰、热融湖塘、冻土沼泽,风吹雪等病害对道路的影响。部分影响因子相互制约,如何处理不同领域的要求,得到最佳的公路路线设计方案是当今设计人员面临的重要课题。目前,一般低海拔地区采用的方法是基于设计人员的工作经验和专家审议的经验试凑法,不仅耗时过长,而且容易遗漏优秀方案,对于有着复杂地理环境的多年冻土区,这种方法更加难以适应公路选线的要求,需要一种新的智能选线方法来快速、全面地处理大量的多年冻土区地理属性数据。

Sadek于1998年开发了基于完整GIS框架的线位设计多目标评价决策辅助工具,其目标是在综合地形、几何设计、地质、岩土边坡稳定性、环境影响和社区破坏评估等多项因素的情况下,进行线位设计的多目标分析和评价;1998年美国马里兰大学的Jyh-Cherng Jong在其博士论文中，在分析了现有优化方法的不足之处后，首次引入了遗传算法来进行道路的优化，随后在美国、英国和新加坡都开始出现了这方面的研究，2011 年 Min-Wook 将遗传算法融入 GIS 平台，结合地理信息进行公路线形优化；2013 年 SF Kazemi 引入粒子群算法，提出使用并行处理的粒子群算法求解公路线形最优解的方法。国内研究方面，20 世纪 70 年代开始，同济大学、西安公路交通大学开始研发公路线形优化程序系统，取得了一定的成果。1996 年西南交通大学邓域才提出利用梯度投影法进行平面优化的思路，随后易思蓉等对其进一步的完善和发展，在 2000 年提出了基于虚拟环境铁路选线系统。许金良和马庆雷分别在 2003 年和 2006 年提出了基于遗传算法的公路纵断面和平面优化方法，通过建立可行域，利用遗传编码、交叉、变异等遗传操作实现路线的优化，在可行域范围内选择最优解；2007 年高华通过对路线的平面和纵断面进行遗传运算优化，然后建立适合公路选线优化设计的多目标决策体系，并对线路进行综合评价；阮沈勇，王平等将信息量模型与 GIS 系统结合，介绍了灾害危险性区划的方法；2009 年杨宏志根据对公路路线优化目标的研究，提出了基于 GIS 与遗传算法的公路线形优化方法。

多年来，尽管国内外学者针对冻土区道路地质病害与普通地区公路选线开展了大量研究工作，针对沿线水文地质、冻土微地貌等情况提出了一系列的走廊带选择的理论原则，但其区划仅停留在这些环境参数本身，不能直观帮助选线，且其总结的选线原则多局限于定性分析，这样使得设计人员在选线时过分依赖于自身经验，在实际运用时具有很大的局限性，常常顾此失彼。另外，现有的基于 GIS 的危险度区划方法和基于 GIS 和遗传算法的道路优化算法，仅集中于优化方法的研究，并没有提出全面完整的算法用于优化方法的实现。相比之下，将 GIS 应用于青藏高原多年冻土区公路的方法一方面可利用 GIS 的空间数据挖掘技术为多年冻土区提供空间环境信息支持，另一方面可以利用遗传算法的自组织、自学习特性解决处理诸如冻土分布制约、生态环境影响等不确定因素，由于现有遗传算法存在前期进化易早熟和后期进化速度慢的缺点，可采用粒子群算法辅助迭代选择以克服相应的问题。为此，提出了基于 GIS 与遗传算法的青藏高原多年冻土区公路智能选线方法，从冻土病害的连续程度和发育程度两个方面考虑了冻土病害等微地貌对拟建走廊带的影响，建立了冻土病害的危险度评判方法，通过空间数据分析技术提供路线设计的空间环境信息支持平台，建立了基于遗传算法和粒子群算法的路线优化模型，实现冻土地区公路可行域方案的自动优化，为路线设计提供初始参考方案。

7）多年冻土区公路病害预测方法综述

青藏公路格尔木至拉萨接近 650 km 穿越多年冻土区，该段地质条件极为复杂，生态环境十分脆弱，由多年冻土问题造成的病害极其严重。由于沿线区域年平均地温、含冰量和冻胀率不同，公路沿线病害率差别很大。为了保证多年冻土区道路较高的运营质量，提前预测病害发生路段并进行预防性养护，将在减少资金投入和增强养护管理效能上发挥较大作用。因此，对多年冻土区公路沿线路段病害性进行预测和排序，辅助决策者在发现潜在病害路段提高道路安全水平和资金利用效能方面具有重要意义。

公路病害路段的预测方法一直是道路工程领域关注的热点问题,国内外学者在此领域也进行了广泛的研究。Sousa 利用贝叶斯网络法分析了隧道施工的风险;Agarwal 提出了层次分析法来识别新建道路危险路段;Meidav 利用电阻率成像技术调查分析了多年冻土地下冰的分布特征和厚度变化;Lin 利用数字高程模型中数据源和分辨率对水土保持能力进行了评估;Faybishenko 利用模糊概率理论对不确定性水平衡进行了计算;Chutia 等均利用模糊评判法理论对各种环境、地质因素进行了评估;周伟等利用 GIS 的信息处理和空间叠加功能,实现了对特定区域地质病害空间分布的预测;骈龙江采用系统分析和模糊综合评判的方法,建立了冻融病害系统的模糊数学预报模型;刘保国利用模糊网络分析法对公路山岭隧道施工风险进行分析,建立了公路山岭隧道施工风险评价指标体系;李颜利用雷达探测 ARMA 功率谱识别算法对青藏铁路施工路段测温孔情况和铁道路肩的地下冻土空洞病害进行了分析识别,成功将探地雷达运用于冻土路基检测。目前,这些方法在冻土区病害研究中的不足主要表现在两个方面:一是层次分析法、电阻成像、GIS 等技术预测灾害时无法反映出评判对象的不确定性,虽然后来 Faybishenko 等学者利用了模糊综合评判的方法评估了环境等影响因素,但却未将其应用于预测道路病害领域;二是多年冻土区病害的分析研究都基于大量的已发生病害数据的调查统计,具有明显的区域性限制和统计的主观随意性,且缺乏对多年冻土区公路病害性进行预测的方法研究,因此有待完善。

针对上述研究存在的不足,综合考虑多年冻土特性因素及道路病害程度的模糊性,将模糊专家系统理论用于预测公路病害路段,考虑多年冻土区病害关键要素,建立模糊专家系统来预测公路病害路段,摒弃了病害统计资料随意性等弊端,实现对多年冻土区新建公路的病害性预测。

1.4 青藏高速公路功能定位及必要性

2013 年 6 月,国务院发布《国家公路网规划(2013—2030 年)》中,以北京为中心的放射线高速公路总计 7 条,本书涉及的研究项目属于放射线北京—拉萨中的最西段。路线起点位于格尔木市南,与京藏高速茶卡至格尔木段顺接;终点位于拉萨市南侧柳吾乡附近,与拉贡高速公路通过设置互通立交相接,全长约 1 112 km。

1.4.1 功能定位

1) 国际战略层面

① 有利于建设国家安全屏障,维护我国主权和领土完整,是伟大的国防工程。

西藏自治区位于我国西南边陲,青藏高原的西南部,总面积约 123 万 km^2,约占我国国土总面积的 13%，周边与缅甸、印度、尼泊尔、不丹等国家和地区接壤，陆路边境线长达 4 000 多公里，约占我国总陆路边境线的 18%。西藏地处亚洲的腹地，凭借其特殊的区位和地缘优势，已成为我国与南亚国家之间的通商要道。同时，作为一个天然的战略高地屏护着我国的西侧，更是我国西北、西南的天然屏障，地缘特点十分独特。

1965 年 9 月，西藏自治区正式成立，对维护祖国统一、增进民族团结，促进西藏政治、经济、社会、文化的全面发展，改善人民群众物质文化水平等各个方面，都具有重大历史意义。

2011 年 7 月 19 日，西藏和平解放 60 周年庆祝大会在拉萨布达拉宫广场举行，时任中共中央政治局常委、国家副主席、中央军委副主席、中央代表团团长习近平同志发表重要讲话，提出了六个“重要”，凸显西藏的战略地位。习近平指出，西藏是重要的国家安全屏障，也是重要的生态安全屏障、重要的战略资源储备基地、重要的高原特色农产品基地、重要的中华民族特色文化保护地、重要的世界旅游目的地。

《国家公路网规划（2013—2030 年）》中明确要求：保障国家安全，维护领土完整，要求统筹国防战略大通道、战役通道和边海防公路交通建设，有效提高军事交通的机动性和快速投送能力；有效应对重大自然灾害、突发事件，要求从国家层面统筹考虑重要通道及其辅助路线、迂回路线的布设，提高公路网的安全性、可靠性和应急保障能力。

青藏高速公路的建设将进一步提高进藏通边国防通道的通行能力和应急保障能力，对实现国防现代化以及维护边境稳定与国防安全提供便利的交通运输条件，符合党中央建设西藏“重要的国家安全屏障”的战略思想，是一项重要而伟大的国防工程。

② 有利于打造中尼命运共同体，助推“一带一路”建设，是重要的国际运输大通道。

2016 年 3 月 21 日，尼泊尔新任总理奥利抵达我国访问并出席博鳌亚洲论坛，其间先后会见了国家主席习近平、国务院总理李克强等党和国家领导人。会见时习近平指出，中国和尼泊尔是世代友好、全面合作的亲密邻邦。建交以来，两国始终在平等和相互尊重的基础上开展互利合作，谋求共同发展。中国和尼泊尔都是发展中国家，当前均面临改革发展的历史性任务。希望两国政府继承和弘扬传统友谊，扩大和加强各领域务实合作，切实打造中尼命运共同体。习近平强调，中尼双方要加强高层接触的政治引领作用，确保中尼关系在和平共处五项原则基础上稳步前进。希望双方推动将中国的“一带一路”倡议和“十三五”规划同尼泊尔国家重建和发展规划对接，加快构建中尼自由贸易区，推进灾后重建和产能合作。希望双方加强在道路、口岸建设等领域合作，进一步提高双方互联互通水平。奥利总理对习近平主席的发言给予了积极回应，他说中国是尼泊尔的伟大朋友和友好邻邦，尼中传统友谊深入人心。尼泊尔高度评价中方坚持和平共处五项原则和对周边国家奉行的亲诚惠容政策，感谢中方为尼泊尔灾后重建提供的支持。尼泊尔坚定奉行一个中国政策，不允许任何势力在尼泊尔从事损害中国利益的活动。尼泊尔致力于在相互尊重基础上继续推进尼中关系深入发展，高度评价并愿积极参与“一带一路”建设，期待着加强双方在贸易、金融、互联互通、基础设施、旅游等领域合作，密切在国际事务中的沟通协调。同时，双方还签署了 10 项战略框架协议，包含两国建设铁路的计划。

“一带一路”是“丝绸之路经济带”和“21世纪海上丝绸之路”的简称，由习近平总书记分别于2013年9月7日和2013年10月3日提出，是新世纪党中央、国务院统筹国内国际两个大局做出的重大决策，对开创我国全方位对外开放新格局、促进地区及世界和平发展具有重大意义。自从习近平总书记提出“一带一路”倡议以来，引起了国际社会的广泛关注和踊跃参与，在国际上正在成为中国主导、亚非欧数十个国家共同推进的横跨亚欧非的宏大国际区域合作大战略。“一带一路”在国内也迅速上升为国家重大战略，推进“一带一路”的关键性文件已经出台，标志着“一带一路”已实现全国覆盖。

西藏作为历史上南方丝绸之路、唐蕃古道、茶马古道段的重要参与者，毗邻“一带一路”倡议带上新疆、青海、四川、云南等省区，同时又与印度、尼泊尔、缅甸、不丹等南亚国家和地区接壤，是联系内外的重要枢纽，是中国与南亚国家交往的重要门户。西藏和平解放以后，其经济也通过北向、东向发展，尤其是通过青藏经济一体化，融入西北、西南经济圈，已经在事实上融入了“丝绸之路经济带”。西藏自治区此前曾多次召开会议，研究部署融入“一带一路”倡议。2014年11月7日的自治区党委常委会议提出，要科学规划，立足西藏自身发展优势，瞄准“一带一路”倡议规划，结合编制自治区“十三五”规划，统筹考虑、相互衔接。按照国家“一带一路”的总体部署，西藏未来将实现交通、贸易、金融、旅游、能源、物流等领域的跨越式升级，促进社会经济的快速发展，改善边疆地区人民的生活条件。在交通方面，明确边境公路项目建设为优先发展战略，推进国道高速化和省道高等级化，规划建设区内高速公路，进一步推进青藏、川藏、滇藏、新藏通道建设，加强西藏和周边省区的联系，融入“一带一路”倡议。

青藏高速公路的建设对于加强和延伸中尼通道及西藏自治区融入“一带一路”建设意义非凡，建成之后将是一条重要的国际运输大通道。

2）国家战略层面

① 有利于少数民族地区民族大团结、大融合，是实现中华民族伟大复兴的民生工程。

西藏是我国藏族的主要聚居地，盛行佛教文化，与印度等中南亚国家之间具有一定的历史渊源。青海省也是我国主要的少数民族聚居地，共有55个民族成分，在青海世居的少数民族有藏族、回族、土族、撒拉族、蒙古族等。与周边的新疆、西藏都有密切的联系。西藏、青海同处高海拔地区，自然条件恶劣，建设条件差，发展相对滞后，生活水平低于全国平均水平。

2015年8月24日至25日，中央第六次西藏工作座谈会在北京举行。会议明确了当前和今后一个时期西藏工作的指导思想、目标要求、重大举措，对进一步推进西藏经济社会发展和长治久安工作进行了战略部署。会议还对四川、云南、甘肃、青海省藏族聚居区发展稳定工作进行了全面部署。

会上习近平总书记强调，依法治藏、富民兴藏、长期建藏、凝聚人心、夯实基础，是党的十八大以后党中央提出的西藏工作重要原则。要以邓小平理论、“三个代表”重要思想、科学发展观为指导，坚持“四个全面”战略布局，坚持党的治藏方略，把维护祖国统一、加强民族团结作为工作的着眼点和着力点，坚定不移开展反分裂斗争，坚定不移促进经济社会发展，坚定不移保障和改善民生，坚定不移促进各民族交往交流交融，确保国家安全和长治久安，确保经济社会持续健康发展，确保各族人民物质文化生活水平不断提高，确保生态环境良好。他强调，西藏和四省藏族聚居区已经进入全面建成小康社会决定性阶段，要牢牢把握改善民生、凝聚人心这个出发点和落脚点，大力推动西藏和四省藏族聚居区经济社会发展。

会上，李克强总理强调要进一步加大中央对西藏发展的支持力度，充实和完善特殊优惠扶持政策，继续执行“收入全留、补助递增、专项扶持”的财税优惠政策。增加中央投资，强化金融支持，加强对口支援。加大中央对四省藏族聚居区政策支持力度，统筹推进西藏和四省藏族聚居区协调发展，统筹推进四省藏族聚居区和本省协调发展，统筹解决交界地区突出问题。着力解决经济社会发展的瓶颈制约，切实维护社会和谐稳定，共同把西藏和四省藏族聚居区建设得更加美好。

2017 年 10 月 18 日，习近平总书记在中国共产党第十九次全国代表大会上指出，解决人民温饱问题以及人民生活总体上达到小康水平这两个目标已经提前实现，在此基础上中国共产党提出，到建党 100 年时建成经济更加发展、民主更加健全、科教更加进步、文化更加繁荣、社会更加和谐、人民生活更加殷实的小康社会，到新中国成立 100 年时，基本实现现代化，把我国建成社会主义现代化国家。从 2017 年到 2020 年是全面建成小康社会决胜期，要统筹推进经济建设、政治建设、文化建设、社会建设、生态文明建设，坚定实施科教兴国战略、人才强国战略、创新驱动发展战略、乡村振兴战略、区域协调发展战略、可持续发展战略和军民融合发展战略，带领西藏、新疆等地区人民共同奔小康。青藏高速公路的建设将形成纵贯青海、西藏南北的运输通道，为上述区域与外界的人员往来和物资流通提供条件，一方面便于沿线少数民族同胞与其他省区兄弟民族的友好往来，加强沟通，从而增进民族团结；另一方面能够密切中央政府、其他省区与少数民族地区联系，以及经济援助、文化交流，促进民族区域经济发展和人民生活水平的提高，从而将大大增强中华儿女的归属感，增强中华民族的凝聚力，更加坚定少数民族维护祖国统一和政治稳定的决心和信心，是各族人民大团结、大融合，实现中华民族伟大复兴的民生工程。

② 联系青海和西藏两大省区，是青藏高原上的交通大动脉和经济大走廊。

青藏高原是我国最大、世界海拔最高的高原，总面积近 300 万 km^2，我国境内面积 257 万 km^2。我国境内的部分包括西藏全境、青海省的大部分地区、四川省西部以及云南省西北部部分地区。由于海拔高，自然条件恶劣，区域内交通基础设施建设相对缓慢，经济发展相对滞后，已成为我国全面建成小康社会的一块短板。

2014 年 3 月，中共中央、国务院印发了《国家新型城镇化规划(2014—2020 年)》，提出要“强化综合交通运输网络支撑：完善综合运输通道和区际交通骨干网络，强化城市群之间交通联系，加快城市群交通一体化规划建设，改善中小城市和小城镇对外交通，发挥综合交通运输网络对城镇化格局的支撑和引导作用。到 2020 年，普通铁路网覆盖 20 万以上人口城市，快速铁路网基本覆盖50万以上人口城市；普通国道基本覆盖县城，国家高速公路基本覆盖20万以上人口城市；民用航空网络不断扩展，航空服务覆盖全国90%左右的人口”；要“完善城市群之间综合交通运输网络：依托国家‘五纵五横’综合运输大通道，加强东中部城市群对外交通骨干网络薄弱环节建设，加快西部城市群对外交通骨干网络建设，形成以铁路、高速公路为骨干，以普通国省道为基础，与民航、水路和管道共同组成的连接东西、纵贯南北的综合交通运输网络，支撑国家‘两横三纵’城镇化战略格局”；要“构建城市群内部综合交通运输网络：按照优化结构的要求，在城市群内部建设以轨道交通和高速公路为骨干，以普通公路为基础，有效衔接大中小城市和小城镇的多层次快速交通运输网络。提升东部地区城市群综合交通运输一体化水平，建成以城际铁路、高速公路为主体的快速客运和大能力货运网络。推进中西部地区城市群内主要城市之间的快速铁路、高速公路建设，逐步形成城市群内快速交通运输网络”。

2015年5月25日，商务部等10部门联合印发《全国流通节点城市布局规划(2015—2020年)》，根据国家区域发展总体战略及“一带一路”倡议、京津冀协同发展和长江经济带战略等战略部署，结合国家新型城镇化规划、全国主体功能区规划等确定了37个国家级流通节点城市(是全国骨干流通网络中的关键节点，国家流通大通道上的枢纽)和66个区域流通节点城市(是流通节点城市网络中的中心城市或重要支点城市)以及“三纵五横”国家骨干流通大通道，并提出完善流通大通道基础设施、建设公益性流通设施、提升流通节点城市信息化水平、建设商贸物流园区、完善城市共同配送网络、发展国家电子商务示范基地、提升沿边节点城市口岸功能、促进城市商业适度集聚发展、强化流通领域标准实施和推广等九项重点任务。目的是加快构建全国骨干流通网络，努力提升流通节点城市功能，更好发挥流通产业的基础性和先导性作用，进一步释放消费潜力。

目前，无论是从国家构建综合运输网络，推进新型城镇化发展进程角度，还是从大力开展37个国家级流通节点城市建设，完善全国综合流动大通道角度出发，国内唯有西藏拉萨与周边流通节点城市没有高速公路联系，是名副其实的“陆上孤岛”。青藏高速公路属于规划的京藏国家高速公路的最西段，建成之后将有效连接西藏拉萨和青海西宁、格尔木等城市节点，大大提升通道的运输能力，拉近这些节点城市之间的空间距离，对于加强区域合作，实现区域经济社会全面发展，共同步入小康社会起到积极的推动作用，是青藏高原上的交通大动脉和经济大走廊。

③ 有利于更好地联系西藏与其他省区广大地区，实现人员和物资的大运量、全天候、高效率运输，是西藏对外的生命大通道和经济大动脉，是兴藏工程。

在通往祖国内陆方面，西藏分别与新疆、青海、四川和云南接壤，目前共有青藏、川藏、滇藏和新藏四条进藏通道。由于地理区位的不同和自然条件的差异，几大进藏通道发挥着不同的作用。

青藏通道由东线和西线组成，因东线从两省区东侧边缘经过，且等级低下，西线(G109线)是联系两省区的主通道，是真正意义上的青藏通道。青藏通道是西藏自治区首府拉萨通向首都北京及西北地区、华北地区、中原地区最为便捷的陆上通道，直接联系的青海和西藏两省区是我国藏族同胞的主要聚居区。青藏通道沿线地形地质条件较好，地形起伏不大，沿线无较大的控制性工程，该通道主要受多年冻土的影响，需采用特殊的路基防护措施，经过多年的冻土研究工作，目前在多年冻土区修建公路的技术已趋于成熟。因此，青藏公路通道对西藏与区外的联系处于主导地位是自然条件和历史原因共同形成的。目前，该通道已同时具有公路、铁路和管道，是四个进藏通道中唯一的综合运输通道。

川藏通道由川藏北线和川藏南线组成，因南线路途短且海拔低，所以由川藏公路进藏多选南线。川藏通道所经地区的地质条件特别复杂，主要工程地质问题有崩塌、错落与滑坡、地热、岩爆、泥石流等。其中，通麦一带的山体较为疏松，极易发生泥石流和塌方，具有“死亡路段”的称号。川藏通道在工程上存在较多的大型控制性工程，工程规模巨大。川藏通道复杂的地质条件被称为“地质灾害博物馆”。受地质灾害的影响，川藏通道极易发生交通中断，不能够保证全天候的通车运行。目前该通道只有公路，且等级低下。

滇藏通道起于云南景洪，经大理、丽江、迪庆，在西藏芒康与川藏通道南线相接，再经川藏通道进入拉萨，滇藏通道穿过横断山脉的原始森林，横跨金沙江，翻越海拔 4 300 多米的百芒雪山和洪拉山。滇藏通道沿线地形条件复杂，与川藏通道同样存在较多的大型控制性工程，工程规模巨大。滇藏通道并入川藏通道后同样也存在较多的地质灾害问题。滇藏通道连接西藏与云南，接滇缅公路，位于我国的边疆地区，起不到西藏与其他省区联系的作用。同川藏通道一样，目前该通道只有公路，且等级低下。

传统的新藏通道(G219 线)北起新疆叶城县，南至西藏拉孜县，公路沿我国西南和西部边陲修建，是我国重要的国防通道。新藏公路沿途翻越 5 000 m 以上的大山 5 座，冰山达坂 16 个，冰河 44 条。该通道在新疆境内地形起伏较大，海拔由 1 300 多米骤然抬升至 5 000 多米，地形条件极其复杂。由于该通道所处海拔高，受冰雪灾害影响较为严重，时常发生交通中断现象。新藏通道连接西藏与新疆，位于我国边疆地区，起不到西藏与其他省区联系的作用。无论是地形条件还是地理位置方面，新藏通道修建高速公路的条件差。新规划的新藏二通道(G216 线)从新疆和田的民丰县相南进入西藏阿里地区，经改则县通向吉隆口岸，是联系两区最便捷的通道，但同既有新藏公路一样建设条件极差，仅规划了三级公路。

青藏通道对西藏与区外的联系处于主导地位是历史形成的，被誉为世界屋脊的“苏伊士运河”，是西藏运输最为繁忙的通道。随着西藏与青海及西北地区的政治、经济联系比较紧密，进出藏人员和物资主要有青藏公路通道在格尔木转运，青藏公路一度承担 80%以上进藏物资和 90%以上出藏物资的运输任务，在西藏经济发展和社会稳定中发挥着重要作用，是一条政治、国防、经济“生命线”。青藏通道与其他通道相比，客货运距最短、自然条件相对最好，交通行驶条件最安全，青藏通道在西藏经济发展和社会稳定中发挥着重要作用，被誉为西藏的“生命线”。青藏高速公路的建设将进一步提高该通道的综合运输能力、运输效率和运输保障能力，是西藏真正的生命大通道和经济大动脉，是真正意义上的兴藏工程。

1.4.2 必要性和迫切性

1）必要性分析

① 是加强固疆戍边工作，打造国家安全屏障，确保我国主权和领土完整的需要。

《国家公路网规划（2013—2030 年）》中明确要求：保障国家安全，维护领土完整，要求统筹国防战略大通道、战役通道和边海防公路交通建设，有效提高军事交通的机动性和快速投送能力；有效应对重大自然灾害、突发事件，要求从国家层面统筹考虑重要通道及其辅助路线、迂回路线的布设，提高公路网的安全性、可靠性和应急保障能力。

青藏高速公路地处中印边境的西、中段地区，是我国其他省区联系深入西藏腹地，并延伸至中印边境综合条件最成熟的通道。青藏高速公路建成后，不仅可有效提高从青海至西藏的道路运输效率，而且可以大幅提高通道的运输能力，为后方至边境一线的机动提供坚实基础，成倍缩短部队战时向预定作战地区的机动时间，成倍提高部队的机动化能力，从而保障我国战略战役准备的迅速达成，确保祖国边防稳固、领土完整。因此，青藏高速公路作为中印边境地区应急保障的重要军事通道，其固疆戍边功能尤为突出，国防意义重大，建设是必要的。

② 是落实党中央有关会议精神，贯彻“治边稳藏”国策，实现西藏长治久安的需要。

西藏因其特殊的边境地理位置、特殊的高原自然条件、特殊的历史宗教文化，一直是我国国家战略中极为重要的一环。

2010 年 1 月 18 日至 20 日，中共中央、国务院召开的第五次西藏工作座谈会在北京举行。会议指出：做好西藏工作，是深入贯彻落实科学发展观、全面建设小康社会的迫切需要，是构建国家生态安全屏障、实现可持续发展的迫切需要，是维护民族团结、维护社会稳定、维护国家安全的迫切需要，是营造良好国际环境的迫切需要。推进西藏跨越式发展和长治久安，把雄伟辽阔的青藏高原建设得更加美丽富饶、安定祥和，是全党全国各族人民的共同心愿。

2013 年 3 月 9 日，习近平总书记在参加十二届全国人大一次会议西藏代表团审议时明确提出“治国必治边、治边先稳藏”的重要战略思想，做出“坚定不移走有中国特色、西藏特点的发展路子，积极构建维护稳定的长效机制，加快推进西藏跨越式发展和长治久安，确保到 2020 年同全国一道实现全面建成小康社会宏伟目标”的重要指示。

2015 年 8 月 24 日至 25 日中央第六次西藏工作座谈会在北京召开。习近平强调，要以邓小平理论、“三个代表”重要思想、科学发展观为指导，坚持“四个全面”战略布局，坚持党的治藏方略，把维护祖国统一、加强民族团结作为工作的着眼点和着力点，坚定不移开展反分裂斗争，坚定不移促进经济社会发展，坚定不移保障和改善民生，坚定不移促进各民族交往交流交融，确保国家安全和长治久安，确保经济社会持续健康发展，确保各族人民物质文化生活水平不断提高，确保生态环境良好。

2015 年 9 月 15 日，习近平总书记主持召开中央全面深化改革领导小组第十六次会议强调：要着眼于实现稳边安边兴边，综合考虑经济发展、边疆稳定、民族团结、周边安宁的需要，深入推进兴边富民行动，加强基础设施建设，加大精准扶贫力度，扶持特色产业发展，提高旅游开放水平，加大财税支持力度，实施差别化扶持政策，深化体制机制改革，发挥沿边重点地区对边境地区的辐射和带动作用。

只有以交通基础设施为主的基础设施建设落实到位，区域的发展环境才能改善，经济水平才能搞上去，老百姓才会有幸福感和归属感，才能真正实现社会稳定和长治久安的宏伟目标。拟建项目作为区域为数不多的干线快速公路和对外快速运输通道，建成之后将成为区域的交通大动脉和经济大走廊。从“治国必治边、治边先稳藏”的角度出发，项目建设是必要的。

③ 是青藏两省区实现跨越式发展，实现与全国人民一道共赴小康社会的需要。

“小康社会”是由邓小平同志在 20 世纪 70 年代末 80 年代初在规划中国经济社会发展蓝图时提出的战略构想。随着中国特色社会主义建设事业的深入，其内涵和意义不断地得到丰富和发展。在 20 世纪末基本实现“小康”的情况下，中共十六大报告明确提出了“全面建设小康社会”的目标，并提出了基本标准。中共十七大在十六大确立的全面建设小康社会目标的基础上对我国发展提出新的更高的要求。中共十八大报告根据我国经济社会发展实际和新的阶段性特征，在党的十六大、十七大确立的全面建设小康社会目标的基础上，提出了一些更具明确政策导向、更加针对发展难题、更好顺应人民意愿的新要求，以确保到 2020 年全面建成的小康社会，是发展改革成果真正惠及十几亿人口的小康社会，是经济、政治、文化、社会、生态文明全面发展的小康社会，是为实现社会主义现代化建设宏伟目标和中华民族伟大复兴奠定了坚实基础的小康社会。

“十三五”时期是全国上下全面建成小康社会的决定性阶段和攻坚阶段。根据《中共中央关于制定国民经济和社会发展第十三个五年规划的建议》，在“十三五”期间要实现全面建设小康社会的宏伟目标，是实现我党确定的“两个一百年”奋斗目标的关键时期。全面建设小康社会不仅包括经济的发展，还包括了法制建设、生态文明以及文化发展等，因此要坚持“四个全面”：全面深化改革、全面依法治国、全面从严治党为我国全面建设小康社会提供了动力来源、制度保证与组织保障。“十三五”规划建议提出了“五个发展”成为全面建设小康社会的新理念。“五个发展”新理念：创新、协调、绿色、开放和共享。创新不仅标志着我国经济发展方式在“新常态”条件下的变化，还包含了制度创新、理论创新以及文化创新等；协调要求在战略高度布局一些重大关系，例如城乡的协调发展、物质文明与精神文明的协调发展；绿色体现出生态文明建设的重要性；更加高水平的开放将为我国经济发展提供更多的空间，例如现在正在推进的“一带一路”建设和亚投行；共享体现了我国的发展理念，消除贫困，全体人民集体迈入共同富裕的生活正是我国全面建设小康社会的发展目标。

青海省和西藏自治区占据全国国土总面积的比重超过 20%，但 2014 年两省区常住人口占全国的比重仅为 0. 65%，地区生产总值占全国的比重仅为 0. 51%。两省区人均地区生产总值也远远低于全国平均水平。要实现全国“十三五”规划中“消除贫困，全体人民集体迈入共同富裕的生活”这一全面建设小康社会的发展目标要，青海和西藏任务艰巨。

研究项目作为青海和西藏之间的交通大动脉和经济大走廊，其建设过程必将带动两省区相关产业的大力发展，项目建成之后必将成为区域经济发展的助推剂，对两省区携手跨越式发展，实现与全国一道于2020年共同实现全面建成小康社会的宏伟目标提供坚实基础和强有力的保障，因此项目建设是必要的。

④ 是优化区域路网结构，提高道路运输能力，完善国家综合运输通道的需要。

青海和西藏山水相连，同属青藏高原的重要组成部分，占据青藏高原的面积超过了60%，由于自然地理的缘故，该区域地广人稀，公路网密度远远低于其他地区，干线公路屈指可数，更谈不上密度。目前，联系上述两地区的主要有青藏公路G109线、G214线和青藏铁路。G214线不仅等级低下，而且位于两省区东部边缘，对两省区的联系作用极为有限。唯有同处一走廊的G109线和青藏铁路能深入两省区腹地，成为两省区的主要联系通道。

G109线自1954年12月建成通车，在此后的50多年间先后进行了两次改建、两期整治、2002—2004年整治改建及2008—2010年整治完善，历经先后6次较大规模的整治改建及完善后，全段公路技术标准全面提高，道路技术状况大大改善，全线基本达到了二级公路的标准。

G109线基本满足了目前项目区域对于公路交通的要求，但也存在沿线城镇过境段街道化，牛、羊群横穿公路，羊八井峡谷段设计标准低(仅能满足40 km/h)等不足。青藏公路安多县城段、那曲县城段、当雄县城段、堆龙德庆城市段已调整演变为城市中心道路，沿线公路过境雁石坪镇、罗玛镇、香茂乡、谷露镇、乌玛塘乡、羊八井镇、德庆乡、马乡、古荣乡、羊达乡等路段均不同程度地出现街道化；由于公路未封闭，经常出现成群的牛、羊横穿公路，严重影响汽车的正常运行并威胁行车安全；羊八井峡谷段由于受地形条件限制，设计标准低，通行能力低下，受上述因素影响，青藏公路总体服务水平较低。单纯依靠G109线青藏公路，已不能满足西藏跨越式发展对于青藏通道公路服务水平的要求。

2015年11月3日，交通运输部部长杨传堂在交通部部务会议上指出：推进西藏和四川、云南、甘肃、青海藏族聚居区公路交通发展，对于促进西藏和四省藏族聚居区经济社会发展、保障国家安全和长治久安、实现全面建成小康社会目标具有重要意义。会议强调，要深入贯彻习近平总书记“治国必治边、治边先稳藏”的重要战略思想，切实把党的十八届五中全会和中央第六次西藏工作座谈会精神贯穿落实到规划中，牢固树立创新、协调、绿色、开放、共享的发展理念，科学确定“十三五”时期西藏和四省藏族聚居区全面建成小康社会公路交通指标体系，因地制宜、实事求是，走出一条符合中央要求、符合西藏和四省藏族聚居区实际的公路交通科学发展的路子。

通过研究项目逐步完善青海西藏的区域高速公路网的建设，由格尔木向北可到达甘肃敦煌，向西到达西宁，使西藏与西北五省区形成互联互通；由拉萨向东到达林芝，向南可到达山南地区，向西可通日喀则，使西藏高速公路网络初现。因此，研究项目的建设对于完善我国高速公路网，完善青藏综合运输通道具有极其重要的作用，对于加快青海、西藏高速公路建设意义深远，建设是必要的。

⑤ 是构建区域旅游主通道，加快区域旅游资源开发开放的需要。

青藏通道以自身世界上海拔最高的运输通道成为著名的旅游景点及极具旅游发展潜力的高原通道。项目区域自然风光和人文景观丰富，是旅游观光的圣地，拥有一批知名度较高的景点和景区。

格尔木位于青藏高原腹地，素有中国盐湖城的美誉，旅游资源极其丰富，拥有诸如雪峰湖光、草原绿洲、沙漠风情、雅丹地貌、藏羚羊、野牦牛和世界独一无二的最大昆仑山地震遗址，其中昆仑山国家地质公园、玉珠峰登山基地、8.1 级地震遗址、可可西里无人区等神秘神奇的雪域景观是吸引游客观光的重点景区。

那曲地区地处藏北高原，倾力打造"神奇藏北、魅力羌塘"的旅游主题。那曲地区已形成中部铁路公路沿线观光民俗体验游、高原湖泊游、西部草原风光猎奇探险游、东部生态民俗文化游，汇聚了羌塘国家级自然保护区、尼玛县当惹雍错圣湖、双湖普若岗日冰川等优美的自然景观。

拉萨市是著名的历史文化旅游城市，拉萨市域"一城一湖三廊道"的旅游空间布局，即老城区、天湖纳木错、"圣湖天路"北廊道、"茶马驿道"东廊道、"南亚通道"西廊道，汇聚了布达拉宫、大昭寺、扎什伦布寺、圣湖-纳木错等著名的人文景观及自然奇观。

随着社会经济的迅速发展和产业结构的逐渐调整，旅游业将逐步成为西藏充分发挥地理和环境优势的重要经济增长点。2014 年，西藏全年接待国内外旅游者 1 553.14 万人次，比上年增长 20.3%。旅游总收入 204.00 亿元，增长 23.5%。旅游业已成为西藏自治区国民经济的主导产业。规划到"十三五"末，旅游业将成为推动全区经济社会跨越式发展的战略支撑产业。而发展现代旅游业的基础条件之一就是快速、安全、便捷的公路交通，从而实现区域中心城市与旅游观光景点及旅游观光景点之间的快速往返，增加区域旅游的对外吸引力，最终拉动相关产业的全面发展。

研究项目的建设将从根本上改善区域旅游交通条件，使得位于项目区域内，尤其是位于青藏高原腹地内"深在闺中无人识"的旅游资源得以很好的开发，从而从根本上推动区域旅游业高质量、高水平、高速度发展，对于拉动区域经济持续、快速、健康发展具有十分重要的作用。因此，项目的建设是必要的。

⑥ 是合理开展区域资源开发，有效加强区域资源监管，保护高原生态环境的需要。

西藏历来以农牧业为主，工业开发少，使得自然环境良好，是中国乃至世界上为数不多的环境质量良好的地方，被环境学者喻为"世界上最后一片净土"。西藏地区矿产资源和动物资源丰富。

西藏拥有特殊的地质构造，被学界公认地处全球三个重要的成矿带，具有很好的成矿条件。西藏已经探明的矿种达 100 多种，探明矿产地近 2 000 处。其中，铬、铜、铁、硼、金不仅是目前中国短缺的矿产资源，也是今后一个时期此类矿产的重要后备基地。在已经发现的矿产资源中，西藏有 17 种矿产位居全国各省（区、市）前九位。其中，铬铁矿已探明的储量居全国之首,锂的远景储量居世界前列,是中国锂矿资源的基地之一。铜的远景储量居全国第二位。除此之外,西藏的金、铅、锌、钼、锑、铁、铂族金属以及石油、天然气等非金属矿产也都具有广阔的勘查前景。另外,西藏现有盐湖 2 000 多个,面积 6 万 km^2,盐湖中的矿产资源高达十几种。在有色金属和稀有金属矿中,西藏锂的远景储量居世界前列,是中国锂矿资源的基地之一,西藏锂的远景储量居全国第二位;在非金属矿中,硼的储量大、分布广,已探明的储量在国内名列第三位。此外,冶金辅助原料菱镁矿,探明的储量居全国第三位;化学工业需要的重晶石、砷,储量分别居全国第三、第四位;建材工业上广泛利用的石膏、陶瓷土,储量分别居全国第二、第五位;国防、电子工业不可缺少的白云母,储量居全国第四位;已探明的泥炭储量达 800 多万吨,居全国第四位。

到目前为止,在西藏已发现野生哺乳动物 142 种,鸟类 488 种 98 亚种,其中有 22 种西藏(青藏)高原特有种。爬行类 56 种,两栖类 45 种,鱼类 68 种。西藏野生脊椎动物共计 799 种,构成了西藏的动物资源优势。在这些动物中,虎、豹、猴、野牦牛、马鹿、白唇鹿、羚类、猞猁、麝、小熊猫、水獭、藏马鸡、雉类、鹤类、蟒等 123 种野生脊椎动物被列为国家重点保护动物,占全国重点保护动物的 1/3 以上。其中,滇金丝猴、孟加拉虎、云豹、西藏野驴、野牦牛等 45 种野脊椎动物,是濒危灭绝或西藏特有的珍稀保护动物。根据各种研究资料表明,西藏已发现的浮游动物有 760 多种,其中原生动物 458 种,昆虫 208 种,鳃足类 56 种;水生源植物——硅藻隶属 2 目,7 亚目,11 科,35 属,共计 340 种。陆生无脊椎动物(昆虫)在西藏有 2 307 种,其中中华缺翅虫、墨脱缺翅虫是中国的重点保护动物。西藏的有益昆虫繁多,如蜜蜂有 103 种,蝙蝠蛾有 9 种。

近年来,随着经济活动的发展,羌塘自然保护区面临着新的形势,一方面偷猎活动猖獗,偷猎手段日趋多样化,据统计,世界上藏羚羊种群数量的 70%保存在西藏羌塘境内,随着可可西里自然保护区对盗猎藏羚羊的严厉打击,盗猎分子正把目光转向藏北羌塘自然保护区。而该区域海拔高、气候恶劣、荒无人烟,湿地、沼泽星罗棋布,车辆难以进入,相关部门对于偷猎等生态破坏行为难以实施有效的监督和管理,生态系统的监测也难以实施。另一方面随着全球气候变暖,羌塘自然保护区生态系统发生着细微而又连续的变化,相关科学监测、研究尤为重要。

研究项目建成之后将和区域国省干线形成快速高效的道路运输网络,一方面为区域矿产资源的有效开发提供条件,另一方面将提高执法部门对该区域自然资源的监管工作,以及科研部门对该地区生态系统的监测的机动化能力,可有效监测、保护高原生态环境,项目建设是必要的。

2)迫切性分析

① 国际环境的复杂多变,形势严峻,迫切需要尽快建设青藏高速公路。

中印关系自两国建交后曲折发展,冷战结束后进入了稳定发展时期,但是由于众多历史和现实的因素,中印两国目前面临一些困难。同时,这些困难阻碍双方关系的进一步发展。

其中,中印边界问题是目前横亘在中印两国关系之间首要也是最棘手的矛盾。最基本的原因是中印两国从来没有正式划定边界,只有一条传统习惯线。中印双方在边界问题上所持的立场不同,对边界问题和解决方案的认知不同,中印边界问题很难在短时间内取得实质性进展。

自20世纪80年代中期以来,印度在中印边境的另一侧和其他非法占领区不断构筑工事、增加兵力。目前,业已形成铁路、公路和航空等多种运输方式组成的综合运输体系,对我边防线形成强大的军事压力。因此,研究项目的建设迫在眉睫。

② 全面建成小康社会迫切需要尽快建设青藏高速公路。

"十三五"是青藏两省区实现经济社会跨越式发展的攻坚期,是实现2020年与全国人民一道共赴小康社会宏伟目标的决战阶段。经济要发展,交通需先行,只有作为青藏两省区的交通大动脉的青藏综合交通运输大通道真正形成,两省区经济社会的面貌才能发生根本性的改善,才有可能实现上述目标。因此,要实现上述"全面建成小康社会"的宏伟目标,青藏高速公路的建设迫在眉睫。

③ 西藏交通发展的历史使命需要尽快建设青藏高速公路。

西藏自治区由于独特的自然地理环境,同时又地处祖国西南边陲,与周边省区(重要城市)相距较远,虽已陆续开通公路运输通道(青藏通道除外),但存在"出口单一、出口道路等级相对低下,不能满足大运量交通和全天候交通运输发展的需求"的问题。根据国内外交通发展经验的启示,结合西藏自治区外部交通发展形势和自身特点的分析,西藏地区与其他省区之间的交通联系需要经历三个阶段,即"进得去、出得来、流得通"→"快进、快出、快运转"→"大交通、大通道、大物流"。经过解放以后60多年的发展,西藏与其他省区之间的交通联系已经完成了第一阶段的任务。"2020年全面建成小康社会"的宏伟目标近在眼前,西藏交通发展迫切需要率先实现跨越式发展,需要尽快实现"快进、快出、快运转"的目标,并尽快向"大交通、大通道、大物流"的宏伟目标迈进。研究项目地处青藏综合运输通道,其实施直接关系到上述目标能否实现及实现的早与晚,因此项目建设迫在眉睫。

④ 青藏运输通道快速增长的交通需求迫切需要尽快建成高速公路。

从西藏交通运输发展的历史来看,作为通车最早、路况最好的进藏线路,青藏公路自1954年始建以来,一直是进出西藏最主要的运输线路,承担着约85%的进出藏物资的货运量以及90%的客运量,对西藏地区的社会发展、经济繁荣起到了极其重要的作用。近些年,青藏通道的运输量大幅增长,青藏铁路自2007年建成运营以来,客运量和货运量分别从2007年的88.85万人和12.41万t增长至2014年的211.41万人和508.71万t,年均增幅分别达到13.18%和69.98%,增长水平在全国都处于领先的水平。2015年,现有青藏公路全线平均交通量已达到7 847 pcu/d,部分路段交通量已过万,夏季高峰季节更大。随着西藏与其他省区联系的日益密切,往来人员和物资产生的交通需求量越来越大,加上高原自驾游越来越红火,通道的交通运输需求在今后相当长一段时期内还将处于高增长的勃发期,现有的二级公路和普通铁路很难满足要求,迫切需要建设青藏高速公路以满足运力更大、运行更快的运输需求。

1.4.3 青藏高速公路建设面临的技术问题

受气候变化影响，青藏高原多年冻土处于退化过程。IPCC2007 年《第四次评估报告》指出，全球温度普遍升高，最近 100 年(1906—2005 年)的温度线性趋势为 0.74℃，这一趋势大于《第三次评估报告》0.6℃的相应趋势(1901—2000 年)。全球气候预估未来 20 年将以每 10 年增加大约 0.2℃的速率变暖。青藏高原是全球变化的“先兆区”和“放大器”，其升温将高于全球平均值，最新的预测结果表明，到 2050 年“青藏高原可能变暖 2.2~2.6℃”。在这种气温升高的影响下，未来青藏高原冻土将大幅度退化：在年增温 0.02℃情形下，50 年后多年冻土面积比现在缩小约 8.8%；如果升温率为 0.052℃/年，50 年后高原多年冻土将退化 13.5%，100 年后退化达 46%。虽然这些预测存在很多不确定性，但高原冻土在未来 30~50 年内的退化趋势将是明显的。正如施雅风院士所指出：“21 世纪可以说是青藏高原多年冻土处于融化过程的世纪。”已经存在的状况是：1996—2001 年多年冻土顶板温度自然变化年平均升温速率最大为 0.08℃/年，最小为 0.01℃/年；多年冻土上限自然变化幅度最大为 6.6 cm/年，最小为 2.6 cm/年；一定深度上多年冻土也处在一个整体升温过程中，升温速率最大为 0.053℃/年，最小为 0.021℃/年。

实际上由于工程活动影响，尤其是因为历史原因，设计施工时对冻土环境考虑不足的工程活动影响下的冻土退化趋势更为明显。近年来青藏公路沿线冻土地温监测结果表明，20 世纪 70 年代到 90 年代青藏公路沿线的季节冻土、融区及岛状多年冻土区的地温升高了 0.3~0.5℃，连续多年冻土区年平均地温升高了 0.1~0.3℃，天然状态下北界向南退化 0.5~1 km，南界下界升高了 50~80 m。由此可见，叠加于冻土自然退化趋势之上的工程引起的冻土退化现象更为剧烈。此外，青藏公路沿线大部分钻孔资料显示：多年冻土层下限附近自下而上的热流大于自上而下的热流，二者比值为 0.9~1.8，这将必然导致冻土下限的抬升，即冻土厚度的减薄。

在青藏高原这种冻土退化的大背景下，依附于其上或其中的各类工程必将受到冻土退化带来的潜在的甚至直接的危害。冻土是相对复杂的综合地质体，随外界环境的热扰动而产生敏感的响应。作为工程构筑物的地基，热扰动的影响必将导致工程稳定性发生变化。其一，冻土温度的升高导致冻土力学特性发生显著变化，突出表现在未冻水含量的升高和强度的降低，尤其在高含冰量条件下，接近于 0℃的冻土表现出强烈的流变特性和压缩特性，从而对工程地基产生沉降影响；其二，以冻土上限附近厚层冰和高含冰量为特征的高原冻土，活动层加深意味着其下冻土和地下冰层的融化，所导致的沉降灾害经常是灾难性的，如青藏公路路基沉陷、波状起伏，甚至在路面强烈振动或地震作用下出现的路基巨大的沉陷坑槽；其三，无论是气候变暖还是工程活动扰动形成的与冻土融化有关的斜坡失稳现象，经常表现为斜坡活动层的滑脱(热融滑塌、热融泥流等)，以及工程边坡的挤压隆起、坡脚软化和路基的滑移等；其四，工程活动所不可避免的地表开挖、铲除草皮和其他地表扰动，遗留的洼地、集水坑或对原地表水通道的改造，极易导致局部多年冻土融化而形成以地下冰融化水为主导来源的热融湖塘，随其不断地发展而产生冻土的融穿和侧向热侵蚀，并对工程及工程环境带来不良影响；其五，由于工程的作用，隔断或影响到地表水和冻结层上水的流向，在冬季会形成冰幔、冰椎及冻胀丘等，当它们与工程构筑物直接作用时，会导致巨大的工程灾害。

继高原冻土问题之后，冻土环境的恶化使正在运营的青藏铁路正在受到风沙灾害的威胁，1995 年调查达 3.13×10^{3} km^{2}，潜在沙漠化土地 2.99×10^{4} km^{2}，目前高原沙漠化正呈现强烈的发展势态。青藏铁路全线处于不同的沙漠化区域中。据初步统计青藏线有沙害的路段约 200 公里(占格拉段的 20%以上)，铁路沙害正呈现出迅速增长的趋势，从 2003 年的 48 处增加到目前的 90 多处，沙害进一步扩大必将出现新的铁路沙害危害方式。其一，沙层覆盖对下伏多年冻土产生热影响和形成辐射融区，进一步威胁铁路基础的长期稳定性；其二，可促使高原冻土退化，使季节融化深度增大，近地表土层地温增高，含水量减少，地表植被退化，最后导致冻融荒漠化、沙漠化加剧，并影响到区域环境生态状况；其三，积沙填充块石层，导致块石路基降温效果下降，直接影响路基热稳定性；其四，积沙弥漫铁轨，导致列车运行速度下降，甚至导致脱轨翻车。因此，为确保青藏铁路安全运营，保证铁路的畅通无阻，风沙灾害的防治已成为当前青藏铁路维护的另一主要任务。

青藏铁路建成通车，西藏自治区迎来了新一轮经济发展，迫切需要新建高速公路、输变电线路、输油气管道工程等。这些新建工程依然要聚集于宽度不到 10 km 范围内的青藏工程走廊内，如图 1-5 所示。对承载工程的冻土环境来说，如此密集的冻土工程对其干扰强度十分显著，且不断加强。在这狭长的冻土工程走廊内，已修建或拟建的各种冻土构筑物相互影响，多因素耦合叠加，加速区域内的冻土退化；而冻土融化必将影响到工程的稳定性和生态环境退化。再加上全球气候变化的影响，其变化程度更加剧烈。如何在这脆弱的冻土地基上保障既有各类重大工程安全运营和新建的各类重大工程安全，保证基础稳定性的同时保护好寒区生态环境，是我们必须面对的重大问题。

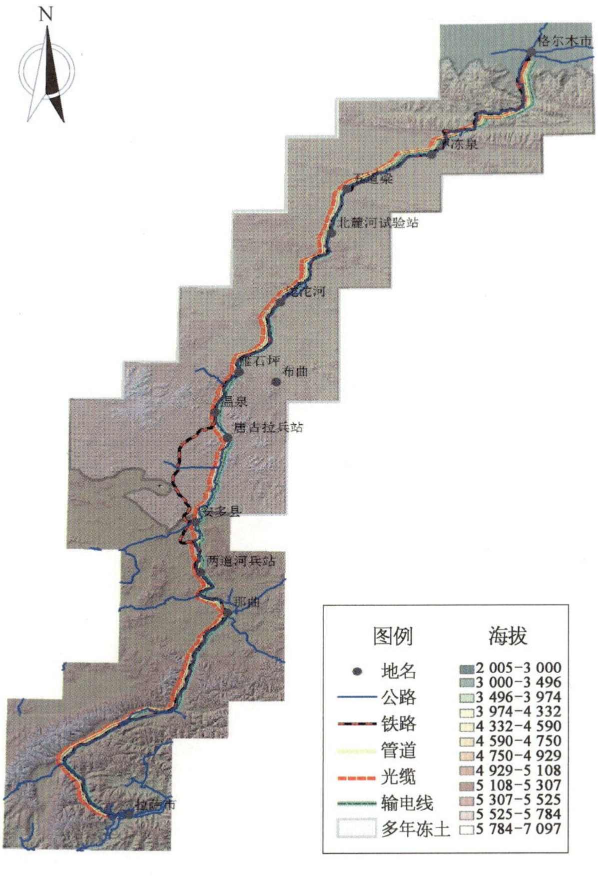

图 1-5 青藏高原工程走廊与多年冻土分布图

① 青藏工程走廊内现有工程分布密集、相互热干扰现象十分显著。新建高速公路强烈的吸热效应不仅会导致已有冻土工程的热稳定性,同时已有冻土工程会极大制约高速公路的线位布局。因此,高海拔高寒地区高速公路合理布局、建设形式及其冻土工程与环境的耦合效应,关系到青藏高速公路能否顺利建设。

青藏工程走廊宽处不过数公里,窄处仅数百米,在这一有限的走廊范围内,目前已建成的工程包括青藏公路、青藏铁路、格拉成品油管道、兰西拉光缆通信工程、500 kV 高压输变电工程等五项重大工程,还将规划建设输藏天然气管道、750 kV 输变电工程。这些工程不仅是其他省区通往西藏的生命线工程,而且也是维护国防安全、地区经济发展和稳定的重大工程。青藏工程走廊有限范围内相对密集的线性工程,由于历史原因已经对多年冻土环境产生显著影响,并对工程稳定性、安全运营等造成了很大危害。

青藏公路 1954 年建成通车,由于国内工程界对多年冻土问题尚缺乏认识,建设初期基本没有采取任何保护多年冻土的措施,冻土路基融化问题一直难以根治。青藏公路 1956 年第一次改建,1972 年青藏公路再次进行改建,并加铺吸热性强的黑色沥青路面。自 1973 年针对青藏高原多年冻土区公路修筑技术进行了长达 30 多年的连续跟踪研究。尽管如此,多年冻土融化所导致的病害过程一直持续发展,在 20 世纪 80 年代调查中,因冻土环境破坏导致的病害路段占冻土区路段的 40%,约有 57%的路段在路基下存在融化夹层。

1974 年建设、1977 年投运的格拉(格尔木—拉萨)成品油管道沿青藏公路铺设,北起格尔木市,南达拉萨,全长 1 076 km,管顶埋深为 1.2~1.4 m,干线管径为 159 mm,管壁厚为 6 mm,穿越公路 123 处。该管道目前已经运营 30 余年,管道沿线冻胀与融沉、热融坍塌、冰堵等问题连续不断,并存在较为严重的环境问题。

青藏高原兰西拉光缆通信工程完成于 20 世纪 70 年代,90 年代中期建成光缆通信系统。相对而言,由于光缆是埋入式的,且无内热源的影响,其本身对多年冻土的扰动较小。但施工开挖沟槽及土体填埋对冻土造成的扰动较大,在工程完工后局部地段出现了积水及热融沟、冻胀切断光缆等病害,从而对冻土环境及工程产生新的影响。

青藏铁路格尔木至拉萨段是实施西部大开发战略的四大重点工程之一。该线全长 1 141 km,穿越大片连续多年冻土区长度约 550 km。该工程是在极为艰苦的条件下边设计、边科研完成的。针对冻土及环境问题,在路基设计中采用了"主动冷却"的设计理念,修筑过程中采用了大量诸如块石基底路基、抛(碎)石护坡路基、重力式热管等新的路基结构形式。自 2006 年试通车后,这些路基结构已经显示了保护下伏多年冻土的工程效果。尽管保护冻土的工程设计目标是使得这一改变朝有利于稳定冻土热状况的方向发展,但目前的监测资料已发现,部分路段路基阴阳坡效应、不均匀沉降变形、路堤开裂、路桥过渡段差异性沉降、热融沉陷、坡脚冻胀隆起、边坡滑塌、热融滑塌、热融湖塘、冰椎、冰幔、冻胀丘、沙害等问题相继出现,对铁路安全运营的影响有待长期观测研究。

最近建成使用的±500 kV 高压输变电工程,因其使用时间较短,对冻土环境的影响还没有显著体现。但建设中因桩基开挖、运输便道对冻土环境等的影响,可能也会逐步显示冻融过程中不同类型的冻土灾害影响。

可以看出，已建工程因处于多年冻土区，其本身的工程热、力学稳定性和与冻土环境间的相互影响都需要关注。而考虑到工程构筑物间的相互影响、对多年冻土、冻土环境的综合耦合效应，再布设新的青藏高速公路，必然面临着综合分析已有勘察资料、开发新的扰动较小的勘察技术以评价与预测工程走廊内冻土状况，以及如何选线、全幅或分幅设计、与现有构筑物合理间距的确定等一系列基础性问题，而在解决这些问题中无论国内外，都没有可资借鉴的经验。因此，需要结合工程走廊内冻土状况及工程特点开展前期研究。

② 冻土是与温度密切相关的岩土体，冻土工程的尺度效应十分敏感，在高海拔高寒地区进行高速公路建设没有可借鉴的成熟技术。因此突破高海拔高寒地区高速公路建设关键技术瓶颈，是青藏高速公路成功建设的技术保障。

保护冻土是我国冻土工程建设的基本原则，但受经济发展、工程要求和对冻土了解程度等因素的限制，传统的保护冻土实施手段主要是通过设置一定高度的路基隔热或设置保温材料隔热。对青藏、青康公路监测与调查资料的分析表明：采用传统的提高路基高度和设置保温层，增加热阻，在一定条件下可达到保护冻土的目的，但其代价是减少多年冻土的冷储量，使地温升高。在全球转暖的背景下，可以延缓多年冻土的退化，但改变不了退化的趋势，尤其在高温冻土区保温处理措施的长期效果不佳。

青藏铁路的设计中改变单纯依靠增加热阻的消极保护冻土的思路，全面采用"冷却路基"积极"降低地温"的原则，并进一步提出了通过改变路堤的结构和材料来调控辐射，调控对流和调控传导，以达到"冷却路基"目的的具体措施。基于这一原则的工程措施有利于降低路基下多年冻土的地温，保证青藏铁路路基的稳定。

但铁路路基宽度远小于高速公路，且其顶面碎石道砟为散热结构，相较于大尺度、强吸热黑色沥青路面的高速公路，铁路与公路在水热交换方面存在显著差异，公路经由路面的吸热量远远大于铁路。在高速公路条件下，铁路采用的主动冷却措施将因吸热面增加、路基内部换热强度降低而受到极大的限制。因此，高海拔多年冻土区进行高速公路建设，迫切需要开展大尺度冻土路基路面变形控制与稳定技术研究。

高原地形平缓、通视条件好，在缺氧环境下高速行车司机极难集中注意力，易造成巨大的安全驾车隐患。因此，高速公路建设必须结合区域气候、地貌特点，研发考虑道路设计形式、应急设施和行车需求等因素的道路安全设计技术。

多年冻土区特殊的气候条件和地质条件，给公路桥梁隧道等大型工程构造物的设计、施工和运营管理带来了巨大困难，多年冻土区桥梁与隧道修筑一直被视为世界性难题。因此，研究大尺度桥隧混凝土基础与多年冻土地基间的能量交换过程，据此构建以多年冻土地基承载能力与变形为核心控制指标的地基及大尺度工程构筑物基础稳定性评价指标与方法，并预估可能引发的灾变风险至关重要。

③ 青藏高原对于我国生态安全具有独特而重要的作用，青藏工程走廊内已经建成青藏铁路、青藏公路等大型工程，再建青藏高速公路的环境叠加影响不容忽视，因此研究大规模

工程建设的环境效应及其修复技术，对青藏高原脆弱生态系统功能的保护与恢复、改善，意义重大、影响深远。

高寒环境下土的冻结与融化作用所塑造出的寒冻土壤及协同共生冷生植被群落等共同组成了青藏高原独特的冻土生态系统，区域内气候严酷、环境恶劣，生态系统极其脆弱，且对工程活动和气候变化影响反应敏感，一旦破坏极难恢复。青藏高原是我国乃至亚洲的水塔，占我国国土总面积的1/4，总储水量为全国水量的1/3，数条世界级的大江、大河都发源于此。同时，青藏高原独特的地理和气候条件使其成为世界上生物多样性最独特的区域之一，青藏工程走廊内分布着许多珍稀濒危物种或特有物种。青藏高原被世界自然基金会列为"全球生物多样性保护"最优先地区，也被我国政府列为"中国生物多样性保护行动计划"的优先保护区域。因此，青藏高原对于我国的生态安全具有独特而重要的作用，工程建设必须避免破坏脆弱的生态环境，与自然环境协调发展。

我国最早的冻土区工程——青藏公路修建时，采取人工与推土机结合的施工方法，在路基两侧挖掘土石方就地堆筑而成。挖掘宽度5~40 m，深度达1~3 m。这种大面积铲除和破坏地表植被的施工方法，破坏了公路两侧脆弱的冻土环境，改变了地表状态和土体内部的冰-水平衡状态，导致冻土中的地下冰融化，产生了人为干扰的热融湖塘和洼地，引起地表积水和季节融化层中含水量增加。而在沿线坡度较平缓、富含粉土及亚黏土的斜坡地段，工程开挖导致的含土冰层、饱冰冻土因暴露而融化，形成热融滑塌。青藏公路改建时遗留的许多取弃土场，至今仍是荒秃一片。此外，调查显示，1975年输油管道开挖时破坏的植被至今尚未完全恢复。由此可见，青藏高原多年冻土区生态环境一旦受到破坏，其恢复过程将是极其漫长的。

针对青藏高原多年冻土区脆弱的生态环境，青藏高速公路工程规划与建设必须全面考虑对环境的影响和保护，在总结已有工程经验、教训的前提下，开展工程走廊内生态环境影响分析、动植物保护与生态恢复等系统研究。

第2章

青藏工程走廊
工程地质评价与区划

2.1 青藏工程走廊工程地质特性

2.1.1 地形地貌

青藏工程走廊由北向南经过地区的地貌类型可以划分为东昆仑山系区、长江源头残山高平原区、唐古拉山系区等三个大区。由北向南依次包括15个次级地貌区,依次为:昆仑山北坡惊仙峡谷、昆仑山垭口和南坡盆地、阿青岗尔陇巴河谷、楚玛尔河高平原、可可西里—五道梁低高山、北麓河盆地、风火山低高山、乌丽盆地、沱沱河盆地、开心岭低高山、通天河盆地、布曲谷地、温泉断陷盆地以及唐古拉山中高山区。

2.1.2 地层岩性

青藏工程走廊带内地层发育较为复杂,分属冈底斯地层区的班戈-八宿地层分区、隆格尔-南木林地层分区、拉萨-察隅地层分区,出露地层主要有前寒武系、二叠系、三叠系、侏罗系、白垩系、下第三系、上第三系及第四系。地层岩性详见表2-1。

表2-1 青藏工程走廊地层年代表

界	系	统	群、组(成因)	主要岩性
新生界 K_z	第四系 Q	全新统 Q_4	冲积 Q_4^{al}	河床砂砾石层,上部为河漫滩细砂、粉砂等
			洪积 Q_4^{pl}	砾石、砂土
			坡积 Q_4^{dl}	棱角状大小不一的岩块及碎石
			湖积 Q_4^{l}	砂砾石及泥质沉积物
			泥沼堆积 Q_4^{f}	灰黑色泥炭、腐殖质,植物根系较发育
		上更新统 Q_3	冲洪积 Q_3^{al+pl}	砂、卵砾石,卵砾石磨圆较好,密实
			湖积 Q_3^{l}	砂、砾石、砂质黏土
			冰积 Q_3^{gl}	含砂砾石、漂砾堆积
		中-上更新统 Q_{2-3}	冰积 Q_{2-3}^{gl}	砂砾、砾石、漂砾及冰水砂砾层
		中更新统 Q_2	冰积、冰水积 Q_2^{gl+fgl}	砂砾石和黏土
			冲积 Q_2^{al}	砂层、砂砾石层
			洪积 Q_2^{pl}	砂层、砂砾石层
			湖积 Q_1^{l}	灰白浅黄色黏土夹铁质粉砂岩条带;黄褐色松散砂砾层、砾质砂层
		下更新统 Q_1	冲积 Q_1^{al}	砂层、砂砾石层
			冰水积 Q_1^{fgl}	含砂黏土砾石层

（续表）

界	系	统	群、组（成因）	主 要 岩 性
新生界 K_z	第三系 R	中新统 N_1	五道梁群 N_1wd	浅灰白色薄-中厚层泥晶白云质灰岩，白云质灰岩，生物碎屑灰岩夹菱铁矿薄层
		始新统-渐新统 E_{2-3}	雅西错组 $E_{2-3}y$	上部为浅灰、紫红色粉砂岩、岩屑砂岩夹泥晶灰岩，下部为紫、紫灰色长石岩屑砂岩、粉砂岩夹含岩屑砂岩、泥晶灰岩及泥岩
		始新统 E_2	沱沱河组 E_2t	紫红色、砖红色复成分砾岩、紫红色不等粒岩屑砂岩夹紫红色、砖红色粉砂质泥岩和紫灰色厚层生物碎屑微晶灰岩
中生界 M_z	白垩系 K	白垩统 K	阿布山组 K_2a	中细砾岩、砂岩及泥岩
			洛力卡组 Kl	灰紫色钙质胶结粉砂岩、紫红色钙质胶结细粒岩屑、钙质胶结石英砂岩、薄层状青灰色泥灰岩、灰绿色泥岩、灰色薄层状砂屑灰岩
			桑恰山组 Ks^1	灰紫色细粒岩屑石英砂岩、紫红色长石岩屑粉砂岩、灰紫色含砾岩屑石英砂岩夹少量灰绿色、灰黄色复成分中细砾岩
			错居日组 Kc	紫红色块层状复成分中砾岩、紫红色厚层状含砾中细粒钙质岩屑石英砂岩夹紫红色粉砂岩、粉砂质泥岩
	侏罗系 J	上侏罗统 J_3	帮爱组 J_3k1b	含生屑鲕粒泥晶灰岩、钙质泥岩、中细粒砂岩、泥岩、膏盐，发育砂页岩型铜矿化
			捷布曲组 J_3j	泥晶灰岩、生屑灰岩、钙质泥岩夹海绿石屑石英砂岩及泥岩
			安多组 J_3a	蛇绿质杂岩群枕状熔岩枕状玄武岩（细碧岩）；致密玄武岩、气孔状玄武安山岩、玄武安山质集块岩、英安岩
		中侏罗统 J_2	索瓦组 J_2s	生物碎屑泥晶灰岩夹泥钙质粉砂岩
			雀莫错组 J_2q	粉砂质泥岩夹粉细砂岩和膏岩层；粉砂质泥岩、生物碎屑灰岩和泥灰岩夹粉砂质泥岩；细粒岩屑石英砂岩、生物碎屑灰岩夹泥岩
			布曲组 J_2b	（含）生物屑灰岩夹页片状钙质泥岩和细粒岩屑砂岩、粉砂岩。
		下-中侏罗统 J_{1-2}	色哇组 $J_{1-2}s$	中细粒岩屑石英砂岩夹泥岩、含生屑泥晶灰岩；长石石英砂岩、泥岩夹生屑灰岩；钙质泥岩夹含生屑灰岩；含生屑灰岩及钙质泥岩。
		下侏罗统 J_1	夏里组 J_1x	泥晶灰岩、生物碎屑岩、粒屑灰岩夹粉砂岩
	三叠系 T	三叠统 T	板岩夹砂岩组 T_3byb	深灰色条纹条带状粉砂夹灰-深灰色中厚-厚层状中细粒岩屑长石砂岩、长石岩屑砂岩
			巴贡组 Tbg	灰黑色薄层状钙质粉砂岩、灰色细粒岩屑长石砂岩、灰色长石石英砂岩、岩屑石英砂岩
			波里拉组 Tb	灰色厚层状含生物碎屑灰岩、灰白色块层状（碎裂）泥晶灰岩、灰、神灰色薄-中厚层含生物碎屑泥晶灰岩，夹少量紫红色砂岩
			甲批拉组 Tjp	灰绿色长石石英砂岩、灰、灰绿色岩屑长石砂岩、灰绿色安山岩、玄武岩、中基性凝灰熔岩、中基性含角砾晶屑、岩屑凝灰岩、灰绿色复成分砾岩、泥质粉砂岩

（续表）

界	系	统	群、组(成因)	主要岩性
古生界 P_z	二叠系 P	二叠统 P	那益雄组 Pn	灰绿、灰黄色细粒岩屑石英砂岩、岩屑砂岩、长石石英砂岩夹灰色、灰黑色粉砂质黏土岩、碳质泥岩夹深灰色厚层状生物碎屑灰岩夹少量沉凝灰岩及复成分砾岩
前寒武系	前寒武系 An∈		前寒武纪聂荣岩群 An∈N	二云斜长长麻岩、透辉石英岩、石榴黑云二长浅粒岩及透辉石大理岩，黑云斜长角闪岩、黑云斜长片麻岩和斜云二长变粒岩

2.1.3 水文地质

青藏高原地区地下水大体上可以分为两类：多年冻土区地下水和非多年冻土区地下水。多年冻土地区地下水可以分为冻结层上水、冻结层下水和融区水，主要分布在西大滩到安多的多年冻土区；非多年冻土地下水可以分为第四纪松散沉积岩孔隙水和前第四纪基岩裂隙及孔隙裂隙水，主要分布在格尔木到西大滩以及安多到拉萨的季节冻土区。

青藏工程走廊带内多年冻土区地下水具体分布如下：

① 岩浆岩类裂隙冻结层上水主要分布在西大滩到昆仑山一带。

② 从昆仑山到温泉一带主要为第四纪砂砾、泥砾孔隙冻结层上水和第三纪砂砾岩裂隙冻结层层上水以及第三纪砂砾岩孔隙裂隙冻结层下水、前第三纪砂页岩裂隙冻结层下水和前第三纪石灰岩、砂页岩岩溶裂隙冻结层下水。

③ 唐古拉山地区主要为前第三纪石灰岩、砂页岩岩溶裂隙冻结层下水。

④ 唐古拉山到安多一带主要为前第三纪石灰岩、砂页岩裂隙冻结层上水。

⑤ 融区水主要分布在河流、热融湖塘、断陷盆地边缘。

2.1.4 地质构造与地震活动

青藏工程走廊带内地质构造较为活跃，从北至南依次穿越昆仑山活动断裂系、可可西里活动断裂系、风火山活动断裂系、乌丽活动断裂系、通天河活动断裂系、温泉盆西边界活动断裂系，以及安多-错那湖活动断裂系等多条活动断裂构造带。

青藏工程走廊带内工程区新构造运动强烈，主要表现为第四系沉积盆地、隆起带、坳陷带和新构造的发育，并伴有较为强烈的地震和地热活动。据《中国地震动参数区划图》(GB18306—2015)，青藏工程走廊带内地震动峰值加速度为 0.1g~0.3g，地震基本烈度为 7~8 度，属于强震区，见表 2-2，对冻土工程的稳定有较大的影响。

表 2-2 青藏工程走廊格尔木—安多段地震参数区划表

起 讫 桩 号	长度(m)	抗震设防烈度(度)	基本地震动峰值加速度	基本地震动加速度反应谱特征周期(s)
K2751+000—K2779+100	28 100	7	0. 10g	0. 45
K2779+100—K2802+400	23 300	7	0. 15g	0. 45
K2802+400—K2877+500	75 100	8	0. 20g	0. 45
K2877+500—K2913+400	35 900	8	0. 30g	0. 45
K2913+400—K2961+800	48 400	8	0. 20g	0. 45
K2961+800—K3049+300	87 500	7	0. 15g	0. 45
K3049+300—K3119+900	70 600	8	0. 20g	0. 45
K3119+900—K3143+600	23 700	7	0. 15g	0. 45
K3143+600—K3223+000	79 400	7	0. 15g	0. 40
K3223+000—K3311+500	88 500	8	0. 20g	0. 40
K3311+500—K3356+200	44 700	7	0. 15g	0. 40
K3356+200—K3400+600	44 400	7	0. 15g	0. 45
K3400+600—K3450+600	50 000	8	0. 20g	0. 45

2.1.5 特殊岩土与不良地质作用

青藏工程走廊带内冻土极其发育,属于全球典型高海拔多年冻土发育区域。除此之外,还发育有膨胀土、软弱土、盐渍土等特殊性土。其中,膨胀土主要分布在红梁河、北麓河附近山区一带,属于弱膨胀性土;软弱土发育在山前缓坡及地势低洼路段,夏季呈饱水状态,具有极高的压缩性,冬季冻结过程具有很强的冻胀性;土壤盐渍化现象主要出现在邻近湖泊区域,与走廊内湖泊大多为咸水湖有较大关系。

青藏工程走廊带内不良地质作用与高原气候和多年冻土息息相关,主要为热融湖塘、热融滑塌、冻胀丘及冰椎等典型热融灾害以及积雪等气候灾害。

2.2 青藏工程走廊冻土环境特征

2.2.1 多年冻土分布与发育特征

1) 多年冻土分布特征

多年冻土分布格局既受海拔和纬度的控制,也受到辐射、河流、构造、植被、地形、岩性等局地因素的影响,分布较为复杂,其总体分布格局如下:

① 西大滩断陷盆地内,多年冻土分布于昆仑山北坡山麓,受冰川融水的影响,多年冻土

被分割为条带状,空间上冻土与融区相间分布。冻土层厚5~20 m。

② 自昆仑山口向南进入昆仑山中高山区、楚玛尔河高平原、可可西里山区、北麓河盆地、风火山区、尺曲谷地至乌丽盆地全段内多年冻土主要为大片连续多年冻土。高海拔、低气温是形成多年冻土的主要因素。区内多年冻土广泛分布,多年冻土层厚10~120 m。局部地段由于河流和湖塘的影响分布岛状融区或条带状融区。

③ 自乌丽盆地,沱沱河盆地至开心岭山区,全段内多年冻土与融区相间分布。因该段海拔相对较低,地表植被稀疏,水体分布较多,且卵石、碎石、角砾、圆砾等渗透性较好的粗颗粒土较为发育,不利于多年冻土的发育。因此,路线通过地区以融区为主。该岛状多年冻土层厚一般为10~30 m。

④ 通天河盆地内主要为大片连续多年冻土,该段内主要为粉质黏土、粉土等细颗粒土,有利于多年冻土发育,一般多年冻土层厚可达20~40 m,但在通天河、布曲河流域广泛分布有条带状河流融区。拟建路线多数路段沿河流布设,位于河流融区内。

⑤ 布曲河谷地及温泉断陷盆地内由于受布曲河河流及构造作用影响,多年冻土与融区相间分布,沿路线里程长度相当。此外,该段内地层以卵石土、圆砾土及风化层为主,不利于多年冻土发育。多年冻土层厚5~40 m。

⑥ 唐古拉山区为大片连续多年冻土,但路线行走于布曲河上游两岸阶地及漫滩,受河流融区影响,路线经过处多年冻土为融区所分隔。多年冻土层厚10~120 m。

⑦ 唐古拉山间盆地为大片连续多年冻土,局部分布岛状融区,融区沿路线仅长5.4 km。多年冻土层厚50~120 m。

⑧ 扎加藏布曲谷地至安多谷地段主要为大片连续多年冻土及岛状多年冻土,扎加藏布曲上游大片连续多年冻土受河流融区影响。沿路线呈断续分布状,安多谷地内由于靠近青藏高原多年冻土南界,主要表现为岛状多年冻土。此段内虽然海拔高程为4 800~5 000 m,但因纬度低,年平均气温高,所以岛状多年冻土发育,且多年冻土层厚变小,一般为10~40 m。

2) 多年冻土发育特征

① 昆仑山、风火山、唐古拉山等高海拔山区冻土上限埋深较浅,一般为2~3 m;而分布于山间的盆地和平原区,如西大滩断陷谷地、楚玛尔河高平原、北麓河盆地、通天河盆地、温泉断陷盆地、唐古拉至头二九山间盆地等平坦地区上限深度相对较深,一般为2~5 m。

② 一般在片状多年冻土路段,主要分布衔接多年冻土,其上限一般深度1.0~4.5 m,其中细颗粒土多年冻土上限较粗颗粒土多年冻土上限埋深浅,一般为2.0~3.0 m;冻土沼泽湿地等地表植被极发育路段多年冻土上限埋深,甚至可达到0.8~1.0 m;粗颗粒土(碎石、角砾)多年冻土上限埋深相对较大,可达到2.5~4.0 m;基岩路段一般地表覆盖层薄且植被不发育往往上限深度较大,达到4.0 m以上。

③ 在岛状多年冻土分布路段,多年冻土往往处于退化过程中,形成不衔接多年冻土,其上限埋深一般较大,可达到5.5~7.5 m。

青藏工程走廊内多年冻土上限的总体分布及发育情况见表2-3。

表 2-3 青藏工程走廊多年冻土分布与发育特征一览表

区名	主要地质、地貌条件	年平均气温(℃)	多年冻土类型	冻土类型(长度,比例)	季节活动层冻胀类别	天然上限(m)	年平均地温 T_{cp}(℃)	地温类型(长度,比例)
西大滩连续多年冻土区	属东昆仑断陷谷地的西段,滩地海拔 4 100~4 500 m,由砂砾、碎石层组成	-3.0~-2.0	多年冻土与融区间隔分布	少冰-多冰冻土	不冻胀	2.7~5.0	-0.11	高温极不稳定
昆仑山连续多年冻土区	海拔 4 700 m 以上,在 5 100 m 以上的山峰发育着现代冰川,山坡上广泛分布残坡积粉土,昆仑山垭口盆地有厚达百余米的第四系湖相粉质黏土	-5.7~-5.0	连续多年冻土,有局部融区	少冰-多冰冻土(25 035 m,60.21%) 富冰-饱冰冻土(12 763 m,30.70%) 饱冰-含土冰层(3 782 m,9.09%)	不冻胀-特强冻胀	-5.0~-1.3	-2.91~-1.81 -0.96~-0.56 -0.11	低温稳定(23 135 m,55.64%) 高温不稳定(15 435 m,37.12%) 高温极不稳定(3 010 m,7.24%)
长江河源高平原连续多年冻土区 平原谷地亚区	海拔在 4 500~4 900 m,自北而南依次为楚玛尔河高平原、北麓河盆地、尺曲谷地、乌丽盆地、沱沱河盆地、通天河盆地、布曲谷地、温泉断陷盆地等,地形起伏不大,上覆岩性主要为冲洪积粉土、粉质黏土、砂卵石、碎石等,下伏岩性主要为砂岩及泥岩,局部发育水草沼泽地	-5.4~-4.2	以连续为主,有局部融区	少冰-多冰冻土(55 140 m,32.41%) 多冰-富冰冻土(2 210 m,1.30%) 富冰-饱冰冻土(19 795 m,11.63%) 饱冰-含土冰层(92 995 m,54.66%)	不冻胀-特强冻胀	-4.5~-1.8 局部达12.5 m	-1.38~-1.02 -0.95~-0.60 -0.35~-0.05	低温基本稳定(20 495 m,15.65%) 高温不稳定(38 600 m,29.48%) 高温极不稳定(71 855 m,54.87%)
长江河源高平原连续多年冻土区 低山丘陵亚区	为东西走向的丘陵山地,海拔 4 900~5 100 m,自北而南依次为可可西里山、风火山、开心岭、乌丽山等,地形起伏大,相对高差小于 300 m,地表岩性为碎石、角砾、砂、粉土、粉质黏土等	低于-5.0	连续多年冻土	少冰-多冰冻土(61 150 m,65.11%) 富冰-饱冰冻土(18 635 m,19.84%) 饱冰-含土冰层(14 130 m,15.05%)	不冻胀-特强冻胀	-4.5~-1.7	-3.15~-2.15 -1.97~-1.06 -0.96~-0.60 -0.37~-0.02	低温稳定(11 590 m,8.71%) 低温基本稳定(36 450 m,27.38%) 高温不稳定(62 660 m,47.08%) 高温极不稳定(22 405 m,16.83%)
唐古拉山及山间盆地连续多年冻土区	山脉呈 NWW—NSS 走向,山峰海拔在 6 000 m 以上,现代冰川主要分布于分水岭附近,海拔 5 800 m 以上的山峰周围。基岩为侏罗系砂岩、页岩、灰岩,北麓沼泽化湿地发育,南麓地表干燥,植被稀疏	-5.7~-5.2	以连续为主,有局部融区	少冰-多冰冻土(21 590 m,30.18%) 多冰-富冰冻土(3 065 m,4.28%) 富冰-饱冰冻土(29 195 m,40.82%) 饱冰-含土冰层(17 680 m,24.72%)	不冻胀-冻胀	-4.2~-1.5	-3.37 -1.79~-1.02 -0.40~-0.01	低温稳定(6 580 m,7.09%) 低温基本稳定(35 720 m,38.47%) 高温极不稳定(50 555 m,54.44%)

2.2.2 多年冻土区地质灾害发育特征

1）冻胀丘、冰锥

青藏工程走廊内的冻胀丘、冰锥分布较广，类型较多。其中，冻胀丘主要分布在昆仑山及唐古拉山一带，不冻泉河谷及滩地、楚玛尔河高平原及沱沱河盆地边缘也分布有规模较小的冻胀丘。冰锥主要分布于不冻泉河谷及滩地、开心岭北麓低山丘陵区、唐古拉山区以及安多谷地等路段。

从区域分布特征上来看，冻胀丘、冰锥分布特征大致以唐古拉山为界限，大体上呈现以下区域分布特点：

① 唐古拉山以南的区域比以北的区域分布多。

② 山岳丘陵地区比高平原地区分布多。

③ 河流地区河漫滩比阶地分布多。

④ 山脚附近比山麓分布多。

青藏工程走廊内典型冻胀丘、冰锥分布与特征见表 2－4。

表 2－4 拟建路线主要冻胀丘、冰锥分布表

编号	里程桩号	灾害体形态			工程地质特征描述
		纵长（m）	宽（m）	高度（m）	
DZQ1	K2887+500	140	45	20	该冻胀丘长 140 m，宽 45 m，高 20 m，其年龄在千年以上，是青藏高原乃至中国目前发现的最大的冻胀丘
BZ1	K2903+900	100	30	2	河流冰锥，长约 100 m，宽约 30 m，高约 2 m，冰锥裂隙较多，最宽约 10 cm
BZ2	K2907+400	1 000	100	0.4	河流冰锥，结冰面积较大，长约 1 000 m，宽约 100 m，高约 0.4 m
BZ3	K3049+100	50～60	25～35	0.5～1	冰锥，为地下水渗形成，距离公路约 50 m，长 50～60 m，宽 25～35 m，高 0.5～1 m
BZ4	K3314+200	20	10	0.4	河流冰锥，结冰面积较大。中间鼓起部分长约 20 m，宽约 10 m，高约 0.4 m
BZ5	K3349+100	10	5	1～1.5	河流冰锥，高 1～1.5 m，半径 2～2.5 m。冰锥裂隙较多，宽 5～15 cm
BZ6	K3355+000	20	20	1.5～2	冰锥，为地下水渗形成，距离公路约 80 m，表面有多条裂隙，裂隙宽达 0.4 m
BZ7	K3400+080	20	20	0.6～1	河流冰锥，结冰面积较大。中间鼓起部分长约 20 m，宽约 20 m，高 0.6～1 m

2）积雪

青藏公路积雪路段主要位于昆仑山、风火山、唐古拉山等垭口段，随地势升高降雪量增加，最大积雪深度 18～25 cm。积雪路段沿线分布情况见表 2－5。

表 2-5 主要严重积雪路段一览表

编号	里 程 桩 号	工 程 地 质 特 征 描 述
JX1	K2790+200	积雪段位于公路下坡阴面，公路较两侧高程低，不利于风力吹走积雪，且气温较低，导致积雪不易融化
JX2	昆仑山 K2883—K2895	路段平均积雪日数为 43 d。其中里程 K2883—K2911 路段积雪天数超过 30 d，部分路段甚至多于 60 d，其平均积雪日数达 52 d。该路段年平均雪深达 1.766 cm，年均地表温度为-0.072℃，路段积雪量大且易发生结冰现象
JX3	可可西里山 K2982—K3017	路段平均积雪日数为 31 d，其中部分路段积雪日数时间较长。该路段年平均雪深为 0.199 cm，年均地表温度为-0.061℃，其积雪日数较长，路段易发生结冰现象
JX4	风火山 K3060—K3089	该路段平均积雪日数为 34 d。其中，里程 K3060—K3078+500 大多数路段积雪天数超过 30 d，部分路段接近 30 d，其平均积雪日数达 41 d。该路段年平均雪深为 0.276 cm，年均地表温度为-0.362℃，年均地表温度较低，路段积雪量小，但易发生结冰现象
JX5	唐古拉山 K3300—K3328 B9K3300—B9K3339	该路段积雪天数超过 30 d，其平均积雪日数达 45 d。该路段年平均雪深为 0.216 cm，年均地表温度为 0.368℃，路段积雪量小，且不易发生结冰现象
JX6	头二九山 B9K3367—K3412	该路段平均积雪日数为 34 d。该路段年平均雪深为 0.216 cm，年均地表温度为 0.368℃，路段积雪量小，且不易发生结冰现象

3）热融湖塘

在青藏公路、铁路沿线左右各 200 m 范围内分布着约 900 多个热融湖塘，积水总面积达到 $4.1\times10^6\ m^2$，最大湖的面积约为 $3.2\times10^5\ m^2$，最小的仅 200～300 m^2，如图 2-1、图 2-2 所示。整个调查区湖塘的平均面积约为 4 572 m^2，单位公里分布 1.7 个热融湖塘。就每个地区而言，湖塘的分布有较大差别，西大滩—昆仑山地区无论湖塘的数量还是面积都比较少，一方面高海拔地区的低温多年冻土条件不利于热融湖塘的形成，另一方面山区地形不利于地表水体的聚集。沱沱河地区是热融湖塘分布最密集的区域，占 13.93%的区域长度分布着 26.12%的湖塘数量和 40.7%的湖塘面积，平均每公里分布 3.21 个热融湖塘和 2.3 m^2 的积水面积。其次是风火山地区，仅占不到 15.78%的区域长度分布着约 21.9%的湖塘数量和约 15.78%的湖塘面积，平均每公里分布 2.28 个热融湖塘和 1.3 m^2 的积水面积。这两个地区单位长度上湖塘的数量和面积都超过整个区域的平均水平。楚玛尔河高平原地区是热融湖塘分布密集的第三个地区，约占 16.71%的区域长度分布着约 20.87%的湖塘数量和约 16.71%的湖塘面积，平均每公里分布约 2.13 个热融湖塘和 0.35 m^2 的积水面积。

就湖塘面积而言，由于受地形、地下冰空间分布等局地因素的影响，湖塘的面积在不同的区域也有较大差异。统计结果表明：北麓河盆地湖塘的面积最大，平均面积达到约 8 500 m^2，其次是楚玛尔河高平原地区，平均面积达到约 6 500 m^2，可可西里地区湖塘面积最小，约 3 000 m^2。从统计结果可以看出，青藏公路沿线热融湖塘分布密度最大的区段位于昆仑山垭口至风火山垭口之间的楚玛尔河、五道梁、北麓河等地区，而且这些地区热融湖塘地处高温高含冰量多年冻土区，近年来发育状况非常明显。

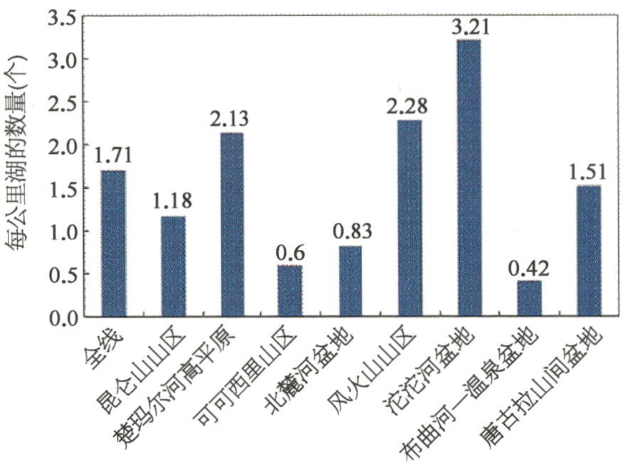

图 2-1 青藏公路沿线热喀斯特湖分布数量统计

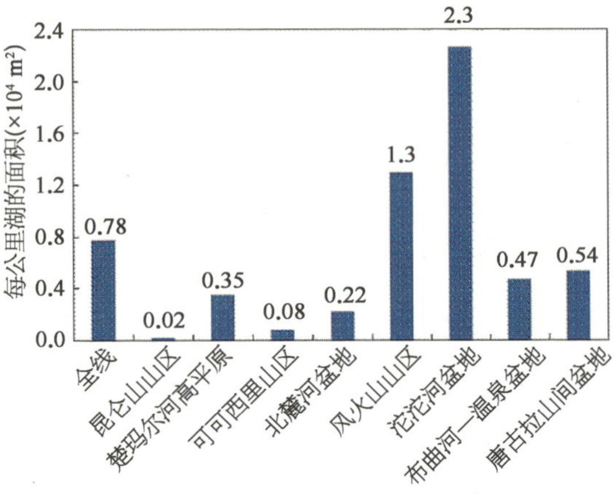

图 2-2 青藏公路热喀斯特湖分布面积统计

2.3 青藏工程走廊综合勘察技术

青藏工程走廊地处青藏高原腹地，海拔高、自然条件极其恶劣，沿线工程地质条件也十分复杂，而多年冻土以及其相伴的多年冻土冷生现象在青藏工程走廊广泛分布。多年冻土作为含冰的特殊岩土体强烈受到气温、地形、植被、水文等外界条件显著的影响，具有空间分异性、工程不稳定性、环境敏感性的特点，严重威胁工程构筑物稳定性。因此，对于青藏工程走廊的勘察的重点是围绕多年冻土工程地质条件判别开展，针对多年冻土分布特征、发育特征、工程地质特性等问题的多年冻土工程地质勘察成为多年冻土区工程设计的基础和关键。

伴随着多年冻土区工程活动和环境调查工作，国内外均开展了大量的相关勘察技术研究工作，多年冻土区各类勘察技术得到了长足的发展，尤其随着近年来高寒高海拔地区青藏公路整治改建工程、青藏铁路工程、共和至玉树公路等一系列等重大项目的开展，多年冻土勘察技术得到充分的发展，逐步形成了适宜于多年冻土勘察的综合勘察技术和方法，同时也制定了详细的多年冻土勘察技术标准。目前，对于多年冻土勘察已经形成了较为完备的多年冻土综合勘察技术体系(图 2-3)。

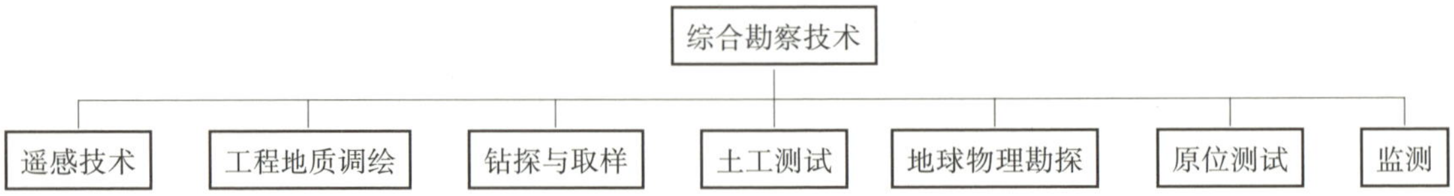

图 2-3 多年冻土综合勘察技术体系

尽管多年冻土的综合勘察技术体系能够有效查明多年冻土相关的工程地质特征，但多年冻土对外界环境敏感，同时存在显著的“时效性”，因此对于其勘察技术还应讲求高效和可靠，如遥感技术可快速从宏观上掌握了多年冻土的总体分布和发育规律；地球物理勘探方法可通过与钻探的结合揭示连续地层剖面特征，同时具有轻便、连续、效率高的特点；多年冻土环境监测对于多年冻土工程地质性质变化判别具有重要的作用。因此，本次研究对于勘察技术重点就遥感、综合物探方法开展了工作。

2.3.1 遥感技术在多年冻土勘察中的应用

青藏工程走廊多年冻土区气候恶劣、人烟稀少、交通不便、供给困难，同时各类多年冻土冷生现象具有强烈的时效性。一方面，其各类相关的多年冻土不良地质现象发育时间存在较大的差异，对工程地质调绘工作带来了极大的难度，如热融湖塘、沼泽湿地等不良现象往往在暖季调查，而冻胀丘、涎流冰等冷生地质现象则在冷季开展，导致冻土工程地质调绘工作时间较长，劳动强度较大，工作效率低下，且需投入大量人力、物力和财力；另一方面，对于积雪等与气象相关的灾害则往往由于年际差异，会造成调查结果失真的情况。而青藏工程走廊自然景观相对单调，植被冠层影响甚微，为遥感技术的使用提供了有利的条件。采用遥感技术，利用多期、多源遥感数据，以多年冻土不良地质现象和冻融活动性特征为基础，通过地形地貌、地层岩性、地表水体、水文地质、植被发育以及地形坡向等综合因素分析进行多年冻土工程地质分区及判别，可有效提高调查质量、提升调绘效率。

1）典型多年冻土不良地质的遥感判别

青藏工程走廊典型的多年冻土区主要的冻融不良地质现象包含有热融湖塘、冻土沼泽湿地、冻胀丘、涎流冰等，其在遥感影像上具有特殊的影像特征，通过影像判别可准确地调查各类不良地质现象的分布和发育特征。

（1）热融湖塘的遥感判别

热融湖塘与热融洼地主要发育于横坡小于 3°的高平原地区，由于不同成因的负地形积水后破坏了多年冻土的热平衡，致使冻土或地下冰部分融化，当冻结层上水和大气降水的补给量大于蒸发量时，逐渐形成有水热融湖塘，当冻结层上水和大气降水的补给量小于蒸发量时，逐渐形成热融洼地。

热融湖塘在遥感正射影像上有非常直观的反应（图 2－4），在暖季的遥感正射影像上呈现出椭圆形、圆形暗色区域，与周围色调差异明显，直径数米至数百米，长轴多与区域主风向大体一致，可清晰辨识。

通过遥感影像可清晰地判别青藏工程走廊热融湖塘往往成群分布，根据统计青藏工程走廊内热融湖塘主要分布于楚玛尔河高平原、可可西里山区、通天河盆地、布曲河谷地、唐古拉山山间盆地，沿路线发育长度约 131.600 km，其中融区占 57.905 km，所占比例为 44.00%，低含冰量冻土段 6.670 km，所占比例为 5.07%，高含冰量冻土段 67.025 km，所占比例为

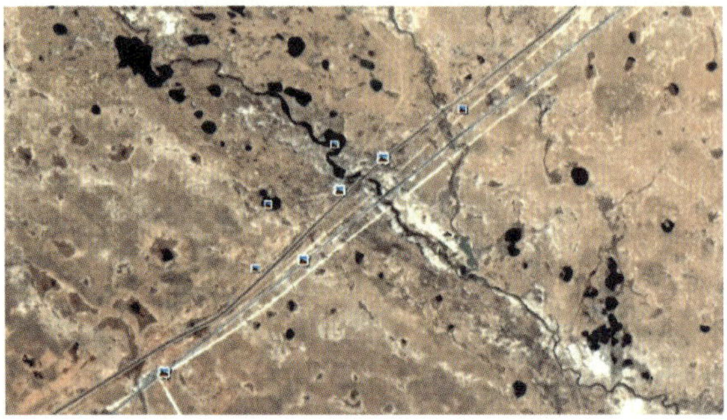

(a) K2943+000—K2968+000段热融湖塘

(b) K3192+000—K3227+000段热融湖塘

图 2-4 热融湖塘遥感正射影像

50.93%。可见热融湖塘发育段落多为高含冰量多年冻土,融区段落两侧也为高含冰量多年冻土,且高含冰量多年冻土基本都为高温极不稳定-高温不稳定多年冻土。

(2) 沼泽湿地的遥感判别

多年冻土区沼泽由冻结层上水形成,其水位及含水层厚度一般受制于多年冻土上限(隔水层),多形成于山麓坡脚平缓地带,且草皮土发育厚度较大,形成冻土草沼。其发育具有明显的季节性,暖季(5—9 月)时积水严重,形成过湿路段,局部形成小型湖塘,寒季(10 月至次年 4 月)时,地表水退化,地表冻结,积水现象消退,还常有泥炭层存在。

沼泽湿地在遥感正射影像上色调呈深灰、灰黑色,影纹粗糙,与周围色调差异显著,易于圈绘(图 2-5)。在冬季获取的影像上,由于土体冻结,植被枯萎,色调变浅,影像较为模糊。通过遥感影像可以判别青藏工程走廊内冻土沼泽湿地主要分布于风火山、开心岭、布曲河谷地、唐古拉山间盆地和头二九山区。

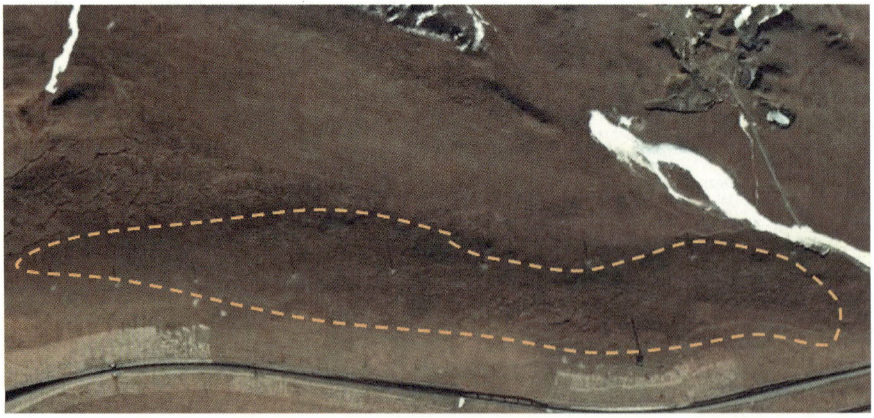

图 2-5 K3116+445—K3117+375 段沼泽湿地正摄影像

(3) 冻胀丘的遥感判别

冻胀丘是多年冻土区较为常见的冷生现象,为差异冻胀作用所形成的丘状地形。其形成是由于地下水受冻结地面和下部多年冻土层的遏阻,在薄弱地带冻结膨胀,使地表变形隆起，地貌上具有共同的特征，即处于山间洼地边缘部，靠近山麓坡脚，同时地表呈沼泽化湿地，其周围通常有高含冰量冻土存在。

冻胀丘在遥感正摄影像上呈圆丘状突起，一般为灰白色调，具有放射状或同心环状影纹，易于辨识和圈绘（图 2－6）。通过遥感影像可以判别青藏工程走廊内冻土沼泽湿地主要分布于昆仑山、风火山及唐古拉山区。

图 2－6　昆仑山 1 号冻胀丘正摄影像

（4）冰锥、涎流冰的遥感判别

冰锥是在寒冷季节流出封冻地表和冰面的地下水或河水冻结后形成丘状隆起的冰体。河水或地下水在冬季流至冰面或地面以上随流随冻而形成，它分布在冻土区的山间洼地、河床、河漫滩，以及山麓的洪积扇边缘地带。

在冷季（11 月至次年 3 月）遥感正射影像上，冰锥在一般呈现为白色点状或锥状，涎流冰呈白色扇形、带状或不规则状。青藏工程走廊内冰锥、涎流冰分布广泛，山前缓坡路段多见有分布（图 2－7）。

图 2－7　冰锥、涎流冰遥感正摄影像

2）**积雪灾害的遥感判别**

青藏工程走廊内公路工程相较于青藏铁路、格拉成品油管道、兰西拉光缆通信工程、高压输电工程等工程遭受到积雪灾害威胁往往较为严重，频繁的积雪灾害会对公路交通运输安全和社会经济带来严重的危害，积雪灾害是青藏高速公路在设计中必须要解决的重要问

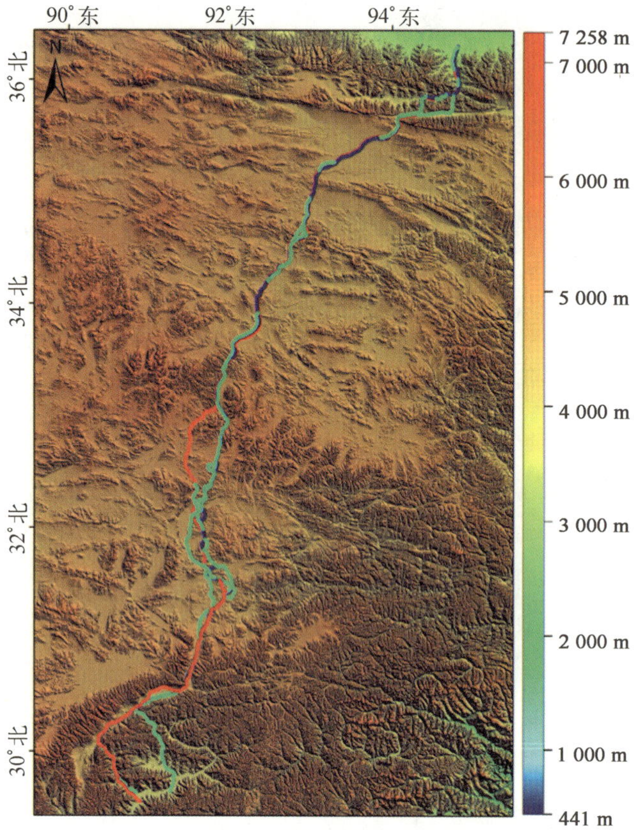

图 2-8 青藏高速公路沿线 DEM 空间分布

题。对于积雪的调查往往受制于调查时间限制而无法做到准确的判断，而采用多期、多源遥感数据则为积雪危害辨识提供了有效的手段。

(1) DEM 数据

数字高程模型(DEM)数据采用美国地质调查局提供的 ASTER GDEM 数据，空间分辨率为 30 m，垂直精度 20 m，水平精度 30 m(图 2-8)。

(2) MODIS 积雪面积数据

中分辨率成像光谱仪(MODIS)由可见光至热红外共 36 个波段组成，搭载在 EOS 系列平台上，长期提供对地和大气下层动力过程的观测。MODIS 积雪面积数据从美国雪冰数据中心(NSIDC)免费下载得到，其是采用 NDSI 阈值法得到的上午星 Terra 和下午星 Aqua 500 m 分辨率逐日积雪面积产品 MOD10A1 和 MYD10A1，空间分辨率为 500 m，利用 MODIS 重投影工具(MRT)工具对获取的 MODIS 数据进行格式转换、图像空间拼接、重新投影等处理。国内外对 MODIS 积雪产品的精度进行了大量的验证分析，得出在晴空条件下积雪的识别精度很高，整体精度能够达到 80%~90%。但是 MODIS 积雪产品受大量云覆盖的影响，极大地限制了积雪动态监测。因此，利用 MODIS 积雪面积产品时，在日时间尺度上积雪覆盖监测需要考虑去云问题。目前，MODIS 影像的云处理方法主要有时间滤波、空间滤波、时空滤波、多源数据融合[如 Terra MODIS 和 Aqua MODIS 积雪覆盖信息的融合、被动微波(AMSR-E)雪深产品与 MODIS 积雪产品的融合]、雪线法等。在充分考虑地形和山地积雪特征的情况下，采用多种去云过程和步骤相结合，完成逐日积雪云量消除。

(3) MODIS 地表温度

利用 MODIS 上下午星 Terra 和 Aqua 的地表温度数据产品 MOD11A1 和 MYD11A1，空间分辨率为 1 km。针对 MODIS 地表温度产品中存在的云覆盖像元数据缺失问题，基于影像时空信息对云覆盖像元下地表温度信息进行重建。采用青藏高原工程走廊带布设的昆仑山、北麓河、开心岭、唐古拉山观测站点对重建信息及地表温度代表性问题进行了验证和分析，通过相关性系数(r^2)、均方根误差(RMSE)、平均绝对误差(MAE)和平均偏差(MBE)验证指标得出：基于时空信息的 MODIS 云覆盖像元下地表温度重建精度高；上下午星 Terra 和

Aqua 白天和夜间观测加权平均代表性最好(表 2-6)。

表 2-6 MODIS 地表温度重建验证及代表性问题分析

站点	MODIS	验证指标				站点	MODIS	验证指标			
		r^2	RMSE	MBE	MAE			r^2	RMSE	MBE	MAE
昆仑山	MODLTD	0.70	9.98	−8.74	8.80	北麓河	MODLTD	0.53	11.87	−10.51	10.53
	MODLTN	0.94	11.48	11.16	11.16		MODLTN	0.91	11.37	10.92	10.92
	MYDLTD	0.76	13.28	−12.57	12.57		MYDLTD	0.57	12.36	−11.21	11.24
	MYDLTN	0.94	12.37	11.98	11.98		MYDLTN	0.92	12.47	11.96	11.96
	LST	0.92	2.64	0.46	2.18		LST	0.91	2.32	0.29	1.70
开心岭	MODLTD	0.61	13.20	−12.40	12.40	唐古拉山	MODLTD	0.57	16.24	−14.87	14.93
	MODLTN	0.90	10.42	9.77	9.77		MODLTN	0.91	12.04	11.37	11.37
	MYDLTD	0.55	14.02	−12.88	13.30		MYDLTD	0.51	16.23	−14.89	14.93
	MYDLTN	0.89	12.12	11.37	11.37		MYDLTN	0.91	13.75	13.03	13.03
	LST	0.88	3.03	−1.04	2.14		LST	0.81	4.50	−1.34	3.72

(4) Landsat 卫星

美国陆地卫星(Landsat)系列卫星具有长期连续观测、全球覆盖和适中的时间分辨率等优势,逐步成为地表特征和地球系统科学研究中最有效的遥感数据之一,在全球尺度的生态环境变化监测中发挥着无可比拟的重要作用。本文利用 Landsat 8 图像提取积雪信息,其空间分辨率为 30 m,对传感器进行辐射定标,将图像的 DN 值转换为辐射值,并进行 FLAASH 大气校正和地形校正。

(5) 公路积雪灾害信息遥感评估技术流程

公路积雪灾害信息遥感提取和评估过程如图 2-9 所示。

3) 青藏高速公路积雪灾害信息的遥感提取

(1) 基于 MODIS 的公路积雪信息的遥感提取

基于 MODIS 积雪面积数据可在宏观、大尺度范围上提取公路积雪信息。但由于光学遥感产品受天气影响严重,云的存在限制了逐日无云积雪产品的获取。在充分考虑青藏高速公路沿线的地形和山地积雪特征的情况下,逐日 MODIS 积雪面积数据以积雪产品 MOD10A1 和 MYD10A1 为数据源,通过上下午星合成、三天合成、"永久"积雪陆地方法、邻近四像元法、高程滤波方法、修改阴影区错误分类、最大积雪陆地范围掩膜、拟合预期雪线方法,去除全部云污染,获得 MODIS 逐日无云积雪产品。通过去云后的 MODIS 逐日积雪面积产品,计算 2005—2014 年的年均积雪日数,提取青藏高速公路各里程积雪日数(图 2-10),判断重点积雪路段。通过统计得出,青藏高速公路 3 km 路段年均积雪日超过 90 d,17 km 路段介于 60~90 d,222 km 路段介于 30~60 d,869 km 路段少于 30 d。重点积雪路段里程分别为:

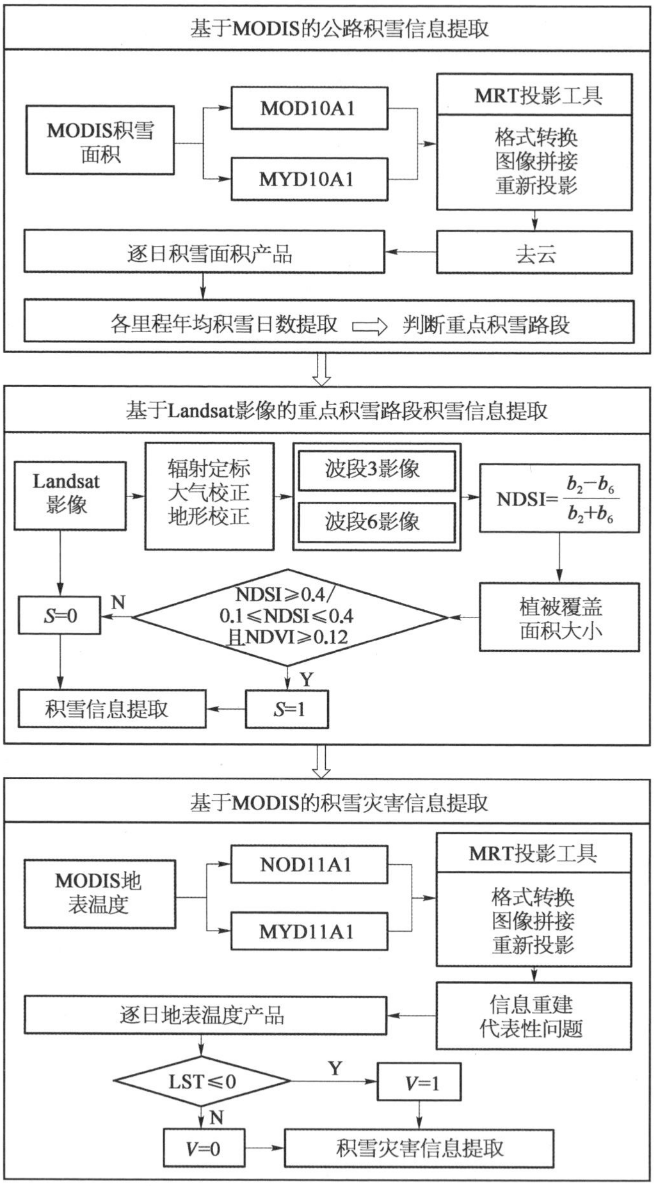

图 2-9 公路积雪灾害信息遥感评估流程

K2860—K2934(昆仑山)、K2956—K3021(五道梁)、K3060—K3089(风火山)和 K3250—K3400(唐古拉山)。

(2) 基于 LANDSAT 的公路重点积雪路段的遥感监测

MODIS 数据具有时间分辨率高的特点,能够逐日观测积雪空间分布,进而计算出多年平均积雪日数,来判断青藏高速公路重点积雪路段。进一步利用 LANDSAT30 m 遥感数据,可在更高空间分辨率基础上获取空间分布更加精确的重点路段积雪特点。

由于积雪在可见光波段具有较强的反射率,而在短波红外波段反射率很低,为了突出积

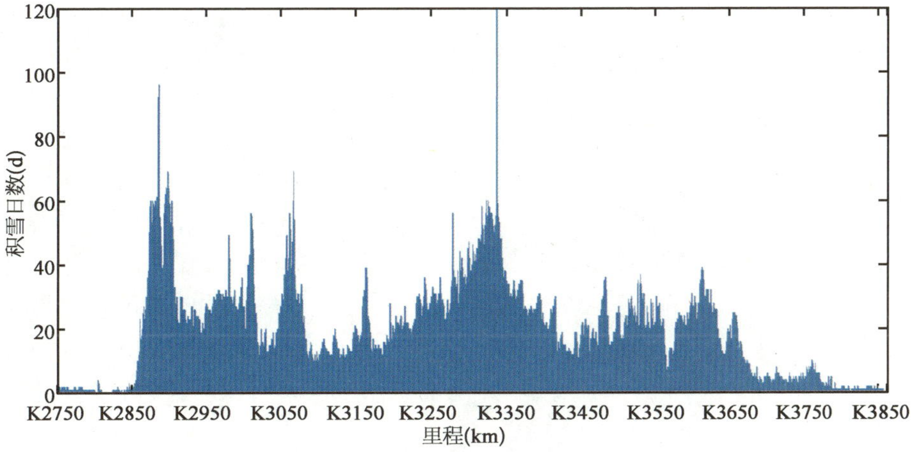

图 2－10　青藏高速公路沿线里程积雪日数

雪特性，利用归一化差值积雪指数（NDSI）阈值法识别重点积雪路段各里程处积雪和非积雪区域，提取出积雪空间分布，其计算公式为：

$$NDSI=\frac{\rho_{vis}-\rho_{swir}}{\rho_{vis}+\rho_{swir}}=\frac{b_3-b_6}{b_3+b_6} \tag{2-1}$$

式中，b_3 和 b_6 分别为 Landsat 8 影像第 3 波段和第 6 波段的反射率，NDSI 值介于－1～1 之间。空间尺度较大或植被覆盖面积较少的情况下，采用 NDSI≥0.4；植被覆盖面积较大的区域，采用 NDSI≥0.4 或（0.1≤NDSI≤0.4 且 NDVI≥0.12）。

基于图 2－11 和图 2－12 可以看出，利用 MODIS 逐日积雪面积统计的多年平均积雪日数分布来看，积雪主要集中在里程 K2860—K2922、K2956—K3021、K3060—K3088＋5、K3250—K3400 段。其中，K2860—K2922 路段中 K2872—K2906 积雪日数较长，其 LANDSAT 积雪空间分布显示积雪也主要分布在该里程处东西两侧山脉；K2956—K3021 路段中 K2977—K3021 积雪日数长，其 LANDSAT 积雪空间分布显示积雪也主要分布在该里程处东侧；K3060—K3088+5 路段中 K3060—K3078 积雪日数较长，其 LANDSAT 积雪空间分布显示积雪也主要分布在该里程处东西两侧，且积雪有沿山脉分布特点；K3250—K3400 路段中 K3278—K3354 两侧积雪日数长，LANDSAT 积雪空间分布显示积雪也主要分布在该里程两侧。总之，MODIS 多年平均积雪日数越长，LANDSAT 积雪空间分布可以看出其积雪主要分布在该区域。

（3）公路重点路段积雪灾害信息的遥感提取及分析

基于 MODIS 地表温度信息重建及代表性问题的验证和分析，获取青藏高速公路沿线逐日地表温度。通过多年算数平均得到年均地表温度值。通过图 2－13 可以看出，积雪日数与地表温度变化关系相反，积雪日数越长，地表温度越低。

通过地表温度与积雪日数的对比可以看出：里程 K2860—K2922 段平均积雪日数为

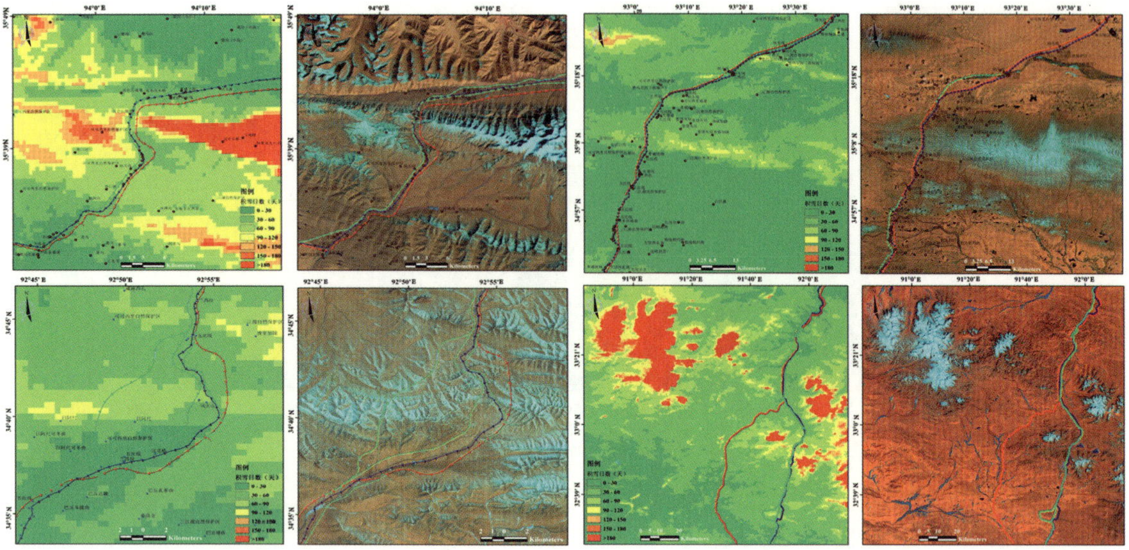

图 2-11 MODIS 年均积雪日数空间分布和 LANDSAT 积雪空间分布

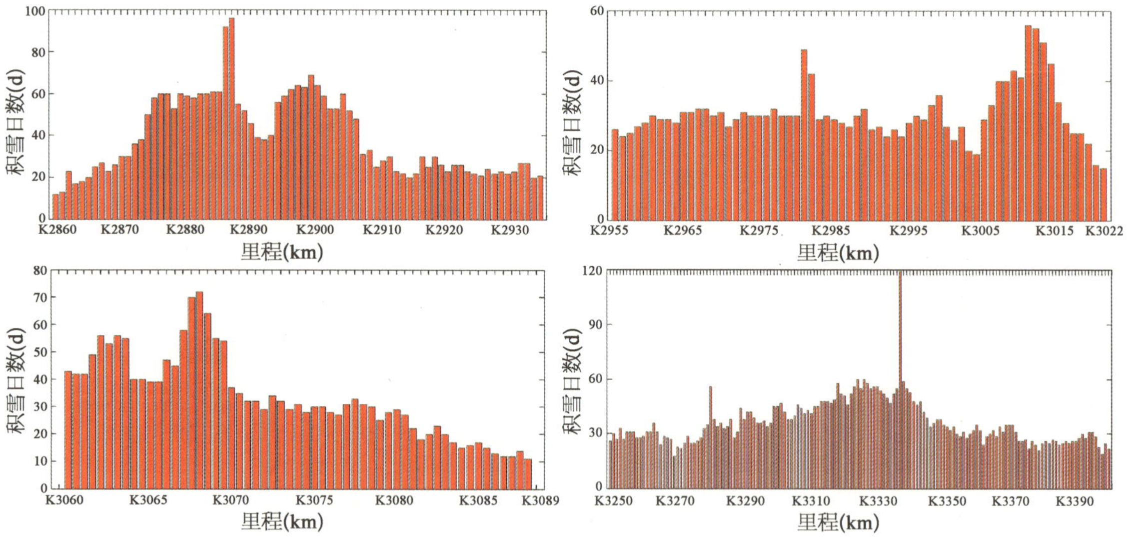

图 2-12 重点路段各里程积雪日数

43 d，年均地表温度为-0.072℃，年平均雪深达 1.766 cm，其中里程 K2872—K2906 路段积雪日数较长且地表温度低于 0℃，易发生道路结冰；里程 K2956—K3021 路段平均积雪日数为 31 d，其中部分路段积雪日数时间较长。该路段年平均雪深为 0.199 cm，年均地表温度为-0.061℃。里程 K2977—K3021 积雪日数长且地表温度低于 0℃，易发生道路结冰；里程 K3060—K3088+5 路段平均积雪日数为 34 d。其中，里程 K3060—K3078 大多数路段积雪天数超过 30 d，部分路段接近 30 d，其平均积雪日数达 41 d。该路段年平均雪深为 0.276 cm，年均地表温度为-0.362℃，年均地表温度较低，路段积雪量小但易发生结冰现象；里程

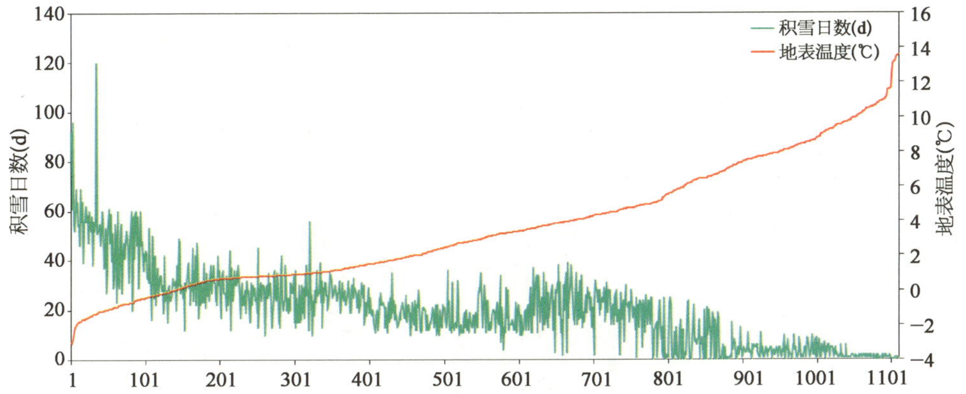

图 2-13　积雪日数与地表温度变化曲线

K3250—K3400 路段平均积雪日数为 34 d。其中，里程 K3278—K3354 路段积雪天数超过 30 d，其平均积雪日数达 45 d。该路段年平均雪深为 0.216 cm，年均地表温度为 0.368℃，路段积雪量小且不易发生结冰现象。

综上，利用多期多源遥感数据对青藏工程走廊内道路积雪进行有效的辨识，为青藏工程道路防雪设计提供依据。

2.3.2　综合物探方法在多年冻土勘察中的应用

1）冻融边界的勘察研究

（1）高密度电法的应用

① 大河融区的勘察。

针对大河融区的勘探，本次工作选取具有代表性的楚玛尔河进行勘察研究（图 2-14）。图 2-15 为楚玛尔河南岸勘测的高密度电法反演成果图。勘察中采用的是温纳装置，电极距为 3 m，一次布极 60 根，测试时间为 2015 年 9 月 10 日。图 2-16 为楚玛尔河北岸勘测的高密度电法反演成果图。勘察中采用的温纳装置，电极距为 3 m，一次布极 60 根，测试时间为 2015 年 9 月 13 日。

从图 2-15 可以看出反演剖面电阻率整体表现为左高右低，中间红线为高阻与低阻的分界线，左侧红色高阻区电阻率为 500~1 500 Ω · m，推断为冻土区；右侧蓝色低阻区电阻率为 20~100 Ω · m，推断为大河融区；点位 360~430 存在一段相对高阻的区域，电阻率为 150~300 Ω · m，推断为少冰冻土区。图 2-16 可以看出反演剖面电阻率整体表现为右高左低，中间红线为高阻与低阻的分界线，右侧红色高阻区电阻率为 500~1 500 Ω · m，推断为冻土区；左侧蓝色低阻区电阻率为 20~100 Ω · m，推断为大河融区；点位 140~230 存在一段相对高阻的区域，电阻率为 150~300 Ω · m，推断为少冰冻土区。

综合分析楚玛尔河两岸的高密度电阻率反演成果图，可以有效判断出测试期间楚玛尔河的融区范围。

图 2－14　楚玛尔河高密度电法野外工作

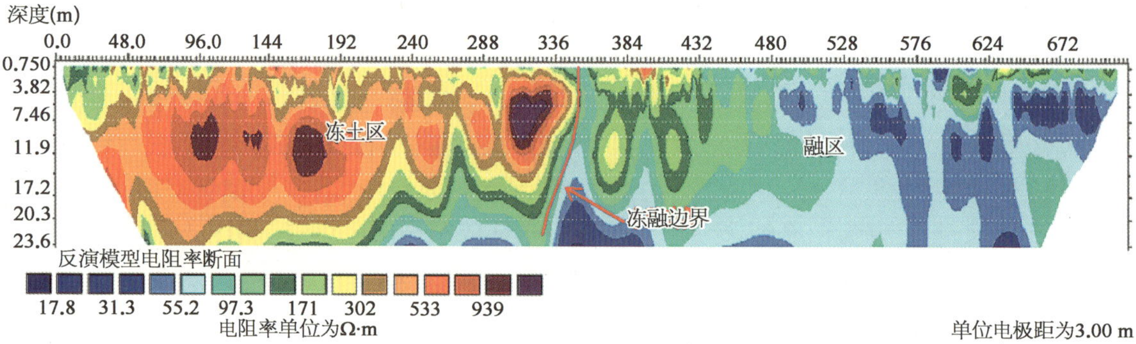

图 2－15　楚玛尔河南岸高密度电法反演成果图

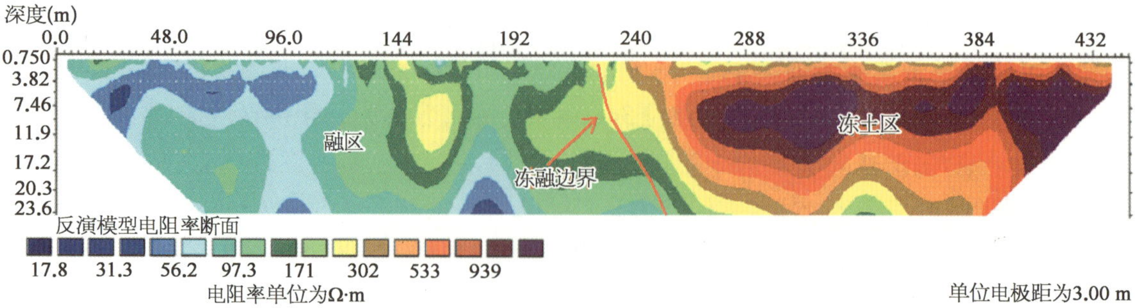

图 2－16　楚玛尔河北岸高密度电法反演成果图

② 热融湖塘的勘察。

图 2－17 为 K2967+000 附近的热融湖塘勘测的高密度电法反演成果图。勘察中采用的是温纳装置，电极距为 3 m，一次布极 60 根，测试时间为 2015 年 9 月 12 日。

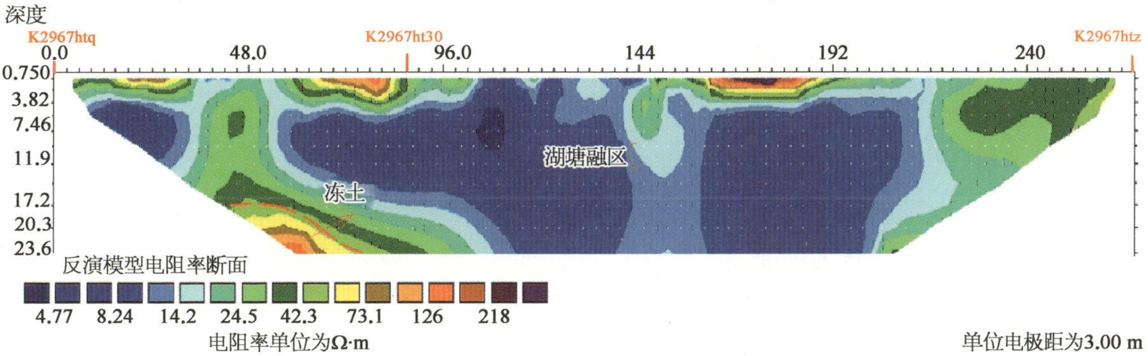

图 2－17 K2967 热融湖塘高密度电法反演成果图

从图 2－17 可以看出反演剖面电阻率整体表现为起点与终点高中间低，且由起点段可以看出，红色高阻区电阻率为 200～600 Ω · m，推断为冻土区；右侧蓝色低阻区电阻率为 5～20 Ω · m，推断为湖塘融区。从整个反演成果断面可以看出，湖塘附近冻土的上限为 15 m 左右，且融区整个区域的电阻率值较低。

③ 岛状冻土的勘察。

图 2－18 为 ZK102 附近所测的高密度电法反演成果图。该位置靠近安多县城，该处岛状冻土十分发育。勘察中采用的是温纳装置，电极距为 3 m，一次布极 60 根，测试时间为 2014 年 10 月 12 日。

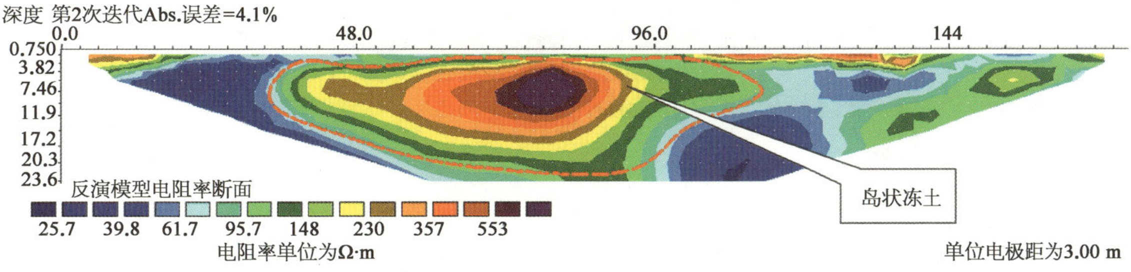

图 2－18 岛状冻土高密度电法剖面图

从图 2－18 可以看出反演剖面图电阻率整体表现为起点与终点低中间高，且中间红色高阻区域层团状，红色高阻区电阻率为 200～600 Ω · m，推断为冻土区；左右两侧蓝色低阻区电阻率为 20～100 Ω · m，推断为融化区。从整个反演成果断面可以看出，岛状冻土的上限为 1. 5～3. 5 m，这与钻孔 ZK102 的钻孔成果基本一致。

（2）地质雷达法

图 2－19 为无人区温泉界限地质雷达成果图。勘察中根据勘测深度以及精度的要求，

采用的是 50 m 天线，点距为 1 m，连续观测，测试时间为 2014 年 11 月 12 日。

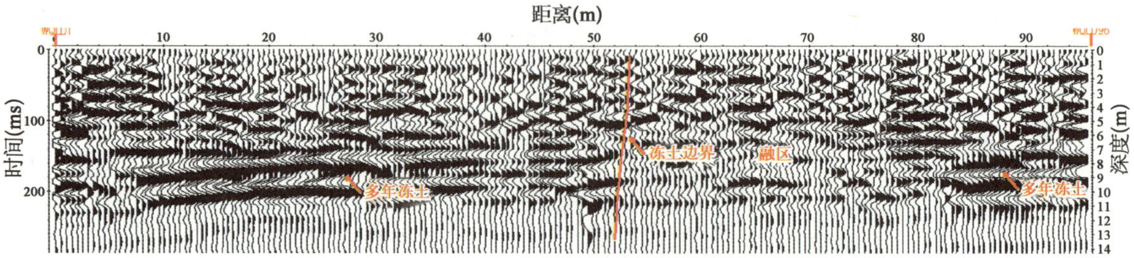

图 2-19 无人区温泉界限地质雷达成果图

从图上可以看出，整个剖面在深度 5~7 m 处，出现了一条连续、振幅强的同相轴，推测为电磁波遇到冻土后发生强反射，从而推断该处为冻土上限位置。而同向轴在点位 52~83 处出现了中断，推测为融区范围，这与地质调查结果基本一致。

2）冻土上限的勘察研究

（1）高密度电法

冻土层中由于冰对导电通道的阻隔作用，电阻率随着岩土体中含冰量的增加而增大。高密度电法层析成像剖面图像很明显地反映了冻土的这一物性特征。

图 2-20 为过 ZK91 钻孔的高密度电法反演成果图。勘察中采用的是温纳装置，电极距 1 m，目的是提高分辨精度，一次布极 60 根，测试时间为 2014 年 10 月 20 日。

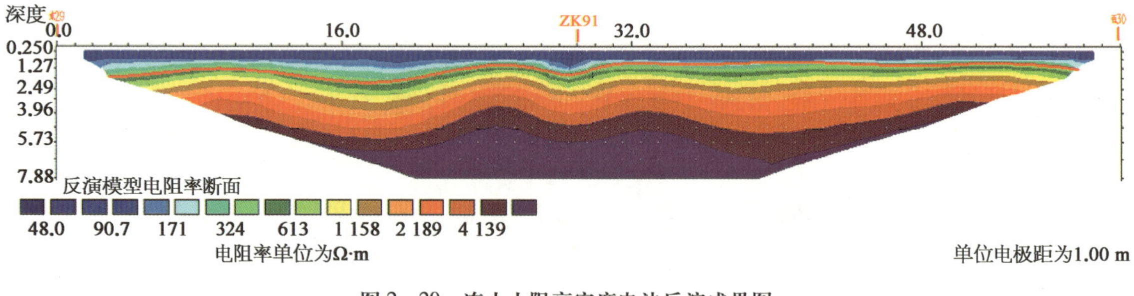

图 2-20 冻土上限高密度电法反演成果图

从图 2-20 可以看出反演剖面电阻率整体表现为上低与下高的特点，且在红线位置表现为等值线加密，说明为电阻率突变区域，红色高阻区电阻率为 1 500~4 500 Ω · m，上部蓝色低阻区域的电阻为推断为 50~150 Ω · m，由此可以推断出红线勾出位置即为冻融分界线，在此处体现为冻土的上限，且可以推断出该处上限的深度为 1.3 m。而 ZK91 显示，该处上部 1.3 m 为粉土，不含冰，1.3 m 后即为冻土层。结果表明用高密度电法在此处准确地查明了冻土的上限。

（2）探地雷达法

电磁波在不同电性介质间传播时会在典型界面上产生反射，而冻土与融区有明显的电性差异，即在该界面电磁波会形成强烈的反射，且当差异越大时，反射波的能量也越大。为较准确勘测出青藏高原东部地区多年冻土的上限深度,需要在每条测线上选取一段作共偏移距测量,以获取地表活动层的波速,同时还要根据地表直达波反射线斜率相关公式计算出地表层的雷达波速度。

图 2-21 为过 ZK128 钻孔的地质雷达剖面。勘察中根据勘测深度以及精度的要求,采用的是 50 m 天线,点距为 1 m,连续观测,测试时间为 2014 年 10 月 18 日。

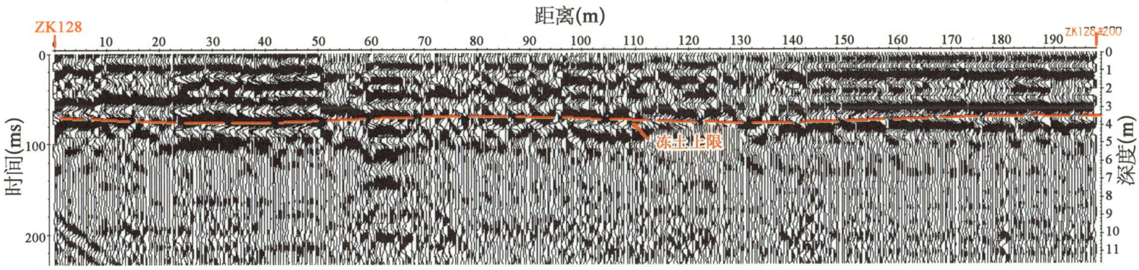

图 2-21 冻土上限地质雷达剖面

从图上可以看出,整个剖面在深度 3~4 m 处,出现了一条连续、振幅强的同相轴。而 ZK128 钻孔显示上层 0~3.3 m 为粉土与角砾,且不含冰,3.3 m 以下为多冰-富冰冻土。雷达剖面显示过 ZK128 孔处反射同相轴的深度为 3.3 m,这与钻孔揭示的冻土上限完全一致。从而证明了地质雷达法探测冻土上限准确而有效。

(3) 地震折射法

地震折射以记录的折射能量为基础,该折射能量将作为首波而向上传播。当向下传播至两种地层之间分界面的地震波入射角达到临界角时,地震波的折射角将变为 90°。当这种临界折射波沿下层介质的上部边缘传播时,将产生首波。仅当下层介质中地震波速度大于上覆物质中的地震波速度时,才出现临界折射。冻土层的波速通常远大于融化层的波速,满足折射波勘探的条件。

图 2-22 为 K2948+900 左侧过钻孔 ZK9 与 ZK10 的一条折射波等值线成果图。测区地形平缓,勘察中采用的道间距是 1 m,相遇观测系统,震源为锤击,24 道接受。图中为两个排列的联合。测试时间为 2015 年 9 月 10 日。

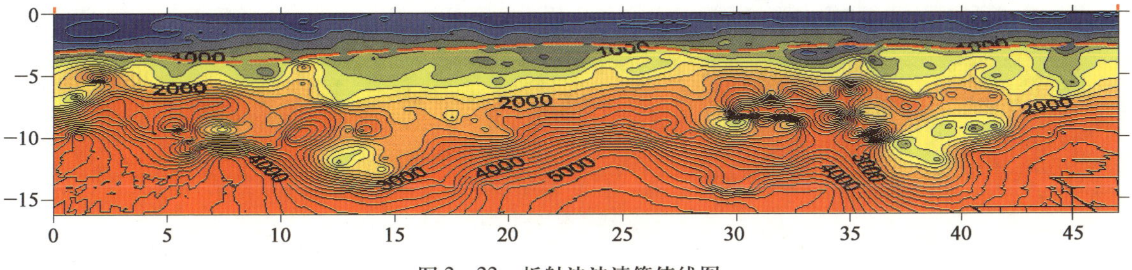

图 2-22 折射波波速等值线图

ZK9 钻孔揭示上部 3.3 m 为融化层,岩性为细砂与粉质黏土,下部为饱冰-含土冰层;ZK10 钻孔揭示上部 2 m 为融化层,岩性为中砂与粉质黏土,下部为富冰-少冰冻土。

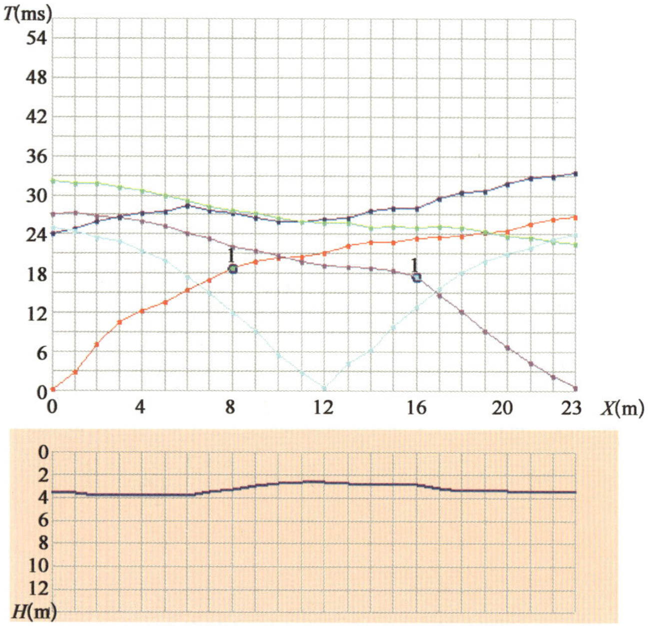

图 2－23 折射波解译成果图

从图 2－22 可以看出，整个剖面在深度 2~4 m 处，等值线密集，表明速度差异发生突变，红色虚线上方蓝色区域的波速明显低于下方红色区域的波速。结合图 2－23 的解译，可以求出该层的厚度以及深度变化。对比钻孔揭示的冻土上限，结果基本一致，从而证明了地震波法探测冻土上限准确而有效。

（4）地震映像法

人工激发的地震波在岩土体中传播时，遇到不同性质的分界面会产生反射现象。而冻土层与融化层存在显著的波阻抗差异，这为地震映像法的工作提供了基础。

图 2－24 为 K3404 左侧的一条地震映像时间剖面图。测区地形平缓，勘察中采用的道间距是 1 m，偏移距为 6 m，24 道接收，震源为锤击。

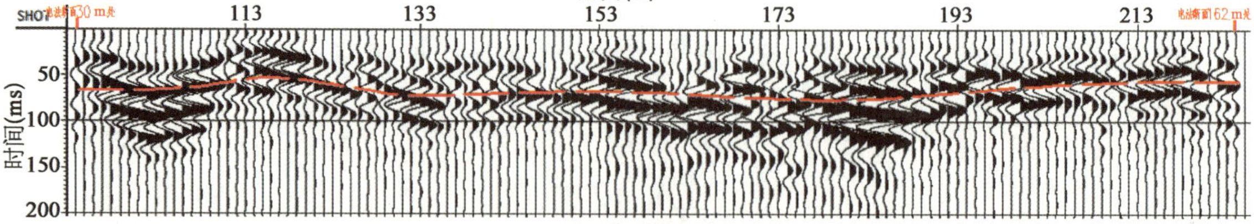

图 2－24 地震映像时间剖面图

从图 2－24 可以看出，整个剖面在深度 60~70 ms 处，出现了一条连续、振幅强的同相轴。该通向轴在 133~153 段的能量最弱，而其他段落的反射同相轴能量较强。因此，可以推断出红色虚线示意的位置为冻土上限的位置，同时冻土区在 133~153 段存在融区，结合地调与钻孔的资料显示,本次推断基本一致。

(5) 瑞雷面波法

层状介质中的瑞雷面波传播速度与频率有关,即频散现象是层间瑞雷面波的重要特征。而冻土层与融化层之间的波速存在显著的差异,所以为瑞雷面波进行冻土勘探提供了依据。

图 2-25 为 K2951+950 左 142.4 m 的面波频散曲线图。测区地形平缓,勘察中采用的道间距是 1 m,偏移距为 6 m,24 道接收,震源为锤击。该面波点的点位处于断面中的 ZK3 钻孔位置,钻孔揭示上部 2.4 m 为融化层,岩性为中砂,下部为富冰-少冰冻土层。

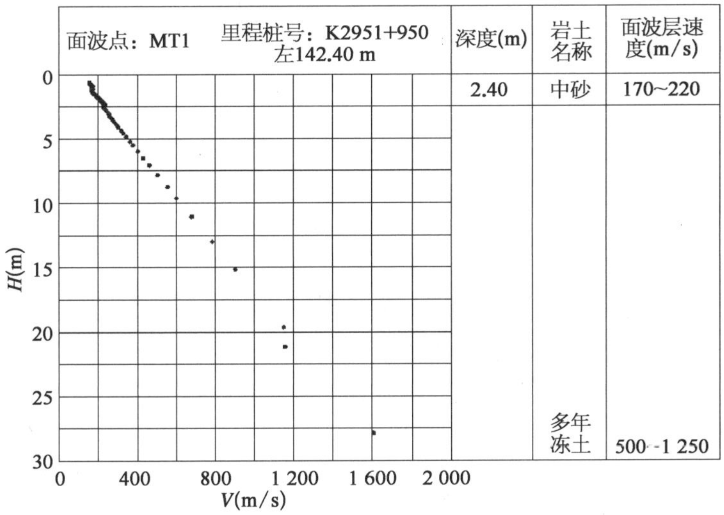

图 2-25 MT1 面波频散曲线

从图 2-25 右侧的解译成果可以看出,解译的 2.4 m 波速为 180~220 m/s,推断为融化层,这与钻孔揭示整个剖面在 2.4 m 以上为中砂,2.4 m 后为冻土层完全一致,很好地查明了该点的冻土上限。而在附近其他位置也做了大量的实验,结果表明推断的冻土上限与钻孔的揭示的基本一致,误差小于 0.5 m。

3) 冻土类别的勘察研究

一般而言,电阻率随着岩土体中含水量的增加而减小,但在冻土层中由于冰对导电通道的阻隔作用,电阻率随着岩土体中含冰量的增加而增大。高密度电法层析成像剖面图像很明显地反映了冻土的这一物性特征。

图 2-26 为过 ZK110 钻孔的高密度电法反演成果图。勘察中采用的是温纳装置,电极距为 3 m,一次布极 60 根,测试时间为 2014 年 10 月 23 日。

从图 2-26 可以看出反演剖面电阻率整体表现为上低与下高的特点,且在红线位置表现为等值线加密,说明为电阻率突变区域,红色高阻区电阻率为 300~800 Ω · m,上部蓝色低

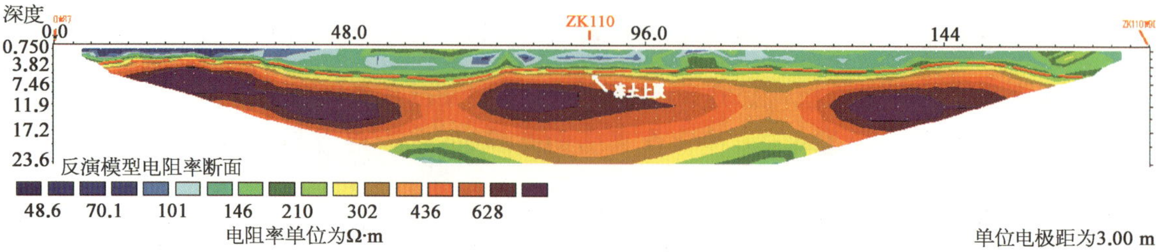

图 2-26 过 ZK110 钻孔高密度电法反演成果图

阻区域的电阻为推断为 50~200 Ω · m,由此可以推断出红线勾出位置即为冻融分界线,在此处体现为冻土的上限,且可以推断出该处上限的深度为 4.2 m。而 ZK110 显示,该处上部 4.3 m 为粉砂与细砂,不含冰,4.3 m 后即为冻土层,为少冰冻土层。高密度电法成果的解译与钻孔揭示基本一致。

图 2-27 为过 ZK89 钻孔的高密度电法反演成果图。勘察中采用的是温纳装置,电极距为 1 m,一次布极 60 根,测试时间为 2014 年 11 月 1 日。

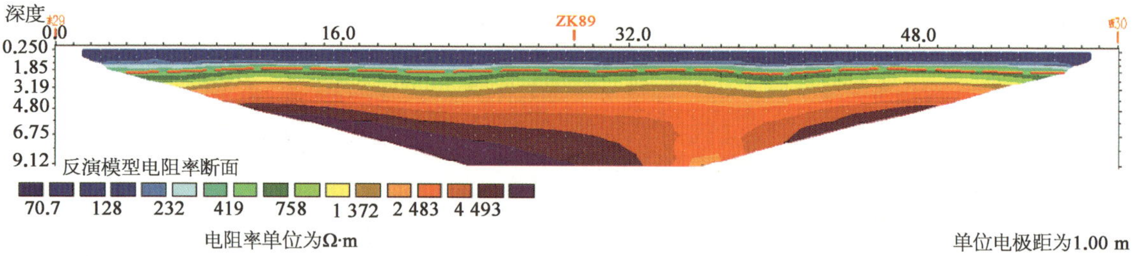

图 2-27 过 ZK89 钻孔高密度电法反演成果图

从图 2-27 可以看出反演剖面电阻率整体表现为上低与下高的特点,且在红线位置表现为等值线加密,说明为电阻率突变区域,红色高阻区电阻率为 1 500~4 500 Ω · m,上部蓝色低阻区域的电阻为推断为 50~200 Ω · m,由此可以推断出红线勾出位置即为冻融分界线,在此处体现为冻土的上限,且可以推断出该处上限的深度为 2 m。而 ZK89 显示,该处上部 2 m 为草皮与粉土,为融化活动层,2 m 后主要为富冰-饱冰层。高密度电法成果的解译与钻孔揭示基本一致。

由图 2-26 与图 2-27 结果可以看出,少冰冻土区与富冰-饱冰冻土区的电阻率存在显著的差别,由此可以得出使用高密度电法可以大致区分冻土类别,但实际工作中往往在一处存在多种类别的冻土共存,而在该种情况下较难分辨出冻土的类别。

4）冻土灾害的勘察研究

由于多年冻土具有热稳定性差,厚层地下冰和高含冰量冻土所占比重大、对气候变暖反应极为敏感,以及水热活动强烈等特性,因而工程建设中容易出现地基土冻胀、融沉问题,伴随有冰锥、冻胀丘、厚层地下冰、热融滑塌和热融湖塘、冻土沼泽,以及融冻泥石流等不良冻土现象。对于存在冻土不良地质现象的区域，高密度电法层析成像剖面图像也有较明显的反映，使高密度电法层析成像剖面图像发生明显的、可以分辨的物性层位和电阻率的变化。热融滑塌现场及其高密度电法测线布置图如图 2－28、图 2－29 所示。

图 2－28 热融滑塌现场

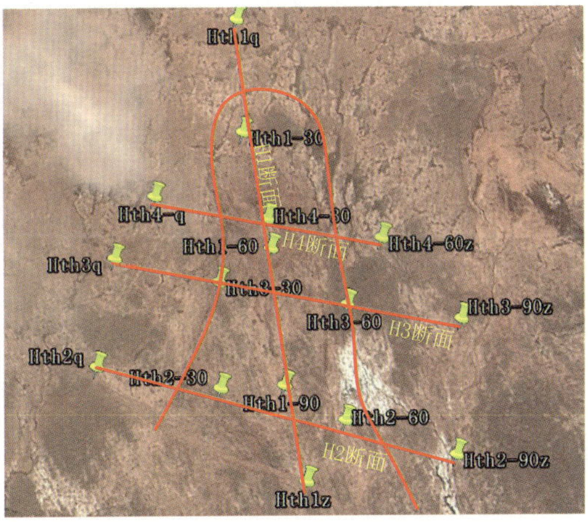

图 2－29 热融滑塌高密度电法测线布置图

图 2－30 与图 2－31 分别为热融滑塌 H1 测线与 H2 测线的高密度电法反演成果图。勘察中采用的是温纳装置，电极距为 3 m，一次布极 60 根，测试时间为 2015 年 9 月 18 日。

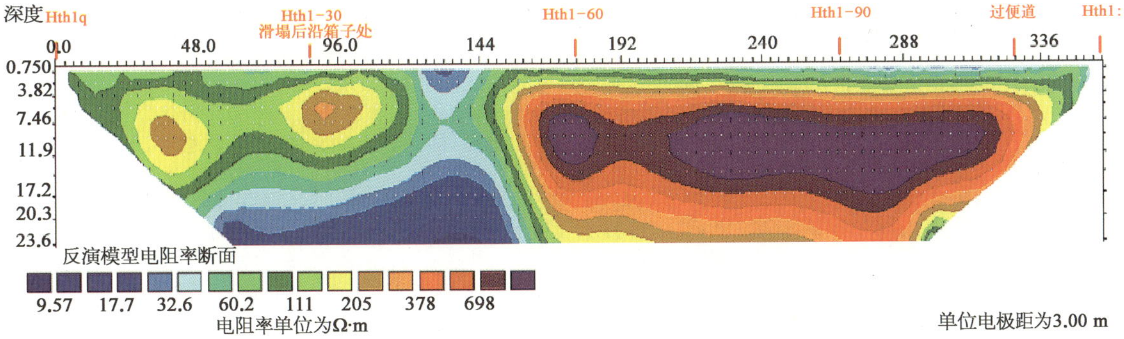

图 2－30 热融滑塌高密度电法 H1 测线反演成果图

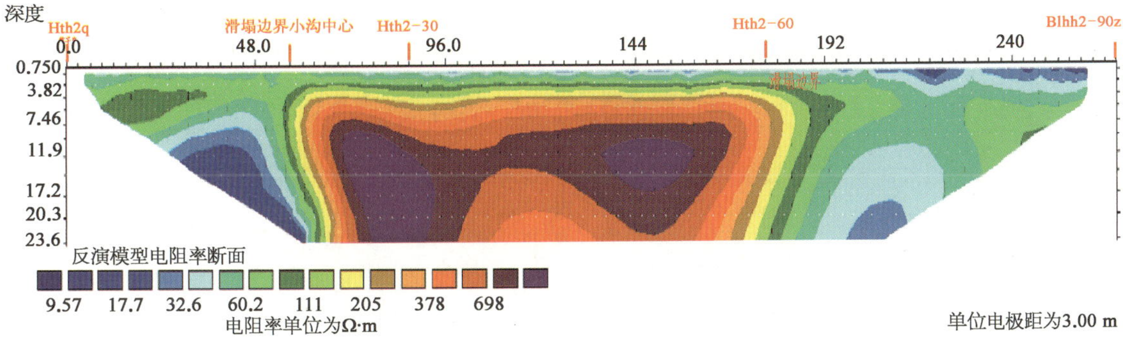

图 2－31 热融滑塌高密度电法 H2 测线反演成果图

从图 2－30 可以看出，反演剖面电阻率表现为点位 0～120 m 处存在一层相对高阻层，电阻率为 150～300 Ω·m；点位 120～150 m 处为低阻区，电阻率为 10～50 Ω·m；点位 150 m 后为高阻区，电阻率为 200～800 Ω·m。从图 2－31 可以看出，反演剖面电阻率整体表现为中间高两端低的特点，高阻区电阻率为 200～800 Ω·m，点位为 57～190 m，两侧低阻区电阻率为 10～50 Ω·m。由此可以推断出热融滑塌的边界，以及现阶段热融滑塌的地质情况，从而为后期的观测与治理提供依据。

5）多年冻土综合物探应用

通过分析不同参数对冻土电阻率、介电常数、弹性波速等的影响，从而探讨了不同地球物理方法有效性对比，结合该区域的地质、钻孔资料，根据各方法在不同类型的多年冻土勘察中取得参数，总结并建立青藏公路多年冻土区域地球物理勘察中各方法的应用及选择。详见表 2－7。

表 2－7 多年冻土勘察中物探方法的特点

物探方法	物性参数	应用范围	优 缺 点	适 用 条 件
高密度电法	融区电阻率为：$\rho<200\ \Omega\cdot m$ 冻土区电阻率为：$\rho = 200 \sim 5\ 000\ \Omega\cdot m$	冻融边界的划分、冻土上限的确定、冻土类型的区分	优点：成本低，效率高，反映地电、地质信息更丰富，资料解释简单方便； 缺点：当接地条件较差时，测量时供电会受到影响，影响数据的准确性	地形起伏不大，接地良好，当地表冻结时，无法正常开展工作，如需工作，电极需要穿透表层的冻结层，且需加大供电电流。青藏高原最适宜工作季节为 7—10 月
地质雷达	融区介电常数为：$\varepsilon=10\sim25$ 冻土介电常数为：$\varepsilon<6$	冻融边界的划分、冻土上限的确定、冻土类型的区分	优点：高精度，简单快捷，能非常直观地反映出地质体几何位置及形态； 缺点：地表水系发育时无法工作，不能有效地划分季节冻土和多年冻土	目的体与周边介质存在明显的介电常数差异。连续测量时，表层应较平缓，无障碍。应避开高电导屏蔽层、大范围金属构件及无线电射频源等较强的电磁干扰。无法匀速移动时，可以采用点测
地震折射波法	融区地震纵波波速为：$v_p<1\ 500\ m/s$ 冻土地震纵波波速为：$v_p=2\ 000\sim3\ 500\ m/s$	冻土上限的确定	优点：精度高，效率高，能快速识别层状介质的分界面； 缺点：最普通类型岩石的纵波速度值与这些冰类似，因此，单独利用地震折射数据通常很难检测山地多年冻土，要探测多年冻土以下基岩顶面的深度困难。地表松软，激发条件很差时难追踪折射波	探测目的层与相邻地层间存在较大的速度差异，且界面下层的波速须大于界面上层的波速； 地层界面起伏不大，折射波沿界面滑行无穿透现象； 地表冻结后，该方法就无法正常开展工作
地震映像	融区地震纵波波速为：$v_p<1\ 500\ m/s$ 冻土地震纵波波速为：$v_p=2\ 000\sim3\ 500\ m/s$	冻融边界的划分、冻土上限的确定、冻土类型的区分	优点：高分辨率且直观，数据采集速度较快，不需要进行校正处理，节省了资料处理时间，避开动校正对浅层反射波拉伸、畸变影响，资料解释可以利用多种地震波信息； 缺点：抗干扰能力弱，勘探深度有限，对冻土上限确定，准确度略低	界面两边介质的波阻抗有较显著差别，可以根据探测深度选择有效波，当冻土上限较浅时，可以选择折射波作为有效波

（续表）

物探方法	物性参数	应用范围	优　缺　点	适 用 条 件
瑞雷面波	融区地震面波波速为：v_p<350 m/s 冻土地震面波波速为：v_p=400～1 500 m/s	冻融边界的划分、冻土上限的确定、冻土类型的区分	优点：该方法在冻土勘探中具有良好的分层性，可有效地划分融化层、季节冻土、多年冻土等地质界面； 缺点：当地表介质不均匀或激发条件差时，勘探深度大大减小，当冻土上限很浅时难以查清	当查冻土上限时，融化层需要有一定的厚度； 在查找冻融边界时，应在冻融边界附近加密测点，以便更准确地划分冻融界面

2.3.3　多年冻土工程地质勘察新技术

1）多年冻土新型取土器

目前，常用的取样方法有环刀法和原状土套管法。环刀法存在取样困难、人工劳动强度大、取样效率低缺点；套管法存在推土困难、人工锤击扰动土样、土样取出之后制备试件困难的缺点。因此，解决取土、制样每个环节中存在的问题，最大程度减少土样扰动、保持土样原状性、便于后续使用是关键性的问题。因此，针对取样开展了新型多年冻土取土器的研究，研发了一种操作更简单、原状土扰动小的野外钻探取样的原状冻土取样装置，为土工试验原装样品的采取和试样制备提供了有效的解决手段。

（1）取样装置配置

新型取土器配置如图 2－32 所示。

外管 3 和内管 4 为筒状，外管由轴向对称的两个半合管组成，内管为不锈钢管，其内自上而下设置有多节环刀 6，尺寸为高 4 cm、内径 7.98 cm，环刀之间设置有环状的隔垫 5，隔垫由对称的两个半圆环组成，为金属垫，内径 7.98 cm；外管顶部连接有钻头 2，钻头顶部设置有电机 1；外管底部设置有取土刀口 7。

（2）设备优点

本实用新型装置结构简单，操作灵活，便于携带，对原状土的扰动较小，保持土样原状性，便于后续使用。使用直交流电电机，便于野外于室内使用。

（3）设备实施方法

使用时，向内管内壁涂抹一层黄油，将环刀与隔垫依次放入，将内管放于外管中，然后将外管与取土刀口、钻头旋紧，连接电机。电机可以使用直流电和交流电，既可以用于室内试验，也可以在野外试验中应用。将取样刀口对准试样，开动电机进行取样。取样完成后，依次卸下电机、取土刀口，打开外管，推出内管中的土样，取下隔垫，沿环刀边缘切开土样，完成取样工作。

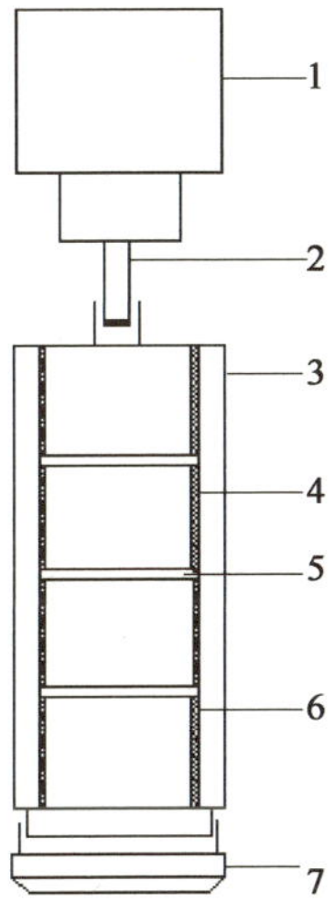

图 2－32　新型取土器配置

1—电机；2—钻头；3—外管；4—内管；5—隔垫；6—环刀；7—取土刀口

2）旁压实验在多年冻土地区的应用及推广

（1）工作原理

旁压试验是工程地质勘察中一种常用的原位测试技术（图2－33），实质上是一种利用钻孔做的原位横向载荷试验。其原理是通过旁压器在孔内加压，使旁压膜膨胀，对孔壁施加侧向压力，使土体产生变形直至破坏，并通过量测装置测出施加的压力及相应的土体变形值，然后绘制出应力-应变关系曲线，计算孔壁土的极限压力和旁压模量，按有关的经验方法对土体承载力和变形性质进行评价。

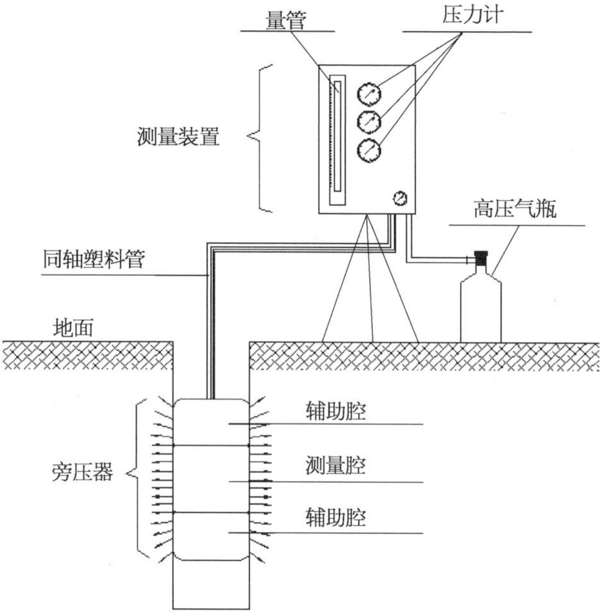

图2－33 旁压试验原理图

试验时，使用工程钻机在岩土层钻出成孔，将旁压器置入预定深度，打开水源阀门，向旁压器的测量腔充入一定量的水后关闭。然后打开气源阀门，通过控制装置将高压气源减压，并分成两部分，一部分供给测量腔，一部分供给辅助腔，使旁压器受压（测量腔为气压水）而膨胀。再对周围土体施加一定的横向压力，从而使土体产生一定的变形，并由压力表和体积测管测出相应的压力值和体积变形量，经过校正、换算得到试验土体的力和变形的关系。根据这种关系可对地基土体的承载力和变形性质进行评价。

旁压试验基于以下假定：钻孔周围的岩土介质是均质无限体，孔穴呈圆柱状，孔穴扩张处于平面应变状态；孔周介质具有各向同性和弹塑性；介质是连续的，且处于平衡状态；孔穴扩张时，介质的应力-应变关系能用增量弹性理论描述，屈服面服从摩尔-库仑方程。

旁压仪由两部分组成，第一部分是位于地面的加压控制和读数部分，第二部分是置入钻孔中的探头部分。探头由三个互相独立的单元构成，一个位于探头中部的测量腔，两个位于探头上下两端的辅助腔。通过使用岩芯钻头或螺旋钻头进行预先成孔，然后置入探头或者通过压入、击入或震动贯入等，将地基土向周围挤开的方式置入探头。探头放到预定试验深度后，给辅助腔充气和测量腔充水，通过橡胶膜的膨胀向孔壁施加压力。测量腔中每一次施加的压力在一定时间内保持为常量，同时在该时间内记录三次测量腔体积膨胀量读数。这样就得到一条施加在孔壁的压力与孔壁位移导致的测量腔体积变化量之间的关系曲线，也就是荷载-变形曲线，如图2－34所示，每次试验的直接结果就是这样一条曲线。

从这条压力-变形曲线可以看出,存在着三个变形阶段:

① 从曲线起点到 A 点,称为再加荷阶段,当钻头从孔中取出,也就是成孔完成时,孔壁由于原位地应力的释放而产生回弹,从而使得钻孔的体积缩小。在旁压探头膨胀的开始阶段,也就是上面曲线中 A 点之前的阶段,理论上理解为探头把孔壁土压回到它在成孔之前所处的原始位置。通常这个标志着地基土中原始应力应变状态的点 A 用坐标(P_0, V_0)来表示。

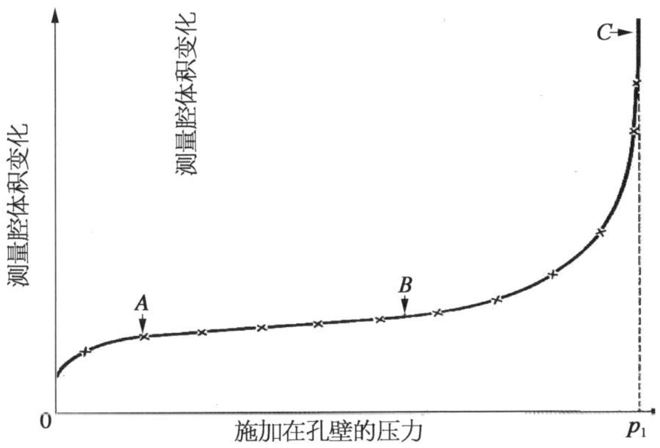

图 2-34 校正后的旁压曲线

② 从 A 点到 B 点的“似弹性变形”阶段,这是因为这种在压力和变形之间的线性关系与钢材或混凝土的弹性变形性状类似。点 B 标志着塑性变形阶段的开始,对应压力为临塑压力 P_f,用坐标(P_f, V_f)来表示。

③ 从 B 点到 C 点的塑性变形阶段,C 点用坐标(P_1, V_1)表示,该点在理论上被理解为压力不再随着变形而增大的点,这个不再增大的压力 P_1 被称为极限压力。

旁压模量 E_m,通过旁压曲线似弹性段(或直线段)来求取,计算公式如下:

$$E_m = 2(1 + \nu)(V_c + V_m)\Delta P/\Delta V \qquad (2-2)$$

式中 V——泊松比;

V_m——似弹性阶段体积读数平均值,$V_m = (V_0 + V_f)/2$;

V_c——探头测量腔的固有体积;

$\Delta P/\Delta V$——假弹性段的斜率。

(2) 实验结果

根据现场旁压试验结果,统计得到了多年冻土区地基的基本力学参数建议值,冻土的抗压强度具有不稳定性,它主要取决于将土胶结起来的冰的强度,且随温度下降而提高,但有限度。此外,加压时间越短,抗压强度越高,如果长期加压,其抗压强度要小 1/15~1/10。冻土的力学指标在无实测资料时,可按本次旁压试验结果取值,见表 2-8、表 2-9。

表 2-8 冻土地基力学指标

冻土类型	极限压力 P_L(MPa)	极限压力 P_0(MPa)	特征值 P(MPa)	旁压模量 E_m(MPa)
少冰-多冰冻土	3.0	0.6	0.8	50
富冰-饱冰冻土	2.5	1.0	0.5	28

表 2-9　不同土质冻土地基力学指标

土　质	极限压力 P_L(MPa)	极限压力 P_0(MPa)	特征值 P(MPa)	旁压模量 E_m(MPa)
粉土	2.8	1.1	0.56	35
粉质黏土	2.6	0.55	0.68	21
砾砂	4.0	0.82	1.06	80

以上资料适用于低温多年冻土，在高温冻土区，应现场测定或将表中数据降低 20%。

2.4　青藏工程走廊工程地质评价

多年冻土工程地质评价作为多年冻土重要的勘察成果，为工程设计提供了重要的依据。目前，对于青藏公路和青藏铁路的工程地质评价主要通过路基下多年冻土年平均地温和多年冻土的含冰量两个指标来确定冻土工程地质条件，通过宏观判断来评价多年冻土工程地质稳定性。然而影响多年冻土区道路工程稳定性的因素众多，仅采用有限的关键指标会无法全面客观地做出判断。因此有必要纳入对工程影响突出的指标，采用综合分析的方法来进行多年冻土的工程地质评价。

2.4.1　多年冻土工程地质评价方法

对于多年冻土工程地质条件而言，其影响因素较多，为了能够反映各影响因素共同作用的结果，必须选取一种合理的评价方法，一方面评价方法需要物理意义明确，能够综合反映评价结果，另一方面还要考虑到评价较易实现，以支撑工程技术工作。本次研究纳入对工程影响突出的指标，利用工程监测数据，采用灰色关联度法开展青藏工程走廊多年冻土工程地质评价。该方法考虑了多因素，同时对基础数据样本的大小和有无典型的分布规律性并不作要求，在待评方案比较接近的时候，可以通过分辨系数的取值来提高各方案评价结果的区分能力，通过计算各方案与最优方案的关联度来区别方案的优劣，为青藏工程走廊的多年冻土工程地质评价进行有效的定量评价。

1）多年冻土工程地质评价指标

影响路基下多年冻土热力稳定性的因素众多，评价中若全部考虑显然是不现实的，无法实现对诸多影响因素的监测和评价计算，所以需要考虑综合利用当前较易实现的监测数据以及明确的方法，最大限度地反映这些客观因素的综合结果。通过上述分析，考虑到当前所获取的监测资料，将多年冻土工程地质评价的指标可以归结以下五个方面。

(1) 原天然上限处的年平均温度 T_h

冻土的力学性质取决于温度,所有因素对路基热稳定性的影响其本质是改变了冻土温度,进而影响冻土的力学性质而反馈于路基变形过程。原天然上限处的温度包含了大量的信息,它反映了众多外界因素(气候条件、地表条件等)对多年冻土本身的温度特性的影响。同时,它也能够反映冻土本身所固有的地温条件,所以在冻土温度的考虑中选取原天然上限处的年平均温度,通过路基下原天然上限处的年平均温度既可以用于评价冻土路基稳定性,也能够有效地评价各种特殊工程措施对路基稳定性带来的影响。

图 2-35 给出了青藏公路监测断面年平均地温和原天然上限处的年平均温度。从图中可以看出,原天然上限的年平均温度与年平均地温保持着良好的对应关系,同时也综合反映出了道路工程对多年冻土温度状况的影响。

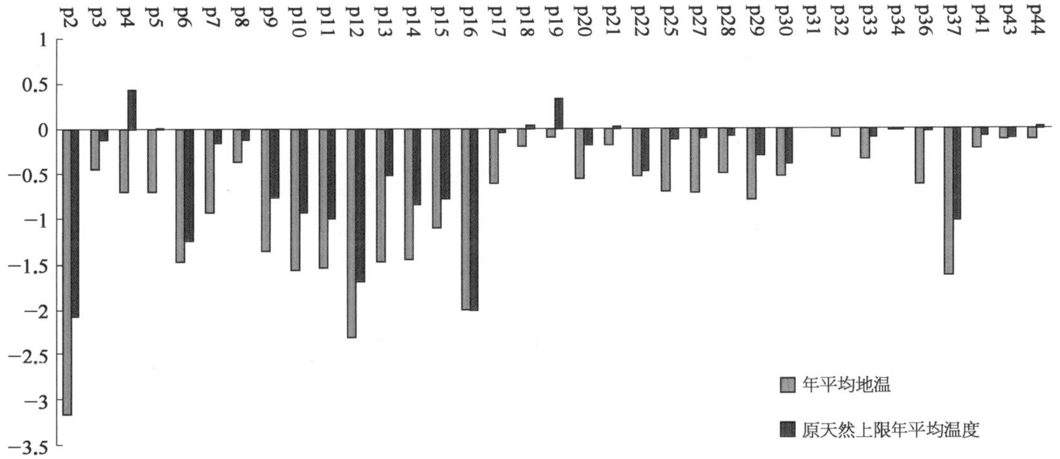

图 2-35 多年冻土原天然上限年平均温度与冻土年平均地温的对比

这里需要指出的是,在评价中更加关注的是天然地表下 10 m 范围内的冻土条件,无论从冻土的温度状况还是受力状况上来看,地表下 10 m 范围内的冻土对路基的稳定性产生较大的影响,而当 10 m 以下范围内深埋多年冻土特征所受到外界环境的影响很小,所以在评价中对于上限深度低于 10 m 的多年冻土强烈退化地区将作为季节冻土的类型来看待。

(2) 含冰量 i

在外力影响下,冻土中的含冰量对其压缩性起主导作用,含冰量越大,多年冻土流变性越强。所以,在多年冻土温度相同的情况下,高含冰量冻土对路基变形产生的消极影响要远大于低含冰量冻土。同时,高含冰量冻土融化后产生的融沉压缩变形量很大,对路基的稳定性会产生潜在的威胁。本文中含冰量的确定主要依据钻探中获取的地质资料进行分析后获得。综合考虑原天然上限下一定深度范围高含冰量差异带来的影响,因而取研究深度内含冰量在深度上的加权平均值状态来表征含冰量的影响。

(3) 外部环境 S

外在环境条件主要指不良冻土现象的发育程度,如是否存在冻胀丘、热融滑塌、融冻泥流或存在风积沙、涎流冰等不良地质现象,这些现象对道路工程的稳定性将会产生较大的影响,同时也对多年冻土的赋存环境带来了不利的影响。

（4）天然上限深度 h

对于天然上限深度影响,主要考虑当多年冻土上限深度较小时,多年冻土极易受到外界环境变化影响;而上限深度较深时,外界环境的变化对多年冻土的影响将减小。

（5）高含冰层相对原天然上限埋藏深度 Δh

路基下多年冻土含冰量的纵向分布并非均匀的,而对路基稳定性产生重要影响的则是高含冰量(富冰冻土、饱冰冻土和含土冰层)冻土层,该层的埋藏深度越深,则受到外界热扰动影响相应较小,同时受到路基的附加应力也相应减小。因为原天然上限深度指标反映了冻土埋藏深度影响,所以这里高含冰量的埋藏深度选择为高含冰量土层相对路基下原多年冻土上限的距离。在这里需要说明的是,对于少冰冻土和多冰冻土,在考察深度内不存在高含冰层,所以在评价计算中认为其埋藏深度为 10 m,即代表不存在高含冰层的影响。

2）评价指标矩阵的建立

利用在青藏公路建立的监测断面,可将各监测断面列为比较数列集,最优方案(即多年冻土工程地质条件理想最优条件)作为参考数列。以最优方案为基准,采用灰色关联度作为测度去评价各监测断面与最优方案的关联程度,通过关联度进行排序,可以得到各监测断面多年冻土工程地质条件的优劣次序,从而可以对各类型影响因素下多年冻土工程地质条件有了更为清晰的认识,从而建立评价体系。

设有 m 个评价指标 $x_1, x_2, \cdots, x_m$,同时有 n 个待评价监测断面,即可以确定比较数列的矩阵为:$\boldsymbol{X} = \begin{pmatrix} x_{11} & x_{12} & x_{13} & x_{1m} \\ x_{21} & x_{22} & x_{23} & x_{2m} \\ \vdots & \vdots & \vdots & \vdots \\ x_{n1} & x_{n1} & x_{n1} & x_{nm} \end{pmatrix}$,参考数列矩阵为:$\boldsymbol{x}_0 = [x_{01}, x_{02}, \cdots, x_{0m}]$。

进行灰色关联度评价时,直接使用不同量纲的值是毫无意义的,所以在评价之前,首先需要进行量纲归一化处理,以实现实际值到评价指标值的转换。从数学的角度上讲,就是需要确定指标评价值依赖于指标实际值的一种函数关系。评价指标一般可以分为四种类型,即极大型(值越大越好)、极小型(值越小越好)、定指标型(值越接近于某个固定值越好)、区间型(值以落在某个固定区间为好)。通过针对不同类型的指标采用不同的归一化方法,将评价指标值归一化为隶属于[0, 1]区间的数值。计算方法如下:

极大型指标:
$$X_{ij} = \frac{x_{ij} - \min x_j}{\max x_j - \min x_j} \tag{2-3}$$

极小型指标:
$$X_{ij} = \frac{\max x_j - x_{ij}}{\max x_j - \min x_j} \tag{2-4}$$

定指标型指标：

$$X_{ij}=\begin{cases}1 & x_{ij}=x_j^*\\ 1-\dfrac{|x_{ij}-x_j^*|}{\max|x_j-x_j^*|} & x_{ij}\neq x_j^*\end{cases} \tag{2-5}$$

式中，x_j^* 为第 j 个指标的最佳取值。

区间型指标：

$$X_{ij}=\begin{cases}1-\dfrac{x_{j\min}-x_{ij}}{\max(x_{j\min}-\min x_j,\ \max x_j-x_{j\max})} & x_{ij}<x_{j\min}\\ 1 & x_{ij}\in[x_{j\min},\ x_{j\max}]\\ 1-\dfrac{x_{ij}-x_{j\max}}{\max(x_{j\min}-\min x_j,\ \max x_j-x_{j\max})} & x_{ij}>x_{j\max}\end{cases} \tag{2-6}$$

式中，$[x_{j\min},\ x_{j\max}]$ 为第 j 个指标的最佳取值区间。

根据灰色关联分析理论，以待评价断面指标向量与最优方案指标向量的关联度作为评价监测断面健康状况的准则。设最优方案各指标构成的向量为 $\boldsymbol{x}_0=[x_{01},\ x_{02},\ \cdots,\ x_{0m}]$，则各监测断面与最优方案的各评价指标的灰色关联系数为：

$$\xi_{ij}=\frac{\Delta_{\min}+\rho\Delta_{\max}}{\Delta_{ij}+\rho\Delta_{\max}} \tag{2-7}$$

式中，$\Delta_{ij}=|X_{ij}-X_{0j}|$，$\Delta_{\min}=\min\limits_i\min\limits_j|X_{ij}-X_{0j}|$，$\Delta_{\max}=\max\limits_i\max\limits_j|X_{ij}-X_{0j}|$，$\rho$ 为分辨系数，$\rho\in(0,\ 1)$，ρ 越大，分辨能力越大，即提高关联系数间的差异，但是对评价结果并不产生影响，所以取 $\rho=0.5$。

通过计算得到的关联系数，可以得到各监测断面与最优方案断面的加权关联度 R_i，其计算方法公式为：

$$R_i=\sum_{j=1}^{m}W_j\cdot\xi_{ij} \tag{2-8}$$

式中，W_j 为各指标的权重，各监测断面与最优方案断面的关联度 R 越大，则表明该断面的路基稳定性越好。

3）评价指标权重的确定

权重是以某种数量形式的对比来权衡被评价方案中各指标相对重要程度的衡量值。在多年冻土区路基稳定性评价中，反映了各指标对于路基稳定性的影响程度。确定权重的方法一般可以分为两种方式，即主观赋权和客观赋权。主观赋权大多是利用专家和个人的知识以及经验，采取综合评判的定性分析方法来确定权重。在评判过程中专家本身也是从长期实践中获取的知识,其评判结果具有一定的客观基础,如层次分析法、专家评分法、德尔斐(Delphi)法等。客观赋权是从指标的统计结果来考虑的,根据各指标之间的相关关系或各指标的变异程度来确定权重,如熵值法、因子分析法、主成分分析法等。合理的权重对综合评价结果有着重要的影响,权值的变动将直接引起评价结果的变化,所以在评价过程中需要力求获得最为合理的权重。主观赋权常受到人为因素的干扰,仅仅凭专家对指标重要性做出权重的判断,有可能引起夸大或降低某些指标的作用,没有考虑各待评方案的固有信息。而客观赋权虽然避免了人为因素带来的偏差,但却忽略了指标本身的重要程度,有时候一些方案个别指标仅因其较其他方案这些指标突出而引起评价结果的夸大,造成评价结果偏离实际情况。因此,考虑根据上述两种方法将主观赋权方法得到的主观权重和客观赋权相得到的客观权重相结合,从而确定评价指标的组合权重,力争客观全面地反映实际情况,使得评价结果更具有科学性。

主观权重的确定:主观权重采用层次分析方法确定。主观权重层次分析法是美国运筹学家 T. L Satty 教授于 20 世纪 70 年代提出的,是一种定性与定量相结合的决策分析方法,可以将专家经验判断以量化的形式表现,为决策者提供定量决策依据。它通过分析评价对象所包含的因素及其相互关系,将评价对象分解为目标、准则、方案等递阶多层次结构,按照一定的准则对每一层因素进行比较,分别确定层次中各因素对上一层相应准则的相对重要程度,根据形成的判断矩阵来计算最大的特征值和特征向量,得到各因素的权重。其分析步骤如下:

① 通过对评价指标的分析,建立多年冻土工程地质综合评价的目标、准则和方案递阶多层次指标结构。

② 根据建立的递阶多层次结构,按照每一层次中各因素相对上一层各准则的重要程度构成判断矩阵,这里重要程度的判断值采用 1~9 及其倒数的标度方法。标度值意义为:所有目标 A_i 相对目标 $A_j(i, j=1, 2, \cdots, m)$ 相对的重要程度的判断数 a_{ij},1 表示 A_i 与 A_j 同等重要,3 表示 A_i 较 A_j 稍微重要,5 表示 A_i 较 A_j 明显重要,7 表示 A_i 较 A_j 非常重要,9 表示 A_i 较 A_j 极端重要。而 2、4、6、8 表示介于相邻判断的中值。通过两两比对,可以得到判断矩阵 $\boldsymbol{A} = (a_{ij})m \cdot m$。对于任何判断矩阵都应该满足:

$$\begin{cases} a_{ii} = 1 \\ a_{ij} = \dfrac{1}{a_{ji}} \end{cases} \quad (i, j = 1, 2, \cdots, m) \tag{2-9}$$

③ 求解判断矩阵的最大特征根 λ_{max} 及对应的特征向量,将该特征向量归一化后得到的向量,即为该层各因素相对上一层某个准则的重要性值,即权重。

④ 对判断矩阵的一致性进行检验。衡量判断矩阵质量的标准是矩阵中的判断是否具有一致性,如果判断矩阵存在关系:

$$a_{ij}=\frac{a_{ik}}{a_{jk}}(i,\ j=1,\ 2,\ \cdots,\ m) \tag{2-10}$$

则称它具有完全一致性。但是因客观事物的复杂性以及对问题认识的局限,可能会产生片面性,要求每一个判断矩阵都具有完全的一致性是不可能的,所以一般要求不一致性的程度在允许范围内即可。计算一致性指标 CI 和平均随机一致性比例 CR:

$$CI=\frac{\lambda_{\max}-m}{m-1} \tag{2-11}$$

$$CR=\frac{CI}{RI} \tag{2-12}$$

式中,RI 为随机一致性指标,其取值参照表 2-10 确定。

表 2-10 **平稳随机一致性指标**

阶数	1	2	3	4	5	6	7	8	9	10	11	12
RI	0	0	0.58	0.9	1.12	1.24	1.32	1.41	1.45	1.49	1.52	1.54

CI 越大表明判断矩阵的一致性越差,$CI=0$ 时表示判断矩阵具有完全一致性。当 $CR<0.1$ 时,即认为判断矩阵具有满意的一致性。否则需要重新评估,调整判断矩阵,直至得到满意的一致性为止。

客观权重:客观权重则采用熵权法来确定。熵是信息论中用以测定系统不确定性的量,信息量越大,不确定性就越小;相反信息量越小,不确定性也就越大。熵权法是直接根据评价指标构成的判断矩阵来计算评价指标的熵,并利用指标值的熵来确定熵权,所以本文的权重值是通过铁路稳定性评价指标与实际监测数据构成的系统来确定的,熵权的大小和被评价对象有直接关系。从信息角度考虑,它代表该指标在该问题中提供了有用信息量的多少,仅通过指标矩阵中各指标的实际值来确定,这样便消除了各评价指标权重的主观性。

设有 m 个评价指标,n 个实测待评价对象的区域系统内,第 j 个评价指标的熵定义为:

$$H_j=-k\sum_{i=1}^{n}f_{ij}\ln f_{ij},\ j=1,\ 2,\ \cdots,\ m \tag{2-13}$$

式中,$f_{ij}=\frac{x_{ij}}{\sum_{i=1}^{n}x_{ij}}$, $k=\frac{1}{\ln n}$, $0\leqslant\omega_j\leqslant1$, $\sum_{i=1}^{m}\omega_j=1$,并且假设 $f_{ij}=0$ 时,$f_{ij}\ln f_{ij}=0$,同时选择 k,使得 $0\leqslant H_i\leqslant1$。

这样,第 j 个指标的熵权为:

$$\omega_j=\frac{1-H_j}{m-\sum_{j=1}^{m}H_j} \tag{2-14}$$

组合权重的确定：设 $\boldsymbol{\omega}' = [\omega'_1, \omega'_2, \cdots, \omega'_m]$ 为主观权重向量，即为主观赋权方法得到的权重向量 $\boldsymbol{\omega}'' = [\omega''_1, \omega''_2, \cdots, \omega''_m]$ 为客观权重向量，即为客观赋权方法得到的权重向量，满足 $0 \leqslant \omega'_i, \omega''_i \leqslant 1$, $\sum_{i=1}^{m} \omega'_i = \sum_{i=1}^{m} \omega''_i = 1 (i = 1, 2, \cdots, m)$，则各评价指标的组合权重为：

$$\omega_i = \alpha\omega'_i + \beta\omega''_i \tag{2-15}$$

式中，α 和 β 分别表示主观和客观权重的相对重要程度，满足 $\boldsymbol{\omega} = [\omega_1, \omega_2, \cdots, \omega_m]$，且 $\alpha + \beta = 1$。

最终可以确定评价指标的权重向量为 $\boldsymbol{\omega} = [\omega_1, \omega_2, \cdots, \omega_m] (i = 1, 2, \cdots, m)$。

2.4.2 多年冻土工程地质评价结果

本次研究利用实际青藏公路监测场地路基变形数据建立评价模型，计算所得关联度与路基稳定状态所对应的关系，得到了工程地质评价结果，见表 2－11。

表 2－11 评价分类标准

关联度	年沉降量(mm)	工程地质评价
>0.44	<10	好
0.44~0.41	10~30	一般
<0.41	>30	差

对于上述的评价结论，根据沉降量来判别，可以按照以下的规则进行评价：

① 当评价为良好时，工后道路沉降变形较小，对于该类多年冻土区域，可采用一般的工程措施进行处置。

② 当评价为一般时，工后道路沉降变形较大，对于该类多年冻土区域，需要采用结合多年冻土的特征采取保证多年冻土热稳定性的工程措施进行处置。

③ 当评价为差时，工后道路沉降变形大，对于该类多年冻土区域，需要采用强措施来保证工程稳定性。

表 2－12 全线多年冻土工程地质评价

多年冻土工程地质评价	分布长度(km)	占多年冻土比例(%)	备注
良好	163.995	41.04	低含冰量多年冻土
一般	99.970	25.02	低温高含冰量多年冻土
差	135.605	33.94	高温高含冰量多年冻土

根据表 2－12 显示，全线良好及一般多年冻土区段落长度占全线多年冻土长度的 66.06%，差的多年冻土区段落长度占全线多年冻土长度的 33.94%，具体按地貌单元分布情况详述如下：

1）西大滩断陷谷地（K2874+435—K2877+500）

该段路线通过谷地，地势较平坦，地层岩性主要以冲积卵砾石为主，路线主要以路基、桥涵路形式通过。该段不良地质主要为风积沙，均远离路线，对路线无影响。

该段多年冻土类型主要为少冰-多冰多年冻土，均为良好多年冻土工程地质区，季节活动层冻胀类别为不冻胀，融沉等级为Ⅰ~Ⅱ级，天然上限为 2.7~5.0 m，年平均地温-0.11℃，地温类型为高温极不稳定型，K2875+185—K2875+875、K2876+205—K2877+500 段为融区（图 2-36）。

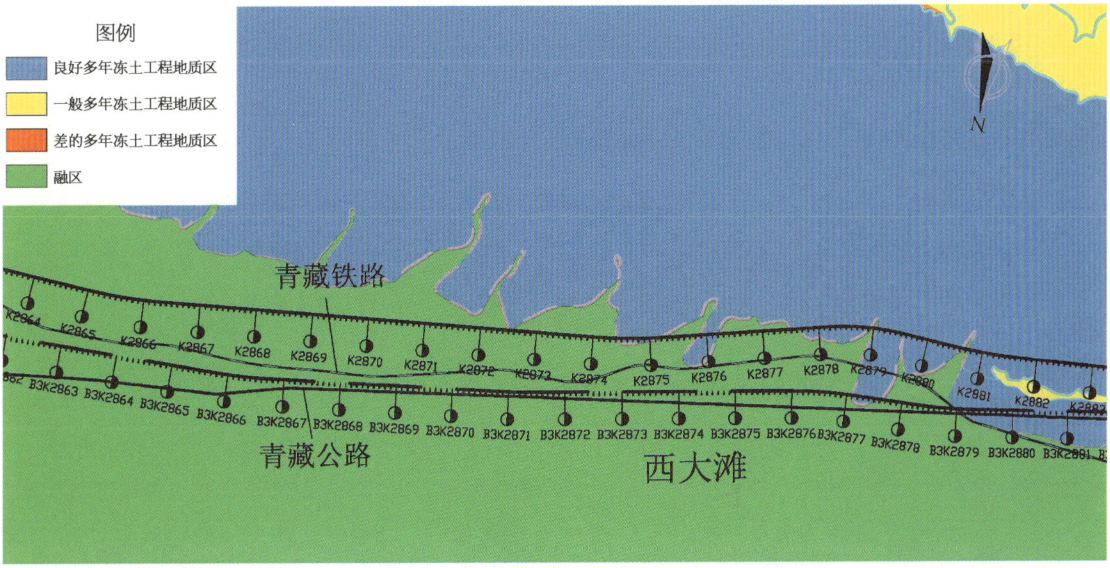

图 2-36 西大滩断陷谷地工程分区图

2）昆仑山中高山区（K2877+500—K2920+090）

该段处于昆仑山中部山脉，属中高山区，山体陡峭，岩石裸露，切割深度 300~500 m。出露基岩主要为三叠系上统砂质板岩、砂岩、千枚岩，受寒冻风化和构造影响，岩体破碎，一般坡脚堆积大量碎屑岩堆，沟口堆积扇形坡洪积碎石土。

该段进入多年冻土区，一般基岩路段为少冰-多冰多年冻土，山间谷地则发育有富冰-含土冰层，主要不良地质为冻胀丘、积雪、冰椎等冷生灾害。另外，该段于 K2887+975 处与昆仑山活动断裂交汇，对路线造成了一定影响。

该段良好多年冻土工程地质区长度为 25.035 km，占多年冻土比例为 60.21%；一般多年冻土工程地质区长度为 15.925 km，占多年冻土比例为 38.30%；差的多年冻土工程地质区长度为 0.620 km，占多年冻土比例为 1.49%。K2878+940—K2879+070、K2880+640—K2880+765、K2914+410—K2915+165 段为融区（图 2-37）。

（1）良好多年冻土工程地质区（低含冰量多年冻土）

主要发育在山体斜坡段，发育段落为 K2877+500—K2878+940、K2879+070—K2880+640、K2880+765—K2887+975、K2903+900—K2914+090、K2915+465—K2920+090。该区季

节活动层冻胀类别主要为不冻胀，融沉等级为Ⅰ～Ⅱ级，天然上限 1.3～5.0 m，年平均地温 -2.91～-0.11℃，地温类型为高温极不稳定型～低温稳定型。

（2）一般多年冻土工程地质区（低温高含冰量多年冻土）

主要发育在山间谷地，发育段落为 K2887+975—K2891+457、K2891+457—K2903+900。该区季节活动层冻胀类别主要为不冻胀-特强冻胀，融沉等级为Ⅲ～Ⅴ级，天然上限 2.0～5.0 m，年平均地温-2.91～-1.39℃，地温类型为低温稳定型。

（3）差的多年冻土工程地质区（高温高含冰量多年冻土）

主要发育在山间谷地，发育段落为 K2914+090—K2914+410、K2915+165—K2915+465。该区季节活动层冻胀类别主要为不冻胀-特强冻胀，融沉等级为Ⅲ～Ⅴ级，天然上限 1.6～3.4 m，年平均地温-0.56℃，地温类型为高温不稳定型。

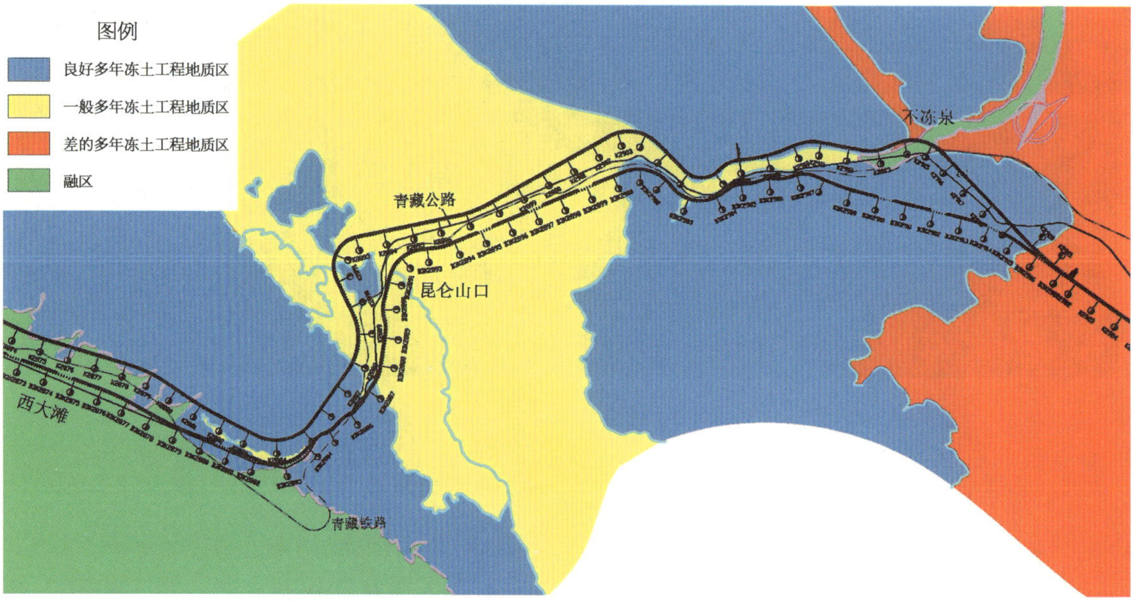

图 2-37 昆仑山中高山区工程分区图

3）楚玛尔河高平原（K2920+090—K2982+500）

该路段由北向南穿越楚玛尔河平原，地形较平坦，主要以路基、桥涵形式通过，沿线地层岩性主要为冲洪积卵砾石、中细砂、粉土及黏性土。

该区段多年冻土发育，沼泽湿地、热融湖塘等冻土不良地质亦十分发育。

该段一般多年冻土工程地质区长度为 9.860 km，占多年冻土比例为 15.98%；差的多年冻土工程地质区长度为 51.825 km，占多年冻土比例为 84.02%。K2980+930—K2981+655 段为融区（图 2-38）。

（1）一般多年冻土工程地质区（低温高含冰量多年冻土）

局部发育，发育段落为 K2968+140—K2978+000。该区季节活动层冻胀类别主要为不冻胀，融沉等级为Ⅳ～Ⅴ级，天然上限 2. 1 m，年平均地温－1. 38℃，地温类型为低温基本稳定型。

(2) 差的多年冻土工程地质区(高温高含冰量多年冻土)

大面积分布，发育段落为 K2920+090—K2929+540、K2929+540—K2968+140、K2978+000—K2980+930、K2981+655—K2982+500。该区季节活动层冻胀类别主要为不冻胀，融沉等级为Ⅲ～Ⅴ级，天然上限 1. 8～3. 4 m，年平均地温－0. 94～－0. 35℃，地温类型为高温不稳定型～高温极不稳定型。

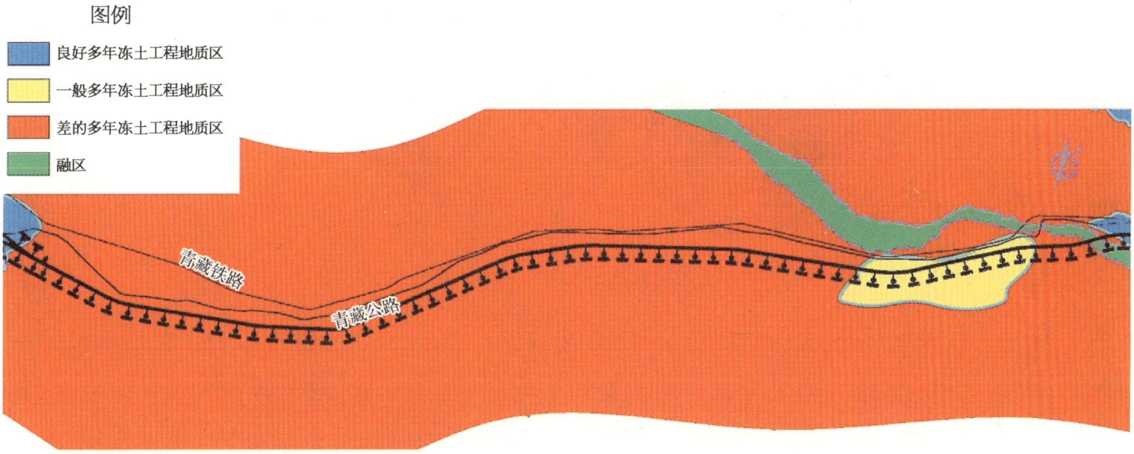

图 2－38　楚玛尔河高平原工程分区图

4) 五道梁低高山—可可西里山区(K2982+500—K3034+850)

该路段由北向南穿越五道梁山区及可可西里山区，地形起伏相对较大，路线主要以路基形式通过，部分沟谷段以桥梁形式通过。出露岩性主要为第三系中新统砂岩及泥岩，该段泥岩具弱膨胀性。山谷间堆积坡洪积碎石土，河道处为冲洪积卵砾石。

该段良好多年冻土工程地质区长度为 32. 860 km，占多年冻土比例为 63. 08%；一般多年冻土工程地质区长度为 12. 845 km，占多年冻土比例为 24. 66%；差的多年冻土工程地质区长度为 6. 390 km，占多年冻土比例为 12. 27%。K3000+050—K3000+305 段为融区(图 2－39)。

(1) 良好多年冻土工程地质区(低含冰量多年冻土)

主要发育在山体斜坡段，发育段落为 K2982+500—K2990+395、K2990+640—K2992+400、K2992+630—K2997+910、K2998+625—K3000+050、K3001+375—K3001+880、K3008+550—K3009+025、K3012+940—K3016+625、K3022+105—K3028+675、K3029+585—K3034+850。该区季节活动层冻胀类别主要为不冻胀-特强冻胀，融沉等级为Ⅰ～Ⅱ级，天然上限 1. 5～3. 2 m，年平均地温－2. 15～－0. 36℃，地温类型为高温极不稳定型～低温稳定型。

(2) 一般多年冻土工程地质区(低温高含冰量多年冻土)

主要发育在山间谷地，发育段落为 K2990+395—K2990+640、K2992+400—K2992+630、

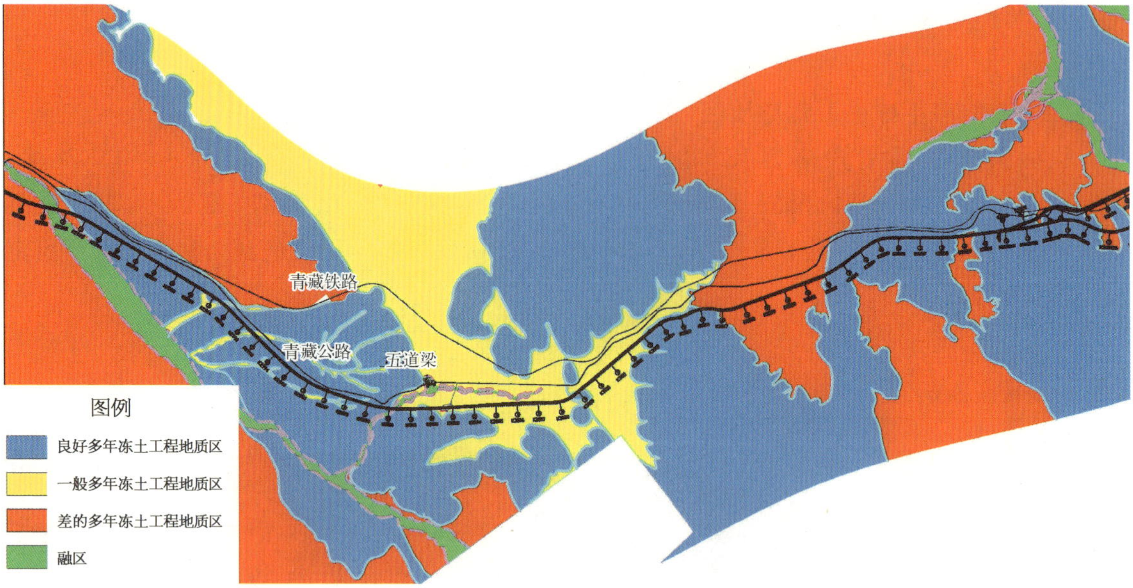

图 2－39　五道梁低高山—可可西里山区工程分区图

K2997+910—K2998+625、K3000+305—K3001+375、K3001+880—K3008+550、K3009+025—K3012+940。该区季节活动层冻胀类别主要为不冻胀-特强冻胀，融沉等级为Ⅲ～Ⅴ级，天然上限 1.8～3.0 m，年平均地温-2.15～-1.09℃，地温类型为低温基本稳定型～低温稳定型。

（3）差的多年冻土工程地质区（高温高含冰量多年冻土）

主要发育在山间谷地，发育段落为 K3016+625—K3022+105、K3028+675—K3029+585。该区季节活动层冻胀类别主要为弱冻胀-冻胀，融沉等级为Ⅳ～Ⅴ级，天然上限 1.8 m，年平均地温-0.96～-0.82℃，地温类型为高温不稳定型。

5）北麓河盆地（K3034+850—K3054+920）

该路段由北向南穿越北麓河盆地，地形较平坦，路线主要以路基、桥涵的形式通过，出露岩性主要为冲洪积卵砾石、中细砂、粉土及黏性土。该段为盆地区，多年冻土十分发育，沼泽湿地、热融湖塘等冻土不良地质较为发育。

该段良好多年冻土工程地质区长度为 8.110 km，占多年冻土比例为 47.12%；差的多年冻土工程地质区长度为 9.100 km，占多年冻土比例为 52.88%。K3037+930—K3038+470、K3042+480—K3043+075、K3051+000—K3051+490、K3053+685—K3054+920 段为融区（图 2－40）。

（1）良好多年冻土工程地质区（低含冰量多年冻土）

主要发育在基岩埋深较浅的区域，发育段落为 K3038+470—K3041+500、K3045+075—K3047+960、K3051+490—K3053+685。该区季节活动层冻胀类别主要为弱冻胀，融沉等级为Ⅰ～Ⅱ级，天然上限 1.8～12.5 m，年平均地温-1.14～-0.38℃，地温类型为高温极不稳定型～低温基本稳定型。

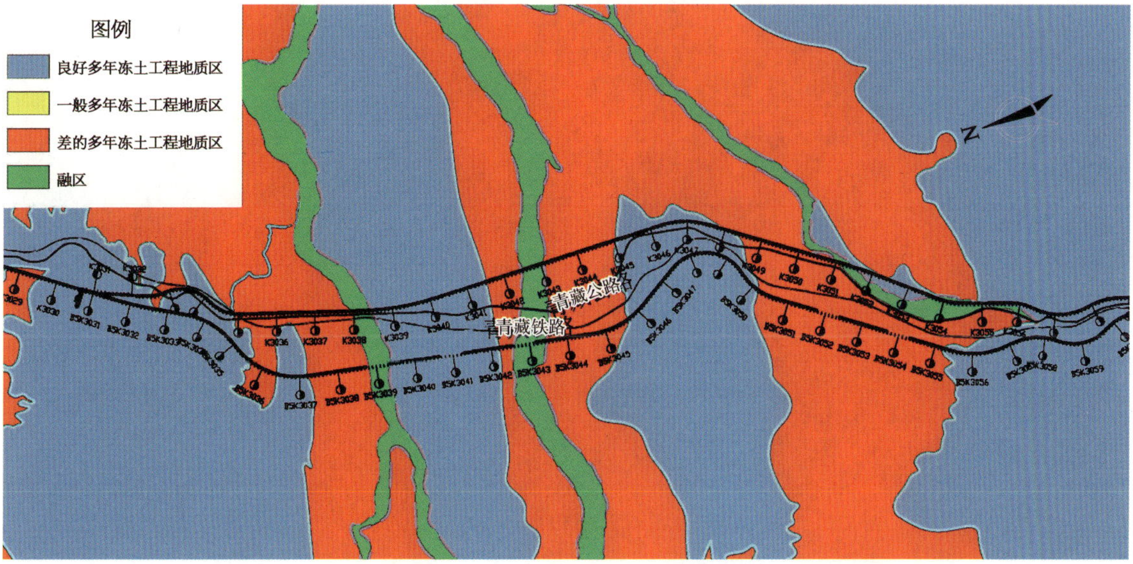

图 2－40　北麓河盆地工程分区图

(2) 差的多年冻土工程地质区(高温高含冰量多年冻土)

大面积分布,发育段落为 K3034+850—K3037+930、K3041+500—K3042+480、K3043+075—K3045+075、K3047+960—K3051+000。该区季节活动层冻胀类别主要为弱冻胀-冻胀,融沉等级为Ⅲ～Ⅴ级,天然上限 1.8～3.4 m,年平均地温－0.95～－0.38℃,地温类型为高温极不稳定型～高温不稳定型。

6) 风火山区(K3054+920—K3082+270)

该路段由北向南穿越风火山,以路基、桥涵及隧道通过。该区属中高山区,山体浑圆,岩石裸露,岩层边坡破碎,坡脚堆积大量碎屑流岩堆,沟口堆积扇形坡洪积碎石土。地层岩性主要为新近系及白垩系粉砂岩及泥岩等。寒冻风化和构造影响,岩体破碎,一般坡脚堆积大量碎屑岩堆,沟口堆积扇形坡洪积碎石土,主要不良地质为积雪、冰椎等冷生灾害,对路线造成了较大的影响。另外,该段断构造发育,与路线大角度相交,对路线有一定影响。

该段良好多年冻土工程地质区长度为 14.440 km,占多年冻土比例为 52.80%;一般多年冻土工程地质区长度为 12.910 km,占多年冻土比例为 47.20%(图 2－41)。

(1) 良好多年冻土工程地质区(低含冰量多年冻土)

主要发育在山体斜坡段,发育段落为 K3054+920—K3060+205、K3061+600—K3064+270、K3064+770—K3065+380、K3065+490—K3069+370、K3072+590—K3073+670、K3080+250—K3080+525、K3081+630—K3082+270。该区季节活动层冻胀类别主要为不冻胀-弱冻胀,融沉等级为Ⅰ～Ⅱ级,天然上限 1.7～4.5 m,年平均地温－3.15～－0.37℃,地温类型为高温极不稳定型～低温稳定型。

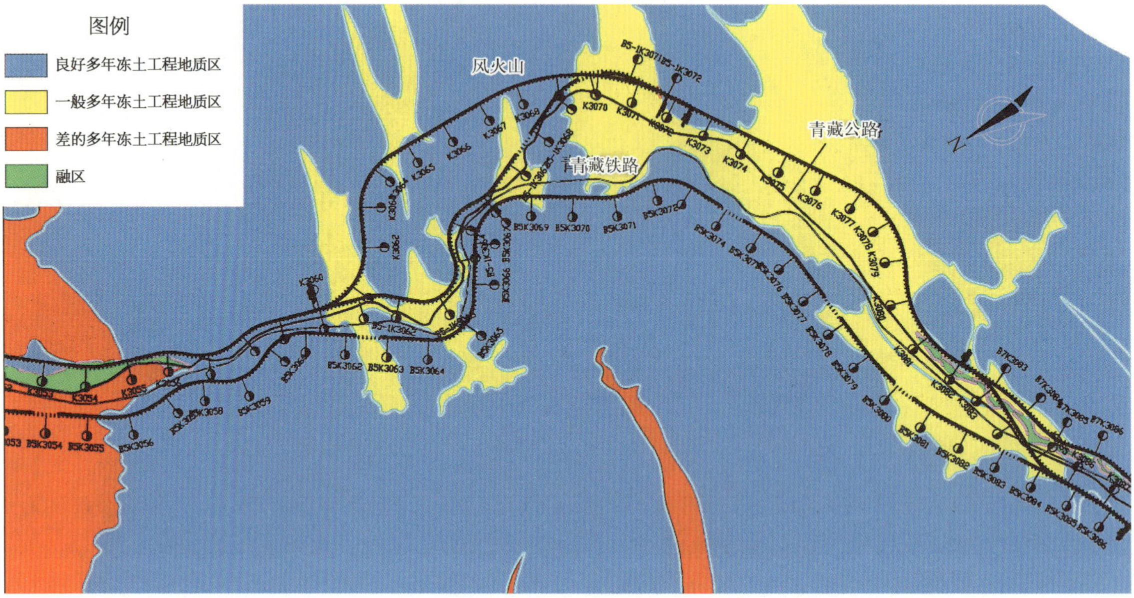

图 2-41 风火山区工程分区图

(2) 一般多年冻土工程地质区(低温高含冰量多年冻土)

主要发育在山间谷地,发育段落为 K3060+205—K3061+600、K3064+270—K3064+770、K3065+380—K3065+490、K3069+370—K3072+590、K3073+670—K3080+250、K3080+525—K3081+630。该区季节活动层冻胀类别主要为不冻胀-弱冻胀,融沉等级为Ⅲ~Ⅳ级,天然上限 2.1~3.0 m,年平均地温-3.15~-1.10℃,地温类型为低温基本稳定型~低温稳定型。

7) 乌丽盆地(K3082+270—K3117+965)

该路段由北向南穿越乌丽盆地,地形较平坦,出露岩性主要为冲洪积卵砾石、中细砂、粉土及黏性土。该段为盆地区,主要不良地质为沼泽湿地。

该段良好多年冻土工程地质区长度为 19.985 km,占多年冻土比例为 63.54%;一般多年冻土工程地质区长度为 3.255 km,占多年冻土比例为 10.35%;差的多年冻土工程地质区长度为 8.215 km,占多年冻土比例为 26.12%。K3083+315—K3083+600、K3093+125—K3093+235、K3095+215—K3095+300、K3105+120—K3105+370、K3114+260—K3114+320、K3114+425—K3117+965 段为融区(图 2-42)。

(1) 良好多年冻土工程地质区(低含冰量多年冻土)

发育段落为 K3085+810—K3093+125、K3093+235—K3095+215、K3095+300—K3103+000、K3108+400—K3110+810、K3113+770—K3114+260。该区季节活动层冻胀类别主要为不冻胀-强冻胀,融沉等级为Ⅰ~Ⅱ级,天然上限 2.4~4.5 m,年平均地温-0.07~1.10℃,地温类型为高温极不稳定型~低温基本稳定型。

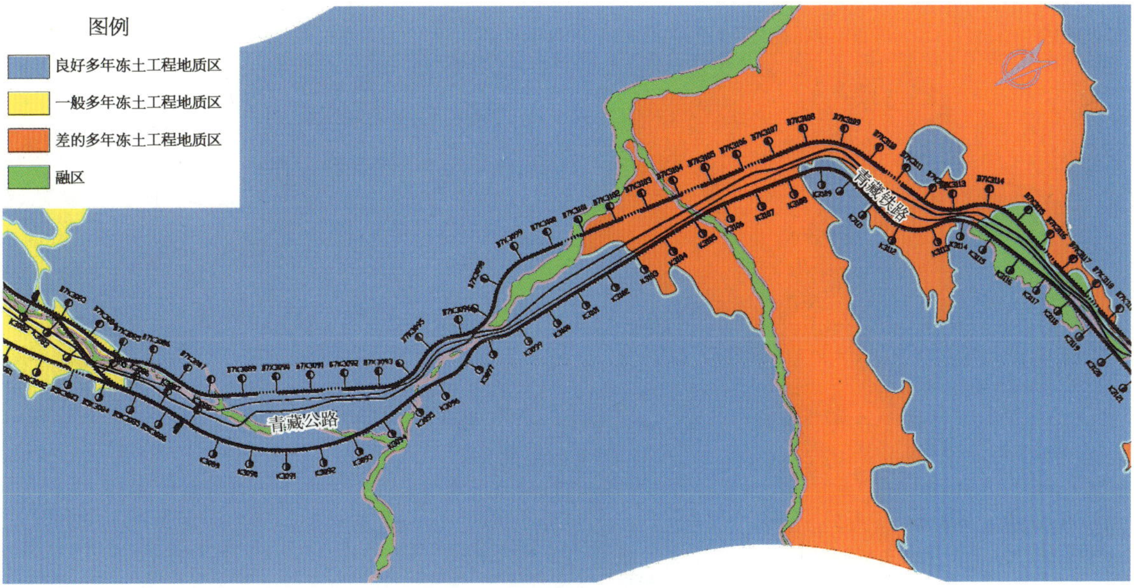

图 2－42　乌丽盆地工程分区图

（2）一般多年冻土工程地质区（低温高含冰量多年冻土）

发育段落为 K3082+270—K3083+315、K3083+600—K3085+810。该区季节活动层冻胀类别主要为不冻胀－强冻胀，融沉等级为Ⅲ～Ⅳ级，天然上限 2.4～2.5 m，年平均地温 -1.10℃，地温类型为低温基本稳定型。

（3）差的多年冻土工程地质区（高温高含冰量多年冻土）

发育段落为 K3103+000—K3105+120、K3105+370—K3108+400、K3110+810—K3113+770、K3114+320—K3114+425。该区季节活动层冻胀类别主要为不冻胀－强冻胀，融沉等级为Ⅲ～Ⅳ级，天然上限 2.1～3.4 m，年平均地温 -0.68～-0.24℃，地温类型为高温极不稳定型～高温不稳定型。

8）乌丽山区（K3117+965—K3127+190）

该路段由北向南穿越乌丽山区，属丘陵地貌，山体浑圆，岩石局部出露，主要出露地层为二叠系灰岩及砂岩等，路线以路基、桥涵通过，局部山间沟谷存在沼泽湿地，总体不良地质现象不发育。该段路线局部大角度通过断裂构造，对路线有一定影响。

该段良好多年冻土工程地质区长度为 8.605 km，占多年冻土比例为 93.28%；差的多年冻土工程地质区长度为 0.620 km，占多年冻土比例为 6.72%（图 2－43）。

（1）良好多年冻土工程地质区（低含冰量多年冻土）

主要发育在斜坡段，发育段落为 K3117+965—K3121+600、K3121+850—K3123+410、K3123+780—K3127+190。该区季节活动层冻胀类别主要为不冻胀－冻胀，融沉等级为Ⅰ～Ⅱ级，天然上限 2.1～3.4 m，年平均地温 -0.02℃，地温类型为高温极不稳定型。

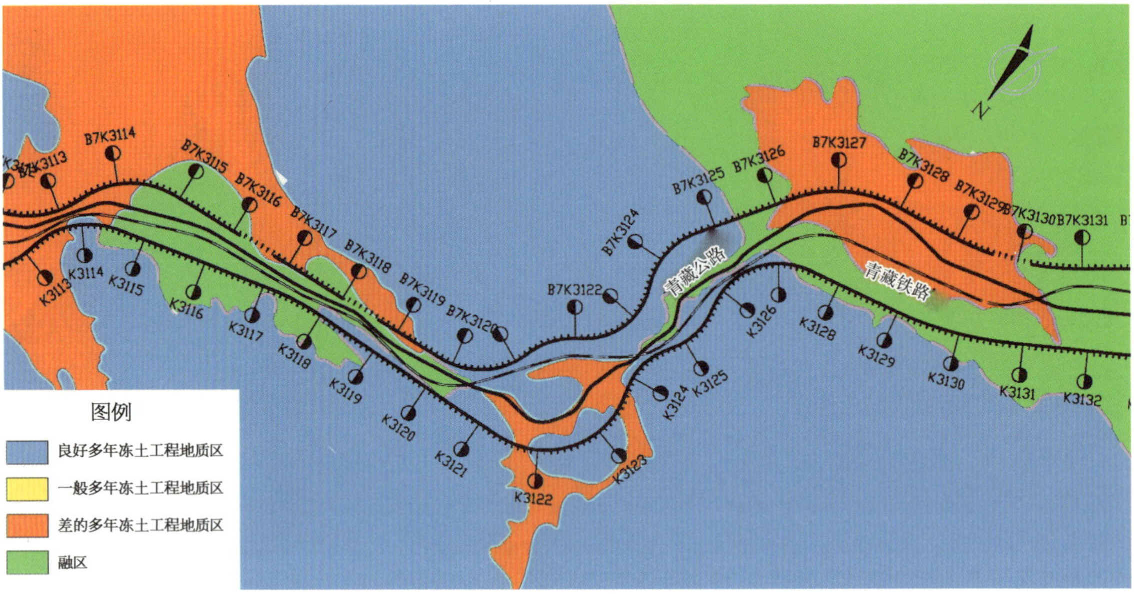

图 2-43 乌丽山区工程分区图

(2) 差的多年冻土工程地质区(高温高含冰量多年冻土)

主要发育在沟谷中,发育段落为 K3121+600—K3121+850、K3123+410—K3123+780。该区季节活动层冻胀类别主要为不冻胀-冻胀,融沉等级为Ⅲ~Ⅳ级,天然上限 2.1 m,年平均地温-0.02℃,地温类型为高温极不稳定型。

9) 沱沱河盆地(K3127+190—K3154+330)

该路段由北向南穿越沱沱河盆地,地形较平坦,路线以路基、桥涵通过,出露岩性主要为冲洪积卵砾石、中细砂、粉土及黏性土,主要不良地质为沼泽湿地。该区沱沱河以北的地区主要为融区,局部发育岛状多年冻土,沱沱河以南地区则发育有高温低含冰量冻土,以少冰-多冰冻土为主。

该段良好多年冻土工程地质区长度为 7.225 km,占多年冻土比例为 85.91%;差的多年冻土工程地质区长度为 1.185 km,占多年冻土比例为 14.09%。K3127+190—K3137+990、K3139+175—K3146+745、K3151+620—K3151+980 段为融区(图 2-44)。

(1) 良好多年冻土工程地质区(低含冰量多年冻土)

发育段落为 K3146+745—K3151+620、K3151+980—K3154+330。该区季节活动层冻胀类别主要为不冻胀-冻胀,融沉等级为Ⅰ~Ⅱ级,天然上限 2.3~2.6 m,年平均地温-0.94℃,地温类型为高温不稳定型。

(2) 差的多年冻土工程地质区(高温高含冰量多年冻土)

主要发育在沟谷中,发育段落为 K3137+990—K3139+175。该区季节活动层冻胀类别主要为冻胀,融沉等级为Ⅲ~Ⅳ级,天然上限 7.1 m,年平均地温-0.05℃,地温类型为高温极不稳定型。

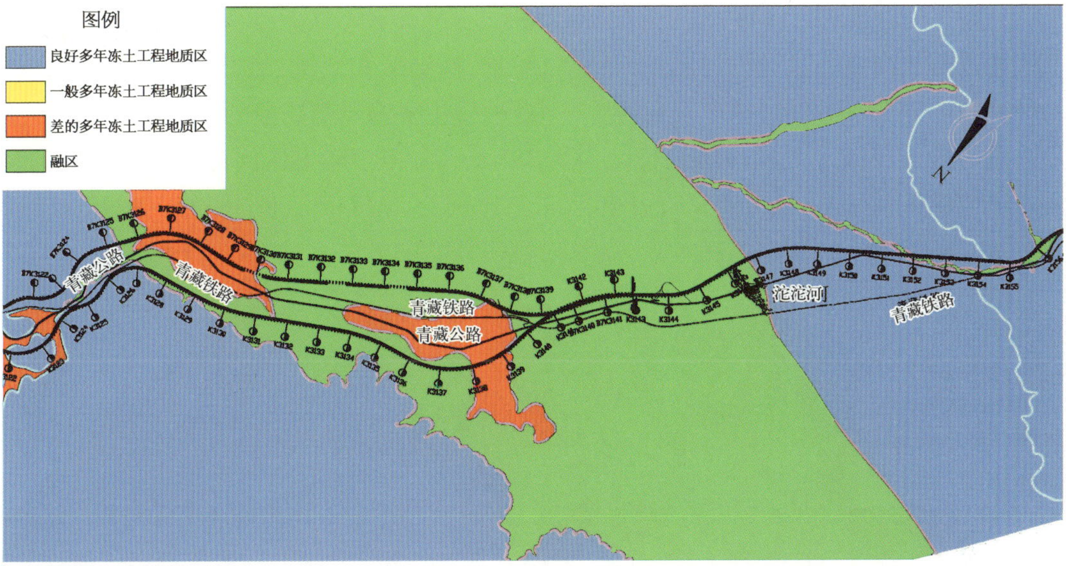

图 2－44　沱沱河盆地工程分区图

10）**开心岭山区（K3154+330—K3164+765）**

该路段由北向南穿越开心岭山区，属低山丘陵地貌，山体浑圆，岩石局部出露，出露基岩岩性主要为三叠系灰岩及砂岩等。不良地质不太发育，局部山体阴坡可能存在积雪病害。

该段多年冻土类型为少冰-多冰多年冻土，均为良好多年冻土工程地质区，季节活动层冻胀类别为不冻胀，融沉等级为Ⅰ～Ⅱ级，天然上限 2.6 m，年平均地温－0.94℃，地温类型为高温不稳定型，K3155＋705—K3156＋400、K3156＋610—K3157＋370、K3157＋690—K3159＋330、K3159+865—K3161+960 段为融区（图 2－45）。

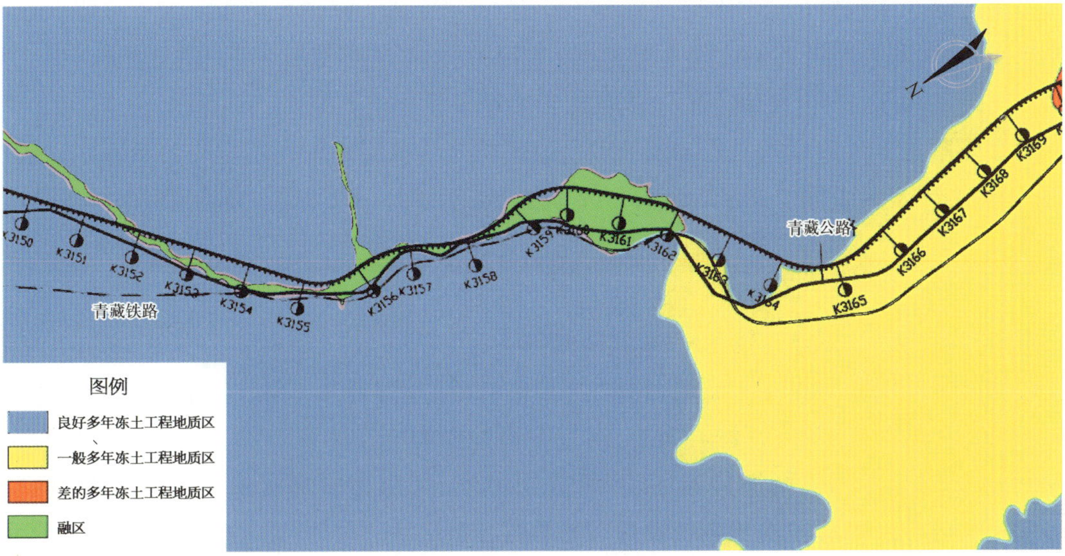

图 2－45　开心岭山区工程分区图

11）通天河盆地（K3164+765—K3223+805）

该路段由北向南通过通天河盆地，路线以路基、桥涵形式通过，地形较平坦，出露岩性主要为冲洪积卵砾石、中细砂、粉土及黏性土，不良地质主要为局部路段的沼泽湿地。

该段一般多年冻土工程地质区长度为 5. 235 km，占多年冻土比例为 27. 29%；差的多年冻土工程地质区长度为 13. 950 km，占多年冻土比例为 72. 71%。K3183+950—K3223+805 段为融区（图 2－46）。

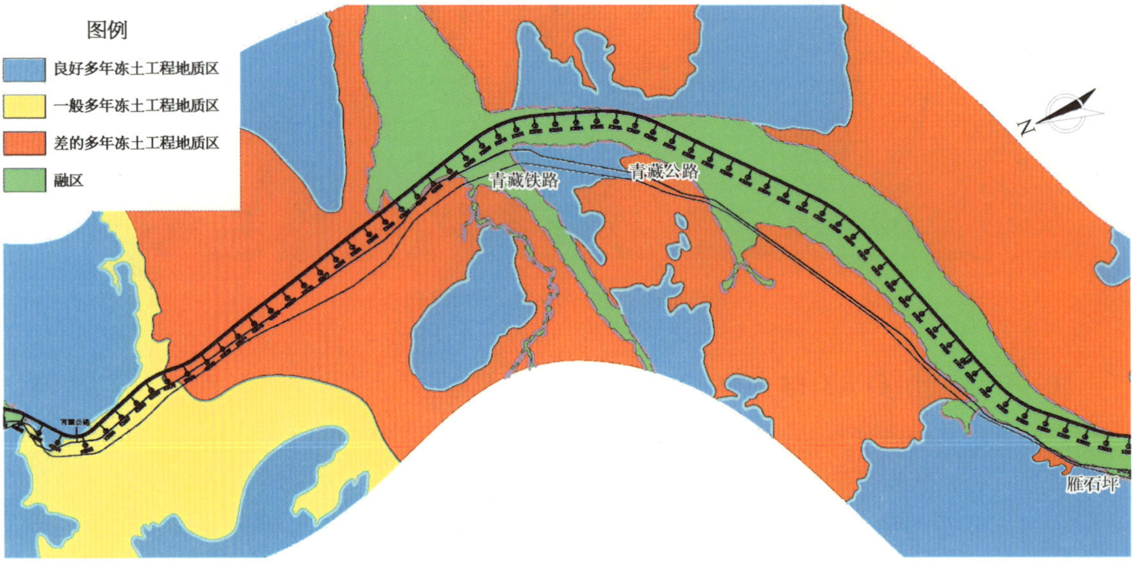

图 2－46　通天河盆地工程分区图

（1）一般多年冻土工程地质区（低温高含冰量多年冻土）

发育段落为 K3164+765—K3170+000。该区季节活动层冻胀类别主要为不冻胀，融沉等级为Ⅳ～Ⅴ级，天然上限 2. 3 m，年平均地温－1. 21℃，地温类型为低温基本稳定型。

（2）差的多年冻土工程地质区（高温高含冰量多年冻土）

发育段落为 K3170+000—K3183+950。该区季节活动层冻胀类别主要为不冻胀，融沉等级为Ⅳ～Ⅴ级，天然上限 2. 2～2. 8 m，年平均地温－0. 94～－0. 84℃，地温类型为高温不稳定型。

12）布曲河谷地（K3223+805—K3260+970）

该段由北向南穿越布曲河谷地，路线以路基、桥涵及隧道形式通过，该区谷地两侧山体较陡，基岩出露，岩性以砂岩、泥岩为主，沟谷中为冲积卵砾石为主。不良地质主要为局部湿地、涎流冰。该区布曲河两岸为融区，多年冻土不发育，山体中部有多年冻土发育，但以少冰-多冰冻土为主，局部洼地和缓坡发育有富冰冻土。

该段良好多年冻土工程地质区长度为 17. 440 km，占多年冻土比例为 75. 03%；差的多年冻土工程地质区长度为 5.805 km，占多年冻土比例为 24.97%。K3237+335—K3237+975、K3238+150—K3238+495、K3238+660—K3238+815、K3239+430—K3240+070、K3240+595—K3241+205、K3244+240—K3244+660、K3245+290—K3256+400 段为融区（图 2－47）。

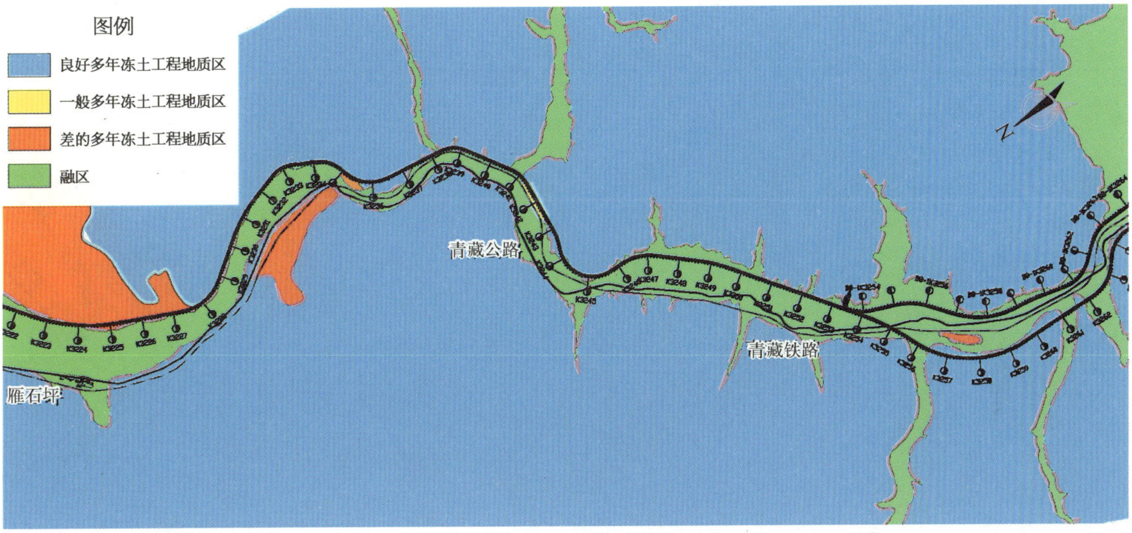

图 2－47　布曲河谷地工程分区图

（1）良好多年冻土工程地质区（低含冰量多年冻土）

发育段落为 K3227+810—K3234+940、K3235+280—K3237+335、K3237+975—K3238+150、K3238+495—K3238+660、K3238+815—K3239+430、K3240+070—K3240+595、K3242+665—K3244+240、K3244+660—K3245+290、K3256+400—K3260+970。该区季节活动层冻胀类别主要为不冻胀－冻胀，融沉等级为Ⅰ～Ⅱ级，天然上限 2.9～5.0 m，年平均地温 −0.15～−0.05℃，地温类型为高温极不稳定型。

（2）差的多年冻土工程地质区（高温高含冰量多年冻土）

发育段落为 K3223+805—K3227+810、K3234+940—K3235+280、K3241+205—K3242+665。该区季节活动层冻胀类别主要为冻胀，融沉等级为Ⅲ～Ⅴ级，天然上限 2.2～4.0 m，年平均地温−0.15～−0.05℃，地温类型为高温极不稳定型。

13）温泉断陷盆地（K3260+970—K3300+670）

该段由北向南穿越温泉盆地，路线以路基、桥涵形式通过，盆地中部岩性主要为冲洪积成因的卵砾石，主要不良地质为局部沼泽湿地、涎流冰。该区受构造影响形成构造融区，多年冻土不发育，局部路段分布有岛状多年冻土，主要为高温高含冰量冻土，含冰量以富冰冻土为主。路线布设于盆地西侧，该处山前发育有活动断裂，与路线走向基本平行，对拟建路线构成了一定的影响。

该段良好多年冻土工程地质区长度为 2.470 km，占多年冻土比例为 27.32%；一般多年冻土工程地质区长度为1.470 km,占多年冻土比例为16.26%;差的多年冻土工程地质区长度为5.100 km,占多年冻土比例为56.42%。K3260+970—K3261+530、K3261+810—K3262+930、K3263+030—K3263+120、K3269+150—K3283+380、K3284+540—K3299+200段为融区(图2-48)。

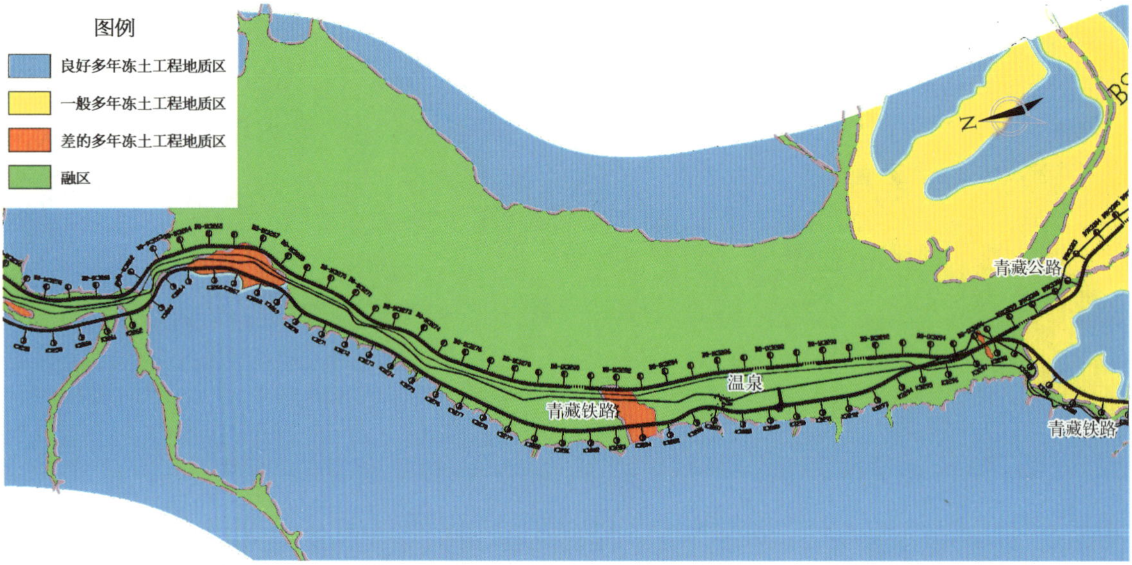

图2-48 温泉断陷盆地工程分区图

(1) 良好多年冻土工程地质区(低含冰量多年冻土)

发育段落为K3261+530—K3261+810、K3262+930—K3263+030、K3263+120—K3264+720、K3268+660—K3269+150。该区季节活动层冻胀类别主要为不冻胀-冻胀,融沉等级为Ⅰ~Ⅱ级,天然上限3.0 m,年平均地温-0.15~-0.05℃,地温类型为高温极不稳定型。

(2) 一般多年冻土工程地质区(低温高含冰量多年冻土)

发育段落为K3299+200—K3300+670。该区季节活动层冻胀类别主要为不冻胀-冻胀,融沉等级为Ⅲ~Ⅳ级,天然上限2.8 m,年平均地温-1.02℃,地温类型为低温基本稳定型。

(3) 差的多年冻土工程地质区(高温高含冰量多年冻土)

发育段落为K3264+720—K3268+660、K3283+380—K3284+540。该区季节活动层冻胀类别主要为不冻胀-冻胀,融沉等级为Ⅲ~Ⅳ级,天然上限3.3~4.0 m,年平均地温-0.13~-0.07℃,地温类型为高温极不稳定型。

14) 唐古拉山山区及山间盆地(K3300+670—K3416+540)

该段路线由北向南穿越唐古拉山及山间盆地,山体基岩多见出露以砂岩、泥岩、灰岩等岩性为主,山间盆地以冲洪积卵砾石为主。该区沼泽湿地、涎流冰、风积沙、热融湖塘、冻胀丘、冰椎等不良地质较为发育。区内多年冻土类型复杂多变,局部发育融区,总体该段多年冻土含冰量较高。

该段良好多年冻土工程地质区长度为 21.590 km，占多年冻土比例为 23.25%；一般多年冻土工程地质区长度为 38.470 km，占多年冻土比例为 41.43%；差的多年冻土工程地质区长度为 32.795 km，占多年冻土比例为 35.32%。K3351+545—K3352+055、K3362+305—K3362+525、K3367+050—K3376+725、K3376+985—K3383+810、K3384+970—K3390+315、K3411+415—K3411+505、K3414+315—K3414+665 段为融区（图 2－49）。

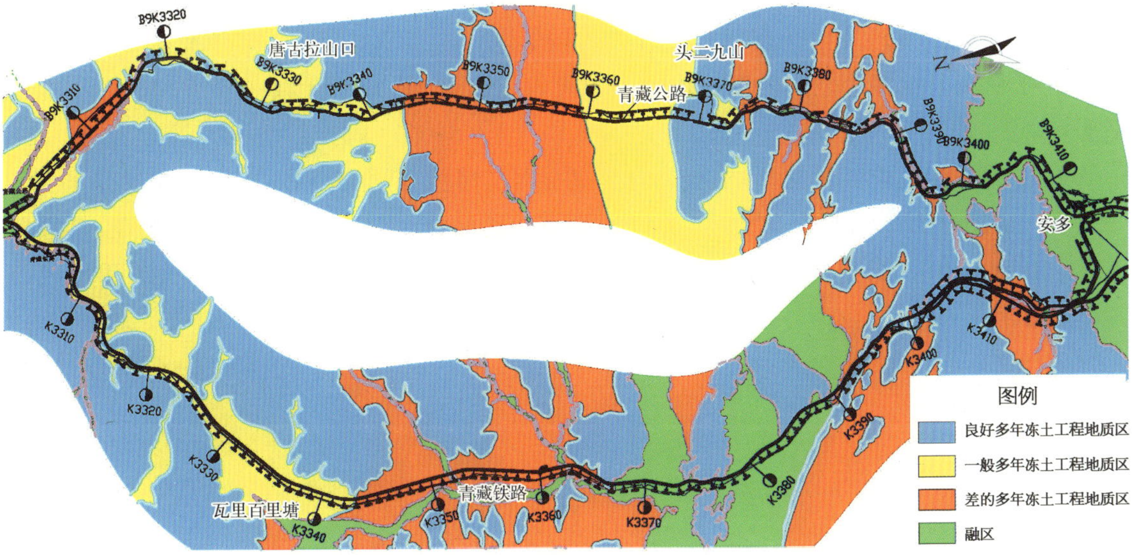

图 2－49　唐古拉山山区及山间盆地工程分区图

（1）良好多年冻土工程地质区（低含冰量多年冻土）

主要发育在山体斜坡段，发育段落为 K3300+670—K3301+340、K3308+410—K3309+300、K3315+080—K3316+380、K3317+740—K3318+710、K3365+675—K3367+050、K3376+725—K3376+985、K3383+810—K3384+970、K3394+120—K3408+695、K3416+150—K3416+540。该区季节活动层冻胀类别主要为不冻胀–冻胀，融沉等级为Ⅰ～Ⅱ级，天然上限 1.5～4.1 m，年平均地温－1.79～－0.04℃，地温类型为高温极不稳定型及低温稳定型。

（2）一般多年冻土工程地质区（低温高含冰量多年冻土）

发育段落为 K3301+340—K3308+410、K3309+300—K3315+080、K3316+380—K3317+740、K3318+710—K3325+290、K3325+290—K3342+970。该区季节活动层冻胀类别主要为不冻胀–冻胀，融沉等级为Ⅲ～Ⅴ级，天然上限 1.8～4.5 m，年平均地温－3.37～－1.02℃，地温类型为低温基本稳定型～低温稳定型。

（3）差的多年冻土工程地质区（高温高含冰量多年冻土）

发育段落为 K3342+970—K3351+545、K3352+055—K3355+120、K3355+120—K3358+235、K3358+235—K3362+305、K3362+525—K3365+675、K3390+315—K3394+120、K3408+

695—K3411+415、K3411+505—K3414+315、K3414+665—K3416+150。该区季节活动层冻胀类别主要为不冻胀，融沉等级为Ⅲ～Ⅴ级，天然上限2.0～4.2 m，年平均地温-0.40～-0.01℃，地温类型为高温极不稳定型。

由以上统计可以判断，中高山及低山丘陵区工程地质条件大部分为良好及一般，平原、盆地及谷地工程地质条件多为差，其影响因素主要有下列几方面：

① 随着海拔的升高，多年冻土的温度逐渐降低。

② 在平缓的盆地和山前斜坡地带水分补给条件良好，往往分布有含冰量较高的多年冻土，而地形较陡的地段则往往多年冻土含冰量较低。

③ 平原及盆地多为较大的河流流经区及湖塘发育区，其分布区域一般情况下多年冻土年平均地温较高。

④ 平原及盆地植被较发育，植被能够起到显著的降温作用，有利形成高含冰量冻土。

⑤ 中高山及低山丘陵区岩性多为基岩，因其结构致密，多以裂隙冰的形式存在，少数仅形成少冰或多冰冻土，含冰量低；而平原及盆地区岩性多为第四系松散堆积物，易于形成高含冰量冻土。

第3章

青藏工程走廊多年冻土演化规律与预测分析

3.1 1957—2012 年青藏工程走廊气候变化特征

青藏工程走廊内气候变化分析数据来源于多年冻土段的五道梁、沱沱河、安多三个气象站气温、降雨资料。其中，五道梁和沱沱河气象站 56 年的数据（1957—2012 年）和安多气象站 47 年的数据（1966—2012 年），分析了青藏工程走廊多年冻土段气候变化的基本趋势。三个气象站基本信息见表 3-1。

表 3-1 青藏工程走廊多年冻土段三气象站基本信息

编号	站名	地理位置		海拔(m)	年平均气温(℃)	相对湿度(%)	年平均降雨量(mm)	年平均蒸发量(mm)	最大积雪厚度(cm)
1	五道梁	N36°25′	E93°05′	4 612.2	-5.2	57	290.9	1 316.9	14
2	沱沱河	N34°13′	E92°26′	4 533.1	-4	53	248.5	1 638.9	39
3	安多	N32°21′	E91°06′	4 800	-2.9	51	428.4	1 782.9	3

3.1.1 年平均气温变化特征

图 3-1 是青藏工程走廊多年冻土段三个气象站的年平均气温变化趋势。从记录数据可以看出，年平均气温整体经历着缓慢的升高过程。五道梁和沱沱河在过去的 56 年内，年平均气温的变化有很好的相关性（$r^2 = 0.83$）。1957 年，五道梁、沱沱河年平均气温分别为

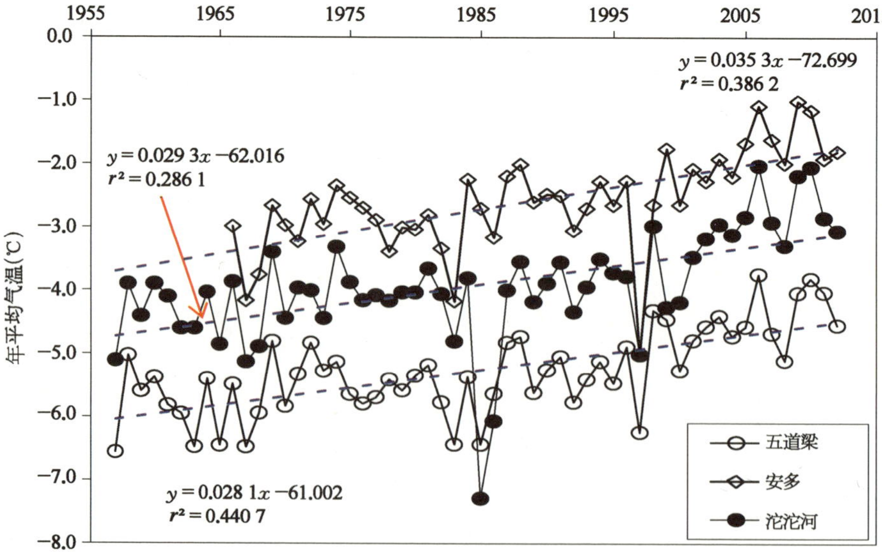

图 3-1 青藏工程走廊多年冻土段三个气象站年平均气温变化趋势

-6.6℃和-5.1℃；到2012年，两站的气温分别为-4.6℃和-3.1℃，总的增温大约是2℃，年平均增温0.03~0.04℃。五道梁和安多在过去的47年内，年平均气温的变化也有很好的相关性（r^2=0.84）。1966年，安多年平均气温为-3.0℃；到2012年，气温增加到了-1.8℃，总的增温大约是1.2℃，年平均增温0.02~0.03℃。年平均气温的增加在五道梁和沱沱河略快于安多。

气候变化在不同的阶段其增幅有较大差别。为此，将记录期划分为三个阶段，即1980年前、1981—1999年、2000—2012年。用以后一个阶段的多年平均值减去前一个阶段的多年平均值来衡量其增幅，得到逐月月平均气温变化图（图3-2）。从图中可以看出，第二阶段（1981—1999年）比第一阶段（1980年前）逐月平均气温略有增加，但第三阶段（2000—2012年）比第二阶段（1981—1999年）逐月平均气温明显增加。由此可以说明，青藏高原气候变暖突出地体现在2000年后。同时，也可以看出11—1月为增温最明显的三个月份，5—6月为增温最不明显的两个月份，说明气候变暖在冷季比暖季更明显。

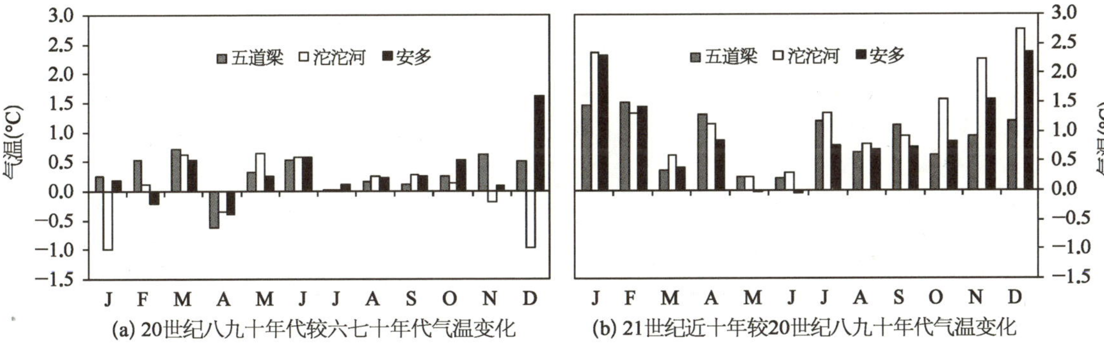

图3-2 青藏工程走廊多年冻土段三个气象站分阶段月平均气温变化趋势

3.1.2 年降雨量变化特征

青藏工程走廊多年冻土段三个气象站年降雨量如图3-3所示，降雨的变化比气温变化更加波动。五道梁和沱沱河在过去56年内年降雨量的变化相关性较差（r^2=0.60）。1957年，五道梁、沱沱河年降雨量分别为302 mm和309 mm；到2012年，两站的年降雨量分别为426 mm和332 mm，五道梁有124 mm的降雨增加，年降雨量增加率约为2 mm，沱沱河年降雨量增加率仅为0.4 mm。五道梁和安多在过去的47年内年降雨量的变化相关性也较差（r^2=0.35）。1966年和2012年，安多年平降雨量分别为354 mm和404 mm，总的增加大约是50 mm，年平均增加率为1 mm。年降雨量的增加在五道梁是最快的。

降雨量分阶段变化如图3-4所示。降雨量的增加与气温增加具有近似相同的趋势。第二阶段（1981—1999年）相比第一阶段（1980年前）来说，除了7、8两月有小幅减少外，其余各月略有增加。但第三阶段（2000—2012年）相比第二阶段（1981—1999年）来说，各月几

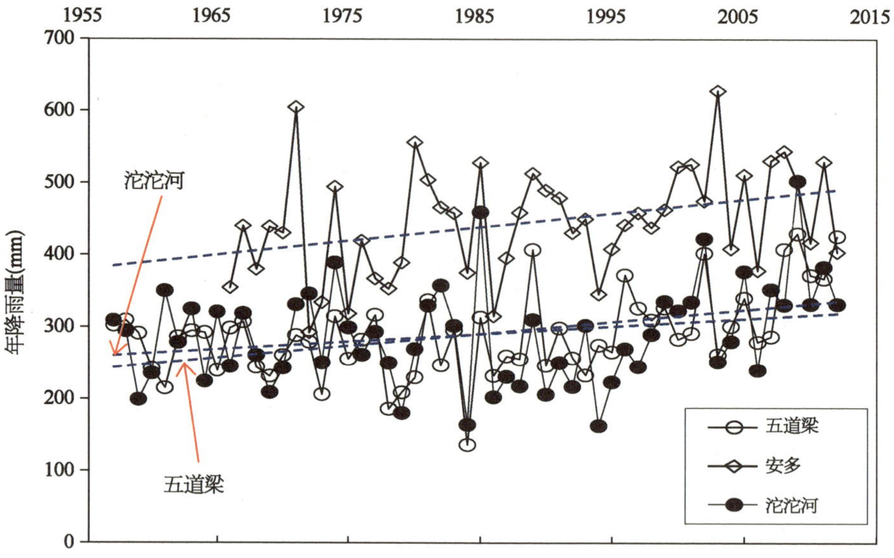

图 3-3　青藏工程走廊多年冻土段三个气象站年降雨量变化趋势

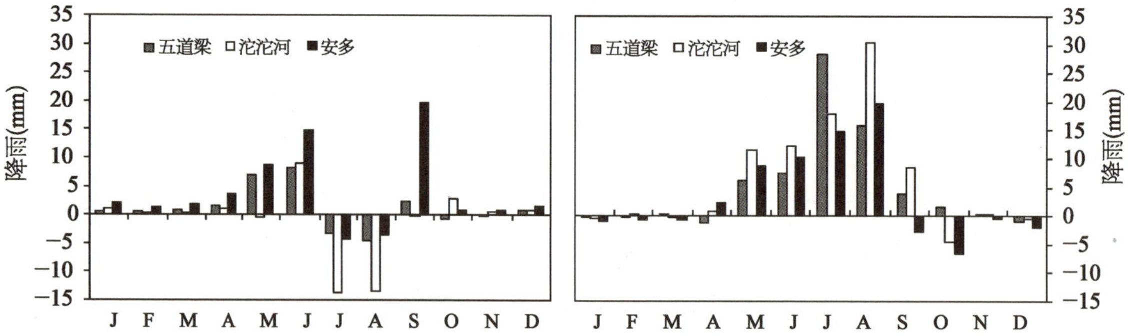

(a) 20世纪八九十年代较六七十年代降雨量变化　(b) 21世纪近十年较20世纪八九十年代降雨量变化

图 3-4　青藏工程走廊多年冻土段三个气象站分阶段月平均降雨量变化趋势

乎均有增加，且5—8月增幅相对明显。根据青藏高原逐月降雨资料分析，青藏高原几乎90%以上的降雨集中在5—9月。由此可见，2000年以后也是青藏高原降雨量增加的主要阶段。

三个气象站代表了青藏工程走廊多年冻土段的气候变化情况。从整体的气温和降雨量的变化趋势来看，走廊北部和中部的气温增速较快，超过全球平均0.02℃/年的水平(IPCC)。北部的降雨量增加也较明显，尤其是五道梁气象站的降雨增速非常明显。气温变暖和降雨增加都对加速多年冻土的空间变化产生较大影响，是导致青藏高原多年冻土退化的主导因素。

3.1.3　1961—2010年青藏高原气候特征的分析

利用1961—2010年青藏高原及其周边地区158个气象站温度（包括平均温度、最低和最高温度）、降水和风速资料，对青藏高原的气候特征进行了分析；近 50 年来，青藏高原整体是升温的，但升温速率有差异（图 3－5a、b）；大部分站点降水都是呈微弱的波动增加趋势（图 3－5c、d）；风速呈现出先增大后减小的特点（图 3－6e）。

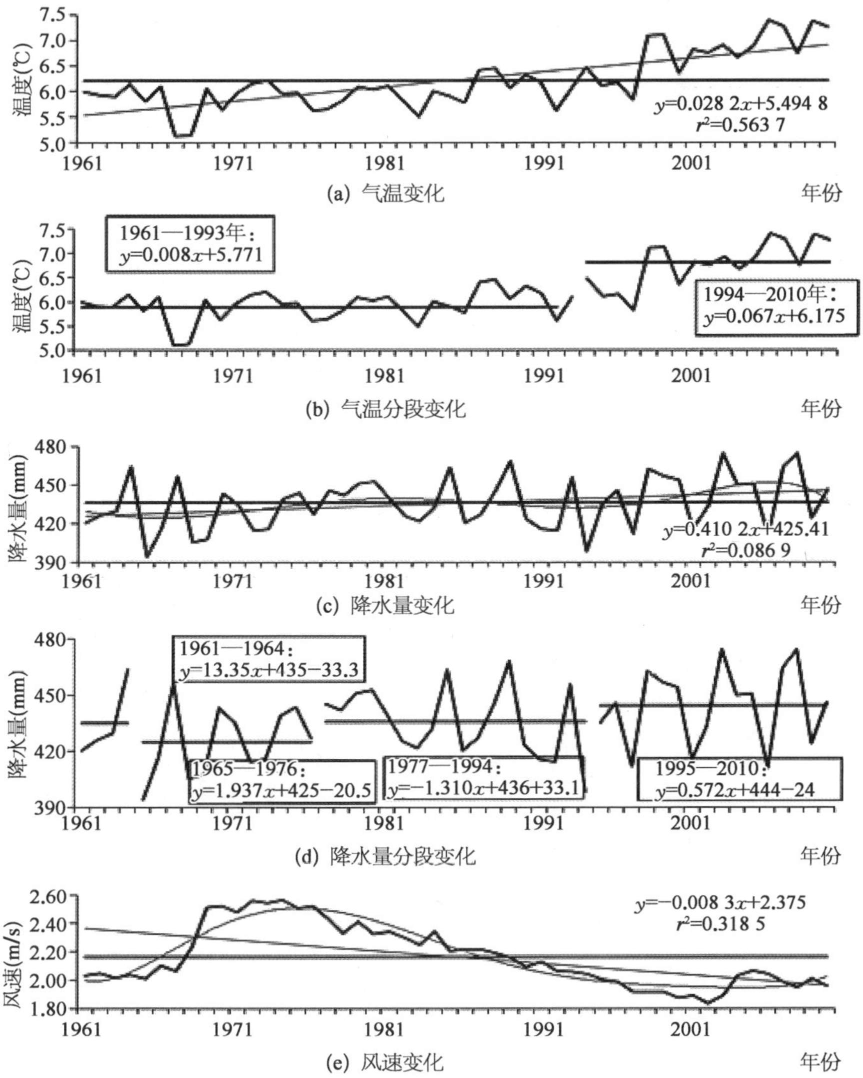

图 3－5 青藏高原地区气温、降水量和风速近 50 年来变化和分段变化

青藏高原平均温度和最高温度分别在 1994 年和 1997 年发生突变；降水则出现过多次突变，突变时间分别为 1965 年、1977 年和 1995 年。青藏高原温度分布与高原海拔走势一致，降水量空间分布上表现出从东南向西北逐级减少的分布特点。风速自东南向西北呈现出小、大、小的走势（图 3－6）。

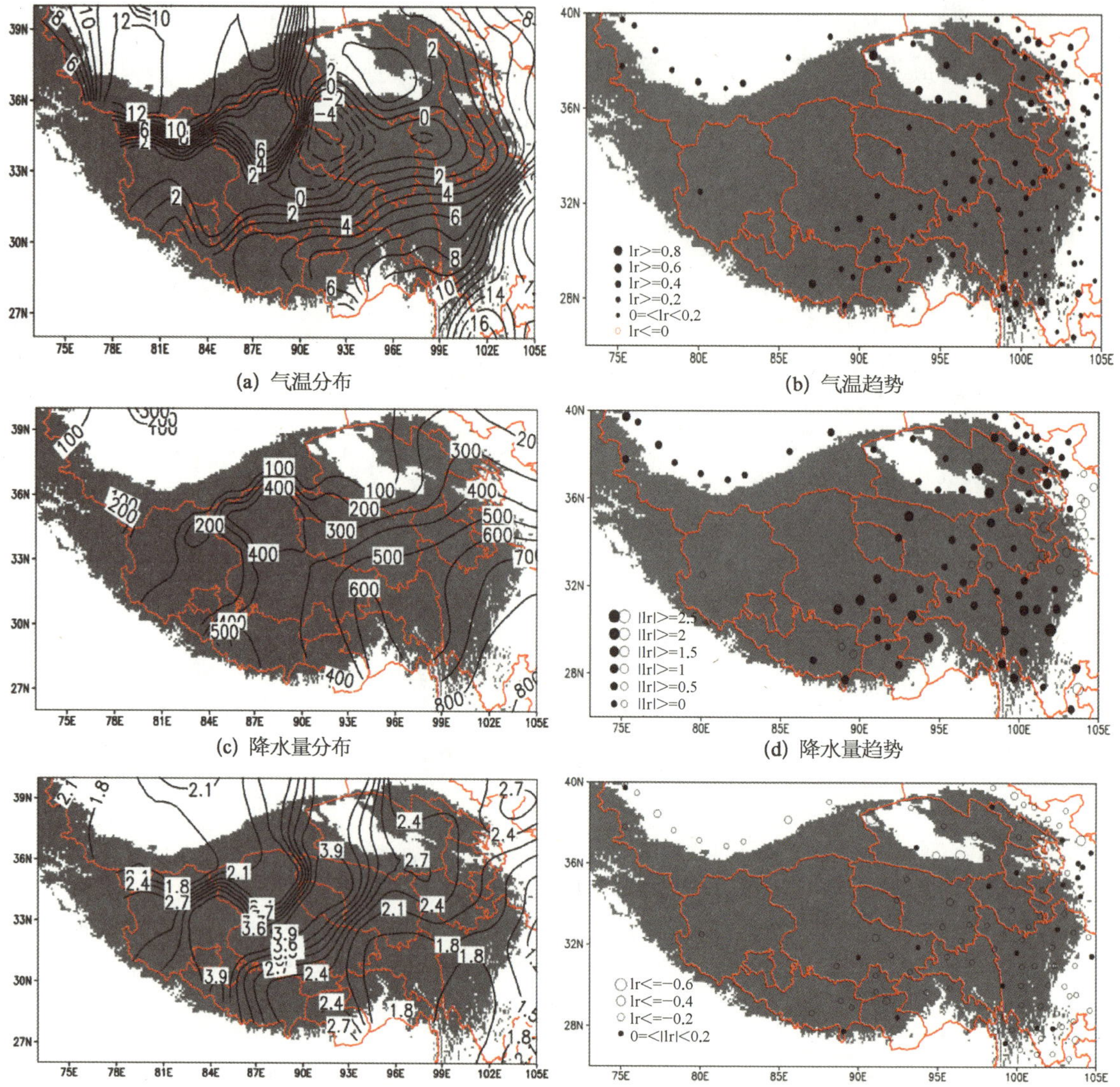

(a) 气温分布　(b) 气温趋势

(c) 降水量分布　(d) 降水量趋势

(e) 风速分布　(f) 风速趋势

图 3-6　近 50 年来青藏高原地区气温、降水量和风速的空间分布和线性趋势

3.2　1994—2014 年青藏工程走廊多年冻土演化规律

3.2.1　活动层厚度变化趋势

图 3-7 显示了走廊带内青藏公路沿线 15 个天然孔近 10~20 年活动层厚度的变化趋势。青藏公路沿线活动层厚度有较大差别，厚度在 1~6 m，然而活动层厚度在所有监测场

都有所增加，增速差异较大。多年冻土北界的西大滩近 10 年来活动层厚度增速为 1. 3 cm/年，而南界安多盆地增速为 9. 6 cm/年，南界比北界活动层厚度增加剧烈。西大滩和安多虽然都地处冻土边缘，属岛状或不连续多年冻土区，但西大滩多年冻土年平均地温是−0. 7℃，而安多年平均地温为 0. 5℃。可见，冻土的空间变化在高温区域比低温区域更加迅速。

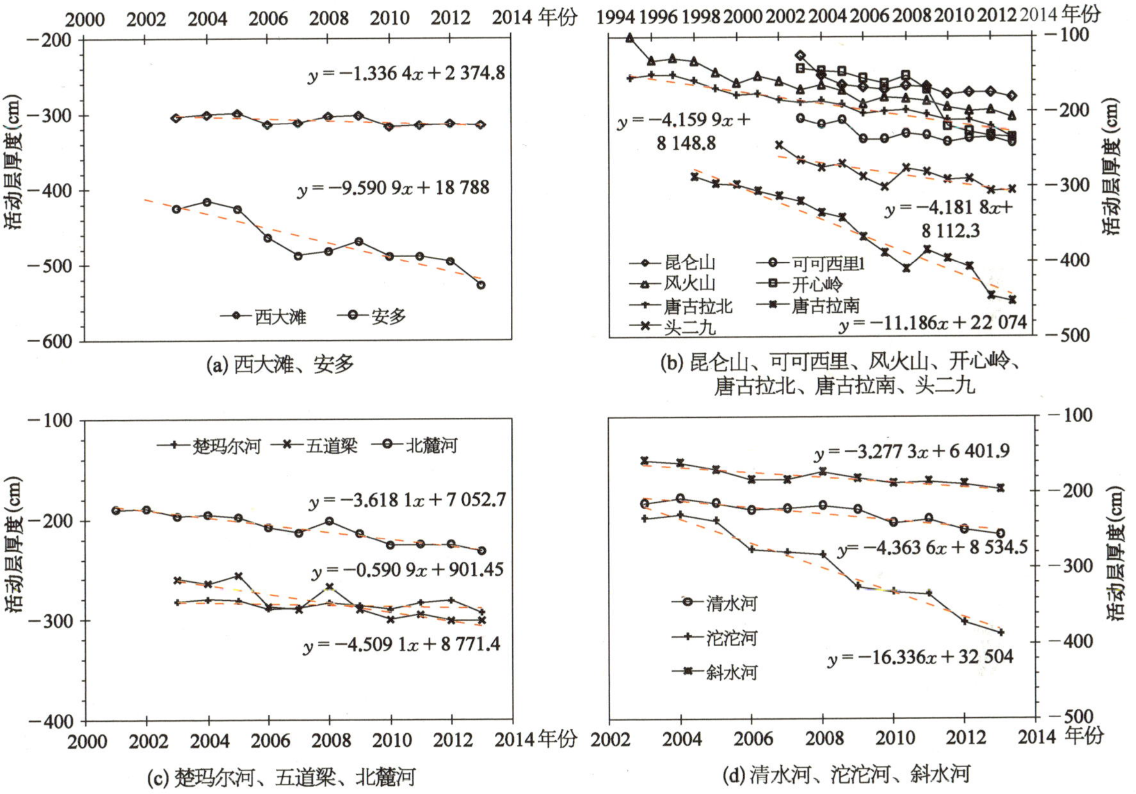

图 3－7　工程走廊带多年冻土活动层厚度变化

在中高山区的昆仑山、可可西里、风火山、开心岭、唐古拉南北坡以及头二九，海拔均在 4 700 m 以上，年平均地温小于−1. 0℃。7 个监测场活动层厚度的增加率介于 3～11 cm/年，其中较大的增速在唐古拉南和开心岭，分别是 11 cm/年和 10. 7 cm/年，最小的增加在可可西里山区为 3 cm/年。大部分增加率介于 4～5 cm/年。

在盆地和高平原区，如楚玛尔河高平原、五道梁盆地、北麓河盆地，海拔在 4 400～4 650 m，年平均地温在−1. 0℃左右，活动层厚度的增速在 0～5 cm/年。增速最快的是五道梁盆地为 4. 5 cm/年，最慢的是楚玛尔河高平原为 0. 6 cm/年。盆地和平原区活动层厚度增幅比中高山区较低。

在沟谷地带，如沱沱河谷地、清水河、斜水河，海拔在 4 500 m 左右，由于受地表水的影响，年平均温度差别较大。在清水河和斜水河，年平均温度为−1. 7～−1. 2℃，活动层厚度的增速为 2~3 cm/年。而沱沱河属于岛状多年冻土区,年平均温度为 0.3~0.4℃,活动层厚度的增速约为 16 cm/年。这个结果和冻土南北界的比较接近。活动层厚度的稳定增加与气候变化是吻合的,同时受海拔、年平均地温、冻土类型的影响较大。

3.2.2 多年冻土地温变化趋势

冻土温度的变化主要体现在活动层底板温度 T_{ps} 和年平均温度 T_g 的变化。活动层厚度在以上有充分的讨论,这一层位的温度即为活动层底板温度。青藏高原一般认可的多年冻土年平均温度为 10~15 m 深度的温度。图 3-8 反映了 15 个监测场活动层底板温度 T_{ps} 的变化趋势。几乎所有的年平均 T_{ps} 在过去的 10~20 年逐年增加,除了在北麓河监测场呈现较小的降温外。年平均 T_{ps} 在冻土北界西大滩和南界安多的年际变化速率分别是 0.02℃/年和 0.01℃/年,非常接近。在中高山地区,年平均 T_{ps} 的增温率介于 0.01℃/年和 0.07℃/年之间,增温最快的是唐古拉北为 0.07℃/年,最慢的是昆仑山为 0.01℃/年,多数介于 0.02~0.04℃/年之间。盆地、高平原以及河谷地带,年平均 T_{ps} 的增温率大致是 0.03℃/年,除了最大值楚玛尔河为 0.06℃/年。

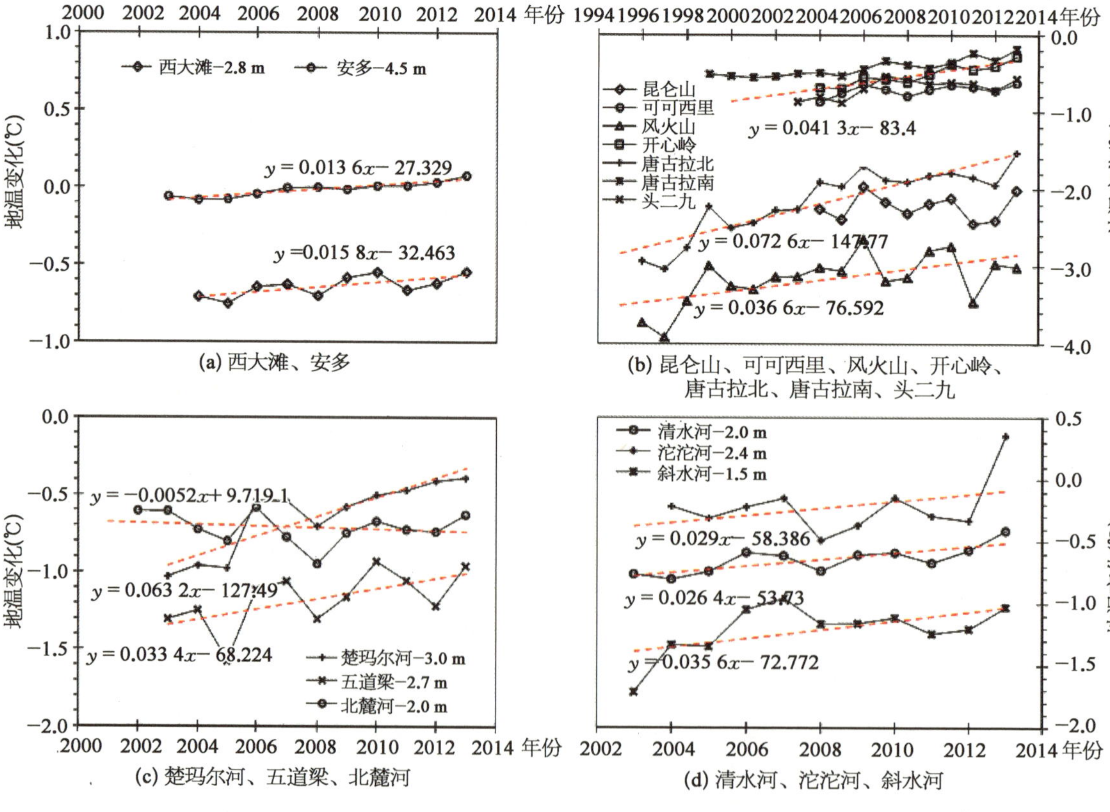

图 3-8 工程走廊带多年冻土活动层底板温度 T_{ps} 年际变化

图 3-9 显示了 15 个监测场 10～20 年年平均温度 T_g 的变化趋势。在过去的 10～20 年，多年冻土年平均温度均在缓慢的增加。多年冻土北界西大滩和南界安多增温率分别大约为 0.02℃/年和 0.003℃/年，北界增温快于南界，这个趋势与活动层厚度的变化趋势是相反的。我们发现安多的多年冻土底板深度约为 12 m，在 12 m 深度以下的融土层并没有升温，而是处于降温状态。这可能延缓了多年的增温，进一步延缓了多年冻土的退化。

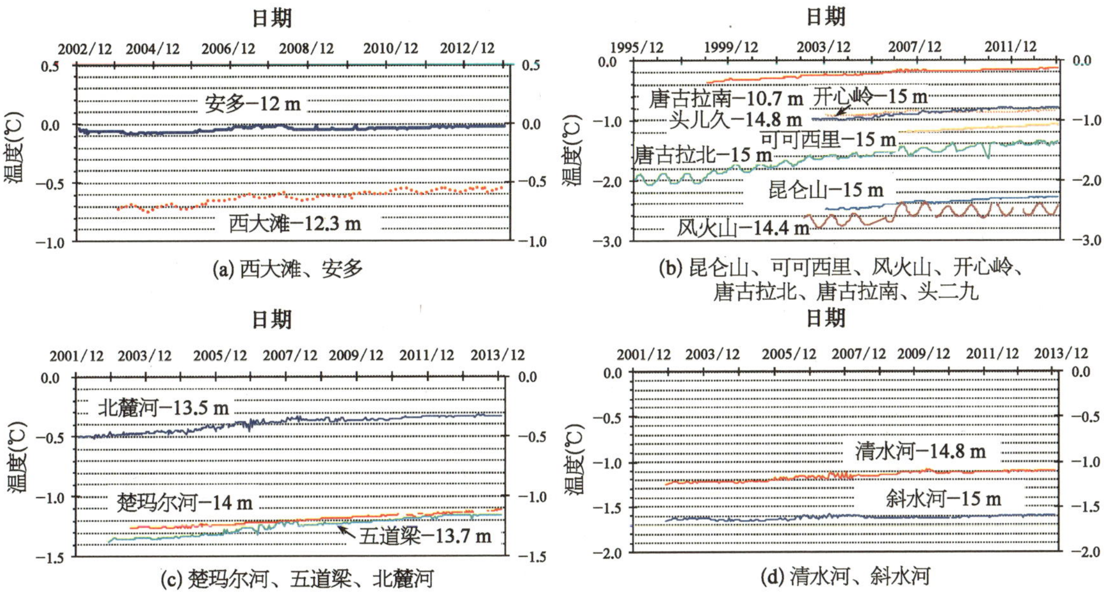

图 3-9 工程走廊带多年冻土年平均温度 T_g 变化

在中高山区，多年冻土年平均增温率介于 0.006～0.024℃/年之间（昆仑山：0.022℃/年；可可西里：0.020℃/年；风火山：0.024℃/年；开心岭：0.006℃/年；唐古拉北：0.021℃/年；唐古拉南：0.009℃/年；头二九：0.020℃/年）。风火山山区增温最快，开心岭增温最慢，大部分增温在 0.02℃/年左右。在北麓河盆地和楚玛尔河高平原区，多年冻土年平均增温率介于 0.013～0.018℃/年之间。沱沱河年平均温度的变化未做深入分析，因为该监测场多年冻土厚度仅为 7～8 m，以下为融土。斜水河和清水河谷地，多年冻土年平均增温率分别为 0.003℃/年和 0.018℃/年。

工程走廊沿线 22 个监测场活动层厚度变化、冻土温度变化如下：T_{ps} 增加的平均值为 0.028℃/年，中位数为 0.025℃/年，最大值 0.06℃/年，最小值 0.0℃/年；T_g 增加的平均值为 0.014℃/年，中位数为 0.010℃/年，最大值 0.04℃/年，最小值-0.01℃/年；活动层厚度增加的平均值为 6.3 cm/年，中位数为 4.4 cm/年，最大值 16.3 cm/年，最小值 1.3 cm/年。

3.3 冻土环境与工程活动的相互影响

3.3.1 地温差异性变化特征分析

1）冻结指数与融化指数

表3-2给出了青藏公路沿线各处观测场地0.5 m深度处的多年平均地表温度、融化指数、冻结指数以及融冻比的计算结果。可以看出，沥青路面与天然地表吸热效应的差异导致年平均融化指数与年平均冻结指数差值也有明显不同。沥青路面多年平均融化指数大于多年平均冻结指数，天然地表多年平均融化指数基本等于多年平均冻结指数。青藏公路沿线沥青路面多年平均融化指数分布在895~2 540℃·d，多年平均冻结指数分布在290~1 097℃·d；天然地表多年平均融化指数分布在144~1 550℃·d，多年平均冻结指数分布在127~1 544℃·d。

表3-2　青藏公路沿线多年平均地表温度及冻结、融化指数

地　区	状　态	暖季平均温度(℃)	融化指数(℃·d)	冷季平均温度(℃)	冻结指数(℃·d)	融冻比	温度比
西大滩	沥青路面	8.11	1 817	-5.19	-760	2.39	1.56
	天然地表	3.24	504	-4.97	-1 066	0.47	0.65
楚玛尔河	沥青路面	9.72	2 540	-4.95	-1 070	2.37	1.96
	天然地表	4.28	800	-4.66	-904	0.88	0.92
风火山	沥青路面	7.50	1 472	-6.08	-1 052	1.40	1.23
	天然地表	2.73	364	-6.47	-1 544	0.24	0.42
沱沱河	沥青路面	9.95	2 407	-4.95	-616	3.91	2.01
	天然地表	7.85	1 550	-6.53	-1 151	1.35	1.20
开心岭	沥青路面	9.91	2 262	-6.07	-866	2.61	1.63
	天然地表	2.52	381	-1.88	-433	0.88	1.34
唐古拉山	沥青路面	8.89	1 849	-6.85	-1 097	1.69	1.30
	天然地表	2.05	292	-2.82	-669	0.44	0.73
扎加藏布	沥青路面	7.97	1 621	-5.15	-825	1.96	1.55
	天然地表	3.63	560	-4.87	-1 089	0.51	0.75
头二九	沥青路面	3.97	895	-1.82	-290	3.09	2.18
	天然地表	3.21	577	-3.85	-774	0.75	0.83

（续表）

地　区	状　态	暖季平均温度(℃)	融化指数(℃·d)	冷季平均温度(℃)	冻结指数(℃·d)	融冻比	温度比
捷布曲河	沥青路面	8.74	1 946	−4.70	−590	3.30	1.86
	天然地表	3.87	695	−3.01	−580	1.20	1.29
安多	沥青路面	9.81	2 430	−3.41	−427	5.69	2.88
	天然地表	1.23	144	−0.51	−127	1.13	2.41

从表 3－2 反映的规律可以看出，暖季时沥青路面吸热效应明显，沥青路面平均温度高于天然地表，两者差值在 0.76～8.58℃；冷季时沥青路面放热速度较快，沥青路面平均温度略低于天然地表，两者相差 0.22～4.19℃。暖季温度与冷季温度的比值可以用温度比表示，反映了地表温度年际波动变化特征。沥青路面温度比在 1.23～2.18，天然地表温度比在 0.42～1.24。由此表明，沥青路面表层温度年际波动较大。

2）冻土冻融循环过程

图 3－10 给出了青藏公路沿线多年冻土地区冻融循环过程。可以看出，沥青路面对下伏多年冻土的影响主要体现在以下两个方面：

① 沥青路面强烈的吸热效应对多年冻土的影响范围更广，影响程度更剧烈。与天然地表相对比，沥青路面下多年冻土影响深度普遍大于 3.0 m 以上，安多地区（冻土南界）影响程度更剧烈，可达 7.0～8.0 m。由此可见，沥青路面的吸热效应能够显著增加下伏多年冻土退化风险。

② 沥青路面的聚热效应导致下伏多年冻土层形成了常年不冻的聚热层，即融化夹层，并且随着时间的推移，该融化夹层的厚度不断增加。

与此同时，沥青路面也改变了多年冻土的冻结融化时间。在天然地表，冻结期为每年 10 月中旬—次年的 4 月下旬，时间长达 6 个半月，比融化期时间长约 1 个月的时间；在沥青路面，冻结期为每年的 11 月下旬—次年的 4 月上旬，时长为 5 个月，比融化期时间短约 2 个月的时间。由此可见，沥青路面修筑以后，改变了下伏多年冻土的冻结融化时间，冻结期开始时间滞后 1.5 个月，结束时间提前近 20 d，从而导致多年冻土热量的不断积聚，多年冻土的不断退化。

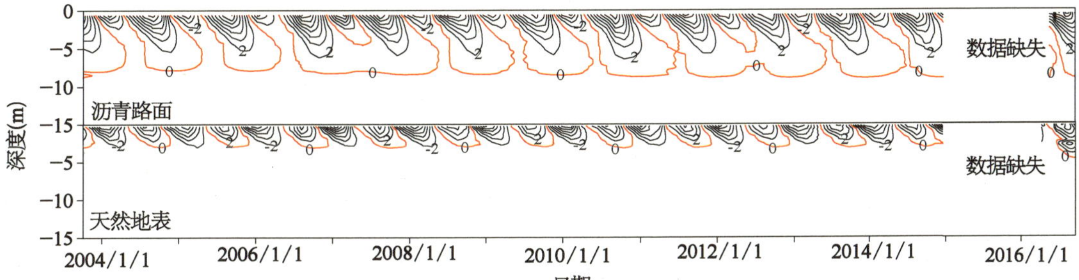

(a) 西大滩

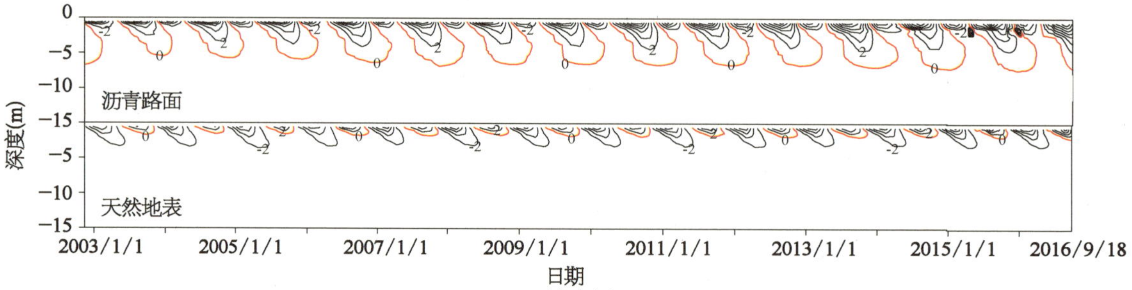

(b) 清水河

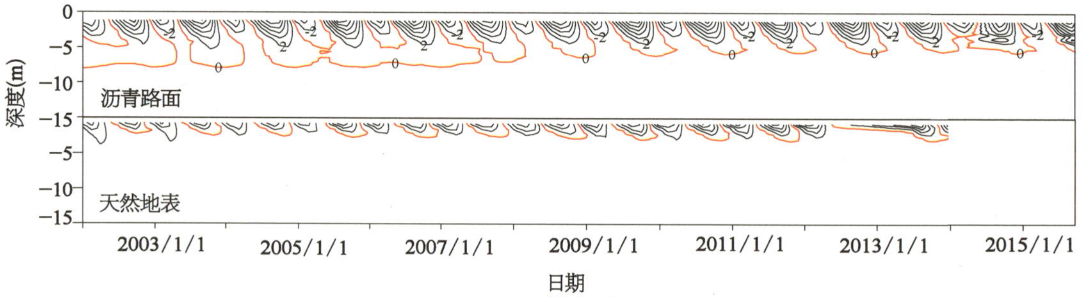

(c) 斜水河

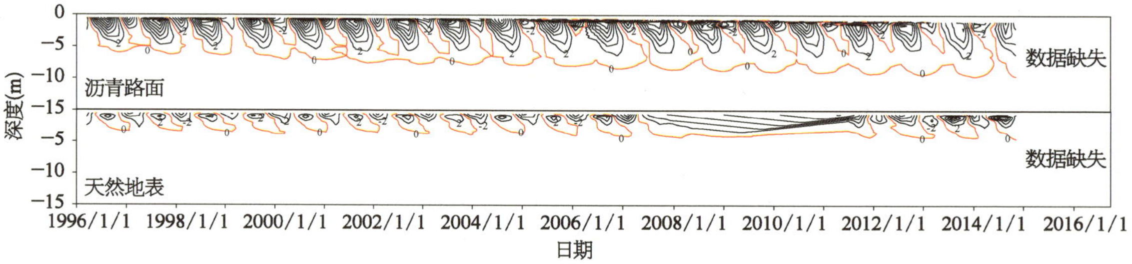

(d) 楚玛尔河

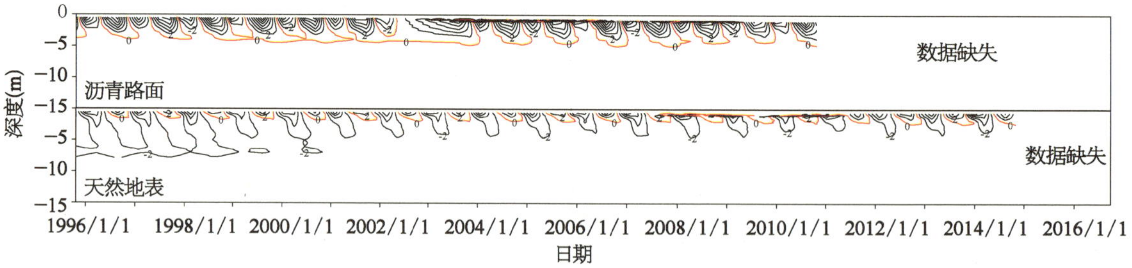

(e) 五道梁

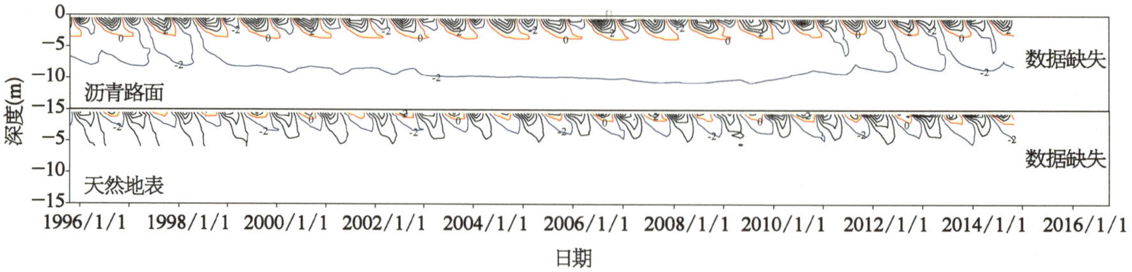

(f) 风火山

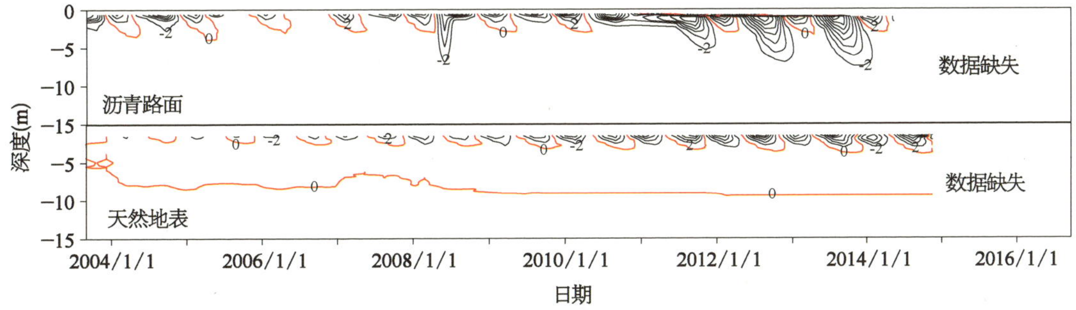

(g) 沱沱河

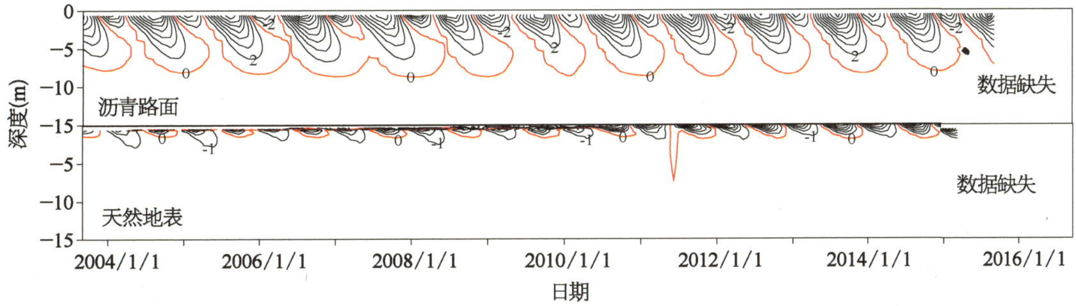

(h) 开心岭

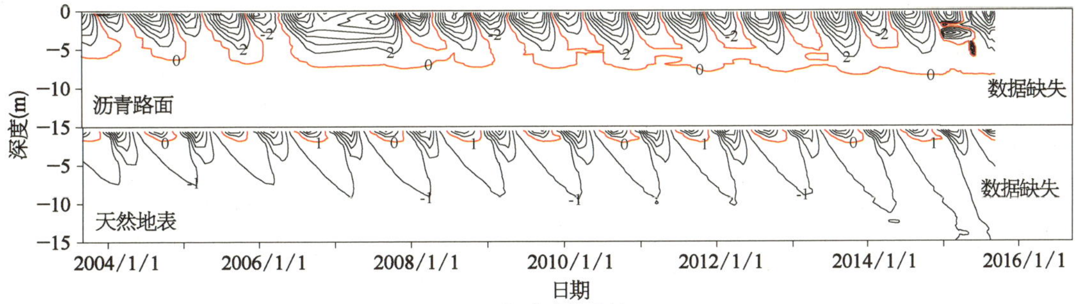

(i) 唐古拉北坡

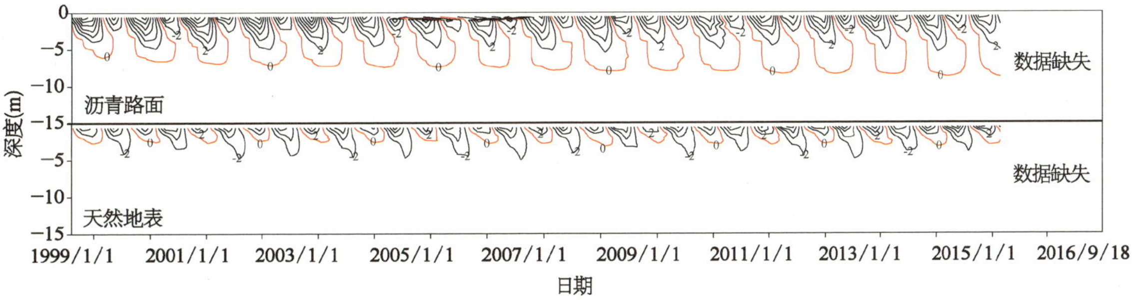

(j) 扎加藏布河

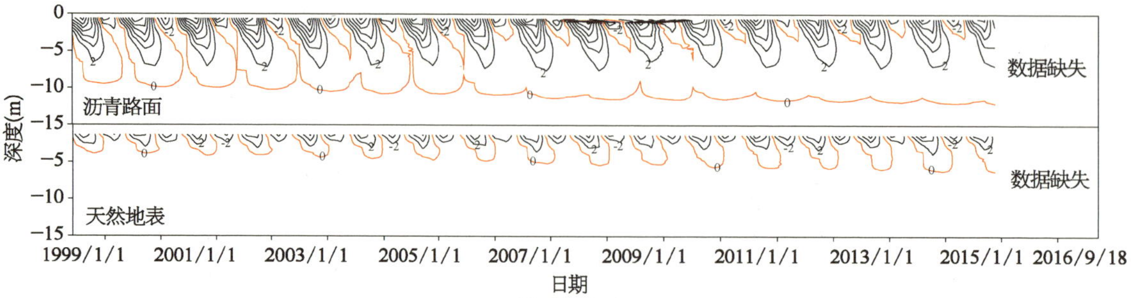

(k) 头二九山

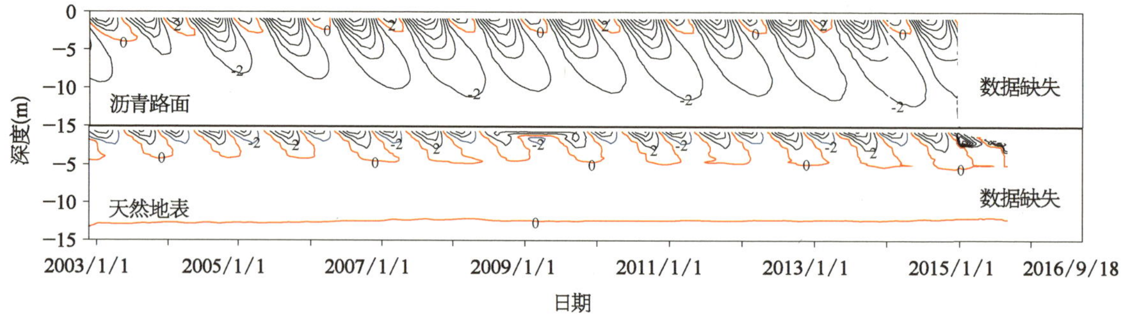

(l) 安多1

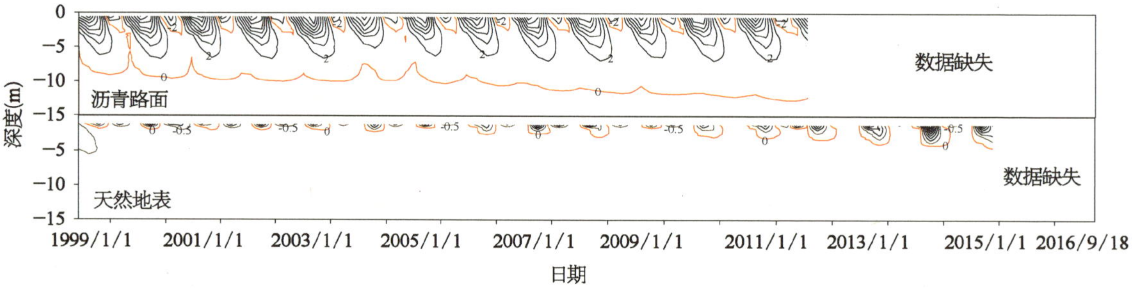

(m) 安多2

图 3-10　不同地区多年冻土冻融循环过程

3）冻土年平均地温变化特征

气候升温与工程作用导致了土体吸热量大于放热量，显著地引起了冻土温度升高。图3-11、图3-12给出了沥青路面与天然地表下6 m、10 m及15 m深度处的地温增温率。可以看出，同一深度处沥青路面下地温增温率明显高于天然地表下增温率。6 m深度处沥青路面下平均增温率为0.024℃/年，天然地表下平均增温率为0.016℃/年；10 m深度处沥青路面下平均增温率为0.022℃/年，天然地表下平均增温率为0.013℃/年；15 m深度处沥青路面下平均增温率为0.020℃/年，天然地表下平均增温率为0.013℃/年。

在气候变暖情况下，高温冻土区天然地表下6 m深度处平均增温率为0.016℃/年，10 m深度处平均增温率为0.014℃/年，15 m深度处平均增温率为0.012℃/年。低温冻土区天然地表下6 m深度处平均增温率为0.016℃/年，10 m深度处平均增温率为0.012℃/年，15 m深度处平均增温率为0.014℃/年。在气候变暖与工程活动影响下，高温冻土区沥青路面下

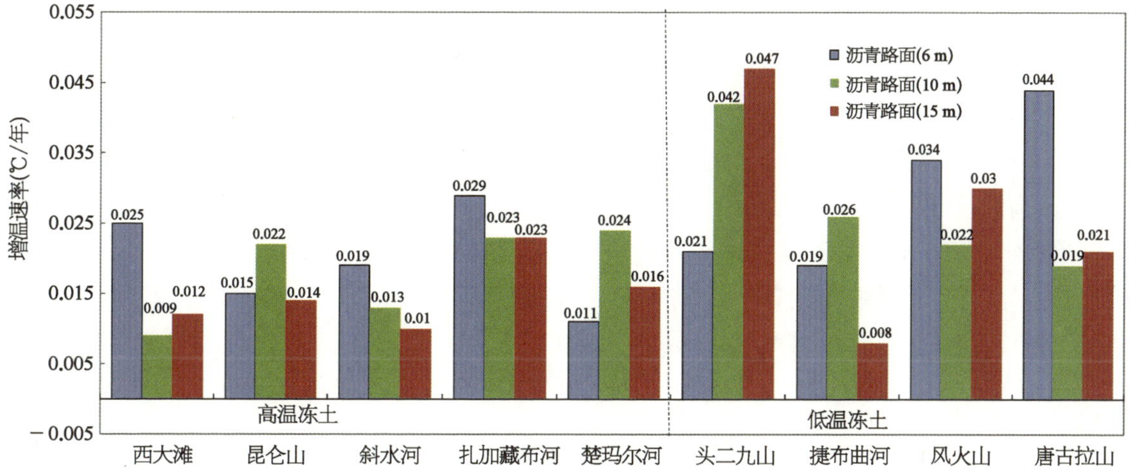

图 3-11　沥青路面下不同深度处增温率

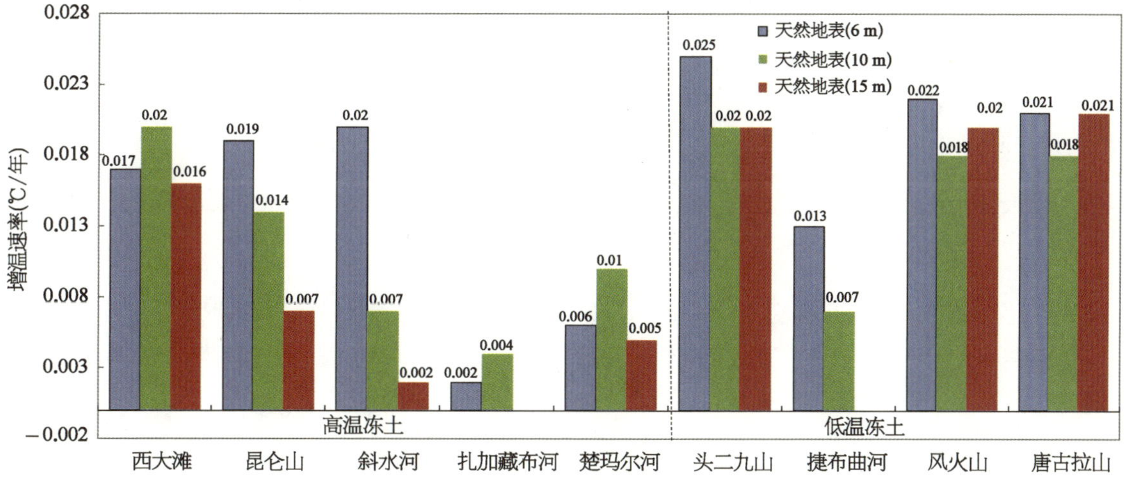

图 3-12　天然地表下不同深度处增温率

6 m 深度处平均增温率为 0.018℃/年，10 m 深度处平均增温率为 0.025℃/年，15 m 深度处平均增温率为 0.019℃/年。低温冻土区沥青路面下 6 m 深度处平均增温率为 0.032℃/年，10 m 深度处平均增温率为 0.019℃/年，15 m 深度处平均增温率为 0.021℃/年。同一深度处高低温冻土区平均升温率的差异，主要与冻土上限深度有很大关系。天然状态冻土上限深度不超过 6 m，该处升温率较其他两处深度较大。沥青路面下高温区冻土上限在 8～11 m，10 m 处深度升温率大于其他两处；低温区冻土上限在 5～8 m，6 m 处深度升温率大于其他两处。

3.3.2 上限差异性变化特征分析

图 3-13 给出了青藏公路沿线沥青路面及天然地表下冻土上限深度下降变化情况。可以看出，自 1995—2016 年，沥青路面及天然地表下冻土上限深度下降均呈现出明显的增大

趋势，高温冻土区冻土上限深度下降幅度显著大于低温冻土区。在全球气候变暖背景下，低温冻土区天然地表下冻土上限深度下降幅度在 0.1～1.06 m，平均下降幅度为 0.44 m，高温冻土区天然地表下冻土上限深度下降幅度在 0.14～1.50 m，平均下降幅度为 0.68 m。在气候变暖与工程活动共同影响下，低温冻土区沥青路面下冻土上限深度下降幅度在 0.97～2.32 m，高温冻土区沥青路面下冻土上限深度下降幅度在 0.82～2.99 m。在工程活动影响下，低温冻土区冻土上限深度下降幅度在 0.34～2.22 m，平均下降幅度为 1.38 m，高温冻土区冻土上限深度下降幅度在 0.55～2.24 m，平均下降幅度为 1.23 m。由此可知，高温冻土区气候对冻土上限下降的影响大于低温冻土区，工程对冻土上限下降的影响小于低温冻土区。高低温冻土区上限深度下降幅度的差异，与气候变化背景下多年冻土退化过程有关。当最

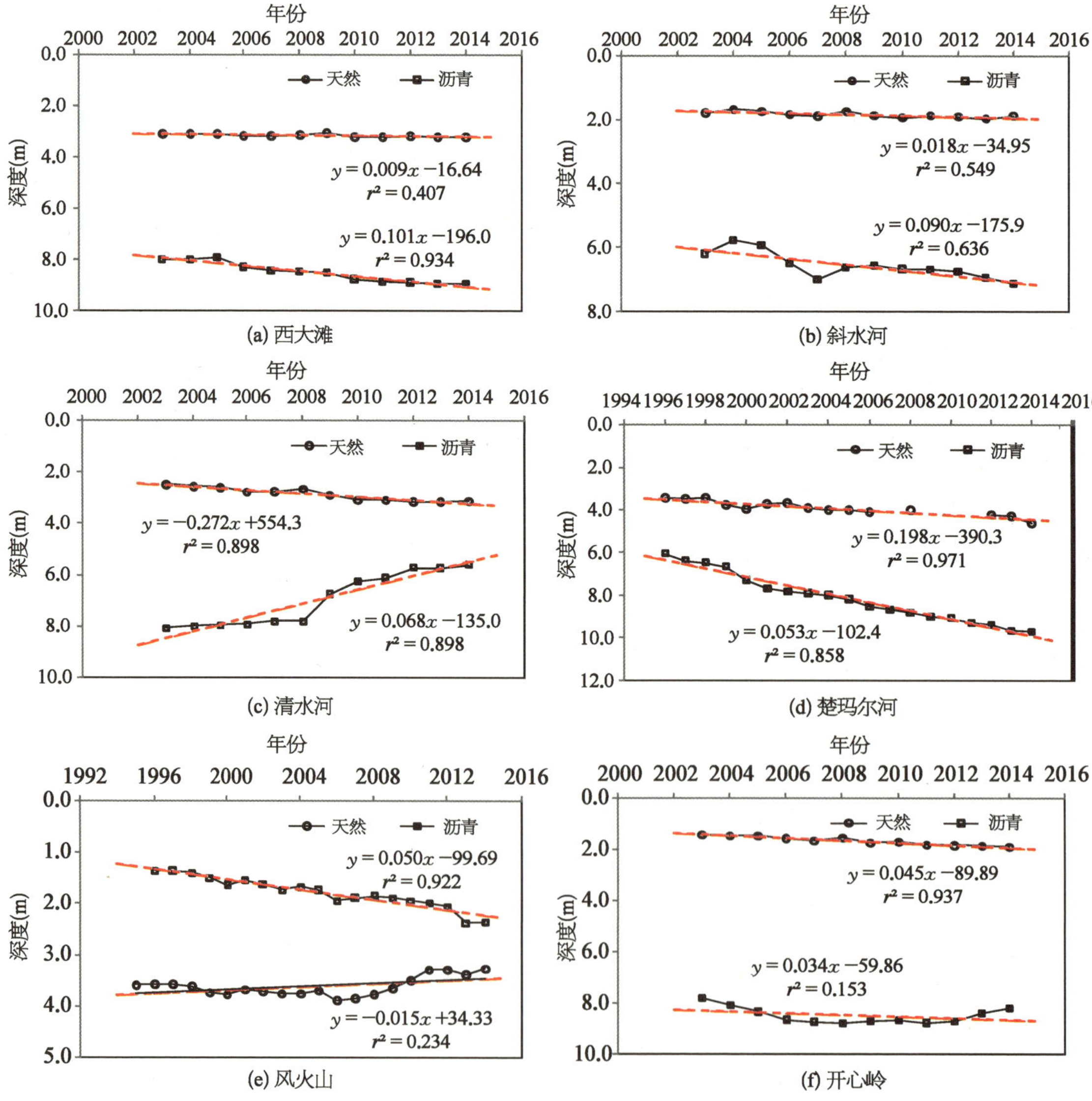

图 3-13 不同地区各年上限深度变化特征

大季节融化深度超过最大季节冻结深度时，冻土开始下引式退化，通常形成融化夹层，造成多年冻土和季节冻结层不衔接。当多年冻土层中地温梯度减小到小于下伏或周边融土层时，则产生上引式或侧引式退化。

通过计算多年冻土上限深度与时间拟合函数相关性的统计值，可以进一步反映冻土的退化速率。沥青路面下冻土退化速率最小为 11.68 cm/年，最大达到 20.14 cm/年，平均退化速率为 16.39 cm/年；天然地表下冻土退化速率最小为 1.82 cm/年，最大达到 12.88 cm/年，平均退化速率为 4.67 cm/年。沥青路面下冻土平均退化速率是天然地表下的 4.6 倍。

从图 3-13 可以看出，在气候变暖背景下，高温区天然地表下冻土平均退化速率为 5.72 cm/年，低温区天然地表下冻土平均退化速率为 3.42 cm/年。在气候变暖与工程活动共同影响下，高温区沥青路面下冻土平均退化速率为 16.9 cm/年，低温区沥青路面下冻土平均退化速率为 15.7 cm/年。在工程活动影响下，高温区冻土平均退化速率为 11.18 cm/年，低温区冻土平均退化速率为 12.28 cm/年。气候影响下高温区冻土平均退化速率大于低温区，工程影响下高温区冻土平均退化速率小于低温区，其规律与冻土上限下降幅度保持一致。

3.3.3 青藏公路路基变形特征分析

1）路基变形总规律

图 3-14 给出了青藏公路沿线典型断面冻土路基变形监测结果。可以看出，冻土路基变形主要以下沉变形为主，绝大部分路段没有明显的冻胀变形过程或冻胀变形很小。同时，不同断面的沉降变形特征及趋势并不是完全一致，反映了路基变形的复杂性，但其实质上都表现出强烈的融沉变形的共同特点。从长期变形监测结果来看，变形一直未达到稳定状态。基于场地温度场变化推测，在未来一段时间内，随着路基下伏多年冻土的融化，路基的沉降变形仍将继续。

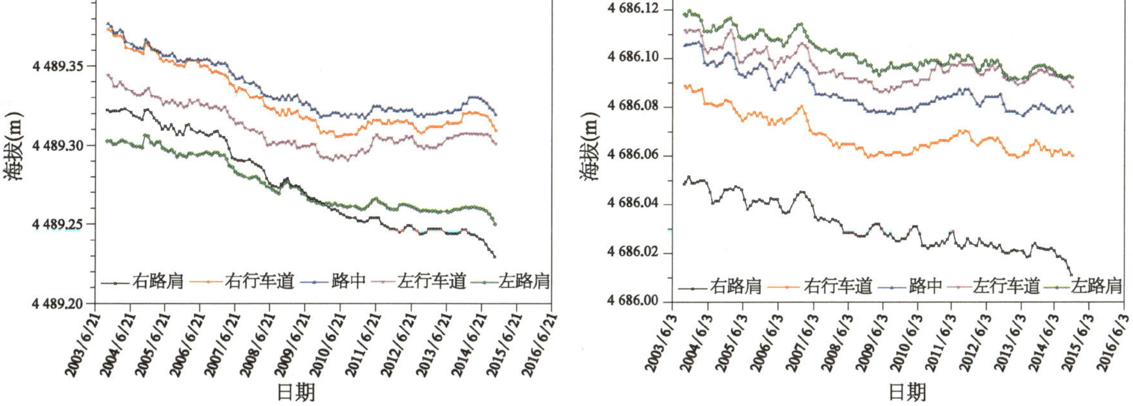

(a) 西大滩　　(b) 乌丽

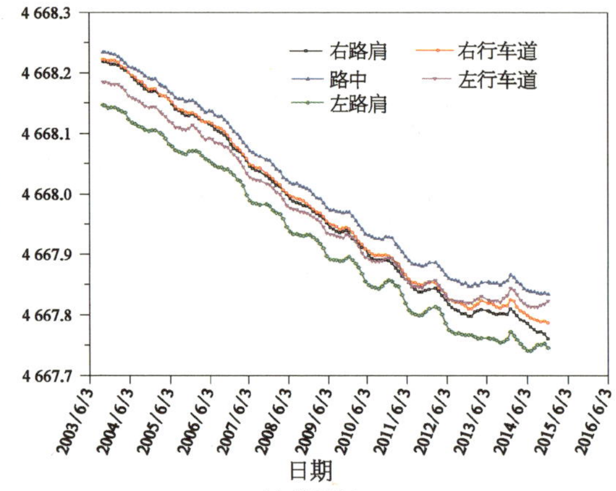

(c) 沱沱河

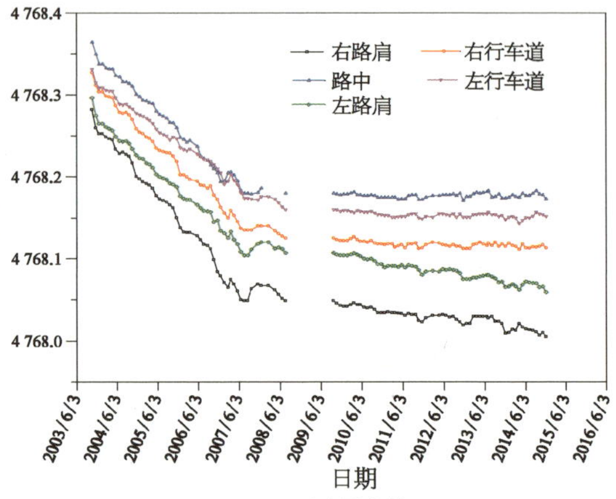

(d) 开心岭

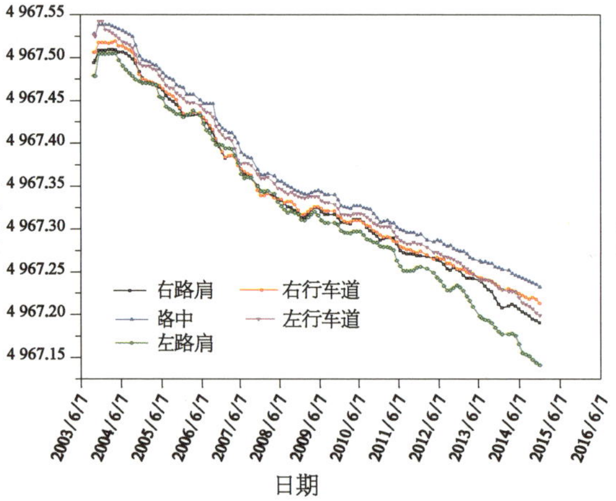

(e) 唐古拉山

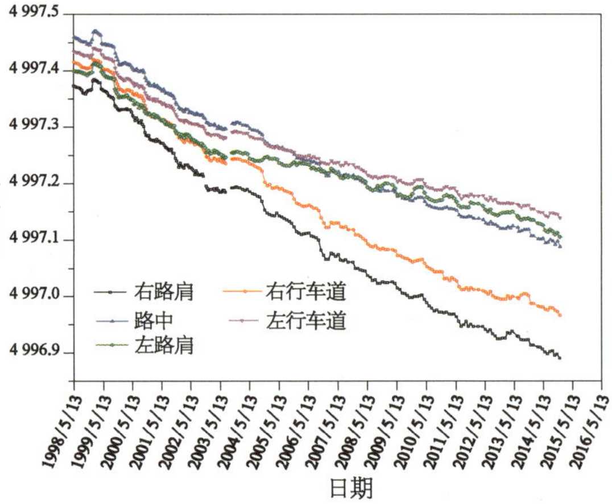

(f) 扎加藏布河

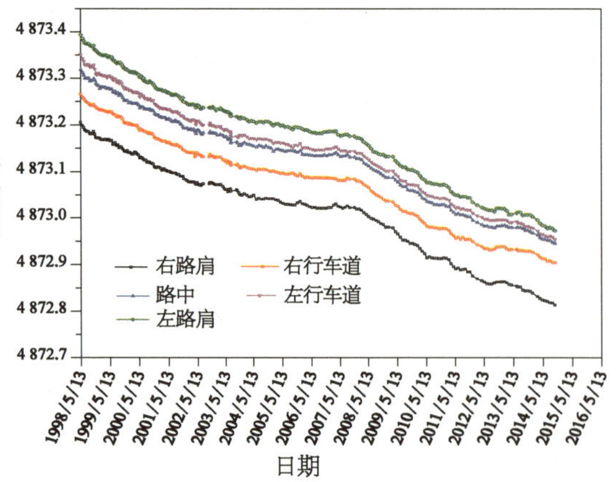

(g) 头二九山

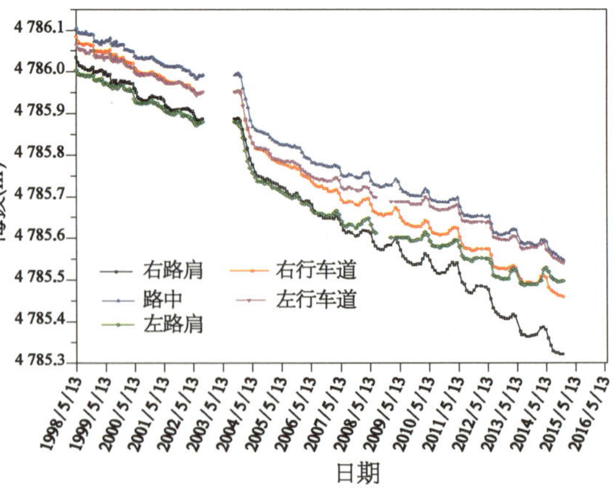

(h) 安多

图 3－14 唐古拉山地区路基变形曲线图 3－31 扎加藏布河地区路基变形曲线

不同地区的路基,在路基不同部位的变形量也有很大差别。根据路基不同部位变形量差值的变化情况,可以将路基变形分为两类:一类路基变形是均匀变形,如沱沱河地区和唐古拉山脉北坡地区,这些地区路基不同部位的变形量都随着时间的增加而增加,但是其各部位变形量差值基本上都保持不变,即路基各部位变形速率保持一致;另一类路基变形是不均匀变形,如西大滩地区和扎加藏布地区,这两个地区不同部位的变形量都随着时间的增加而增加,同时各部位变形量差值也发生较大变化,即各部位变形速率不一致。

图 3-15 给出了 9 个监测场地变形速率。可以看到青藏公路沿线不同地区路基的沉降速率各不相同,其年平均变形速率分布在 0.2~5.5 cm/年。从地形地貌上来说,不同地貌区路基变形也存在较大差异。河流沟谷地区路基变形速率最大,其主要原因在于河流流经地区形成融区,导致多年冻土退化加快。从沿线 9 个变形观测断面来说,沱沱河地区路基年平均变形速率达到 5.5 cm/年,扎加藏布地区路基年平均变形速率达到 2.5 cm/年。山区路基变形速率次之,如昆仑山、开心岭和唐古拉山地区,其路基变形速率分别为 1.9 cm/年、2.5 cm/年和 3.3 cm/年。其他地貌区,如乌丽盆地等,路基变形速率最小。

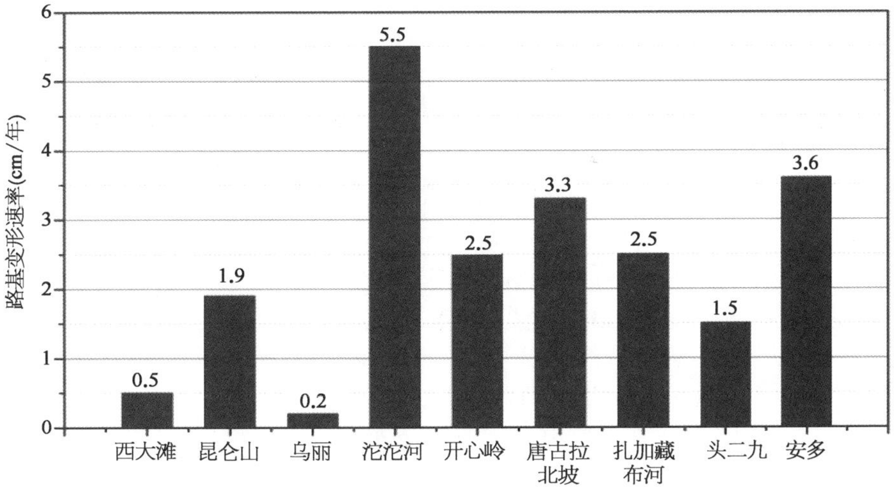

图 3-15 不同地区青藏公路路基变形速率

2) 路基纵向变形规律

沿路基纵向(行车方向)方向上,若各个横剖面路基变形沉降量不一致,会导致路面起伏波动。这种路基变形称为路基纵向变形。路基纵向变形与路基波浪病害有很大关系。路基纵向变形差越大,波浪病害越严重,其行车安全性越差。从图 3-16 可以看出,不同地区路基沉降量有很大差异,具体来说可以分成三类。西大滩、昆仑山以及乌丽地区,路基总体沉降量很小,基本上总的沉降量不超出 10 cm。开心岭、唐古拉山脉、扎加藏布以及头二九地区,其总体沉降量分布在 20~35 cm。而沱沱河与安多地区,沉降量超过 35 cm,最大达到 50 cm。

根据路基段不同横剖面变形沉降差，可以将路基纵向变形分为两类：纵向均匀变形与纵向不均匀变形。如图 3－16 中所示西大滩地区、昆仑山地区、乌丽地区、开心岭地区以及扎加藏布河地区，尽管这些地区总体沉降量存在很大差异，且部分地区沉降量达到 30 cm 左右，但是其年平均最大变形量与最小变形量差值基本上不超过 5 cm，属于纵向均匀变形。这些地区对行车安全影响程度较小，但对行车舒适性有很大影响。图 3－16 中所示沱沱河地区、唐古拉山脉地区、头二九地区以及安多地区，这些地区不仅路基总体沉降量较大，而且其年平均最大变形量与最小变形量差值基本上在 10 cm 以上，尤其是沱沱河地区，其差值达到 20 cm。这种变形属于纵向不均匀变形。在这些地区公路路基波浪病害比较严重，不仅会对车辆造成损耗，同时对行车安全有较大影响。由此分析可以表明，路基纵向变形对路基的影响主要体现在路面变形上，不会对路基造成实质性破坏，但是这种变形对行车舒适性与安全性都有很大影响。

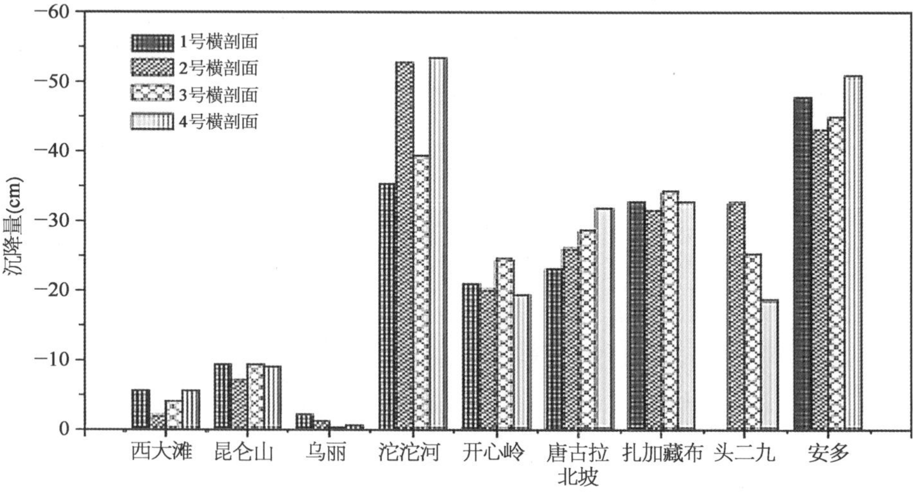

图 3－16 不同地区青藏公路路基纵向沉降量

3）路基横向变形规律

沿路基横向方向，如路基各部位变形沉降量不一致，路基会向变形较严重一侧倾斜，对路基的稳定性有很大影响。这种变形称为路基横向变形。从图 3－17 可以看出，路基横向变形总体规律与路基纵向变形总体规律基本一致，但是各部位变形沉降量各不相同。由于受到路基走向、道路荷载等各种因素的综合影响，很难给出一个定量的评价。如西大滩、昆仑山、沱沱河、开心岭、扎加藏布河以及安多地区右路基沉降量较大，而沉降量最小的部位却各不相同。根据路基各部位沉降变形差，可以将路基横向变形分为两类：横向均匀变形与横向不均匀变形。横向均匀变形是指路基各部位变形差较小，对路基的影响主要体现在路基的局部沉降；横向不均匀变形是指路基各部位变形差较大，对路基的影响主要体现在路基的纵向裂隙，导致路基向变形较严重一侧坍塌。从图中可以看出，西大滩地区、昆仑山地区、乌丽地区、唐古拉山脉地区与头二九地区，横向变形年平均最大差值不超过 5 cm。这些地区横向变形量差值较小，属于横向均匀变形。沱沱河地区、开心岭地区、扎加藏布河地区以及安多地区，横向变形年平均最大差值均超过 10 cm，最大值达到 20 cm。这些地区横向变形量差值较大，属于横向不均匀变形。横向均匀变形主要引起路面的倾斜与局部坑陷，对冬季与夜间行车安全有较大影响，而横向不均匀变形则会导致路基开裂，影响路基稳定性。

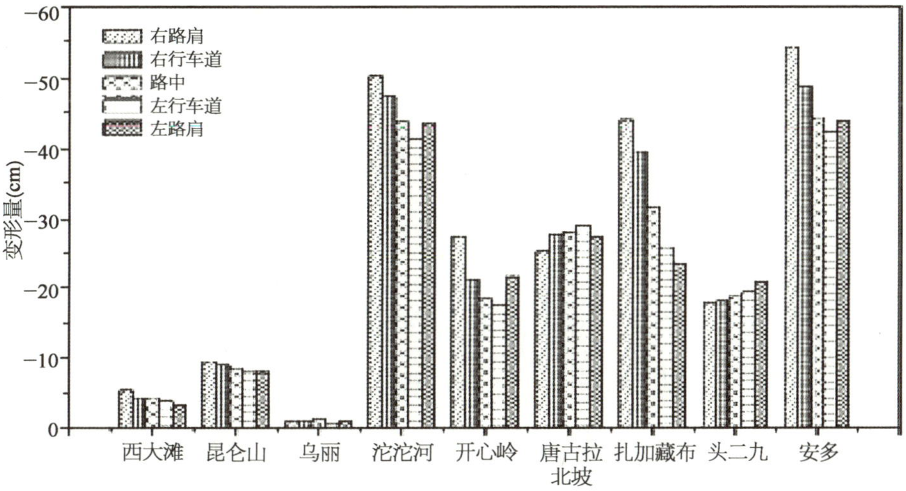

图 3－17　不同地区青藏公路路基横向沉降量

3.4　多年冻土发展趋势与预测分析

3.4.1　多年冻土预测模型及其参数

1）近地表气温与地表温度关系

近 20 年来，青藏高原的增温速率为 0.06～0.08℃／年，趋势非常明显（r^2 为 0.47～0.59）。与 IPCC 第五次评估报告相比较，青藏高原的升温速率要高于全球气候的变暖速率（0.013～0.014／年），甚至比秦大河院士等根据中国区域气候模式预测的 0.052℃／年还要高。

由于气温变化符合傅里叶变化规律，可以用一个正弦函数来模拟。我们选用多年站点日平均值来模拟气温的变化。

$$T(t) = T_0 + A\sin(2\pi t/365 + \varphi) + Rt/365 \tag{3-1}$$

式中　t——时间；

A——振幅；

T_0——年平均温度；

R——增温率。

通过五道梁、北麓河气象站过去5年的数据分析拟合得到结果见表3-3。以高程数据(DEM)为基础，按照高程模型，以0.005℃/m温度梯度得到整个走廊带的气温数据图层。

表3-3 气温数据模拟参考值

项　　目	五道梁		北麓河	
	数值	95%置信区间	数值	95%置信区间
年平均气温 T	-4.2	(-4.5, -4.0)	-3.5	(-3.6, -3.3)
振幅 A	11.01	(10.63, 11.38)	10.73	(10.53, 10.93)
相位 φ	5.4	(5.35, 5.42)	8.1	(8.08, 8.12)
相关系数 r^2	0.91	—	0.87	—
RMSE	2.45	—	2.87	—

根据地形地势的不同，可以将整个走廊带按照典型的地形区域分为五大类，即河谷地带(4 400~4 600 m)、高平原地带(4 500~4 800 m)、山地地区(4 700~4 900 m)、高山地区(>4 900 m)、南北界地区(4 600 m)。除了在高山地区和河谷地区，根据钻孔的分布状况，统计了气温与地表温的关系如下：

(1) 高平原地区(DK1053+750)

近地表气温：

$$T = 11.88\sin(2\pi t/365 - 1.9) - 7.3 + Rt/365 \tag{3-2}$$

地表温度：

$$T_s = 0.76T + 4.75 \tag{3-3}$$

(2) 山地地区(DK1110+150)

近地表气温：

$$T = 11.61\sin(2\pi t/365 + 7.9) - 4.2 + Rt/365 \tag{3-4}$$

地表温度：

$$T_s = 0.51T + 2.74 \tag{3-5}$$

(3) 南北界地区(西大滩，安多)

近地表气温：

$$T = 11.57\sin(2\pi t/365 + 2.83) - 3.0 + Rt/365 \tag{3-6}$$

地表温度：

$$T_s = 0.86T + 3.74 \tag{3-7}$$

2）预测模型及其参数

（1）模型简介

数值模型为有限元模型 GIPL2.0，该模型考虑了积雪、植被、土壤以及未冻水对土壤冻融过程的影响。该模型的优势在于对时间步长的灵活性，以及对土壤参数、土壤分层都具有很大的灵活性，适用性较好。输出结果为任意土层的温度以及冻结融化深度。

$$\frac{\partial H(x,\ T)}{\partial t} - \nabla\cdot\left(k(x,\ T)\frac{\partial T(x,\ t)}{\partial x}\right) = 0 \tag{3-8}$$

$$H(x,\ T) = \int_0^T C(x,\ s)\,\mathrm{d}s + L\Theta(x,\ T) \tag{3-9}$$

该模型的解法应用了分数步有限差分逼近格式，即将每个时间步又分为两步。沿着解域（竖直方向）每个时间步为隐式格式：

$$\frac{H(t_i^{n+1}) - H(t_i^{n+1/2})}{\Delta\tau_n} = \frac{2}{(\Delta h_{i+1} + \Delta h_i)} \times \left(\lambda_{i+1/2}^{n+1}\frac{(t_{i+1}^{n+1} - t_i^{n+1})}{\Delta h_{i+1,\ y}} - \lambda_{i-1/2}^{n+1}\frac{(t_i^{n+1} - t_{i-1}^{n+1})}{\Delta h_{i,\ y}}\right) \tag{3-10}$$

为了解决有限元方程结果的非线性，在每个时间步应用牛顿迭代逼近。即

$$\frac{\partial H(t_i)}{\partial t} = 0.5\left[\frac{H(t_i) - H(t_{i-1})}{t_i - t_{i-1}} + \frac{H(t_{i+1}) - H(t_i)}{(t_{i+1} + t_i)}\right] \tag{3-11}$$

该模型的优点在于可应用任何空间步，而不会丢失任何在相变界面附近的相变潜热。

未冻水含量与温度的关系采用了实验经验模型：

$$\Theta(x,\ T) = \eta(x)\begin{cases}1,\ T \geqslant T_*\\ a|\ T|^{-b},\ T < T_*\end{cases} \tag{3-12}$$

式中　a, b——无量纲经验常数；

$\eta(x)$——体积含水量；

T_*——冻结温度；

$\Theta(x,\ t)$——随着深度以及土壤类型的不同而改变。

该模型的活动层厚度（ALT）根据未冻水含量以及未冻水的饱和系数（UWSC）计算而来。UWSC 取为 0.95，该值也是决定冻结与融化状态的一个阈值。本模型用 Fortran 语言编写程序生成可执行程序，并结合 MATLAB 程序来计算。

（2）模型的初始条件与边界

该模型的求解域为 0～100 m 的一维土壤剖面，包含了 139 个计算网格节点。每个节点的距离从地表的最小 0.001 m 一直到深层的最大 10 m。

根据历史气象数据，模型从 1980 年开始预热，给定一个地温常数，计算 25 年到 2005 年。上边界条件为地表温度。在 2005—2015 年，上边界给定为实测地表温度。下边界条件为地热梯度，为很小的一个常数（0.04℃/m）。

（3）模型校准与验证

将实测时间分为两段，2005—2007 年为模型的校准时间段，2007—2015 年为模型的验证阶段。每一个土壤参数根据实测以及文献资料，给每一个参数一个小范围，然后根据模拟值与实测值的对比程度，来校准土壤参数。根据敏感性检验，模型对于初始含水量以及热导率极为敏感。表 3－4 为走廊带典型土壤的平均物理参数。图 3－18 为典型土壤中未冻水与温度的关系，可以看出吻合非常好（$r^2>0.95$）。

表 3－4　土壤物理参数参考值

土　壤	VWC (m^3/m^3)	UWC		C_f/C_t [$kJ/(m^3 \cdot K)$]	K_t/K_f [$W/(m \cdot K)$]
		a	b		
干沙土	0.08	0.03	−0.12	1 722/1 500	1.287/0.972
湿砂土	0.2	0.04	−0.11	2 488/1 800	1.875/2.102
黏　土	0.5	0.15	−0.32	2 500/1 700	1.0/2.1
砾石砂土	0.2	0.05	−0.18	1 500/1 100	1.318/1.65
含砾黏土	0.17	0.15	−0.32	2 475/1 872	1.28/1.57
岩　石	0.01	0.001	−1	3 246/2 482	3.663/3.834

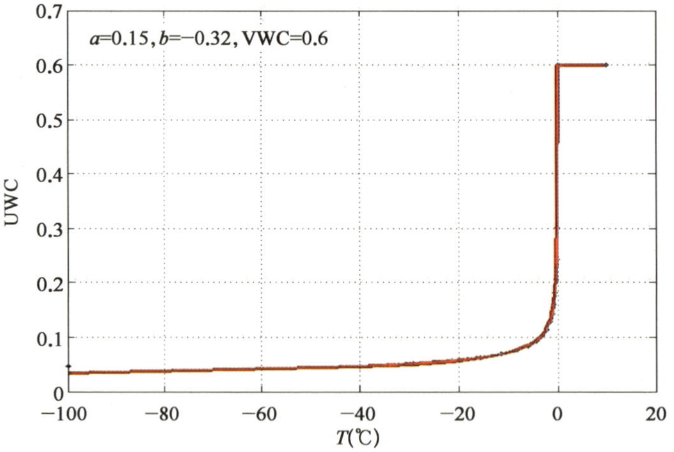

图 3－18　现场试验测定土壤参数与温度的关系

由于钻孔数量较多，为了减少计算量。本阶段选取了四个典型区域实测场地钻孔并且具有较好连续性数据，模型的驱动数据为实测地表温度。图 3 - 19 为典型的高平原草甸区和山区实测值与模拟值的对比。浅层地温与深部地模拟结果都较为满意，相关系数都大于 0.85。通过对模型校准和验证，该模型能够有效模拟青藏高原地区多年冻土的地温状况。

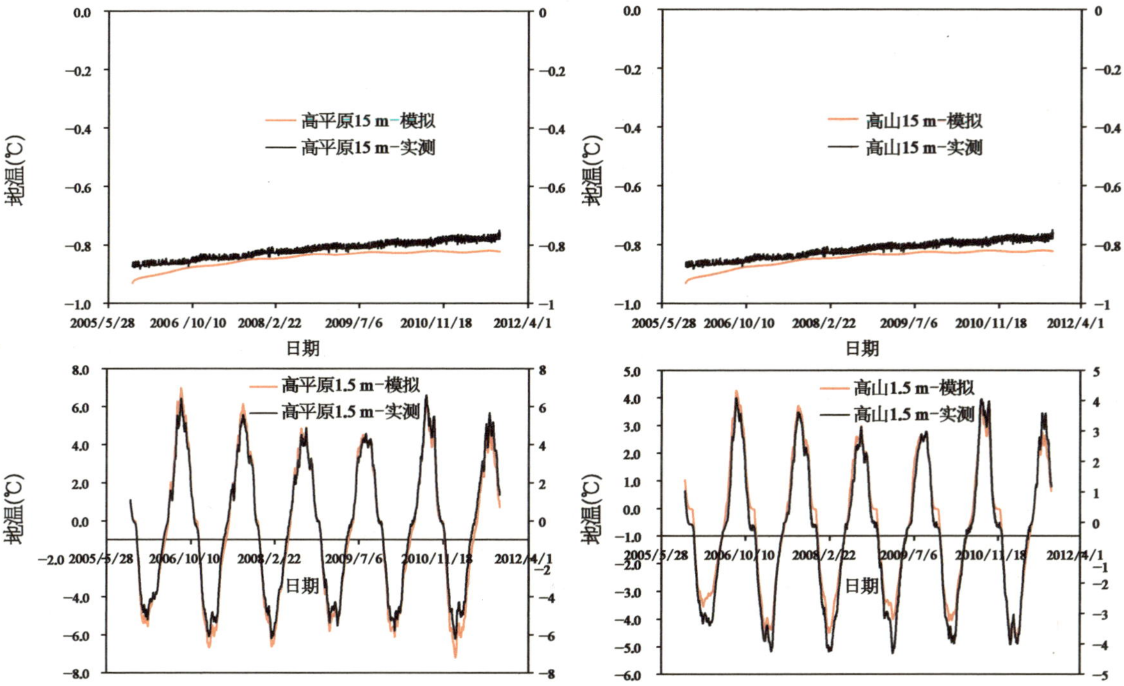

图 3 - 19　典型高平原地区模拟与实测值对比

（4）冻土分布制图原则

由于该模型本质为一维模型，在空间上整个走廊（约为 120 km 宽、580 km 长的齿状区域）按照 1 km×1 km 栅格计算，约有 73 300 个栅格单元，每个栅格单元计算耗时约为 20 s，单次计算一个冻融循环约需 17 d。这对计算机资源和计算成本提出了挑战。考虑到气象条件在相似区域（如平原地区的栅格之间）变化并不是很明显，地层条件在小区域内的差异也不是特别大，所以采用分区域计算的方法，把整个走廊带栅格离散成不同的计算单元，既保证了计算的合理性，同时又提高了计算效率。这些独立的单元根据整个走廊带地表温度、地表植被状态、地形以及土壤类别来划分。地表温度数据为 2010—2015 年 MODIS 平均地表温度数据，按照 1℃ 间隔将走廊分为了 12 个温度区域单元，植被状态为 MODIS 空间植被指数数据，以 NDVI 值 0.18 为植被与非植被的阈值，将走廊分为两类，地形根据 DEM 将走廊带划分为高平原、河流谷地、高山山地三类。土壤类型根据沿线天然孔资料，可以分为六类。最终整个走廊被划分为 88 个离散单元来独立计算，单元之间在 ArcGIS 下插值生成平滑的边界并成图。

研究中对未来50年冻土的预测基于三种增温模式：以高原气象站观测为基础，预测未来50年的气温增温速率，即0.07℃/年；以秦大河院士等根据中国区域气候模式预测的0.05℃/年；IPCC中RCP 2.6情景模式预测的未来(2046—2065年)50年升温幅度在0.4~1.6℃，本文采用平均值为0.02℃/年。

3.4.2 多年冻土预测结果

1) 年平均地温现状与预测(T_g)

图3-20显示了多年冻土年平均地温预测结果。在目前气候背景下，青藏高原工程走廊(面积约为73 226 km^2)多年冻土面积约为58 652 km^2，约占整个走廊面积的80%。其中，按照工程设计上的地温分区统计，高温不稳定冻土以及低温基本稳定冻土面积分别占了21%和30%。低温冻土主要分布在高山地区，这是由于受高海拔的影响，高山地区气温极低，有利于形成低温冻土。高温冻土区主要分布在高平原地区以及河谷地带，主要受到局地因素影响。融区主要分布在海拔较低的河谷地带。将模拟结果与研究区实测地温数据再次进行对照，对照结果如图3-21所示。从图中可以看出整体模拟效果较好。模拟值在沿109国道好于铁路，整体误差在±0.3℃。

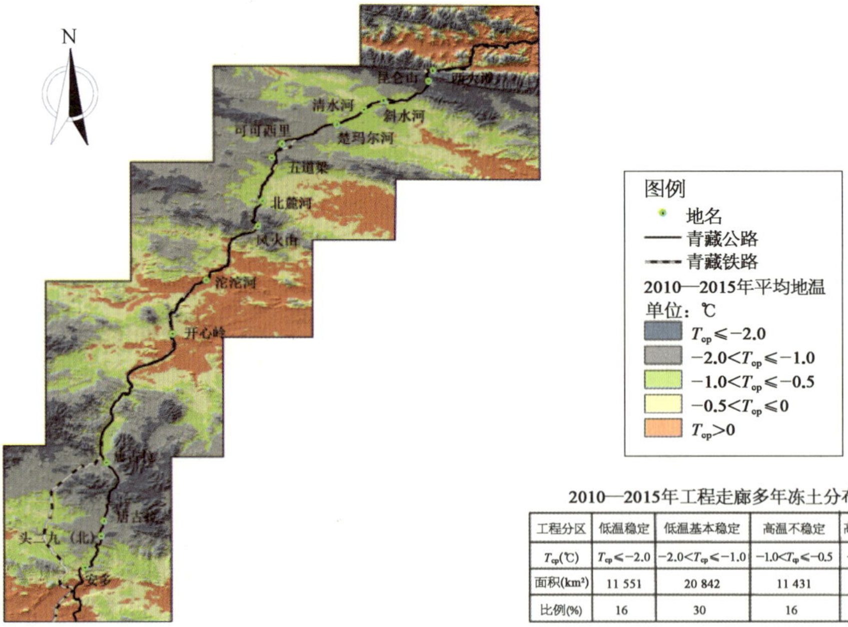

2010—2015年工程走廊多年冻土分布概况

工程分区	低温稳定	低温基本稳定	高温不稳定	高温极不稳定
T_{cp}(℃)	$T_{cp}\leqslant-2.0$	$-2.0<T_{cp}\leqslant-1.0$	$-1.0<T_{cp}\leqslant-0.5$	$-0.5<T_{cp}\leqslant0$
面积(km^2)	11 551	20 842	11 431	11 828
比例(%)	16	30	16	17

图3-20　2010—2015年平均地温分布图

基于上述模拟工作为基础，开展了三种气候变化情境下50年后高原工程走廊冻土变化趋势，如图3-22~图3-24所示。

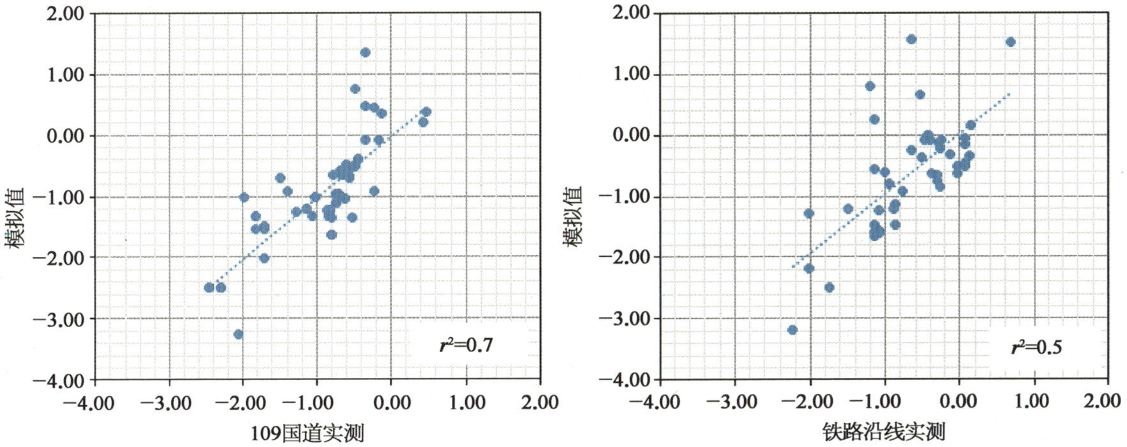

图 3－21 沿线地温钻孔与模拟地温值对比

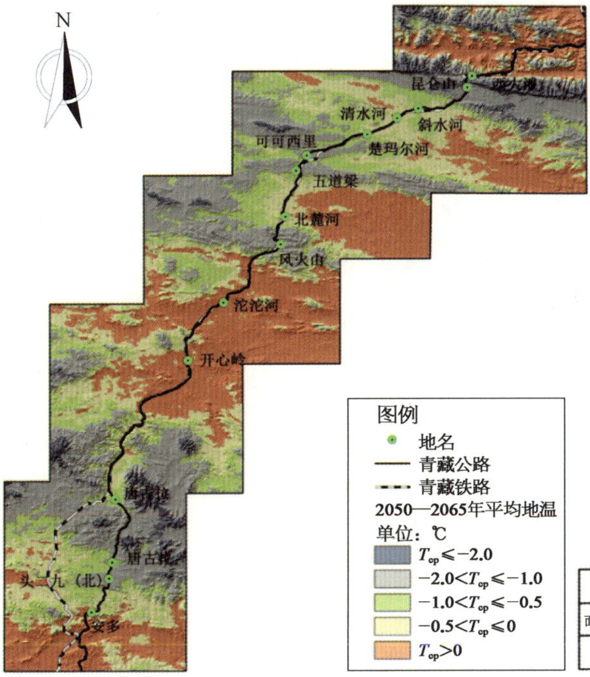

0.02℃/年 情境下未来50年工程走廊多年冻土分布趋势

时间	2010—2015年	2060—2065年	相对减少
面积(km²)	58 652	49 372	9 280
比例(%)	80	67	13

图 3－22 0.02℃/年增温情景下 50 年后年平均地温分布图

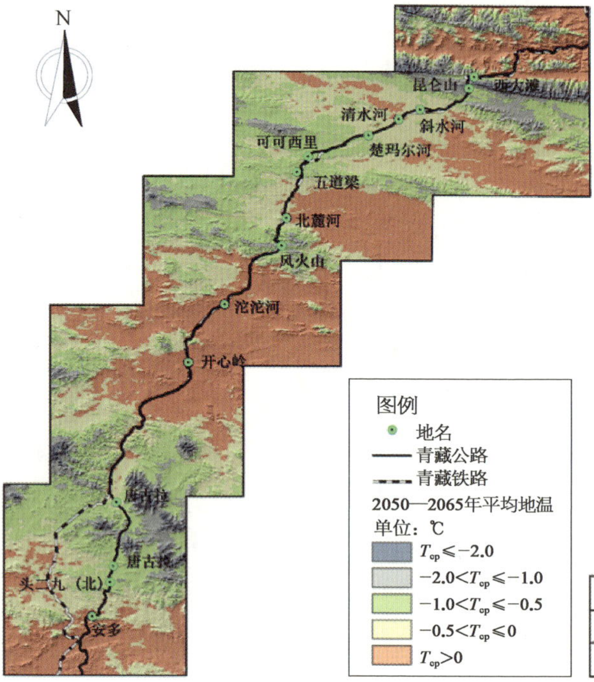

0.05℃/年 情境下未来50年工程走廊多年冻土分布趋势

时间	2010—2015年	2060—2065年	相对减少
面积(km²)	58 652	45 532	13 120
比例(%)	80	62	18

图 3－23　0.05℃/年增温 50 年后年平均地温分布

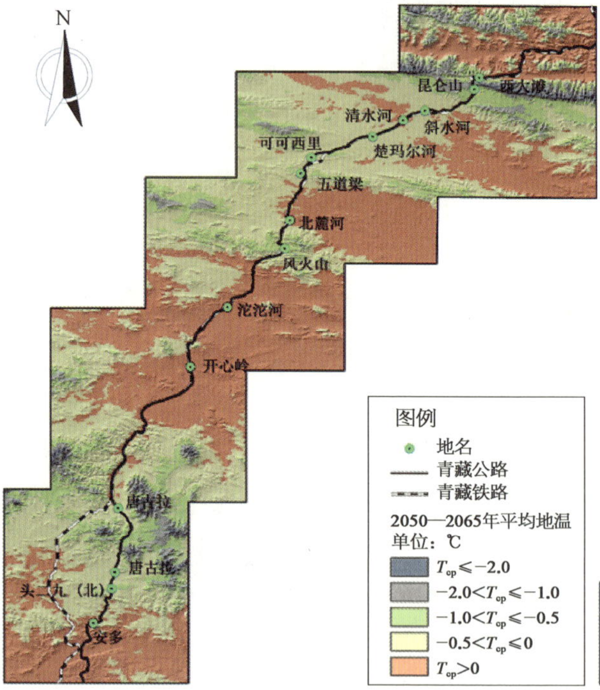

0.07℃/年情境下未来50年工程走廊多年冻土分布趋势

时间	2010—2015年	2060—2065年	相对减少
面积(km²)	58 652	42 777	15 875
比例(%)	80	58	22

图 3－24　0.07℃/年增温 50 年后年平均地温分布

模拟结果表明：

① 在 0.02℃/年增温情境下，50 年后高原工程走廊多年冻土面积约为 49 372 km^2，相对于现状（2010—2015 年）减少了约 9 280 km^2，减少率 13%。

② 在 0.05℃/年增温情境下，50 年后高原工程走廊多年冻土面积约为 45 532 km^2，相对于现状（2010—2015 年）减少了约 13 120 km^2，减少率 18%。

③ 在 0.07℃/年增温情境下，50 年后高原工程走廊多年冻土面积约为 42 777 km^2，相对于现状（2010—2015 年）减少了约 15 875 km^2，减少率 22%。

退化主要发生在多年冻土边缘及高温极不稳定多年冻土区，高山地区的高温稳定地区升温较快。

2）活动层厚度现状及预测（ALT）

活动层厚度现状模拟结果如图 3－25 所示，在目前大气环境下，活动层厚度大于 3 m 的冻土地区主要分布在多年冻土边缘，大部分地区多年冻土的活动层厚度为 2~3 m。在高山山地地区，活动层厚度要小于 1.5 m。

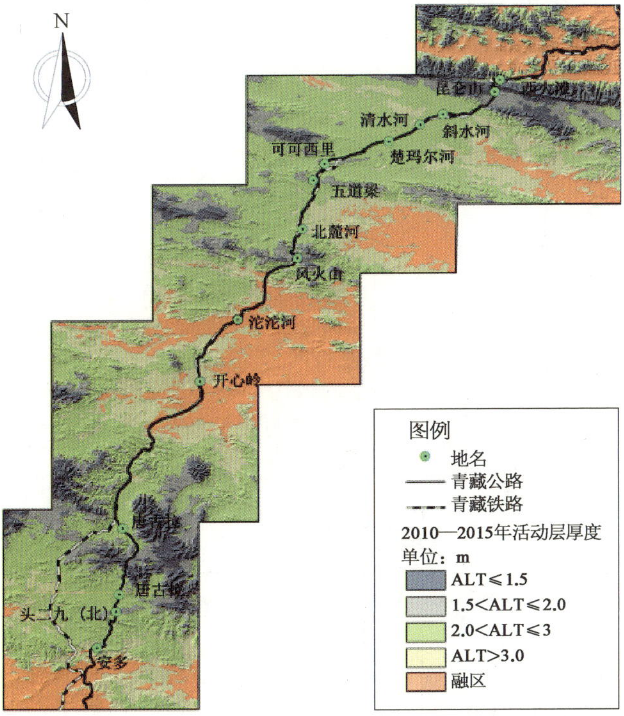

图 3－25 2010—2015 年工程走廊活动层厚度

图 3－26 为活动层厚度模拟结果与沿线实测对比。可以看出，两者最大相差为 0.5~1.0 m。误差来源主要有以下两个方面：一是模型输出活动层厚度是根据未冻水含量饱和系数确定，与传统的目测或者根据 0℃ 温度包络线本身在原理上有区别，因为土壤冻结或融化

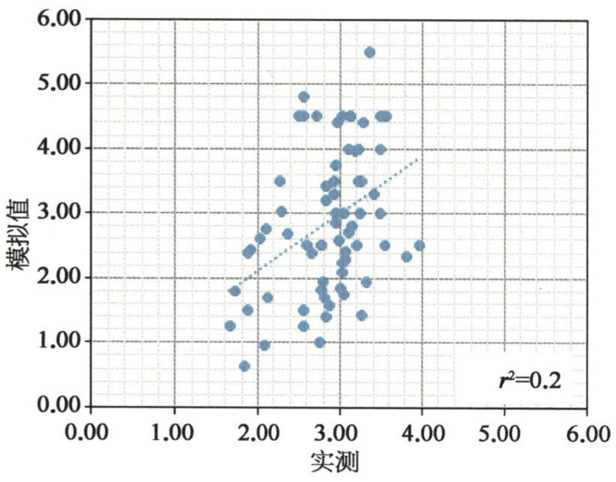

图 3-26 沿线钻孔活动厚度与模拟值对比

温度不一定为0℃;二是实测活动层厚度根据钻孔岩心确定,本身具有一定的误差。在模型校准阶段,模型输出活动层厚度与依据长时间钻孔地温得到的活动层厚度具有很强的相关性。所以,模拟活动层厚在空间上是具有一定的参考价值。

同样模拟了三种气候变化情境下的活动层厚度变化趋势,如图 3-27、图 3-28 所示。在 0.02℃/年增温情境下,50 年后活动层大于 3 m 的冻土地区全部退化,整个走廊活动层厚度增加明显,特别是低温冻土区,活动层厚度增加要比低温冻土区快,由现在的小于 1.5 m 增加到大于 3.0 m。高温冻土地区,活动层厚度增加了 0.5~1.0 m。而在 0.05℃/年和 0.07℃/年情景下,整个走廊带多年冻土区活动层增加幅度整体要大于 0.02℃/年情景。由于在 0.05℃/年情景下,50 年后活动层厚度整体增加,在 0.07℃/年情景下,经模型计算 50 年后走廊多年冻土活动层厚度整体可能大于 5.0 m。

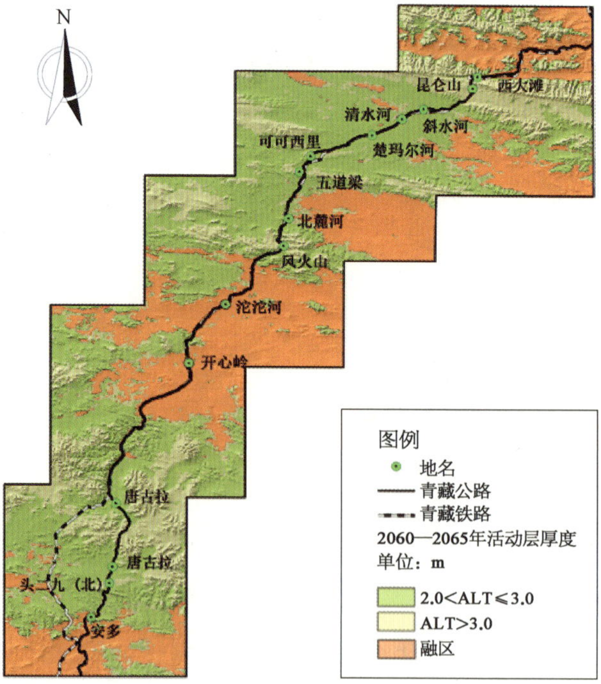

图 3-27 0.02℃/年未来 50 年活动层厚度

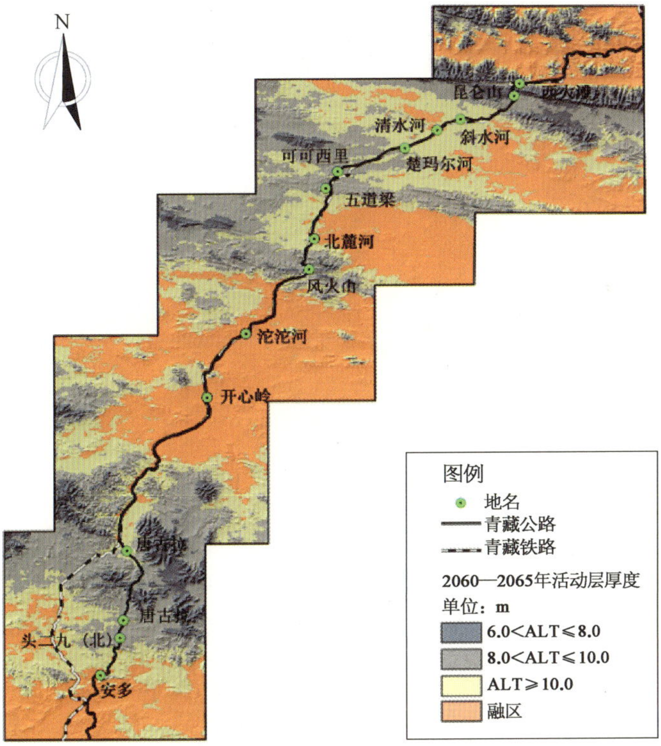

图3-28　0.05℃/年未来50年活动层厚度

第4章

构筑物群热干扰状况下的公路风险分析与工程容量评价

4.1 青藏工程走廊构筑物群相互热干扰

4.1.1 青藏工程走廊已建工程热影响状况分析

青藏工程走廊目前已建成的工程包括青藏公路、青藏铁路、格拉成品油管道、兰西拉光缆通信工程、高压输电工程等五项重大线性工程。另外,还有输藏天然气管道、750 kV 输电工程正在规划建设。表 4-1 列出了已建五大线性工程对新建青藏高速公路的热影响程度。从表中的分析可以看出,青藏公路、青藏铁路热影响范围较大,对新建青藏高速公路的热扰动也大。

表 4-1 青藏工程走廊已建工程热影响状况分析

所属类别	评价指标	影响程度	备注
已有工程建设	青藏公路	青藏公路为青藏高原首条线性工程,工程建设对冻土保护的措施不足,导致工程沿线环境破坏严重,是影响走廊线性工程布设的主要因素之一	根据计算工程热影响范围进入评价体系
	青藏铁路	青藏铁路也为青藏高原主要线性工程之一,工程建设虽然采取保护冻土的工程措施,但工程建设规模大,工程相互影响显著,也成为影响走廊线性工程布设的主要因素之一	根据计算工程热影响范围进入评价体系
	输油管道	输油管道虽为线性工程,但比青藏铁路、青藏公路规模要小很多,从热扰动的角度来讲,应不予考虑。但在工程选线中要充分考虑路线,避免与管道相交,留有一定的安全距离即可	选线考虑避免交叉
	通信光缆	通信光缆虽为线性工程,但比输油管道规模还要小,且埋深浅,对多年冻土的热影响很小,不予考虑。但在工程选线中要考虑路线,避免与光缆相交,留有一定的安全距离即可	选线考虑避免交叉
	输电工程	输变电工程虽为线性工程,但对多年冻土的影响主要是塔架桩基引起的,其实质是点性工程,且路线也可穿越电网。根据实测资料,8 m×8 m 的塔基(有热管制冷)对多年冻土的影响很小,故可不予考虑	选线避免塔架桩基

4.1.2 青藏公路热影响范围

为了研究青藏工程走廊工程建设的热影响范围,在昆仑山—风火山之间的区域新建多个水热观测场地,采用地温观测元件采集工程建设一定范围内的地温数据,分析其地温变化规律。监测断面布置如图 4-1 所示。

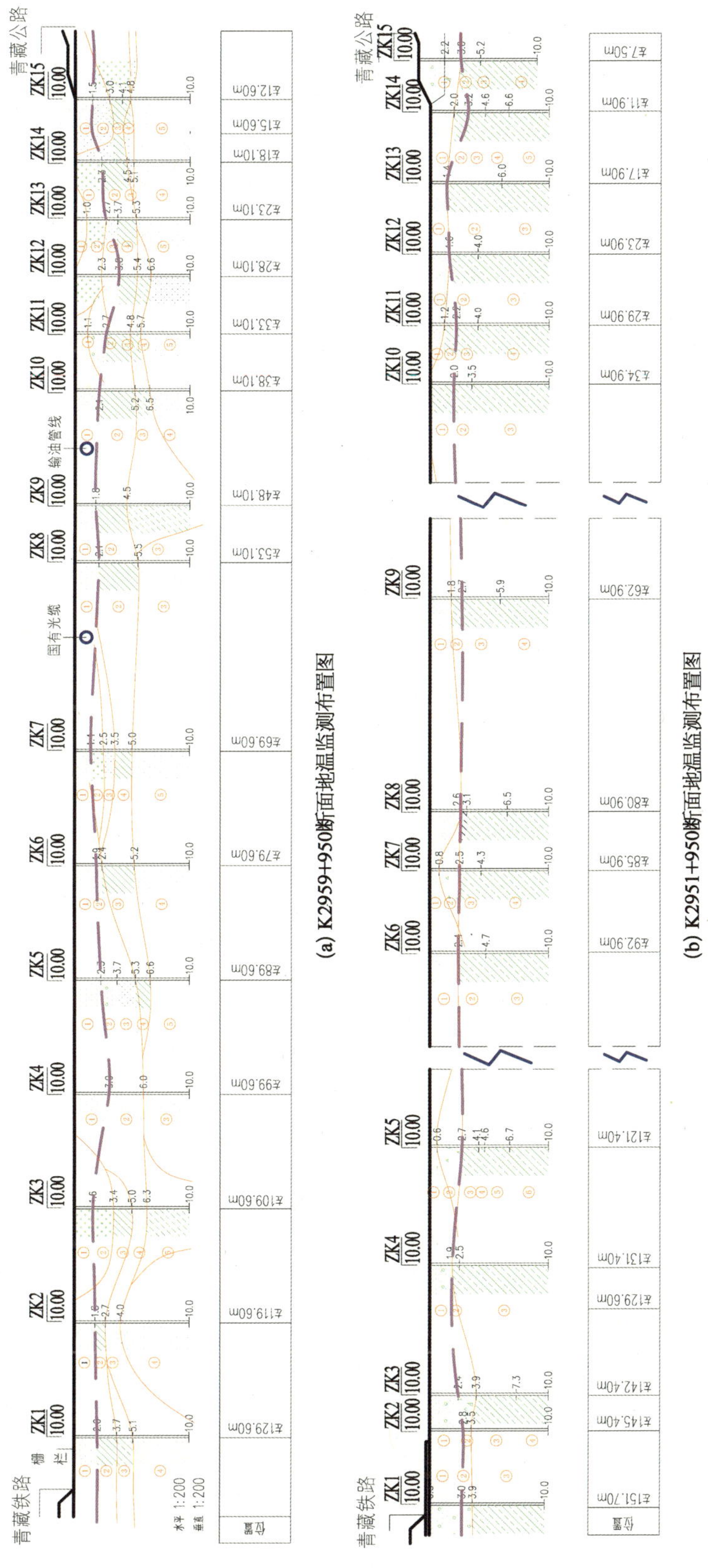

(a) K2959+950断面地温监测布置图

(b) K2951+950断面地温监测布置图

图 4-1 青藏公路工程热影响监测断面布置图

1）楚玛尔河观测试验场地地温分布情况

从地温数据可以看出，越接近路基中心，地温等温线曲线向下凹进程度越大，地温温度越高；越远离路基区域，地温等温线曲线越平直，同一深度处地温相差越小（图 4－2）。从地温场分布特征曲线反映的特征可以得到以下两个规律：

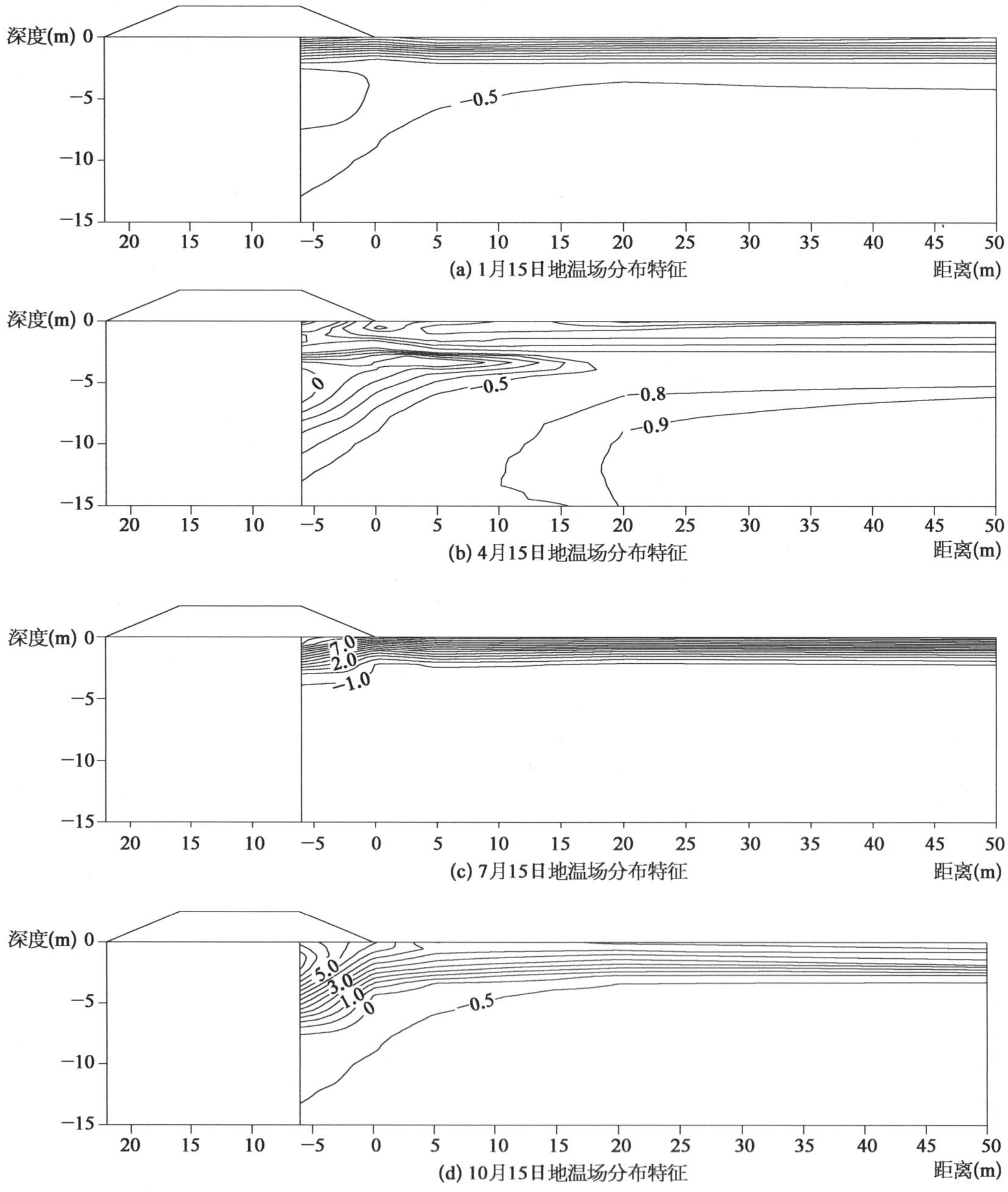

图 4－2 楚玛尔河地区试验场地 2015 年地温场分布特征

① 路基修筑以后，由于沥青路面的吸热效应会导致路基下伏冻土层温度升高，冻土融化形成融化盘。在横向方向上，路基吸热造成冻土升温区域远大于路基下伏区域，造成的直观影响是融化盘范围包围整个路基体；在垂向方向上，路基吸热会造成下部冻土地温，其影响深度大于 15 m。

② 路基吸热造成横向热影响范围是有限的，从图 4－2 中反映的规律来看，从坡脚外 15 m 距离以后，地温等温线曲线基本上平直，没有呈现明显的弯曲变形现象，表明坡脚外 15 m 距离以后受到路基吸热效应的影响很轻微。

2）斜水河观测试验场地地温分布情况

根据斜水河地区地温等温线曲线表现出来的特征来看（图 4－3），输油管道附近（监测孔坐标为 17 m 和 19 m）地温曲线有不同程度上的弯曲，从数值上来看，有小幅度的上升。此

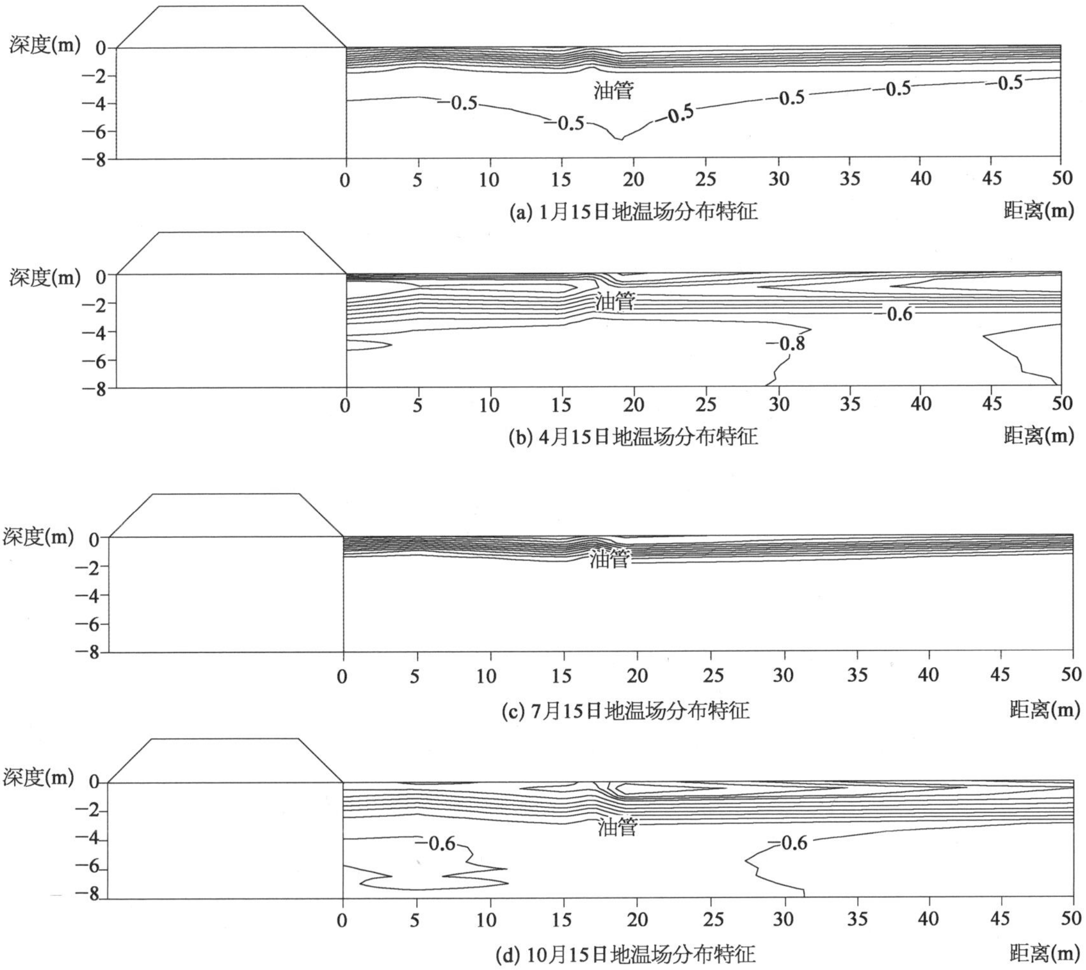

图 4－3 斜水河地区试验场地 2015 年地温场分布特征

现象表明，输油管道的存在确实加剧了多年冻土的退化，引起四周冻土地温小幅度升高。相比于青藏公路路基，由于输油管道的尺寸等因素的限制，从而导致管道附近冻土温度变化有限。

4.1.3 青藏工程走廊已建工程热影响范围计算模型

1）无限元-有限元耦合分析原理

无限单元法是为解决无限域问题而发展起来的数值方法，近场用有限元模拟，远场用无限元模拟，属于半解析范畴。映射无限元法是在原有限元插值函数的基础上，对原有限元插值函数作变化，使得无穷远点为奇函数的奇点，其二维单向映射函数为：

$$M_i(\xi,\eta)=\frac{\prod_{k=1}^{n}(\eta_k-\eta)}{\prod_{k=1}^{n}(\eta_k-\eta_i)}\cdot\frac{\prod_{j=1,j\neq i}^{n}(\xi_j-\xi)}{\prod_{j=1,j\neq i}^{n}(\xi_j-\xi_i)}\left(\frac{\xi_n-\xi_i}{\xi_n-\xi}\right)^2,\ i\neq n \tag{4-1}$$

单元内任意点在两种坐标系中的坐标变换式为：

$$\begin{aligned}x=&N_1(\eta)[M_1(\xi)x_1+M_2(\xi)x_2]+N_3(\eta)[M_1(\xi)x_3+M_2(\xi)x_4]\\&+N_5(\eta)[M_1(\xi)x_5+M_2(\xi)x_6]\end{aligned} \tag{4-2}$$

$$\begin{aligned}y=&N_1(\eta)[M_1(\xi)y_1+M_2(\xi)y_2]+N_3(\eta)[M_1(\xi)y_3+M_2(\xi)y_4]\\&+N_5(\eta)[M_1(\xi)y_5+M_2(\xi)y_6]\end{aligned} \tag{4-3}$$

式中，$N_1(\eta)=\eta(\eta-1)/2$，$N_3(\eta)=(1+\eta)(1-\eta)$，$N_5(\eta)=(\eta+1)/2$。

单元内任意点的位移函数为：

$$\begin{aligned}u=&N_1(\eta)[M_1(\xi)u_1+M_2(\xi)u_2]+N_3(\eta)[M_1(\xi)u_3+M_2(\xi)u_4]\\&+N_5(\eta)[M_1(\xi)u_5+M_2(\xi)u_6]\end{aligned} \tag{4-4}$$

$$\begin{aligned}v=&N_1(\eta)[M_1(\xi)v_1+M_2(\xi)v_2]+N_3(\eta)[M_1(\xi)v_3+M_2(\xi)v_4]\\&+N_5(\eta)[M_1(\xi)v_5+M_2(\xi)v_6]\end{aligned} \tag{4-5}$$

式中，u_i、$v_i(i=1\sim6)$ 分别表示 i 节点在 x 和 y 方向的位移分量。

在解决实际工程问题工程中，无限元法与有限元法一起使用，进而形成耦合分析计算。利用有限元、无限元求解地基土问题时，通常需要对地基进行有限元、无限元网格的划分，进而将不同类型的无限单元连接到有限单元的外围，从而可以实现两种方法的耦合分析。有限元与无限元耦合的一般过程如下：

① 近场、远场区域分别建立各自方程：

$$\begin{cases}L_1(\{C^1\},\{F^1\})=0\\L_2(\{C^2\},\{F^2\})=0\end{cases} \tag{4-6}$$

式中，$\{C\}$ 为待求变量；$\{F\}$ 为交界面相互作用力；上标 1、2 分别表示有限区域和无限区域；下标 1、2 分别表示在有限元和无限元域的解。

② 求出相邻区域交界面的位移表达式：

$$\begin{cases} \{U^1\} = f_1(\{C^1\},\ \{F^1\}) \\ \{U^2\} = f_2(\{C^2\},\ \{F^2\}) \end{cases} \tag{4-7}$$

③ 建立交界面的连续方程：

$$\begin{cases} \{U^1\} = \{U^2\} \\ \{F^1\} + \{F^2\} = \{0\} \end{cases} \tag{4-8}$$

④ 以上三式联立求解，可得 $\{C^1\}$、$\{C^2\}$，然后代入原始算式求取 $\{U^1\}$、$\{U^2\}$ 以及其他应变、应力分量。

2）路基温度场数值计算模型

（1）边界条件的确定

土体在融化和冻结过程中，将发生热传导和冰水相变作用。同时受气候变化的影响，冻土地区浅层土体温度场属于非稳态相变温度场。因此，多年冻土区路基内水热作用的机制问题可以归结为伴有相变的、考虑水分迁移的热传导问题。本文采用显热容法对相变进行处理，则伴有相变的平面非稳态导热微分方程为：

$$\rho c_p \frac{\partial T}{\partial t} = \frac{\partial}{\partial x}\left(k\frac{\partial T}{\partial x}\right) + \frac{\partial}{\partial y}\left(k\frac{\partial T}{\partial y}\right) + q_v + \rho L\frac{\partial f_s}{\partial t} \tag{4-9}$$

在非相变区 $\partial f_s/\partial t = 0$，则式（4-9）转变为通常的导热微分方程。式中，$f_s$ 为固相率，含义为 $f_s = W_u(T_L - T)/(T_L - T_S)$；$W_u$ 为未冻水含量；T_L、T_S 分别为融化及冻结温度；T 为相变区内节点温度；L 为土体冻结或融化相变潜热；热导率 k 和比热容 c_p 在固相和液相区分别取 k_S、k_L、c_S、c_L。由于岩土体中的水主要在温度 $\Delta T(\Delta T = T_L - T_S)$ 范围内发生相变，因而在构造等价热容是必须计入 ΔT 的影响。热导率 k 和比热容 c_p 整体表达式如下：

$$k = \begin{cases} k_S & T \leqslant T_s \\ k_S + \dfrac{k_L - k_S}{2\Delta T}(T - T_S) & T_s < T < T_L \\ k_L & T \geqslant T_L \end{cases} \tag{4-10}$$

$$c_p = \begin{cases} c_S & T \leqslant T_s \\ \dfrac{(c_S + c_L)}{2} + \dfrac{L}{2\Delta T} & T_s < T < T_L \\ c_L & T \geqslant T_L \end{cases} \tag{4-11}$$

由于青藏公路测温孔基本上都是从表面以下 0.5 m 处开始布设，因此根据青藏高原多年来的观测资料综合考虑附面层原理，将下附面层的温度，即青藏公路计算模型的上边界温度变化可简化成三角函数表达式：

$$T = T_s + g(t) + A\sin\left(\frac{2\pi t}{365} + B\right) \tag{4-12}$$

式中 T_s——附面层底的初始年平均温度，$T_s = T_0 + \Delta T$，T_0 为初始年平均气温，ΔT 为附面层总温度增量；

$g(t) = R_0 t$，R_0 为全球气候变暖引起的表面地温增温率，$R_0 = 0.02$℃/年；

A——表面地温振幅；

B——初始计算相位；

t——时间。

（2）数值计算参数

确定冻土热参数及特性参数是求解冻土路基温度场的前提条件，计算分析中所采用的参数包括热导率、比热容、热焓、密度等。其中，参数与土体物理力学性质有密切关系，一般情况下应该通过实验测得。但是由于冻土中含水量的分布是波动的，土体物理力学性质也随着冻融循环而变化，从而需要测试各种密度及含水量组合情况下的热参数，加大了冻土热参数的测试工作量。

冻土是由有机质、矿物骨架、水溶液、冰和气体组成的多项细碎介质。土的比热容具有按各种物质成分的质量加权平均的性质，忽略土中气体的含量和比热容，则冻土和融土比热容计算式如下所示：

$$C_f = \frac{C_{df} + (W - W_u)C_i + W_u C_w}{1 + W}\rho \tag{4-13}$$

$$C_u = \frac{C_{du} + W C_w}{1 + W}\rho \tag{4-14}$$

式中 C_u、C_f——融土和冻土的比热容；

C_{du}、C_{df}——融土骨架和冻土骨架的比热容；

C_i、C_w——冰和水的比热容；

W、W_u——土体总的含水量和未冻水含量；

ρ——冻土天然密度，$\rho=\rho_d(1+W)$。

对于冻土中的未冻水含量，徐学祖等认为主要取决于三大因素：土质（包括土颗粒的矿物化学成分、分散度、含水量、密度、水溶液等）、外界条件（包括温度和压力）以及冻融历史。其中，未冻水含量与负温始终保持动态平衡，可用下式表达：

$$W_u=a\theta^{-b}=W_0\theta_f^b\theta^{-b} \tag{4-15}$$

式中 W_0——初始含水量；

θ——负温的绝对值；

θ_f——冻土的冻结温度的绝对值；

a、b——与土质因素有关的经验系数。

相变分析时将材料的潜在热量定义到材料的焓中，其焓数值随温度变化。焓曲线根据温度可以分为三个区：在固体温度T_s以下，物质为纯固体；在固体温度T_s与液体温度T_l之间，物质为相变区；在液体温度T_l以上，物质为纯液体。根据比热容及潜热可计算各处温度的焓值$H=\rho\int C(T)\mathrm{d}T$。

① 在固体温度以下（$T<T_s$）：

$$H=\rho C_s(T-T_l) \tag{4-16}$$

② 在固体温度时（$T=T_s$）：

$$H_s=\rho C_s(T_s-T_l) \tag{4-17}$$

③ 在固体和液体温度之间（$T_s<T<T_l$）：

$$H=H_s+\rho C^*(T-T_s) \tag{4-18}$$

$$C^*=\frac{(C_s+C_l)}{2}+\frac{L}{(T_l-T_s)} \tag{4-19}$$

④ 在液体温度时（$T=T_l$）：

$$H_l=H_s+\rho C^*(T_l-T_s) \tag{4-20}$$

⑤ 在液体温度以上时（$T>T_l$）：

$$H=H_l+\rho C_l(T-T_l) \tag{4-21}$$

根据青藏公路现场测温孔对岩芯干密度及含水量的测试结果，结合有关参考资料，将计算中所需各土层的热物理参数归纳为表 4－2。

表 4－2 各土层的热物理参数

岩 性	干容重 (kg/m³)	含水量 (%)	湿容重 (kg/m³)	热导率[J/(m·h·K)]		比热容[J/(kg·K)]	
				冻土	融土	冻土	融土
路基填土	2 060	6	2 183.6	5 040	4 140	706.6	861.7
含卵中细砂	1 600	30	2 080	7 632	5 112	1 222	1 608
含砾亚黏土	1 800	15	2 070	6 552	5 760	977.2	1 266
强风化泥岩	2 100	15	2 415	9 000	7 200	981.8	1 272

(3) 数值计算模型

已有的研究表明，对于不同的地温分区，工程扰动对于工程路线周围多年冻土的影响存在一定的差异。本文选取了青藏公路沿线四个典型剖面作为研究对象。青藏公路 K2933 段位于斜水河地区，多年冻土年平均地温为－1.5℃左右。地层上部为上新世湖相沉积和冲-洪积粉砂和砂黏土，下部为第三系泥岩泥灰岩分布。青藏公路 K2947 段位于清水河地区，多年冻土年平均地温为－0.5℃左右。该区第四系为洪积、冲积砂层、砂土层和黏土层，其下为第三系砂岩、泥岩。青藏公路 K3017 段位于风火山地区，多年冻土年平均地温为－2.0℃左右。该区第四系为坡积、残积砂黏土，黏砂土夹碎石。基岩为第三系紫红色砂岩、泥岩。青藏公路 3 312 段位于布曲河地区，多年冻土年平均地温为－1.0℃左右。该地区第四系为冲积、洪积和冰水沉积的砂砾石土、粉土、粉质黏土等。以上述四个典型剖面为物理模型，开展了年平均地温分别为－0.5℃、－1.0℃、－1.5℃及－2.0℃等四个地温分区条件下公路路基运营期间对路基垂向及纵向两个方向上热影响。

以上述物理模型为原型，建立数值模型如图 4－4 所示。模型中地基土分为三层，分别为含卵中细沙、含砾亚黏土、强风化泥岩，土层厚度如图所示。模型在横向方向上一侧自路基坡脚向外延伸 97 m，其中有限元部分 92 m，无限元部分 5 m。在垂向方向上，模型自天然地表向下取 40 m。路基尺寸参考实际尺寸，路面宽度取为 10 m，路基高度取为 3 m，路基边坡坡

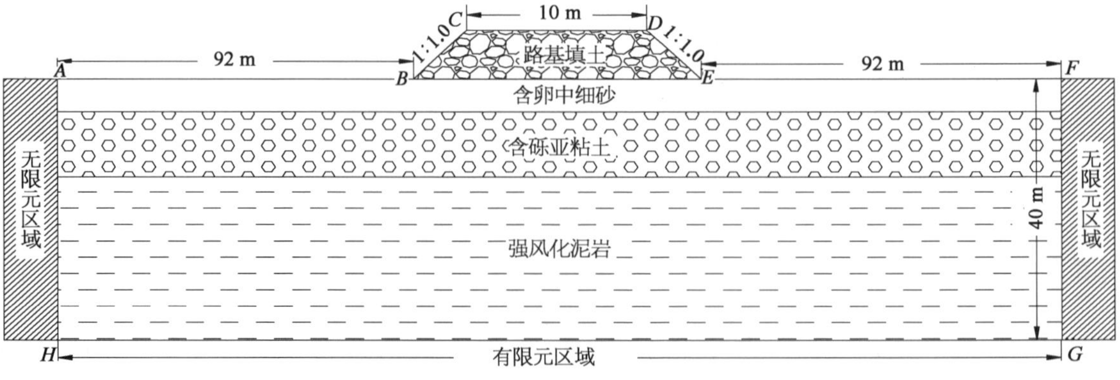

图 4－4 数值计算模型示意图

度取为 1：1.0。

3）计算模型验证

图 4－5 和图 4－6 分别反映的是右坡脚和天然孔在 7 月 15 日和 1 月 15 日的地温。从图中可以看出，在 0~2 m 范围内，地温监测数据和数值数据差异稍大，但是随着深度的不断加大，两者差异性急剧减小，地温曲线逐渐重合，表明地温基本一致。地温监测数据与数值计算数据表现出来差异性的原因主要是由于实际情况要比数值计算情况复杂得多，很多情况是利用数值软件所模拟不了了。尤其是在土层上表层，受外界环境因素的影响很大，因此很大将土层情况完全用数值方法表现出来，从而造成土层上表层监测数据与数值数据之间的差异性。这部分差异性在误差允许范围内，是合理存在的，因此表明数值计算模型是合理的。

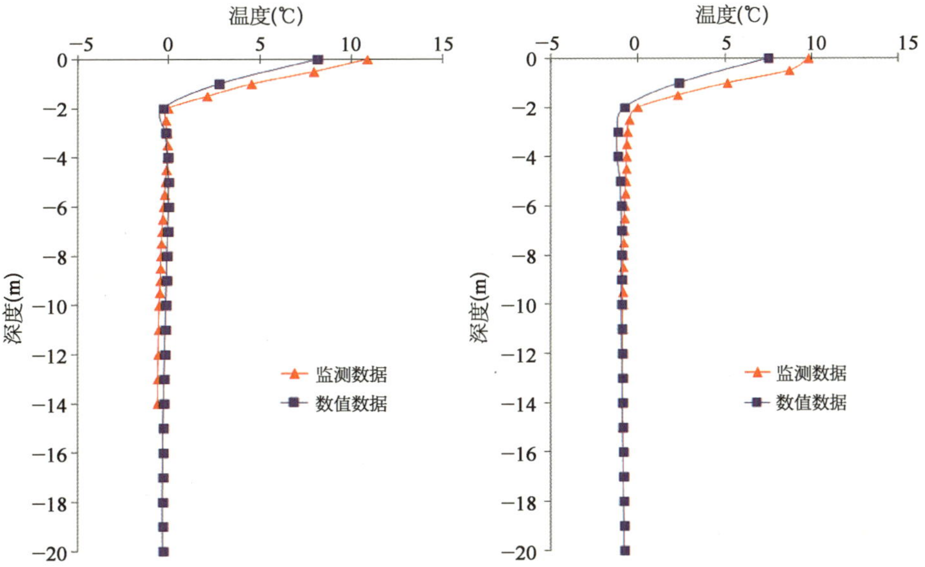

(a) 右坡脚地温孔地温数据验证　　(b) 天然地温孔地温数据验证

图 4－5　7 月 15 日地温孔数据验证

4）工程热影响范围的划分

公路下伏多年冻土区域热物理状态的改变主要是由以下几个原因所引起的：公路路基热效应与天然地表的差异；公路路基修筑导致路基下伏多年冻土区域土体物理力学性质等的改变；公路路基附近局部环境的改变。在不考虑公路路基修筑引起的下伏冻土物理力学性质和局部环境改变的前提下，可以引入 ΔT 来描述由于公路路基本身热效应所引发的公路下伏多年冻土区域热物理状况的改变情况。温差 ΔT 是指在边界条件及冻土土体物理力学参数等所有条件不变的情况下，由于路基体本身热效应所引起的公路下伏冻土区域温度变

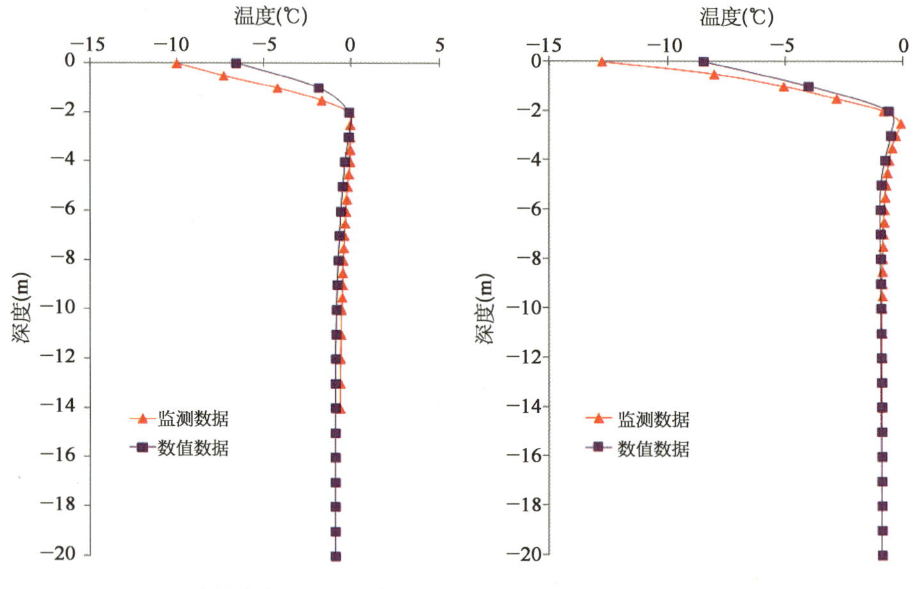

(a) 右坡脚地温孔地温数据验证　　(b) 天然地温孔地温数据验证

图 4－6　1 月 15 日地温孔数据验证

化特征值 T_r 与无路基体影响下的冻土区域温度特征值 T_w 的差值,即 $\Delta T = T_r - T_w$。根据温差 ΔT 的定义,当公路下伏多年冻土温差 $\Delta T = 0$℃时,表示该区域不受路基本身热效应的影响,为非路基热影响区;当公路下伏多年冻土温差 $\Delta T > 0$℃时,表示该区域受路基本身热效应的影响,为路基热影响区。非路基热影响区与路基热影响区的分界线则是路基本身热影响的范围,定义为热影响边界。

通过该模型计算得到了年平均地温−0.5℃、−1.0℃、−1.5℃、−2.0℃等四种情况下青藏公路的单侧最大水平热影响范围(从路基坡脚向外)分别为 28 m、35 m、40 m 和 47 m,以及年平均地温为−0.5℃、−1.0℃、−1.5℃等三种情况下青藏铁路的单侧最大水平热影响范围(从路基坡脚向外)分别为 30 m、35 m 和 45 m。路基热影响范围示意如图 4－7 所示。

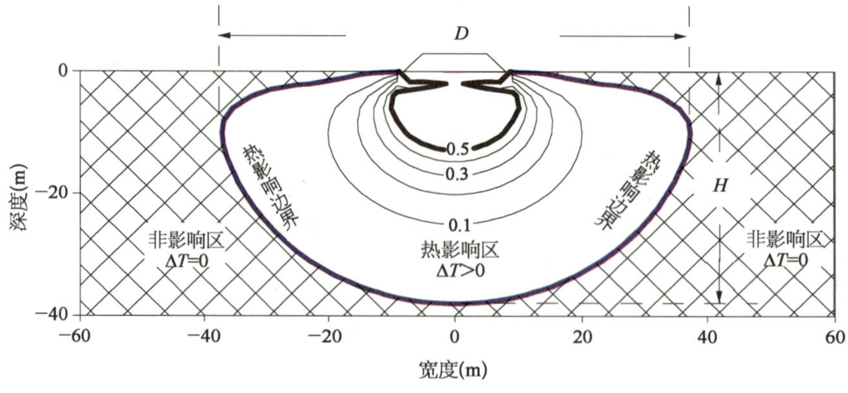

图 4－7　路基热影响范围示意图

为保证安全，青藏公路、青藏铁路热影响范围 ω 确定为单侧 50 m。为此，以距离路基坡脚线的宽度 W 为控制指标，将走廊内的区域分为四级，即不安全区依次为：$W < \omega$，极端不安全区；$\omega \leqslant W < 2\omega$，不安全区；$2\omega \leqslant W < 5\omega$，较安全区；$5\omega < W$，安全区。

考虑工程建设对生态环境的影响，并不是越远离现有工程越好，而是在安全距离范围内越靠近工程越好，既方便施工，也减少对新的生态环境的破坏。为此，重新定义上述四级为：$W < \omega$，不易建区；$\omega \leqslant W < 2\omega$，较易建区；$2\omega \leqslant W < 5\omega$，易建区；$5\omega < W$，不易建区。输电路线、输油管道的热影响范围相对很小，但在选线中要避免路线交叉。

4.1.4 满足青藏工程走廊线性道路相互热不干扰的最小安全距离

由于青藏高速公路两幅路基的相互热干扰以及青藏铁路与青藏公路之间的相互热干扰都会对线性道路工程产生影响，因此在此讨论青藏高速公路、青藏铁路与青藏公路三条道路并行以后不产生热干扰条件下的最小安全距离。由于采用 $\Delta T=0$℃标准极其严格，存在精度误差导致 0℃线不闭合，不能划分热影响范围的缺陷，因此本文在讨论工程热影响时，推荐采用 $\Delta T=0.05$℃的标准，既能满足划分最小工程热影响范围的要求，又能满足工程安全性与经济性。

由于青藏工程走廊的特殊性，因此在该走廊修筑青藏高速公路面临着道路选线的问题。按照青藏公路走廊的特点，可以将青藏高速公路的位置分成三类：青藏高速公路在邻近青藏铁路一侧；青藏高速公路在邻近青藏公路一侧；青藏高速公路在青藏铁路与青藏公路之间。

1）青藏高速公路在邻近青藏铁路一侧

如图 4－8～图 4－11 所示，在保证青藏高速公路、青藏铁路以及青藏公路三条道路相互并行且地温场和温差 ΔT 场相互不干扰的情况下，若是采用整体式建筑形式修筑青藏高速公路，高速公路坡脚离青藏铁路坡脚至少需要 40 m 的距离，考虑到青藏高速公路路基宽度，则横向方向上大约需要 70 m 以上的距离，才能保证对冻土地基不进行挖方处理。当采用分离式建筑形式修筑青藏高速公路，则横向方向上大约需要 125 m（高速公路坡脚离青藏铁路坡脚 30 m+分离式路基间距 50 m+高速公路路基宽度 35 m）以上的距离，才能保证对冻土地基不进行挖方处理。

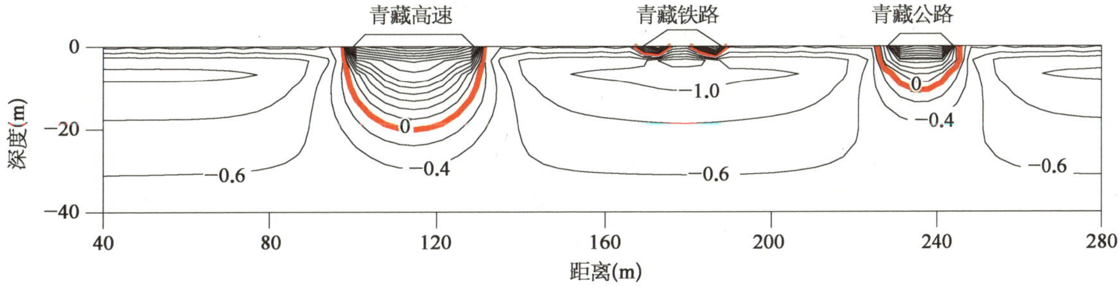

图 4－8 整体式青藏高速公路位于青藏铁路一侧时地温场分布图

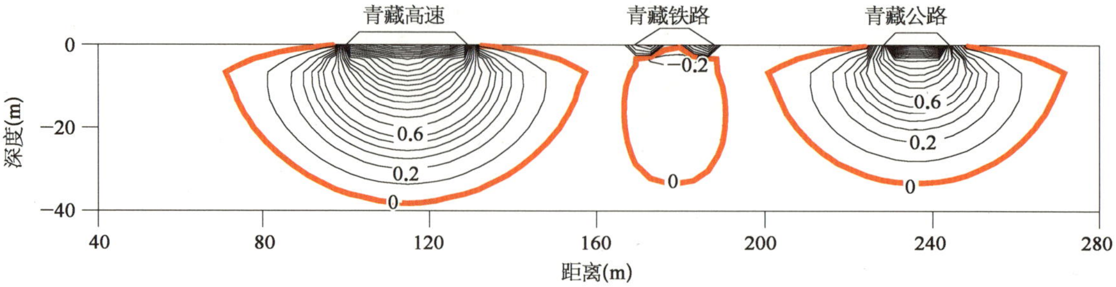

图 4－9　整体式青藏高速公路位于青藏铁路一侧时温差 ΔT 场分布图

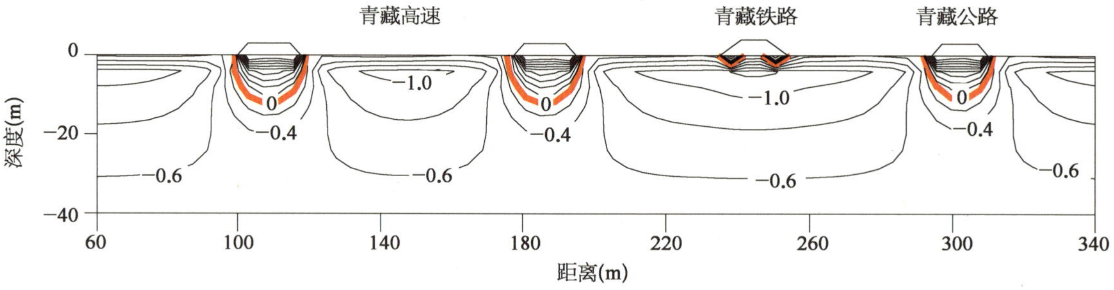

图 4－10　分离式青藏高速公路位于青藏铁路一侧时地温场分布图

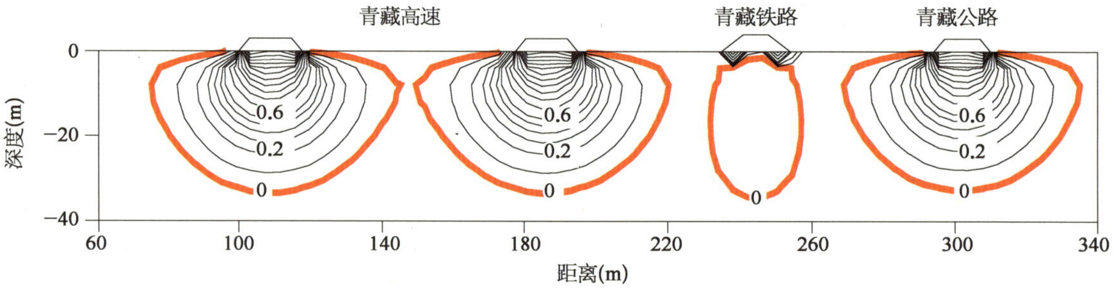

图 4－11　分离式青藏高速公路位于青藏铁路一侧时温差 ΔT 场分布图

2）青藏高速公路在邻近青藏公路一侧

当青藏高速公路修筑在青藏公路一侧时，从前面的分析已经知道，两条公路之间不产生相互热干扰的距离要明显大于公路与铁路之间不产生相互热干扰的距离，从这里同样可以看出，青藏高速公路修筑在青藏公路一侧在横向上的距离要远远大于青藏高速公路修筑在青藏铁路一侧的距离。若是采用整体式建筑形式修筑青藏高速公路，高速公路坡脚离青藏公路坡脚至少需要 60 m 的距离，考虑到青藏高速公路路基宽度，则横向方向上大约需要 90 m 以上的距离，才能保证对冻土地基不进行挖方处理。当采用分离式建筑形式修筑青藏高速公路，则横向方向上大约需要 135 m（高速公路坡脚离青藏公路坡脚 50 m+分离式路基间距 50 m+高速公路路基宽度 35 m）以上的距离，才能保证对冻土地基不进行挖方处理，如图 4－12～图 4－15 所示。

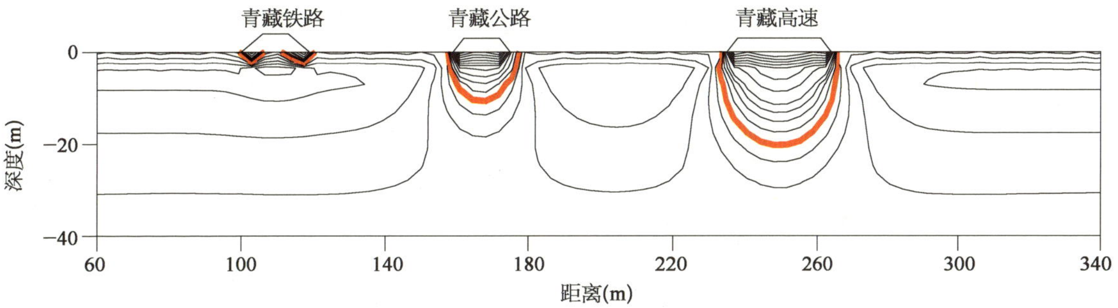

图 4－12 整体式青藏高速公路位于青藏公路一侧时地温场分布图

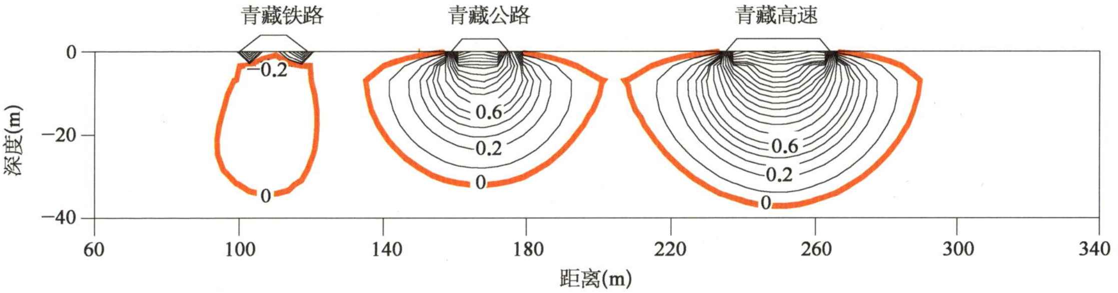

图 4－13 整体式青藏高速公路位于青藏公路一侧时温差 ΔT 场分布图

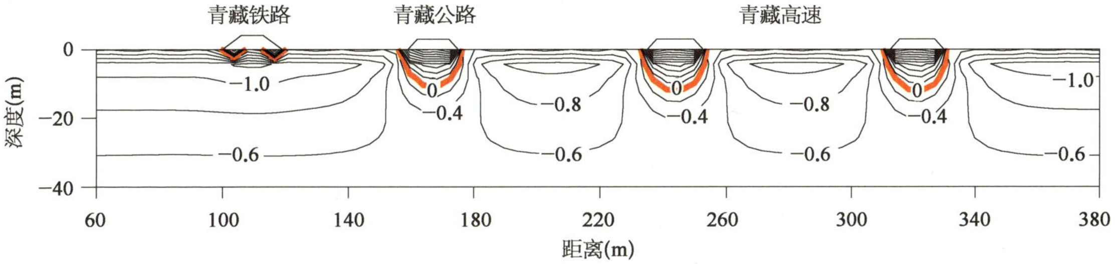

图 4－14 分离式青藏高速公路位于青藏公路一侧时地温场分布图

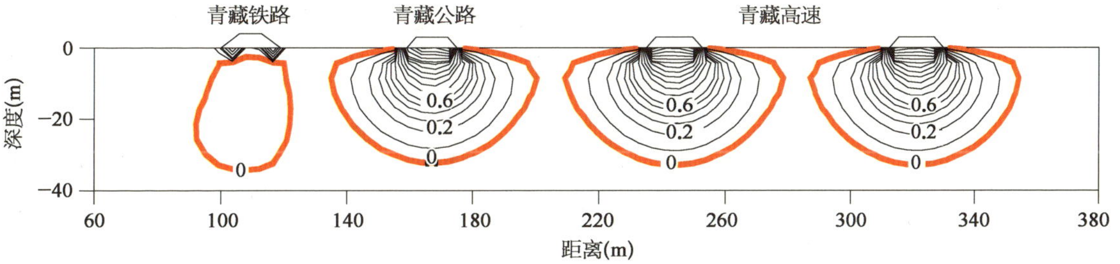

图 4－15 分离式青藏高速公路位于青藏公路一侧时温差 ΔT 场分布图

3）**青藏高速公路在青藏铁路与青藏公路之间**

由于青藏工程走廊宽度有限，最窄处仅有几百米，因此在某些区域很难将青藏高速公路修筑在青藏公路与青藏铁路的两侧，而需要将青藏公路修筑在两条路的中间地带。但是以前在修筑青藏铁路与青藏公路时并没有考虑青藏高速公路的布局，因此青藏铁路与青藏公路之间的距离有长有短，短处仅有十几米，宽处长达上百米。因此，在这样一个宽度范围内能否承受青藏高速公路修筑以后带来的热影响，需要对其进行工程承载力的热评估。

通过本文采用的方法同样对青藏高速公路修筑在青藏铁路与青藏公路之间，而不对三条路产生热影响的最短距离进行了模拟，一方面对青藏工程走廊的工程承载能力进行评估，另一方面对青藏高速公路的布局提供设计方法。数值模拟的结果表明，若是采用整体式建筑形式修筑青藏高速公路，则横向方向上大约需要 170 m（高速公路坡脚离青藏公路坡脚 60 m+高速公路坡脚离青藏铁路坡脚 40 m+高速公路路基宽度 30 m）以上的距离，才能保证对青藏公路、青藏铁路无热扰动。当采用分离式建筑形式修筑青藏高速公路，则横向方向上大约需要 165 m（高速公路坡脚离青藏公路坡脚 50 m+高速公路坡脚离青藏铁路坡脚 30 m+分离式路基间距 50 m+高速公路路基宽度 35 m）以上的距离，才能保证对青藏公路、青藏铁路无热扰动，如图 4－16～图 4－19 所示。

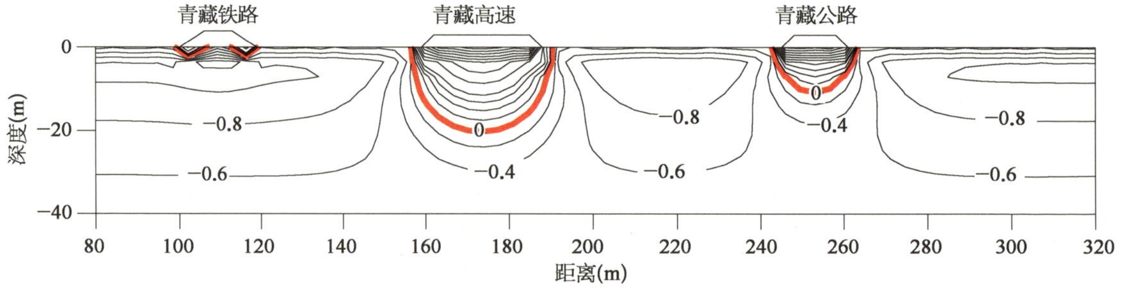

图 4－16　整体式青藏高速公路位于青藏公路与青藏铁路中间时地温场分布图

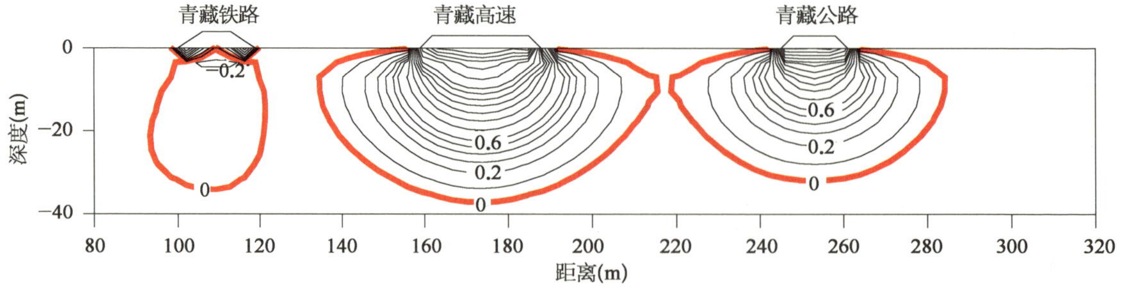

图 4－17　整体式青藏高速公路位于青藏公路与青藏铁路中间时温差 ΔT 场分布图

通过对青藏高速公路修筑在青藏铁路一侧、青藏公路一侧，以及青藏铁路与青藏公路之间等三种情况的数值分析可知，由于青藏工程走廊的限制，尤其是青藏公路与青藏铁路之间

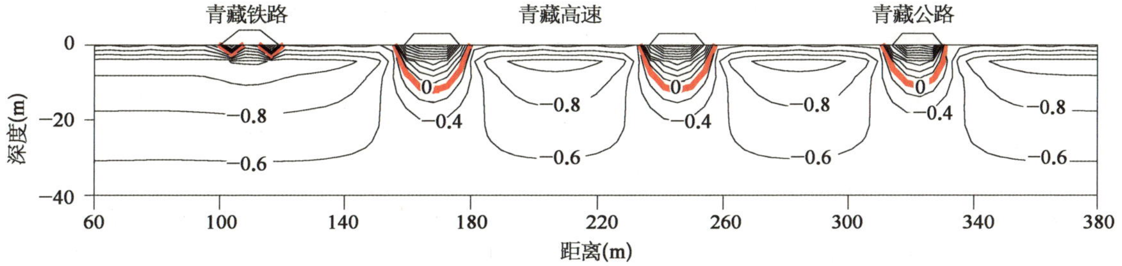

图 4-18 分离式青藏高速公路位于青藏公路与青藏铁路中间时地温场分布图

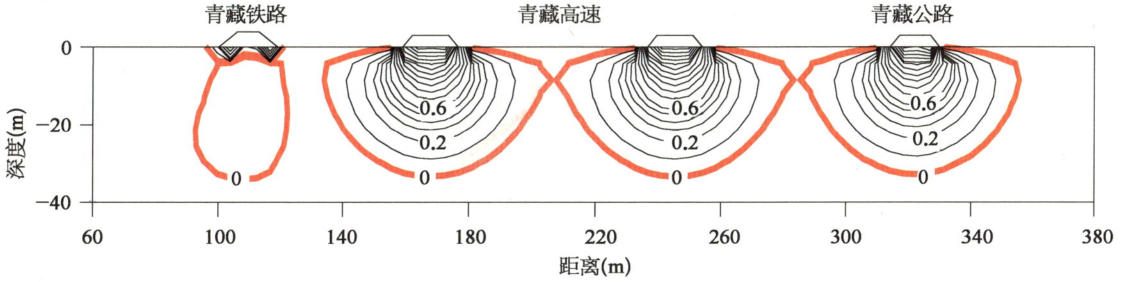

图 4-19 分离式青藏高速公路位于青藏公路与青藏铁路中间时温差 ΔT 场分布图

分离带距离过近,因此在青藏铁路与青藏公路之间修筑青藏高速公路势必会对青藏铁路和青藏公路造成热扰动,其结果不仅会增加青藏高速公路修筑难度,同时会对青藏铁路和青藏公路的热稳定性带来不利影响,因而不推荐将青藏高速公路修筑在青藏铁路与青藏公路之间。对比青藏高速公路修筑在邻近青藏铁路或邻近青藏公路一侧所需要的横向距离,优先推荐青藏高速公路修建在邻近青藏铁路一侧。

4.2 青藏工程走廊公路风险分析

4.2.1 多年冻土热融蚀敏感性预估模型

多年冻土对于外界热扰动作用的响应快慢程度可用季节融化深度与潜在季节融化深度的比值来表示冻土的敏感程度,称为热融蚀敏感性,其定义式如下:

$$ST_e = \frac{X}{X_p} \tag{4-22}$$

式中 ST_e——热融蚀敏感性;

X——季节融化深度;

X_p——潜在季节融化深度。

季节融化深度即冻土活动层厚度。潜在季节融化深度则是指在冻土在负温条件下，热半年的全部循环热量用于融化冻土层所需要的潜热量，而不考虑用以升高冻土地温所需的显热量，是冻土所能融化的最大可能深度。式(4－22)中潜在季节融化深度可采用Kudryavtsev 公式进行计算。

分析冻土热融蚀敏感性与冻土年平均地温和活动层厚度的相关性见表4－3。

表4－3 冻土年平均地温、活动层厚度与热融蚀敏感性参数相关性

项　目	相关性	年平均地温	实测融化深度	冻土热融蚀敏感性
年平均地温	Pearson 相关性	1	0.733①	0.952①
	显著性		0.000	0.000
	N	26	26	26
实测融化深度	Pearson 相关性	0.733①	1	0.811①
	显著性	0.000		0.000
	N	26	26	26

注：① 在0.01水平(双侧)上显著相关。

由表4－3结果可知，冻土热融蚀敏感性与冻土年平均地温和活动层厚度为显著相关，对其进行线性回归，得到冻土热融蚀敏感性多元线性回归模型如下：

$$S_{Te} = 0.806 + 0.107t_p + 0.036X \tag{4-23}$$

式中　t_p——冻土年平均地温(℃)。

应用多年冻土热融蚀敏感性预测模型的预测值与实测点采用Kudryavtsev 公式的计算值对比(图4－20)发现：二者结果极为吻合，预测模型的 $r^2=0.935$，说明该模型是较为合理可靠的。采用Kudryavtsev 公式进行热融蚀敏感性计算由于其需要的参数过多，且部分参数难以获取，不适合做大区域的计算，而采取本模型则只需要获取多年冻土年平均地温和活动层这两个多年冻土特征参数即可。

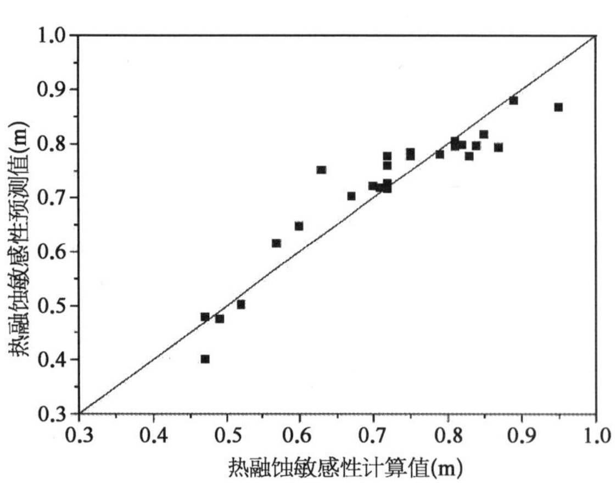

图4－20 热融蚀敏感性预估模型预测值与Kudryavtsev 公式计算值比较

应用该预测模型，利用前期得到的青藏高原工程走廊带多年冻土地温、活动层厚度现状区划图，对每个格栅进行计算，得到多年冻土热融蚀敏感性现状区划，如图4－21所示，图中热融蚀敏感性划分标准见表4－4。

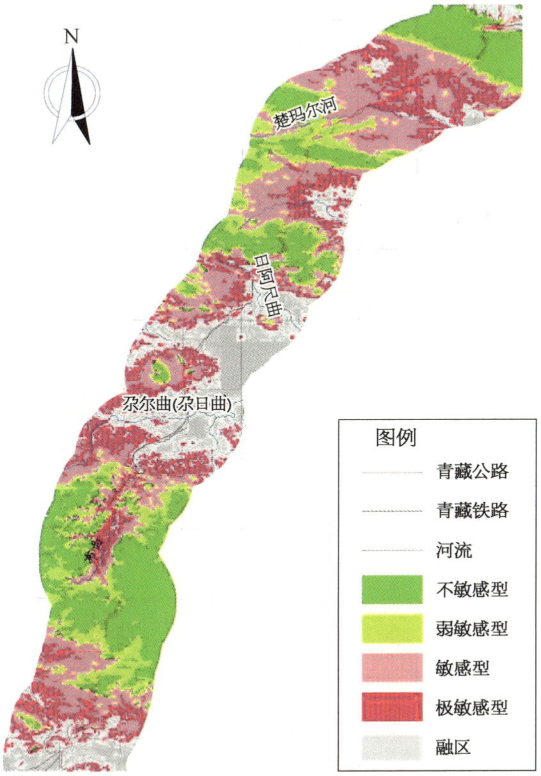

图 4-21　青藏高原工程走廊带多年冻土热融蚀敏感性现状区划图

表 4-4　热融蚀敏感性划分标准

类型	不敏感型	弱敏感型	敏感型	极敏感型
S_{Te}	≤0.54	0.54~0.66	0.66~0.80	>0.80

与文献数据相比，由于本文考虑了活动层厚度对热融蚀敏感性的影响，相对而言本预估模型准确性更高。

由图 4-21 可知，不敏感型多年冻土主要分布于昆仑山、风火山、唐古拉山等大型山脉高海拔地区；除多年冻土区南北界以外，极敏感型冻土主要分布于楚玛尔河、沱沱河、通天河等常年性河流河床、漫滩及河流阶地区域。

4.2.2　多年冻土地温、活动层厚度数值计算

1）计算模型

对于包含路基、地基、路侧积水和大气在内的开放系统地气耦合模型中的传热过程（计算模型参见图 4-22），本文数值计算采用二维非稳态、湍流模型，地面与环境辐射的求解耦合在边界条件中进行设置，流体区域和固体区域的控制方程如下，流体和固体在界面处发生共轭传热。

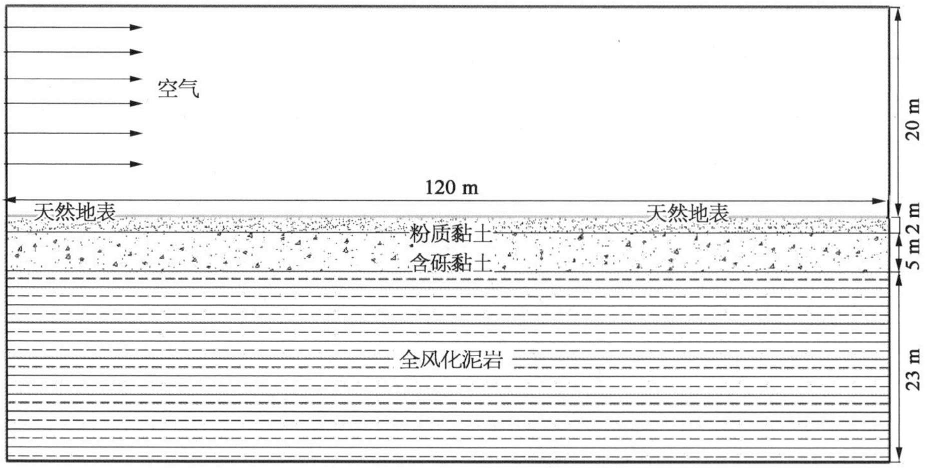

图 4-22 冻土传热计算模型示意图

(1) 空气区

冻土天然地表上部空气环境视为自由流体,并将空气考虑为密度不变的不可压缩气体,其控制方程如下:

① 连续性方程:

$$\frac{\partial}{\partial x_i}(\rho u_i) = 0 \tag{4-24}$$

式中 ρ——空气密度;

u_i——各个方向上的速度分量。

② 动量方程:

$$\frac{\partial(\rho u_i)}{\partial t} + \frac{\partial}{\partial x_i}(\rho u_i u_j) = -\frac{\partial p}{\partial x_i} + \frac{\partial}{\partial x_i}\left(\eta \frac{\partial u_i}{\partial x_i}\right) \tag{4-25}$$

式中 p——空气压力;

η——空气的动力黏度。

③ 能量方程:

$$\frac{\partial(\rho T)}{\partial t} + \frac{\partial}{\partial x_i}(\rho u_i T) = \frac{\partial}{\partial x_i}\left(\frac{\lambda}{c_p} \frac{\partial u_i}{\partial x_i}\right) + S_T \tag{4-26}$$

式中 T——空气温度;

λ——空气的热导率;

c_p——空气的定压比热容;

S_T——地层表面的耦合源项。

④ κ 方程：

$$\frac{\partial(\rho\kappa)}{\partial t}+\frac{\partial}{\partial x_i}(\rho u_i\kappa)=\frac{\partial}{\partial x_i}\left[\left(\eta+\frac{\eta_t}{\sigma_\kappa}\right)\frac{\partial\kappa}{\partial x_i}\right]+G_k-\rho\varepsilon \tag{4-27}$$

式中　κ——湍流脉动动能；

η_t——湍流脉动所造成的动力黏度；

σ_κ——脉动动能的 Pr 数；

G_κ——湍流脉动动能产生项；

ε——湍流耗散率。

⑤ ε 方程：

$$\frac{\partial(\rho\varepsilon)}{\partial t}+\frac{\partial}{\partial x_i}(\rho u_i\varepsilon)=\frac{\partial}{\partial x_i}\left[\left(\eta+\frac{\eta_t}{\sigma_\varepsilon}\right)\frac{\partial\varepsilon}{\partial x_i}\right]+\frac{\varepsilon}{\lambda}(c_1G_k-c_2\rho\varepsilon) \tag{4-28}$$

式中　σ_ε——湍流耗散的 Pr 数；

c_1 和 c_2——经验常数。

（2）冻土区

冻土区包括活动层及下伏多年冻土层，其主要传热方式为热传导，本文采用显热容法考虑相变热对路基传热的影响，控制方程为：

$$C^*\frac{\partial T}{\partial t}=\frac{\partial}{\partial x}\left(\lambda^*\frac{\partial T}{\partial x}\right)+\frac{\partial}{\partial y}\left(\lambda^*\frac{\partial T}{\partial y}\right) \tag{4-29}$$

式中　C^*——各层固体材料的等效体积比热容；

λ^*——各层固体材料的等效热导率。

依据 IPCC 相关报告，将气温升温速率设为 0.022℃/年，其余物性参数和边界条件的设置可参见相关文献。

2）冻土年平均地温与活动层厚度变化规律

采用开放边界条件下的冻土地热耦合模型，对升温条件下的多年冻土地温与冻土活动层厚度进行模拟，得到不同工况条件下的多年冻土年平均地温和活动层厚度与气温温升的相互关系，如图 4-23 和表 4-5 所示。

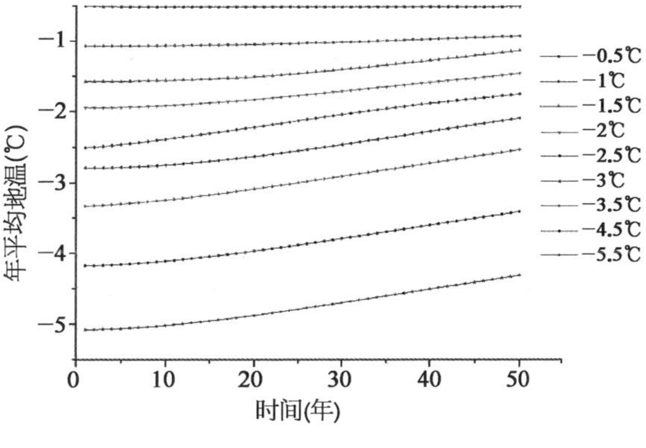

图 4-23　不同地温条件下冻土年平均地温变化

表 4-5 不同地温条件下活动层厚度变化 (m)

时 间	-0.5℃	-1.0℃	-1.5℃	-2.0℃	-2.5℃	-3.0℃	-3.5℃	-4.5℃	-5.5℃
20 年后	0.76	0.54	0.44	0.35	0.31	0.24	0.18	0.13	0.09
50 年后	1.60	1.35	1.13	0.92	0.81	0.69	0.58	0.48	0.43

由图 4-23 可知，冻土年平均地温越高，其地温变化幅度越小，这是因为此时外界热扰动(气温温升)带来的热量主要用于冻土的潜热吸收。从表 4-5 中也可看出，冻土年平均地温越高，其地温变化幅度越大，这也印证了前面的分析。

4.2.3 多年冻土热融蚀敏感性分布预测

采用式(4-22)计算未来 20 年和 50 年后多年冻土热融蚀敏感性，得到青藏高原工程走廊带多年冻土区热融蚀敏感性分布，如图 4-24 和表 4-6 所示。

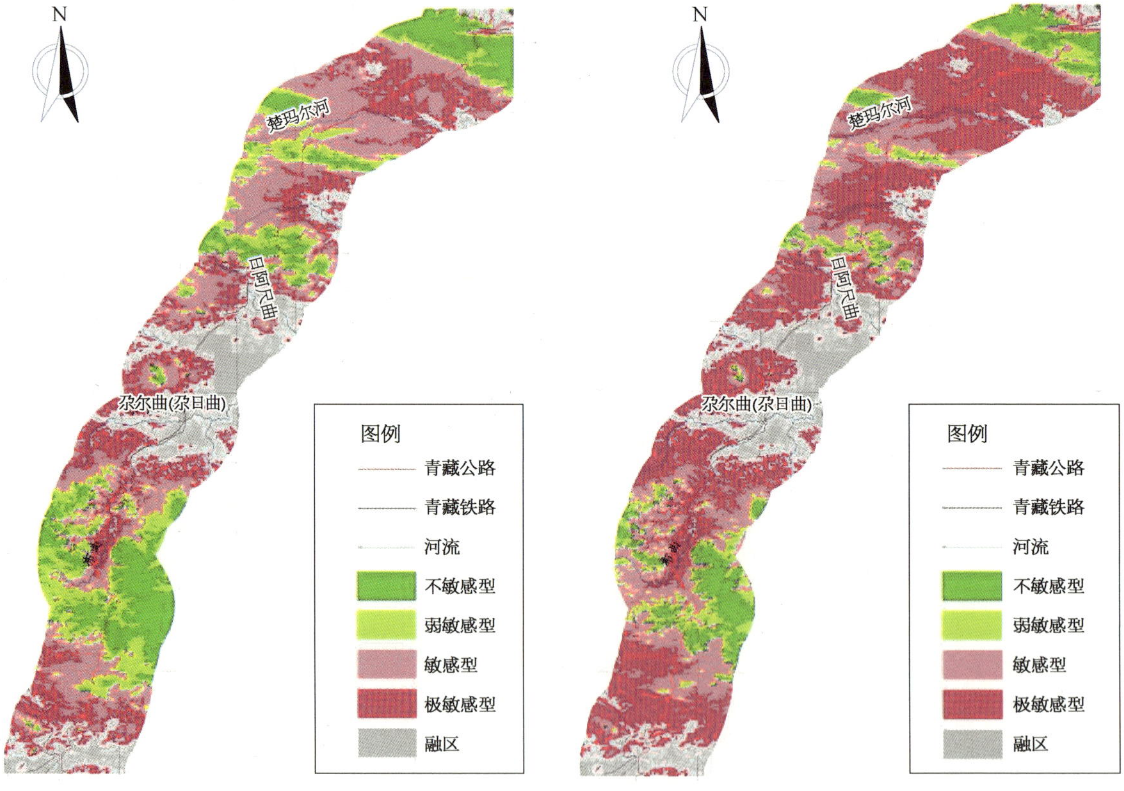

图 4-24 青藏高原工程走廊带多年冻土热融蚀敏感性分布预测图

由图可知，随着气候逐步变暖，昆仑山、可可西里、风火山和唐古拉山等地热融蚀敏感性为不敏感型冻土将大幅退化为弱敏感型冻土，而楚玛尔河平原、北麓河盆地、乌丽盆地、通天河、沱沱河等地的敏感型冻土也将急剧退化为大片极敏感型冻土。各类型冻土在未来 50 年

表 4－6 青藏高原工程走廊带多年冻土热融蚀敏感性分布

类　型	现状	未来 20 年	未来 50 年
不敏感型	22.23%	14.80%	8.01%
弱敏感型	13.76%	14.43%	8.08%
敏感型	21.11%	25.18%	20.81%
极敏感型	16.53%	19.22%	36.73%

内比例变化如表 4－6 所示，可以看出 50 年后，极敏感型冻土将增长 1 倍以上，敏感型和极敏感型冻土将占整个走廊带内多年冻土区的 78%以上；而不敏感型冻土将下降为不足原有的一半，即认为青藏高原工程走廊带内多年冻土将变得更为脆弱，人类工程活动等热干扰将极大破坏现有多年冻土分布。

4.2.4 青藏高速公路工程风险区划

1）青藏高速公路作用下多年冻土热融蚀敏感性区划

在前述计算模型的基础上，计算模型如图 4－25 所示，铺设 3 m 高度的普通填土路基作为外界人为热扰动。

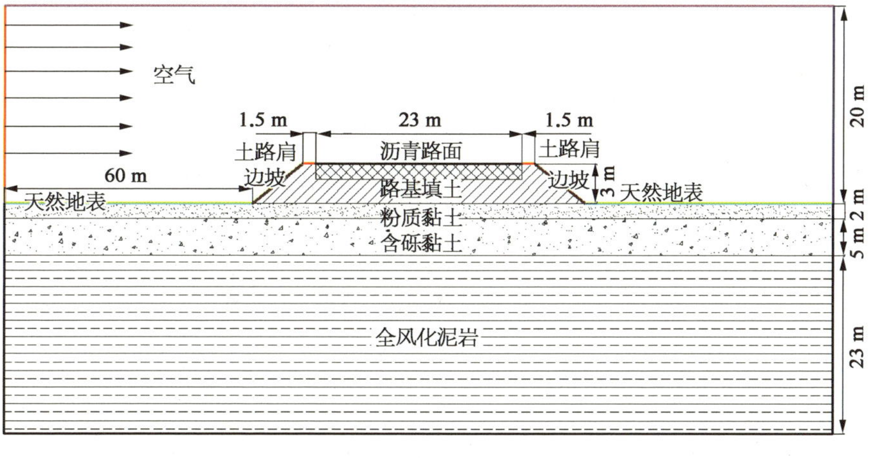

图 4－25 冻土路基模型示意图

对铺设宽幅路基后冻土路基温度场进行计算，得到不同工况条件下的多年冻土 20 年内人为上限相对天然上限变化量（融化深度）的年际变化规律，如图 4－26 所示。由图可知，多年冻土层融化深度与其热融蚀敏感性具有强烈相关性，随着热融蚀敏感性的增强，多年冻土对外界热扰动影响更为敏感，在同样热扰动状况条件下，其多年冻土层融化深度随之增大；且随时间推移而增大，在其后期融化速率越来越慢，说明此时外界热扰动已逐渐深入其内部。

计算 20 年后不同热融蚀敏感性条件下融化深度，得到其与冻土年平均地温、活动层厚度和热融蚀敏感性的相关关系，如图 4－27~图 4－29 所示。

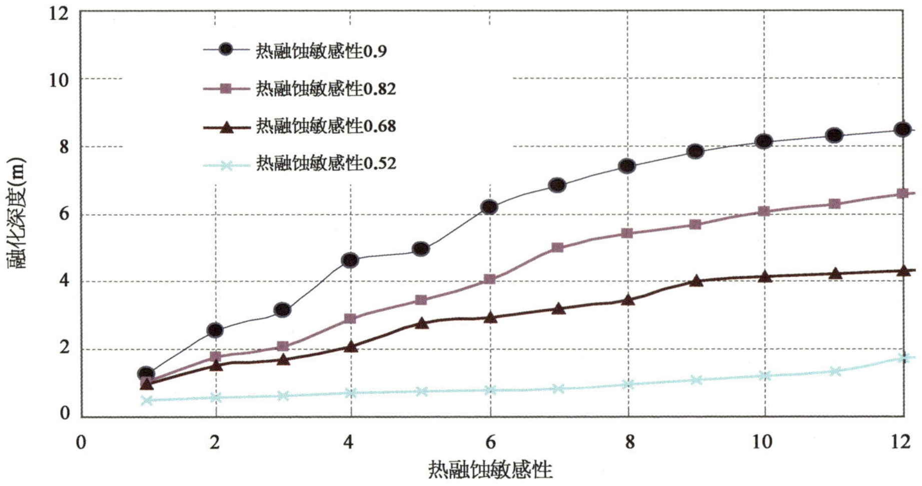

图 4-26 融化深度年际变化

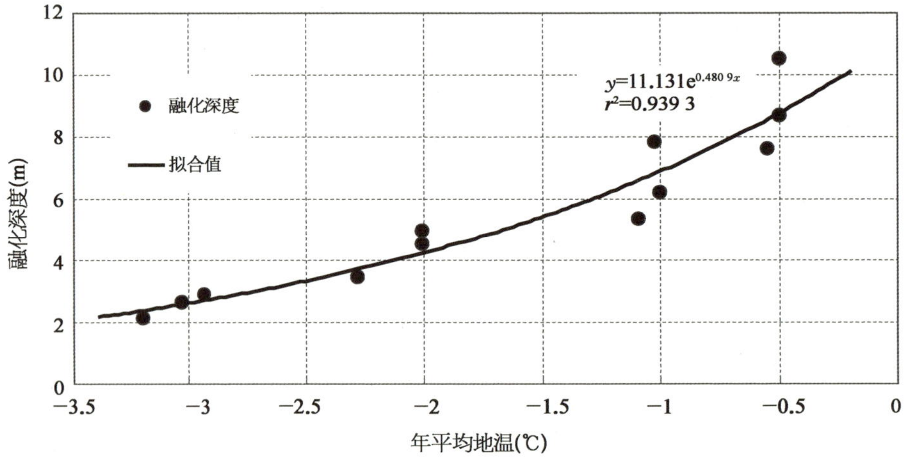

图 4-27 融化深度与年平均地温相关关系

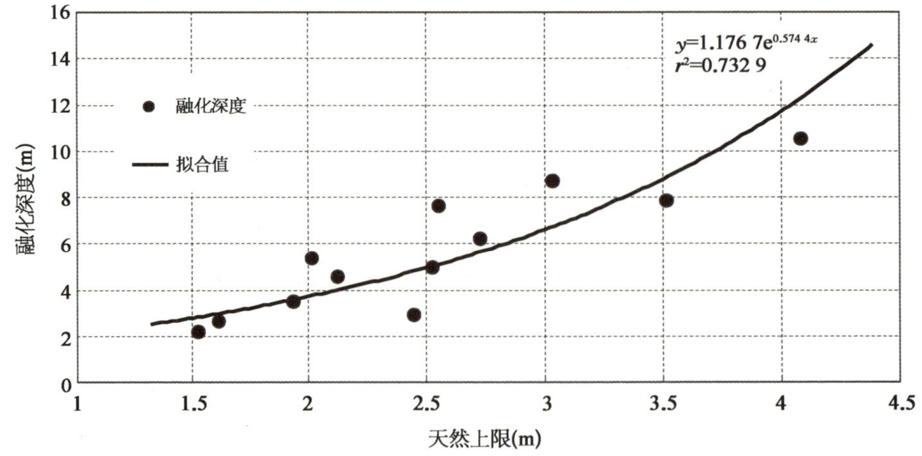

图 4-28 融化深度与活动层厚度相关关系

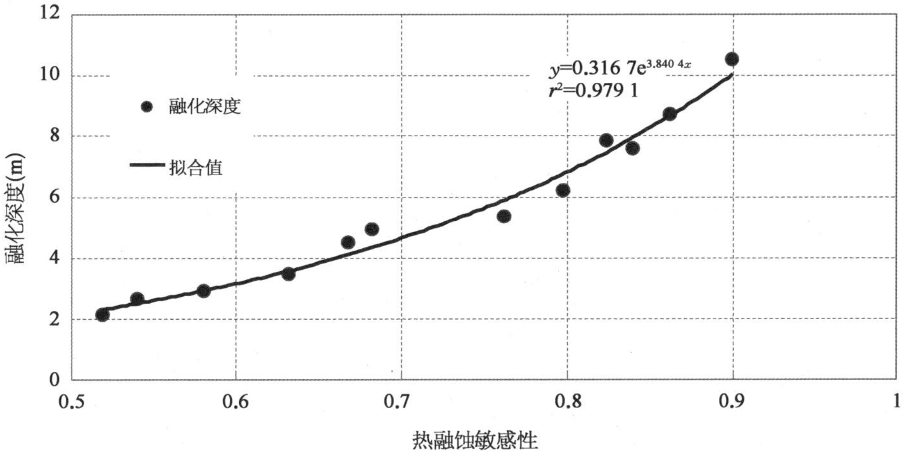

图 4－29　融化深度与热融蚀敏感性相关关系

由图 4－27 可知，在低温段计算值与拟合值符合良好，但在高温段计算值较为发散，即认为用冻土年平均地温来预测融化深度在高温段存在较大误差。而从融化深度与活动层拟合曲线也可看出，其 r^2 仅为 0. 74，相对采用冻土年平均地温来预测融化深度的效果要更差一些。另外也可看出，随着热融蚀敏感性增大，其融化深度基本呈现出指数增长规律，对其进行拟合得到变化量与热融蚀敏感性关系如下式所示，r^2 为 0. 979，说明计算式拟合程度较高。

$$\Delta h = 0.316\,7\mathrm{e}^{3.84S_{\mathrm{Te}}} \tag{4-30}$$

应用该预测模型，利用前期得到的青藏高原工程走廊带热融蚀敏感性区划图，对每个格栅进行计算，走廊带内修筑宽幅路基 20 年后的多年冻土融化深度区划如图 4－30 所示。

由图可知，融化量较小的多年冻土区域主要分布于昆仑山、风火山、唐古拉山等大型山脉高海拔地区，其融化深度不足 3 m，甚至在 1 m 以下；除多年冻土区南北界以外，融化深度较高的冻土区域主要分布于楚玛尔河、沱沱河、通天河等常年性河流河床、漫滩及河流阶地区域，其融化深度一般在 5～10 m，宽幅路基的修筑对多年冻土具有强烈的扰动。

对其融化深度进行统计分类，得到各融化深度所占区域比重，见表 4－7。可以看出融化深度主要在 1～5 m 之间，占整个多年冻土区面积 83. 4%以上，<1 m 及>6 m 的各占 8%左右。

表 4－7　青藏高原工程走廊带多年冻土融化深度分布比例

融化深度(m)	<1	1～3	3～5	5～6	>6
比例(%)	6. 23	38. 31	25. 2	3. 87	2. 5

将图 4－30 所得各格栅融化深度与平均融沉系数相乘进行格栅运算，则可得到青藏高原工程走廊带内融沉量分布，如图 4－31 所示。对其不同融沉量区域进行统计，得到其风险类型统计结果见表 4－8。

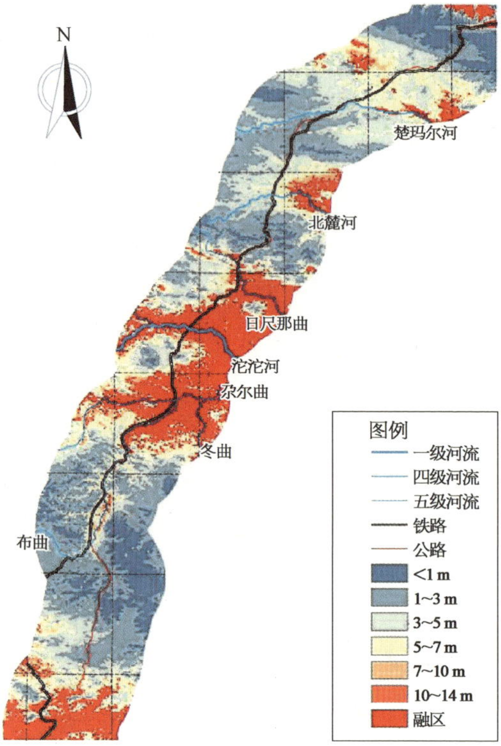

图 4-30 宽幅路基热扰动作用下多年冻土融化深度区划分布

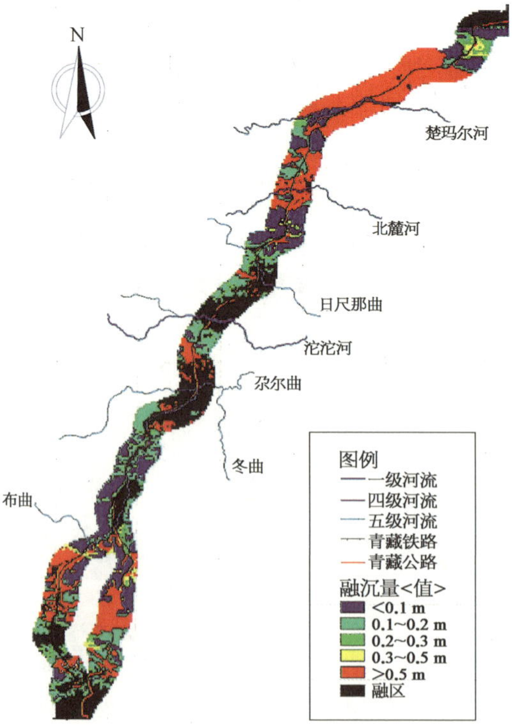

图 4-31 青藏高原工程走廊带内冻土公路工程风险区划

表 4-8 不同含冰量类型区域平均融沉系数

融沉量(m)	<0.1	0.1~0.2	0.2~0.3	0.3~0.5	>0.5
占冻土区域比例(%)	32.01	19.26	5.45	3.23	40.05

① 青藏高原工程走廊带内冻土公路风险呈现两极分化的基本规律，融沉量处于 0.2 m 以下区域占比 51.3%，融沉量处于 0.2~0.5 m 的区域不到 10%，融沉量超过 0.5 m 区域达到 40%。

② 对比走廊带内公路工程风险和冻土含冰量区划图可知，在以 3 m 普通填土路基修筑高速公路条件下，含冰量分布是冻土公路工程风险的决定性因素，基本所有的饱冰冻土区域均为高风险区域，即认为该类区域很难以普通填土路基通过。

③ 融沉量在 0.1 m 以下的低风险区域主要处于昆仑山、五道梁、风火山、唐古拉山等低温低含冰量区域，说明在融沉风险较低的区域主要取决于其热融蚀敏感性，即冻土对外界热扰动的敏感性。

2）对待青藏高原工程走廊带多年冻土区公路工程风险的基本原则

冻土公路工程风险显著程度的不同，决定了对待风险的态度和基本原则，依据风险预控的基本原则，将走廊带内冻土公路工程风险划分为低风险、一般风险、中等风险、重大风险和特别重大风险五个等级，各风险等级所对应的冻土特征属性见表 4-9。

表 4-9 工程风险等级与冻土属性特征

项目	风险矩阵	中等风险（Ⅲ级）	重大风险（Ⅳ级）		特别重大风险（Ⅴ级）	有效类别	赋值
一般风险（Ⅱ级）	4	8	12	16	20	含土冰层	4
	3	6	9	12	15	饱冰冻土	3
低风险（Ⅰ级）	2	4	6	8	10	富冰冻土	2
	1	2	3	4	5	少冰-多冰	1
	不融化	低融化	融化	较强融化	强融化	有效类别	
	1	2	3	4	5	赋值	
	<1	1~3	3~5	5~6	>6	融化可能量化	

由表可知，冻土公路工程风险由冻土响应外界热扰动而引起的融化量和冻土的融沉特性决定。前者由冻土年平均地温和冻土天然上限决定，冻土年平均地温决定了多年冻土的蓄冷量，地温越低则蓄冷量越大，外界热扰动作用下冻土的融化量越少；而冻土天然上限则由冻土年平均地温和冻土的热扩散能力决定，热扩散能力越强，则抵御外界热扰动能力越差。

将融化等级划分为五级对应在高速公路热扰动作用下不同的融化深度，按照多年冻土的含冰量不同将多年冻土的融沉特性分为五个等级，从而得到青藏高原工程走廊带冻土公路工程风险矩阵，见表 4－10。

表 4－10 工程风险等级划分

风险值	风险等级	备 注
15~20	特别重大风险	Ⅴ级
9~12	重大风险	Ⅳ级
5~8	中等风险	Ⅲ级
3~4	一般风险	Ⅱ级
1~2	低风险	Ⅰ级

对于Ⅰ级风险区域修筑高速公路的一般原则为普通填土路基即可通过，Ⅱ级区域一般原则为特殊路基通过，Ⅲ级区域一般原则为特殊路基通过或考虑分幅路基，Ⅳ级区域一般原则为特殊路基通过且同时考虑分幅路基或以桥代路通过，Ⅴ级区域一般原则为必须以桥代路通过。

对青藏高原工程走廊带多年冻土区沿线风险特征统计得到结果，见表 4－11。由表可知，走廊带内沿线冻土公路工程风险较为显著，能以普通填土路基通过路段仅占全段的不到 3%，而重大风险和特别重大风险等级分别占比达 23%和 33.6%。

表 4－11 工程风险等级长度统计

多年冻土区段	风 险 等 级				
	Ⅰ级	Ⅱ级	Ⅲ级	Ⅳ级	Ⅴ级
总计区段长度(km)	9.8	55.7	95.2	85.2	124.6
风险等级比例(%)	2.64	15.03	25.70	23.00	33.63

其中，推荐以桥代路区段总计 124.6 km，主要连续分布区段见表 4－12。由表可知，主要分布区域为清水河、楚玛尔河平原区，北麓河、秀水河盆地区域，沱沱河岛状冻土区和头二九、安多(多年冻土南界)等区域。

表 4－12 以桥代路路段统计

多年冻土区段	路段长度(km)
清水河、楚玛尔河平原区	58.1
北麓河、秀水河盆地区域	16.3
乌丽盆地	4.3
沱沱河盆地	8.0
通天河盆地	2.0

（续表）

多年冻土区段	路段长度(km)
布曲河谷	2.8
头二九、安多	16.1

3）青藏高速公路作用下多年冻土热融蚀敏感性预测区划

依据未来 20 年后的热融蚀敏感性区划和冻土含冰量分类区划图，可预测出未来 20 年后走廊带内冻土公路工程风险，如图 4－32 所示。

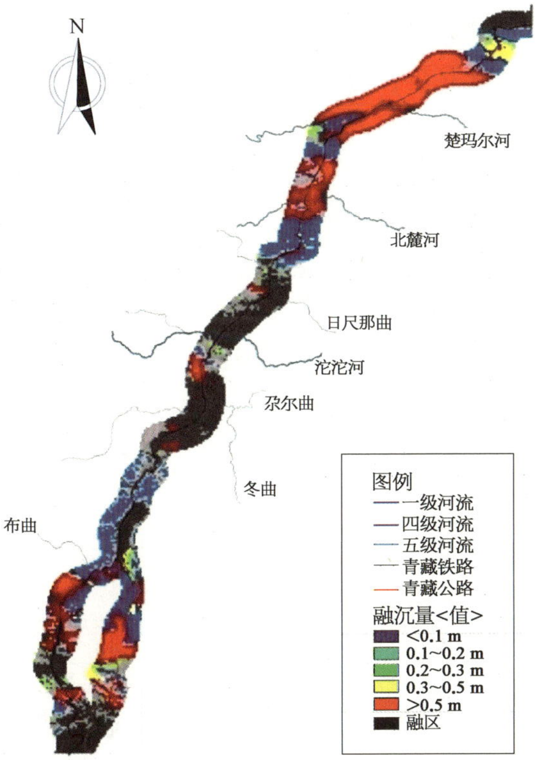

图 4－32　青藏高原工程走廊带内冻土公路工程风险未来 20 年预测

由图可知，随着气候逐步变暖，走廊带内冻土热融蚀敏感性增强，导致其冻土公路工程风险逐渐增强，各类型冻土在未来 20 年内比例变化见表 4－13。可以看出 20 年后，青藏高原工程走廊带内冻土公路工程风险变化并不明显，这是由于虽然热融蚀敏感性增强，但是冻土含冰量类型并未发生变化而导致的。

表 4－13　不同含冰量类型冻土比例变化

融沉量(m)	<0.1	0.1~0.2	0.2~0.3	0.3~0.5	>0.5
占冻土区域比例(%)	29.02	21.24	5.15	2.90	41.68

4.3 青藏工程走廊工程容量评估评价

4.3.1 青藏工程走廊“工程容量”评价方法

工程容量评价在工程建设中提出，目前没有可以借鉴的方法，处于进一步探索阶段。从上述的论述中可以看出，目前影响该工程走廊内建设的因素较多，如工程密集度及相互热影响范围、施工便利条件、冻土地质条件中含冰量、地温等、地形地貌条件、环境因素包括冻融灾害等。同时，该走廊穿越青海可可西里国家自然保护区，区内生态环境脆弱、风沙侵蚀等均属于工程选线必须考虑的因素。为此，考虑各类因素对工程建设影响的重要性及优先考虑顺序，将诸多因素分为三大类：第一类是已建工程热影响类，五大线性工程相互作用是无法避免的，尤其是其热影响范围内坚决避免布设路线（高架除外），应优先考虑；第二类是冻土地质、地形地貌、冻融灾害类，这类因素是影响工程建设的核心因素，必须综合考虑，但有些因素可能通过结构优化或者新型技术抑制或减缓，重要性略低于第一类；第三类是自然保护区动、植物栖息地、风沙灾害区及环境保护类，自然保护区并非工程禁区，工程在穿越核心保护区时要采取必要的施工工艺和环保意识，重要性低于第一、二类。针对上述分类，提出了青藏工程走廊“工程容量”三级评价方法，评价框图如图 4－33 所示。

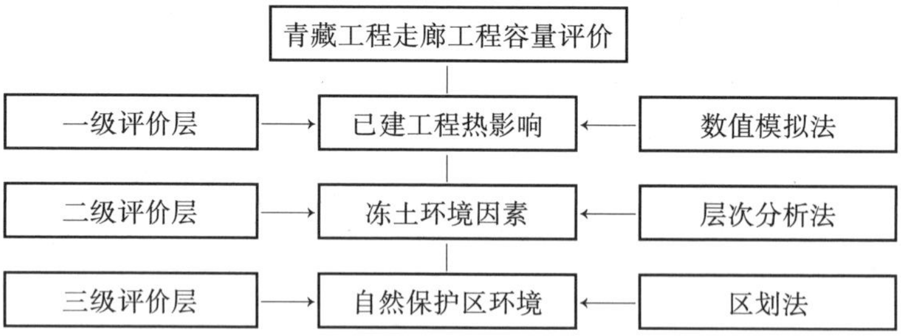

图 4－33 青藏工程走廊工程容量评价框图

对于已建工程热影响主要以开心岭、乌丽、北麓河、可可西里、楚玛尔河五处青藏铁路、青藏公路相互热影响观测断面监测数据为边界条件，通过数值模拟，建立整体式、分离式以及未来高速公路在青藏铁路或青藏公路一侧的不同布设方案，预测其热影响范围。对于冻土地质、地形地貌、冻融灾害类通过层次分析法，建立综合评价体系，可以用一个考虑综合因素的参数——工程容量指数（Engineering Capacity Index，ECI）来表征：

$$ECI = \sum_i F_w F_r \tag{4-31}$$

式中，F 表示某一个影响因素，i 表示影响因素个数，下标 w 表示每个影响因子的权重，下标 r 表示每个影响因子的分级范围。根据 ECI 的计算值，运用突变点法将整个高原工程走廊分为若干个区域，来综合评价哪些区域工程建设难度大（*ECI* 值小），哪些区域工程建设难度小（*ECI* 值大）。最后考虑可可西里自然保护区核心区、生态环境极其脆弱区、风沙侵蚀区等，完成整个青藏工程走廊工程容量评价图。

4.3.2 已建工程及青藏高速公路相互热影响（一级评价层）

前文已经分析了对青藏高速公路修筑在靠近青藏铁路一侧、靠近青藏公路一侧，以及青藏铁路与青藏公路之间等三种情况下最小安全距离。其结果当青藏高速公路修筑在靠近青藏铁路一侧时，采用整体式路基修筑时，其横向方向上大约至少需要 80 m 的安全距离，而采用分离式建筑形式修筑青藏高速公路，其横向方向上大约至少需要 140 m 的安全距离，是三种不同布局形式下所需要的最小安全距离。其评价过程与结果见 4.1 节所述。

4.3.3 冻土地质、地形地貌、冻融灾害综合评价（二级评价层）

1）评价指标体系分析与建立

青藏工程走廊工程容量评价（二级）可以理解为区划青藏工程走廊内的工程建设难易程度评价。结合区域地质条件、环境条件等，根据工程容量指数大小，运用突变点法将整个高原工程走廊分为若干个区域，来综合评价哪些区域工程建设难度大（*ECI* 值小），哪些区域工程建设难度小（*ECI* 值大）。为此，对工程走廊建设程度的影响因素进行分析、归类、分级处理。

表 4－14 是青藏工程走廊冻土地质、地形地貌、冻融灾害各个评价指标分析，评价体系包括冻土地质条件、地形地貌条件、灾害类型三个一级指标和年平均地温、含冰量、土质类型、坡度、热融滑塌、热融湖塘等六个二级指标。建立如图 4－34 所示的青藏工程走廊工程容量评价（二级层）指标体系。

表 4－14 青藏工程走廊冻土地质、地形地貌、冻融灾害综合评价分析

所属类别	评价指标	影响程度	分级标准
冻土地质条件	年平均地温	年平均地温是决定多年冻土稳定与否的重要指标。高温多年冻土区热稳定性差，不利于工程建设；反之亦然	根据地温分区进入评价体系
	含冰量	含冰量也是决定多年冻土稳定与否的重要指标之一。一旦高含冰量多年冻土融化，引起的沉陷往往是非常严重的，所以高含冰量多年冻土区稳定性差，不利于工程建设；反之亦然	根据含冰量高低进入评价体系
	土质类型	青藏工程走廊冻土上限附近土质类型不同，其物理性质包括强度、蓄水能力、黏聚力等也有较大不同。因此上限附近土壤类型也会影响工程建设	按照土质类型对工程稳定性的影响程度进入评价体系

（续表）

所属类别	评价指标	影　响　程　度	分级标准
地形地貌条件	坡度	工程走廊热融滑塌、泥流十分发育，尤其在 8°~10°的坡度上。此外，坡度越陡，施工难度越大，尤其在昆仑山、风火山等一些山区，由于坡度大，很难以路基形式通过，成为影响工程建设选线的主要因素之一	根据坡度分级进入评价体系
灾害类型	热融滑塌	热融滑塌在高原一定范围分布，滑坡过程及其后果对工程建设及其维护将是灾难性的，在选线中应作为主要因素考虑	根据滑坡规模和易发程度进入评价体系
	热融湖塘	热融湖塘在工程走廊分布较多，其热侵蚀会影响工程稳定性，长期浸泡在水中的桥墩等容易受到循环冻融作用而破坏。所以地表水体（湖塘、集水坑）成为影响工程建设选线的主要因素之一	根据面积密度分级进入评价体系

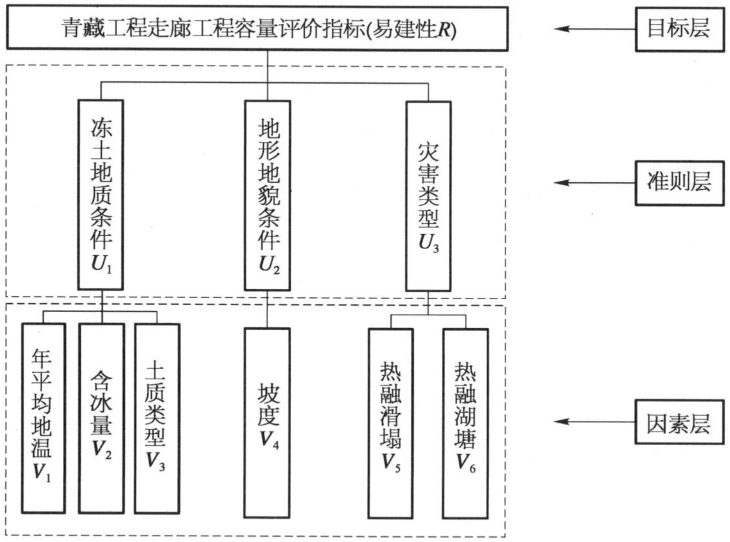

图 4-34　青藏工程走廊工程容量评价（二级）指标体系

2）评价基础因素分析及其分区标准

（1）年平均地温 V_1

青藏高原多年冻土是地气系统长期相互作用的产物，年平均地温在符合三向地带性规律的前提条件下，受局地因素的影响。本研究中利用数值模拟计算模型 GIPL2.0，考虑坡度、坡向、植被盖度、土质类型等因素，按照 MODIS 年平均地表温度分区，将整个工程走廊分为 88 个计算单元，通过分层地温计算，在 ArcGIS 下插值生成平滑的边界并成图。然后对地温值进行四级划分：$T_{cp}\geqslant-0.5$℃，高温极不稳定多年冻土区（Ⅰ）；$-1.0℃\leqslant T_{cp}<-0.5$℃，高温

不稳定多年冻土区(Ⅱ);$-2.0℃ \leqslant T_{cp} < -1.0℃$,低温基本稳定多年冻土区(Ⅲ);$T_{cp} < -2.0℃$,低温稳定多年冻土区(Ⅳ)。

(2) 含冰量 V_2

多年冻土含冰量是影响路基稳定性的重要因素之一。参阅中科院寒旱所编制的《青藏公路冻土特征及工程地质性质研究》报告,根据青藏铁路、青藏公路沿线钻孔资料,多年冻土地下冰分布具有如下的分布规律:

① 在相同地貌单元中,地下冰的含量是随冻土年平均地温降低而增加。如北麓河比沱沱河河谷平原地带的年平均地温低1℃左右,体积含冰量却增大60%。在中高山及低山丘陵区,年平均地温高的地带含冰量小,地温低的地带往往具有较厚的层状冰。

② 在同一地带中,低山丘陵区地下冰最发育,中高山区次之,河谷平原区不甚发育。因青藏高原多年冻土的分布具有明显的垂直地带规律性,降水量随海拔高度升高而增加,故低山丘陵区的年平均地温一般较低,降水量较大,土质相对较细,细粒土泥流堆积发育,水分含量高,高含冰量冻土占的比例最大;中高山区虽然地温较低,降水量也大,但土质多属碎块石土,堆积物较薄,不利于地下冰的生成,高含冰量冻土较少;河谷平原区由于海拔较低,粗颗粒土较发育,河水的热影响较强,不利于地下冰发育,高含冰量冻土较少。但在高平原区及湖相沉积的盆地中,细粒土的泥岩风化沉积物厚,河水热影响较小,地下冰也较为发育。青藏工程走廊冻土年平均地温分布如图 4-35 所示。

③ 相同条件下,细粒土中的地下冰较粗粒土发育。一般说,颗粒粒径为 0.005~0.074 mm 的土层最易形成地下冰。因此,粉质亚黏土、亚黏土、粉质亚砂土及黏土往往会形成高含冰量的冻土,在有良好水分条件的砂土中也会形成高含冰量的冻土。对于砂砾石及碎石土来说,主要取决于土中颗粒粒径小于 0.074 mm 的含量。

④ 同一地区,不同地形部位具有不同的地下冰含量。对低山丘陵区而言,高含冰量冻土多处于坡度平缓的阴坡、斜坡下部地带及坡角。通常情况下,坡度小于 10°的山坡上,一般地下冰发育,尤以 4°~8°最有利于地下冰生长。阴坡地带的松散层厚度较大,植被发育,水分富集,地温较低,有利于地下冰的形成和发育。青藏公路的山间盆地多具有湖相沉积的细粒土层,地下冰较山地发育。对河谷平原区来说,平原区较河床、阶地,常常具有高含冰量冻土,因其湖相沉积、细粒土发育,洪积扇、冰水沉积扇组成的斜坡地带,扇的下部和扇间洼地的水分较充分,细粒土含量相对较高,故地下冰较中、上部发育。

⑤ 厚层地下冰的埋藏深度多聚集于多年冻土上限附近。厚层地下冰在山地丘陵区埋藏较浅,高平原居中,河谷地段较深。同一地区,植被发育、土质细小地段的地下冰埋藏深度较浅。草炭沼泽、黏性土和砂砾石的厚层地下冰埋藏深度分别为: 0.8~1.5 m;1.2~2.0 m;2.5~3.0 m。

根据含冰量将多年冻土划分为富冰区、饱冰区、多冰或少冰区、含土冰层区和融区四级

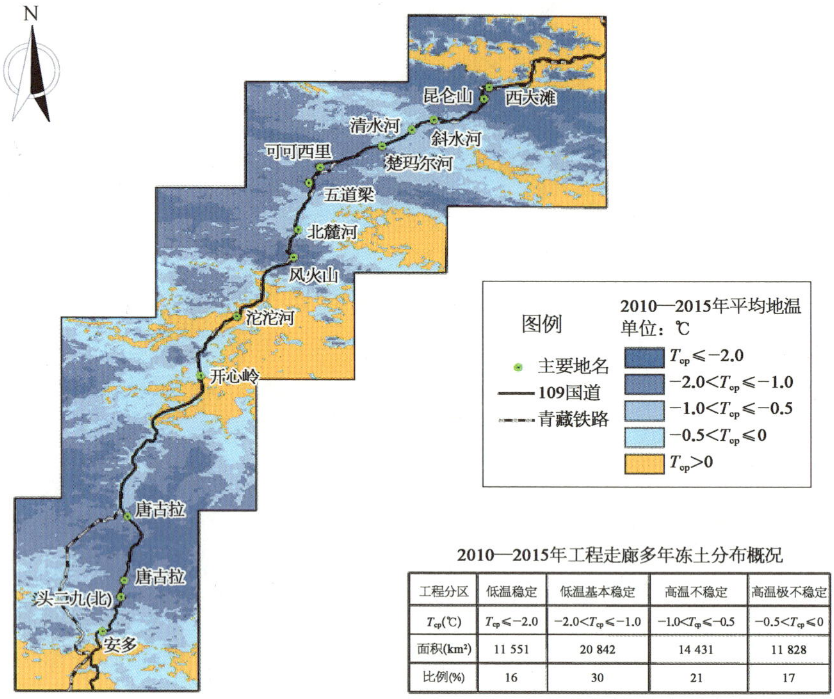

工程分区	低温稳定	低温基本稳定	高温不稳定	高温极不稳定
T_{cp}(℃)	$T_{cp}\leqslant-2.0$	$-2.0<T_{cp}\leqslant-1.0$	$-1.0<T_{cp}\leqslant-0.5$	$-0.5<T_{cp}\leqslant0$
面积(km^2)	11 551	20 842	14 431	11 828
比例(%)	16	30	21	17

图 4-35 青藏工程走廊冻土年平均地温分布图

(图 4-36)。少冰冻土：$i_v\leqslant10\%$；多冰冻土：$10\%<i_v\leqslant20\%$；富冰冻土：$20\%<i_v\leqslant30\%$；饱冰冻土：$30\%<i_v\leqslant50\%$；含土冰层：$i_v>50\%$。

(3) 土质类型 V_3

本研究中土质类型是指冻土上限附近深度的土质类型。由于不同的土质具有不同的吸水聚水能力、渗透率、热传导率、抗压强度等物理力学、热学性质，因此土质类型不同将影响基础工程的稳定，特别是冻土上限附近的土质类型对工程建设较为重要。根据野外调查和青藏铁路、公路的勘察资料，工程走廊土质类型主要有风化或强风化的泥岩、砂岩、板岩、泥灰岩等、角砾土、圆砾土、细砂、中砂、粗砂、粉砂、黏土、粉质黏土、粉土等。根据其稳定程度，将土质类型综合归纳为七大类(图 4-37)，即基岩裸露区、强风化基岩裸露区、砾砂(角砾土和圆砾土)、砂土(中砂和粗砂)、粉质黏土、黏土、粉土(含粉砂)。根据稳定性程度赋值后进入评价体系。

(4) 坡度 V_4

坡度是影响高速公路选线的一个重要因素，在坡度较陡的区域不利于路线以路基形式通过。工程扰动在冻土斜坡地带易引起热融滑塌、活动层滑脱等斜坡失稳现象。在本次研究中，利用 ArcGIS 软件从 DEM 数据中提取得到研究区的坡度数据(图 4-38)。该数据的获取时间为 2010 年，分辨率为 30 m。研究区坡度在 0°~64°，按照其大小将坡度分成五个等级：安全区，0°~5°；较安全区，5°~10°；较危险区，10°~15°；危险区，15°~25°；极危险区，大于 25°。

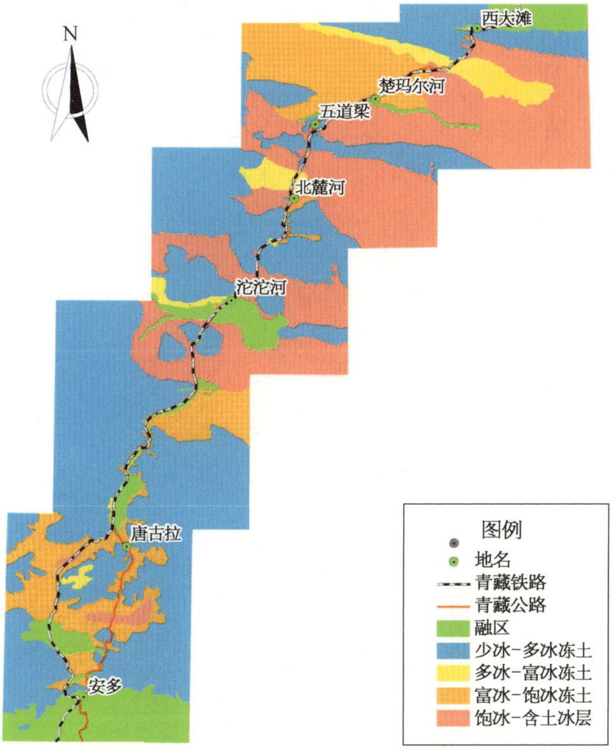

图 4-36 青藏工程走廊冻土类型(含冰量)分布图

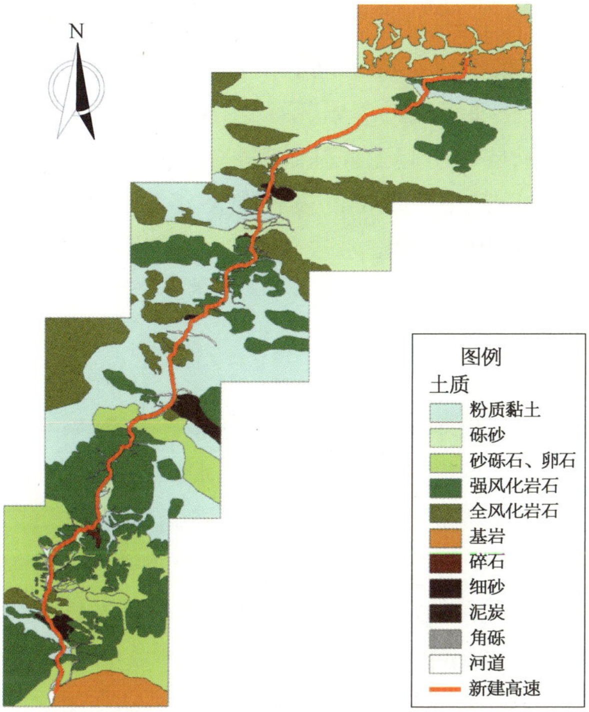

图 4-37 青藏工程走廊土质类型分布图

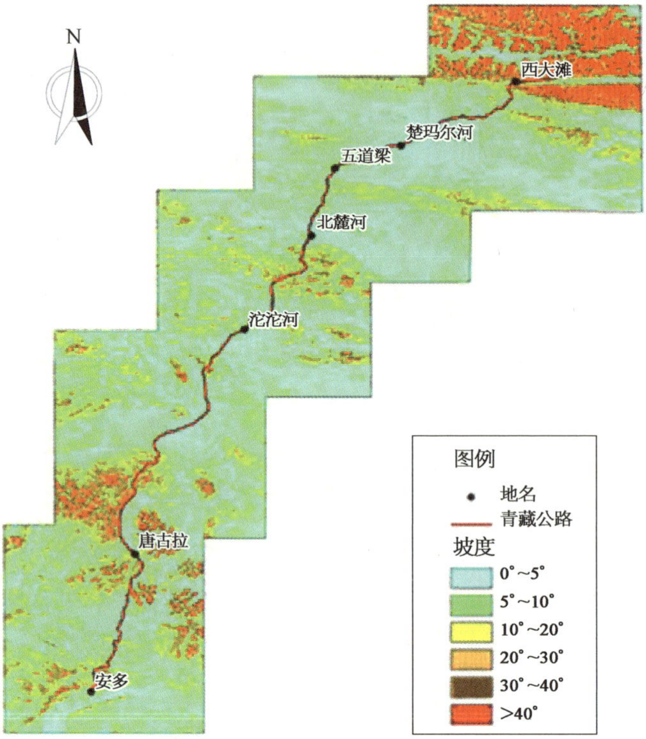

图 4－38 青藏工程走廊坡度分布图

（5）热融滑塌 V_5

伴随着青藏高原气候变暖和多年冻土地温升高，青藏工程走廊内热融灾害十分发育。其中具有代表性的热融灾害主要有热融滑塌、活动层滑脱、热融泥流等。热融灾害是影响工程建设的重要影响因素之一，容易引起工程基础失稳，诱发次生路基病害。对于热融滑塌的研究曾开展了易发程度评价。热融滑塌的易发性与多年冻土特性以及地形地貌条件有关。为此，本研究将热融滑塌根据其易发程度系数（ISF）分为四级（图 4－39）：高易发区，$6.5 < ISF \leqslant 10$；中易发区，$3.5 < ISF \leqslant 6.5$；低易发区，$1.5 < ISF \leqslant 3.5$；非易发区，$0 < ISF \leqslant 1.5$。

（6）热融湖塘 V_6

青藏高原是湖泊分布较密集的区域之一，将成为影响选线的主要因素之一，在湖泊分布密集区，路线不利于以路基的形式通过。此外，热融湖塘作为多年冻土区的热源，其侧向热侵蚀会影响路基稳定，容易造成路基下部形成融化夹层，引起路基沉陷，尤其是不均匀沉陷，造成路基失稳或破坏。因此，在大量热融湖塘分布区要重视热喀斯特过程引起的热侵蚀。对于热融湖塘的研究曾开展了易发程度评价。热融湖塘的易发性与多年冻土特性以及地形地貌条件有关。为此，本研究将热融湖塘根据其易发程度系数（ISF）分为四级（图 4－40）：高易发区，$0.26 < ISF \leqslant 0.66$；中易发区，$0.19 < ISF \leqslant 0.26$；低易发区，$0.16 < ISF \leqslant 0.19$；非易发区，$0.1 < ISF \leqslant 0.16$。

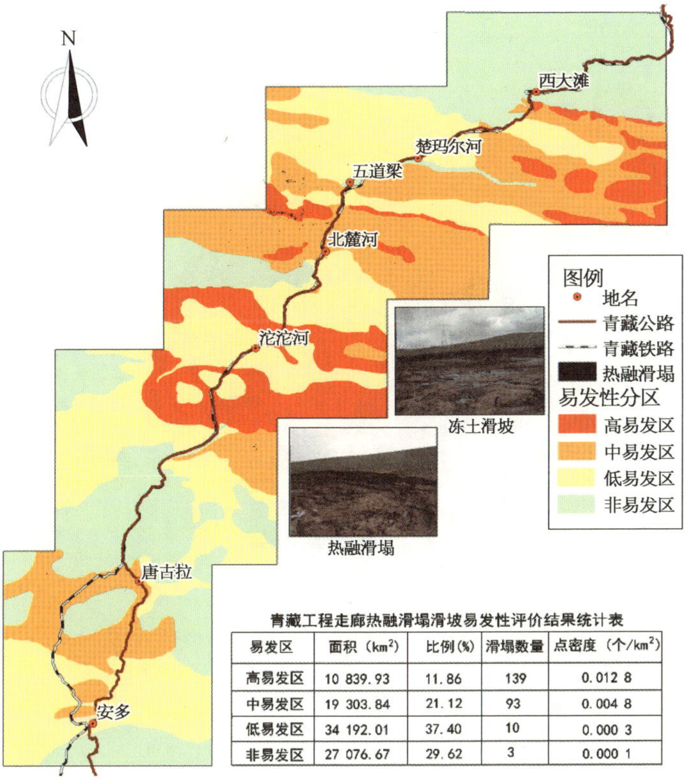

青藏工程走廊热融滑塌滑坡易发性评价结果统计表

易发区	面积（km^2）	比例(%)	滑塌数量	点密度（个/km^2）
高易发区	10 839.93	11.86	139	0.012 8
中易发区	19 303.84	21.12	93	0.004 8
低易发区	34 192.01	37.40	10	0.000 3
非易发区	27 076.67	29.62	3	0.000 1

图 4-39　青藏工程走廊多年冻土段热融滑塌滑坡易发性指数分区图

3）评价因子赋值与权重计算

本研究基础数据为年平均地温分布图、地下冰分布图、土质类型分布图、坡度、热融滑塌、热融湖塘等六个基础图层。多年冻土地温分布图基于 GIPL2.0 冻土分布模型计算得到。首先根据 2010—2015 年 MODIS 平均地表温度数据，按照 1℃ 间隔将走廊分为 12 个温度区域单元，以 NDVI 值 0.18 为植被与非植被的阈值，将走廊分为两大类，地形根据 DEM 将走廊带划分为高平原、河流谷地、高山山地三类。土壤类型根据沿线天然孔资料分为六类。最终整个走廊被划分为 88 个离散单元来独立计算，单元之间在 ArcGIS 下插值生成平滑的边界并成图。地下冰分布图根据公路、铁路两侧地质钻探资料，考虑地下冰的形成条件绘制完成。土质类型根据拟建青藏高速公路推荐路线地质钻孔编录获得。坡度图主要根据走廊沿线地理信息系统数字高程模型（DEM）分析获得。热融湖塘、热融滑塌基于前期研究成果，热融灾害易发区划评价图层。上述所有基础性图件均建立在大地坐标系下，并相互配准。模型中对每一个单一因素根据其属性值的大小而分割成不同的类型，然后根据每个类型对工程容量的影响程度的大小给予一个取值范围在 1~10 之间的评分。上述六个基础因子分级及赋值见表 4-15。

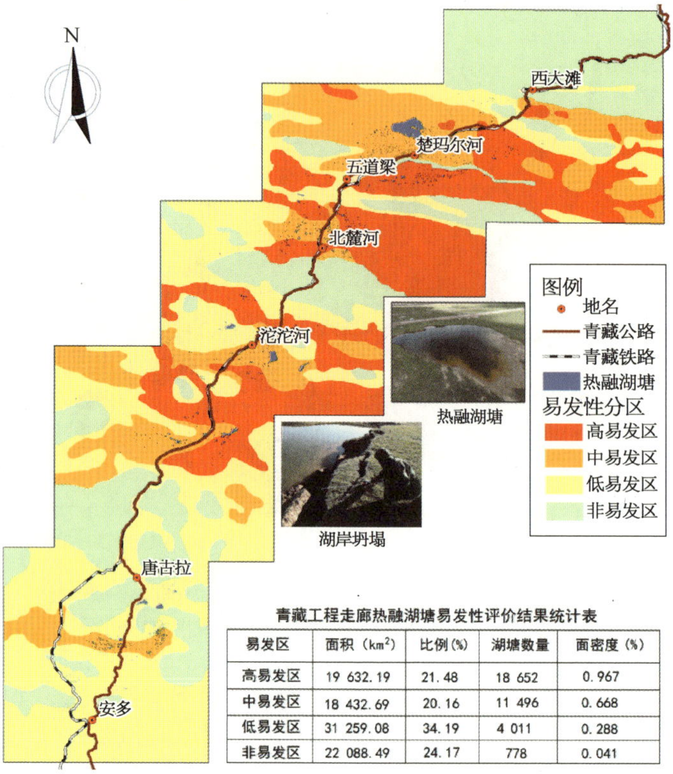

易发区	面积（km^2）	比例(%)	湖塘数量	面密度(%)
高易发区	19 632.19	21.48	18 652	0.967
中易发区	18 432.69	20.16	11 496	0.668
低易发区	31 259.08	34.19	4 011	0.288
非易发区	22 088.49	24.17	778	0.041

图 4－40　青藏工程走廊多年冻土段热融湖塘易发区划评价图

表 4－15　评价因子的分级和模型值

参评因子		不同属性的模型值						
年平均地温 V_1	类型	$T_{cp} \geq -0.5$	$-0.5 > T_{cp} \geq -1.0$	$-1.0 > T_{cp} \geq -2.0$	$-2.0 > T_{cp}$			
	属性	1	2	3	4			
	分值	8	7	5	2			
含冰量 V_2	类型	含土冰层	饱冰冻土	富冰冻土	多冰少冰	融区		
	属性	1	2	3	4	5		
	分值	10	8	7	4	1		
土质类型 V_3	类型	弱风化基岩裸露区	强风化基岩裸露区	砾砂(角和圆砾)	砂土(中和粗砂)	粉质黏土	黏土	粉土(含粉砂)
	属性	1	2	3	4	5	6	7
	分值	1	2	3	3	4	5	4

（续表）

参评因子		不同属性的模型值				
坡度 V_4	类型	大于 25°	15°～25°	10°～15°	5°～10°	0°～5°
	属性	1	2	3	4	5
	分值	10	8	5	3	1
热融滑塌 V_5	类型	10≥ISF>6.5 高易发区	6.5≥ISF>3.5 中易发区	3.5≥ISF>1.5 低易发区	1.5≥ISF≥0 非易发区	
	属性	1	2	3	4	
	分值	10	8	4	1	
热融湖塘 V_6	类型	0.66≥ISF>0.26 高易发区	0.26≥ISF>0.19 中易发区	0.19≥ISF>0.16 低易发区	0.16≥ISF>0.1 非易发区	
	属性	1	2	3	4	
	分值	10	6	3	1	

根据建立的层次结构模型，记评价因子的集合为 $\boldsymbol{X}=\{X_1, X_2, X_3, X_4, X_5, X_6\}$。构造判别矩阵，对比分析各评价因子之间的相对重要性。

$$\boldsymbol{R}=\begin{Bmatrix} R_{11} & R_{12} & R_{13} & R_{14} & R_{15} & R_{16} \\ R_{21} & R_{22} & R_{23} & R_{24} & R_{25} & R_{26} \\ R_{31} & R_{32} & R_{33} & R_{34} & R_{35} & R_{36} \\ R_{41} & R_{42} & R_{43} & R_{44} & R_{45} & R_{46} \\ R_{51} & R_{52} & R_{53} & R_{54} & R_{55} & R_{56} \\ R_{61} & R_{62} & R_{63} & R_{64} & R_{65} & R_{66} \end{Bmatrix} \tag{4-32}$$

R_{ij} 表示在一定的条件下因子 i 与因子 j 之间的相对重要性，结合专家打分构建判断矩阵，整理得到青藏工程走廊六个因子对工程建设影响的综合评价的判断矩阵，见表 4－16。

表 4－16　**参评因子判断矩阵**

参评因子	年平均地温 V_1	含冰量 V_2	土质类型 V_3	坡度 V_4	热融滑塌 V_5	热融湖塘 V_6
年平均地温 V_1	1	3	9	5	3	4
含冰量 V_2	1/3	1	8	4	3	4
土质类型 V_3	1/9	1/8	1	1/6	1/7	1/6

（续表）

参评因子	年平均地温 V_1	含冰量 V_2	土质类型 V_3	坡度 V_4	热融滑塌 V_5	热融湖塘 V_6
坡度 V_4	1/5	1/4	6	1	1/4	1/3
热融滑塌 V_5	1/3	1/3	7	4	1	2
热融湖塘 V_6	1/4	1/4	6	3	1/2	1

根据判断矩阵，利用线性代数知识，求出其最大特征根所对应的特征向量，即为各评价因子的重要性，归一化处理后，也就是权重。最后根据各因子的相对权重进行排序，从而得到影响工程建设的主要因子、一般因子及次要因子。一般情况下可采用方根法或和积法求解，本研究选用方根法。因子权重的计算公式为：

$$W_i = \frac{\sqrt[n]{R_{i1}R_{i2}R_{i3}\cdots R_{in}}}{\sum_{i=1}^{n}\sqrt[n]{R_{i1}R_{i2}R_{i3}\cdots R_{in}}} = \frac{\sqrt[n]{\prod_{j=1}^{n}R_{ij}}}{\sum_{i=1}^{n}\sqrt[n]{\prod_{j=1}^{n}R_{ij}}} \tag{4-33}$$

实际计算中，应用 Visual C++编程实现上述运算，得到参评因子权重分布，见表 4-17。

表 4-17　参评因子权重分布

参评因子	年平均地温 V_1	含冰量 V_2	土质类型 V_3	坡度 V_4	热融滑塌 V_5	热融湖塘 V_6
权重	0.395 4	0.261 4	0.022 9	0.064 2	0.152 7	0.103 4

因子权重的一致性检验。由于客观事物的复杂性及对事物认识的片面性，通过所构造的判断矩阵求出的特征向量，需要对其进行一致性检验，检验公式如下：

$$CR = \frac{CI}{RI} \tag{4-34}$$

式中，CR 为判断矩阵的随机一致性比率；CI 为判断矩阵一致性指标，由下式计算：

$$CI = \frac{\lambda_{max} - m}{m - 1} \tag{4-35}$$

式中，λ_{max} 为最大特征根，计算方法为：

$$\lambda_{max} = \frac{1}{m}\sum_{i=1}^{m}\frac{(TA)_i}{W_i} \tag{4-36}$$

式中，$(TA)_i$ 表示 TA 的第 i 个元素，计算方法为：

$$\boldsymbol{TA}=\begin{bmatrix}(TA)_1\\(TA)_2\\(TA)_3\\\cdots\\(TA)_m\end{bmatrix}=\begin{bmatrix}R_{11}&R_{12}&R_{13}&\cdots&R_{1m}\\R_{21}&R_{22}&R_{23}&\cdots&R_{2m}\\R_{31}&R_{32}&R_{33}&\cdots&R_{3m}\\\cdots&\cdots&\cdots&\cdots&\cdots\\R_{m1}&R_{m2}&R_{m3}&\cdots&R_{mm}\end{bmatrix}\cdot\begin{bmatrix}W_1\\W_2\\W_3\\\cdots\\W_m\end{bmatrix}\tag{4-37}$$

式中,m 为判断矩阵阶数,RI 为判断矩阵的平均随机一致性指标,由大量实验给出。对于低阶判断矩阵,RI 取值见表 4－18。

表 4－18　**随机指标 *RI* 值**

m	2	3	4	5	6	7	8
RI	0	0.514 9	0.893 1	1.118 5	1.249 4	1.345 0	1.420 0

当 $CR<0.1$ 时,说明判断矩阵具有满意的一致性,即可认为权重分配是合理的;否则就需要调整判断矩阵,直到取得满意的一致性为止。本次区划评价时,对专家打分构建的参评因子判断矩阵进行计算得到:

$$\text{最大特征根 } \lambda_{\max}=6.520\,0$$

$$CI=\frac{\lambda_{\max}-m}{m-1}=\frac{6.52-6}{6-1}=0.104$$

$$RI=1.249\,4$$

$$CR=\frac{CI}{RI}=\frac{0.104}{1.249\,4}=0.083\,24<0.10$$

计算结果表明,$CR<0.1$,认为判断矩阵具有满意的一致性,说明权重分配是合理的,可以在进行研究区工程易建性区划时使用。

4）走廊工程易建程度评价结果

在前述评价指标分析选取和数据归一化的基础上,首先利用 ArcGIS 系统的空间叠加与统计功能,统计每一评价单元的所有指标值,得到数字矩阵的计算结果,然后应用其栅格计算模块,将研究区评价单元数据按照权重分配结果进行叠加计算,得到研究区工程容量指数(ECI)。

$$ECI=T_{\mathrm{w}}T_{\mathrm{r}}+I_{\mathrm{w}}I_{\mathrm{r}}+G_{\mathrm{w}}G_{\mathrm{r}}+P_{\mathrm{w}}P_{\mathrm{r}}+S_{\mathrm{w}}S_{\mathrm{r}}+L_{\mathrm{w}}L_{\mathrm{r}}\tag{4-38}$$

式中,T 代表地温,I 代表含冰量,G 代表土质类型,P 代表坡度,S 代表热融滑塌,L 代表热融湖塘,下标 w 表示每个影响因子的权重,下标 r 表示每个影响因子的分级范围。根据

ECI 合理地确定工程建设难易程度，也是区划的关键环节之一。一般采用突变点法和等间距法，本次采用前者。经过统计分析，从中找出突变点作为 *ECI* 的分区界线值，将区域划分为四个不同等级的区域，并给出各单元确定的建设难易程度等级标准（表 4-19）。然后综合考虑各种因素，人工数字化勾画出研究区工程容量区划图（图 4-41）。

表 4-19 工程走廊易建性区划标准

等 级	一 级	二 级	三 级	四 级
ECI 值	0~1.9	1.9~4.2	4.2~6.8	6.8~10
易建程度	差易建	低易建	中易建	高易建
建设难度	大	较大	较小	小

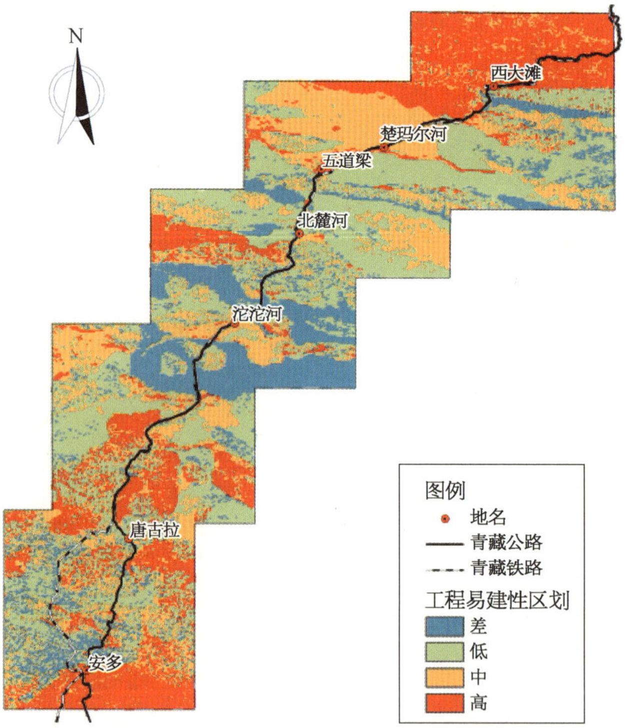

图 4-41 青藏工程走廊多年冻土段工程易建性区划评价图

4.3.4 自然环境保护及风沙灾害（三级评价层）

1）工程走廊风沙灾害特征

基于前期研究成果，对青藏铁路沿线实地调查，发现青藏铁路沿线沙害类型多样，受风沙灾害威胁路段有 334.56 km（表 4-20）。青藏铁路沿线风力强劲，年均风速 3~4 m/s，超过临界起沙风（5.0 m/s）日数每年 180 d 以上；8 级以上大风日数达每年 100 d 以上。

表 4－20 青藏铁路格拉段沙害地段统计

序号	里　　程	线别	区　间	长度(km)	大区间长度(km)
1	K819+000—K823+000	青藏线	格尔木—南山口	4	26
2	K828+100—K835+850	青藏线	格尔木—南山口	7.75	
3	K1061+440—980	青藏线	楚玛尔河—五道梁	0.54	43.76
6	K1078+900—K1079+080	青藏线	楚玛尔河—五道梁	0.18	
4	K1081+720—875	青藏线	楚玛尔河—五道梁	0.155	
7	K1100+200—280	青藏线	五道梁—秀水河	0.08	37.80
8	K1100+500—K1101+500	青藏线	五道梁—秀水河	1	
9	K1103+200—780	青藏线	五道梁—秀水河	0.58	
10	K1104+200—310	青藏线	五道梁—秀水河	0.11	
11	K1104+630—K1105+400	青藏线	五道梁—秀水河	0.77	
12	K1105+330—370	青藏线	五道梁—秀水河	0.04	
13	K1114+150—250	青藏线	五道梁—秀水河	0.1	
14	K1114+600—950	青藏线	五道梁—秀水河	0.35	
15	K1114+950—K1115+450	青藏线	五道梁—秀水河	0.5	
16	K1115+000—350	青藏线	五道梁—秀水河	0.35	
17	K1115+630—850	青藏线	五道梁—秀水河	0.22	
18	K1118+300—350	青藏线	五道梁—秀水河	0.15	
19	K1118+800—K1118+950	青藏线	五道梁—秀水河	0.15	
20	K1120+000—130	青藏线	五道梁—秀水河	0.13	
21	K1120+350—K1121+000	青藏线	五道梁—秀水河	0.65	
22	K1121+130—500	青藏线	五道梁—秀水河	0.37	
23	K1124+000—K1124+180	青藏线	秀水河—江克栋	0.18	36.2
24	K1124+580—K1126+500	青藏线	秀水河—江克栋	1.92	
25	K1171+300—550	青藏线	江克栋—日阿尺曲	0.25	22.1
26	K1171+800—950	青藏线	江克栋—日阿尺曲	0.15	
27	K1172+869—929	青藏线	江克栋—日阿尺曲	0.06	
28	K1173+200—310	青藏线	江克栋—日阿尺曲	0.11	
32	K1221+500—600	青藏线	乌丽—沱沱河	0.1	19.3
35	沱沱河站场	青藏线	乌丽—沱沱河	1	
29	K1225+150—K1225+672	青藏线	沱沱河—开心岭	0.522	20.3
30	K1270+450—K1270+600	青藏线	开心岭—通天河	0.15	21.5
31	K1271+240—K1271+350	青藏线	开心岭—通天河	0.11	

（续表）

序号	里　　程	线别	区　间	长度(km)	大区间长度(km)
33	K1421+520—K1422+570	青藏线	唐古拉—唐南	0.06	20.5
34	K1423+300—K1425+000	青藏线	唐古拉—唐南	1.7	
55	K1426+645—K1465+000	青藏线	唐南—托居	38.355	58.4
58	K1519+000—K1535+000	青藏线	安多—措纳湖	16	28.7
	总计			78.842	334.56

从时间上讲，青藏铁路冬春季大风日数多，尤其是以沱沱河为中心，包括五道梁、安多等地区大风日数在 100 d 以上，而且冬春季气候相对干燥。风成沙主要来自河湖相沉积物、沙化草地、戈壁和活化古沙丘等；起沙风风向单一，持续时间长，主要以西风为主，沙粒临界启动速度随海拔的增加而增大。

通过对青藏铁路沿线五道梁、沱沱河等风沙灾害区定位监测，发现青藏工程走廊风沙灾害具有如下特点：

① 轻度沙害区：路基坡脚、边坡无积沙，石方格有零星薄层积沙。大风时有风沙活动。

② 中度沙害区：路基坡脚、边坡有零星薄层片状积沙，阻沙栅栏及石方格有少量积沙。

③ 严重沙害区：红梁河一带，在铁路迎风侧的挡水埝、路基坡脚、路基斜坡都有连续薄层片状积沙。挡水埝内的积沙厚度可达 10～20 cm，路基坡脚、路基斜坡积沙厚度一般小于 5 cm。

④ 秀水河：挡水埝有积沙，宽度 2～3 m，厚度 10～20 cm，道床、道渣斜坡、路肩、护道都有零星积沙。

⑤ 北麓河：道床有少量积沙，局部埋没道渣。

⑥ 沱沱河：道心、道渣斜坡、道肩平台都有积沙，而且积沙一度阻塞铁路，经过人工清沙才恢复通行。路基坡脚有片状积沙，宽度 3 m 左右，厚 10～15 cm。沙物质可越过铁路堆积到下风侧道渣斜坡及路肩平台上。

⑦ 通天河：道心无积沙，下风侧道渣斜坡有薄层片状积沙，厚度 3～5 cm，路基两侧的护堤平台也有薄层片状积沙，最大厚度 5～7 cm。

⑧ 扎加藏布：路基坡脚也有片状积沙，厚度最大可达 50 cm。经过人工清沙，道床上仅有零星积沙。

⑨ 措那湖：桥下积沙厚度 1.5～1.8 m，剖面呈梯形，与桥梁的底部仅有 40 cm 左右的间隙。在未推平之前，沙面最高处可与桥梁的顶部平齐。道渣斜坡有零星积沙，路基坡脚有大片连续积沙。

2）工程走廊风沙灾害区划

基于高分辨率卫星遥感影像 QuickBird 数据，通过野外实地勘察，同时参考 Google Earth

影像和 DEM 数据,绘制了青藏工程走廊风沙地貌区划(图 4－42)。基于上述研究,风沙灾害作为重要的因素,在工程选线及规划时必须予以考虑(图 4－43)。

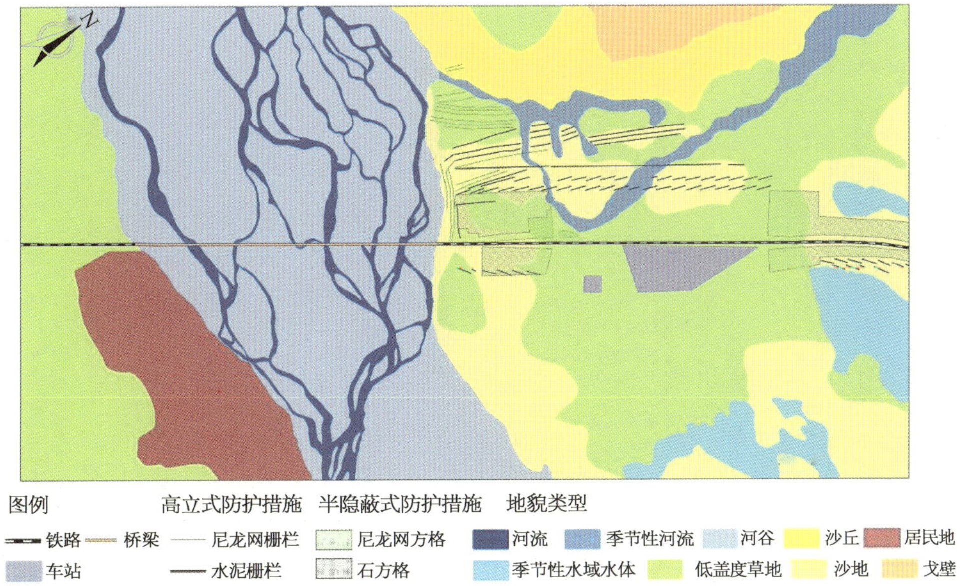

图 4－42 青藏铁路沿线沱沱河路段风沙地貌(局部)

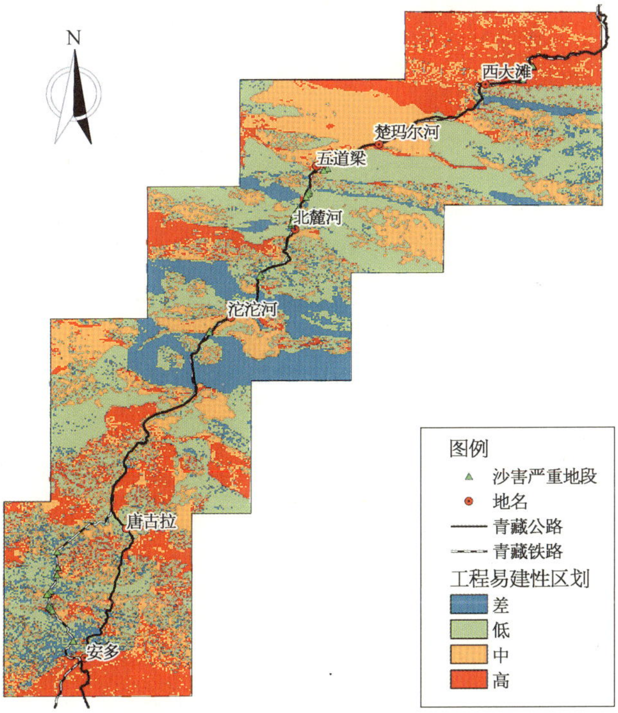

图 4－43 考虑沙害的青藏工程走廊多年冻土段工程易建性区划评价图

第5章

多年冻土区公路路线选择分层目标法

5.1 路线选择分层目标法基本理论

5.1.1 理论模型

按照一般的公路路线选择理论,公路路线选择是在一定约束条件下进行的寻优过程。在设计开始时,其目标往往是笼统的,非常不清晰的,然而又具有一定的层次性、约束性和相对性。只有在设计的过程中,才逐步形成较为清晰的目标。由此可见,公路设计过程,一般包含设计目标、约束条件和设计的途径或操作顺序,表示为:

$$T = C(P) \tag{5-1}$$

式中 T——设计的目标;

$C(P)$——设计过程集 P 的约束函数。

公路路线的选择过程是从基本运输需求得到满足到最终方案的确定,需要经过许多设计层次,设计层次从前到后其抽象度不断降低,后续层次是前一层次的精化、进化与展开,而这一过程是在不断满足不同层次约束条件下进行的,并最终得到该层次下满足设计目标的方案。上述过程可用模型表示:

$$M = \{I, P, Q, O, C, L, \varphi\} \tag{5-2}$$

式中 M——公路线形选择模型;

I——输入集;

Q——状态集;

O——输出集;

C——约束集;

L——层次集;

φ——映射集。

满足一定约束的状态 $Q|C$ 经过映射转换为新约束状态的过程即为 P,输入 I 经过设计过程 P 得到输出 O。每个层次下一般含有多个子过程,所有的子过程最终形成设计过程,即

$$P_i = \sum_{j=1}^{a} P_{i,j} \tag{5-3}$$

式中 P_i——第 i 层次的总设计过程;

$P_{i,j}$——第 i 层次中的第 j 个设计过程。

设计过程 P_i 完成后，便可确定第 i 层次下的路线方案，然后在第 i 层次的基础上进行第 $i+1$ 层次的路线选择，直至完成最后一层次的路线方案。

按照上述设计过程的描述，根据公路路线选择情况，具体流程如图 5 - 1 所示，图中 L_i 为第 i 层次，Q_i 为第 i 层次的总状态。

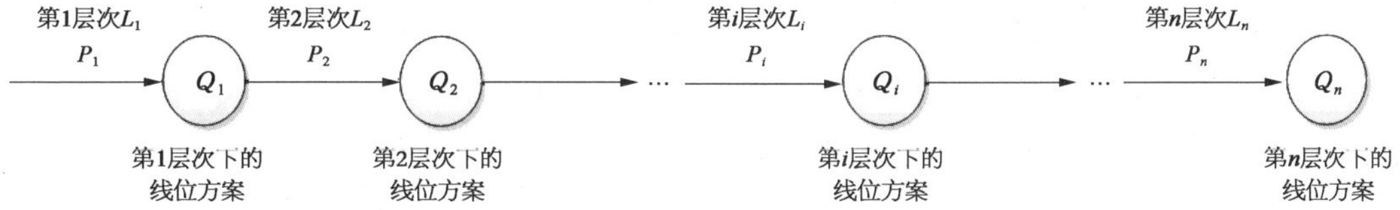

图 5 - 1 公路路线设计过程的层次顺序结构

由上述分析，本文依次确定走廊带初拟线位、走廊带内部基本线位，在此基础上进行局部线位方案的优化和比选，并进行三个层次路线选择模型的构建(图 5 - 2)。

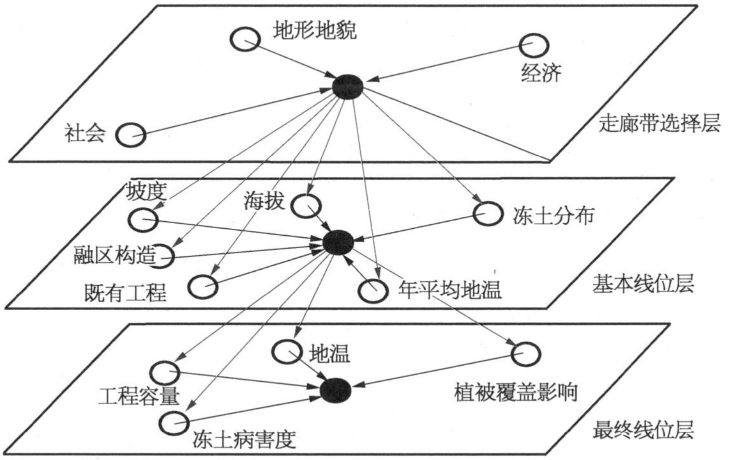

图 5 - 2 分层目标法选线流程

5.1.2 划分依据

我国青藏高原多年冻土区基础地理数据库覆盖了从小比例尺(如 1 : 1 000 000)到中比例尺(如 1 : 50 000)，再到大比例尺(如 1 : 2 000)范围，从宏观、中观和微观不同层面表现了地理数据的结构、形态和细节，参照王艳慧等人对道路网多尺度数据建模方法，结合卫星云图对不同比例尺下的地形地物、道路干扰工程、构造物等要素细节进行分析，如图 5 - 3 ~ 图 5 - 5 所示。

从多年冻土区不同比例尺地形图要素类的表示可以发现，在道路线形设计影响因素的抽象表达方面，1 : 250 000 的地形图只能看到大型山脉和路网主骨架，影响因素单一，若在此地理空间确定初拟线位意义较小。1∶50 000 与 1∶25 000 地形图可看到大型地理要素(山脉、大河、湖泊等)以及路网简单要素(如高等级道路、大桥等)为主，在该层次下可分析路线走廊带控制性条件，较适合作为第1层次；1∶10 000 与 1∶5 000 地形图可表现中型地理要素(沟谷地貌、湖塘、支流等)及路网细节要素(主干道路网、低等级道路、中桥以及铁路等)，满足走廊带的细化以及初拟线位的设计需求；1∶2 000 与 1∶500 地形图可以表现地形地貌、路线工程以及结构物的细节，满足线位的细化以及局部线位优化比选的设计需求。以公路选线与设计的需求为基础，本文将多年冻土区选线过程分为 1∶50 000、1∶10 000、1∶2 000 三个层次进行分析。

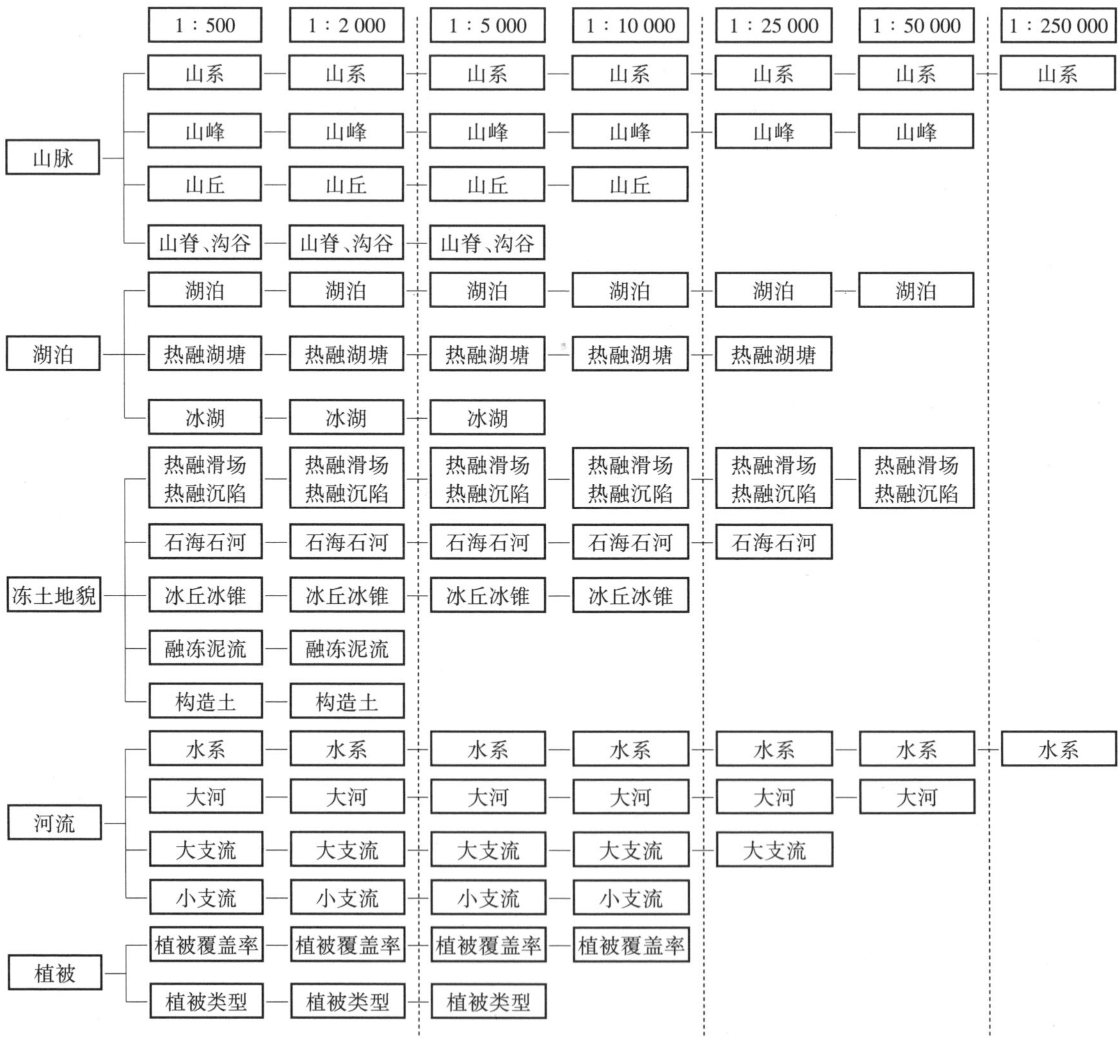

图 5-3 不同比例尺下地形、地貌层次划分

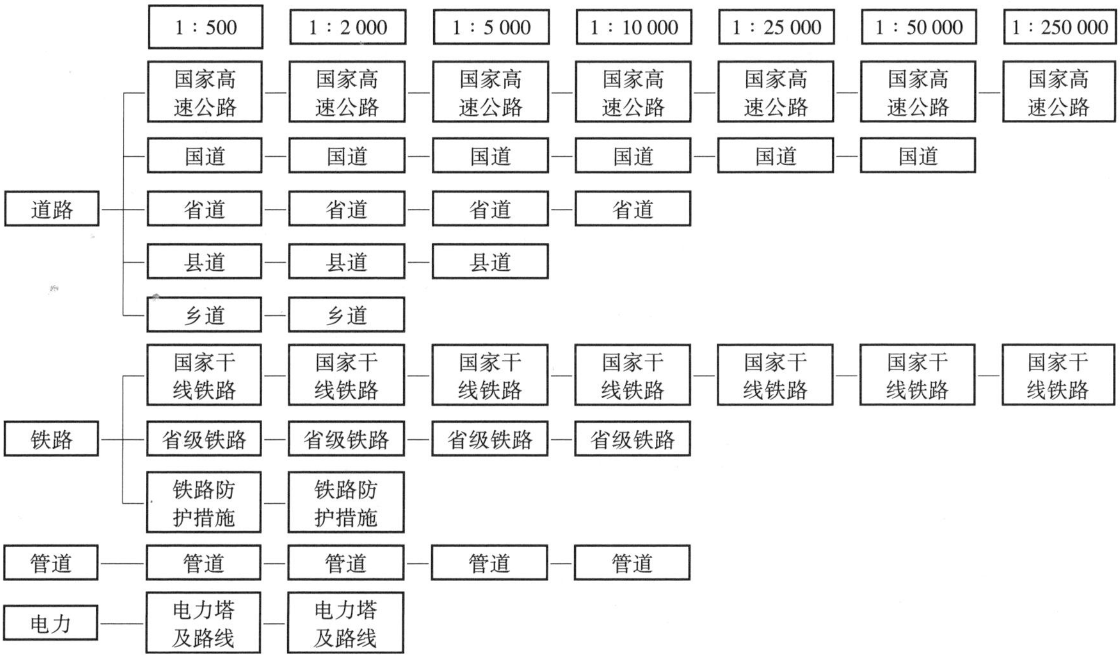

图 5－4　不同比例尺下干扰工程层次划分

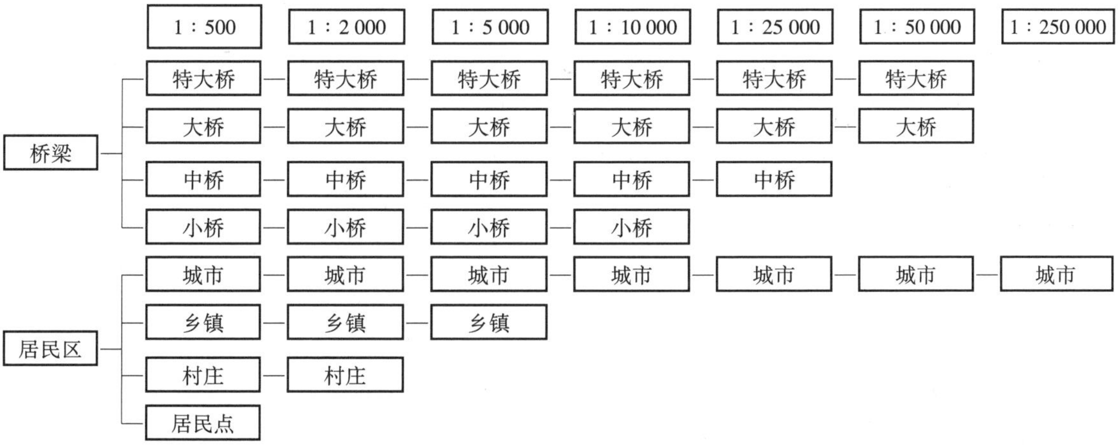

图 5－5　不同比例尺下构造物、建筑物层次划分

5.1.3　层次分析法确定权重

权重计算方法有几何平均法、算术平均法、特征向量法和最小二乘法四种。本研究采用集合平均法。

$$\omega_i = \frac{\left(\prod_{j=1}^{m} a_{ij}\right)^{\frac{1}{m}}}{\sum_{i=1}^{n}\left(\prod_{j=1}^{m} a_{ij}\right)^{\frac{1}{m}}},\ i = 1,\ 2,\ \cdots,\ n \tag{5-4}$$

计算步骤如下：

① A 的元素按行相乘得一新向量。

② 将新向量的每个分量开 n 次方。

③ 将所得向量归一化，即为权重向量。

5.2 走廊带选择层模型

5.2.1 走廊带选择层模型技术路线图

走廊带选择层比例尺较小，所能分辨的影响因素较为粗略，本研究从路线节点重要度与地形地貌因素两个主要方面构建路线选择约束条件。通过对研究区域不同地区节点重要度和地形地貌的综合论述，选出研究区域的主要控制点，确定路线走廊带。具体技术路线如图 5－6 所示。

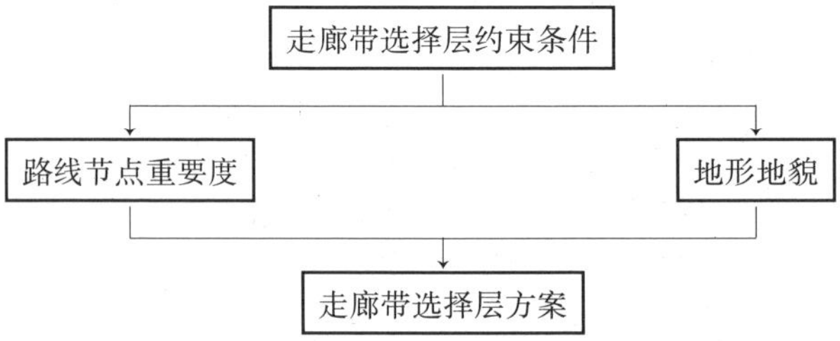

图 5－6 走廊带选择层下公路路线选择流程

5.2.2 影响因素分析

走廊带层次所能分辨的影响因素较为广泛，路线选择仅受到城镇分布、大型地形地貌分布以及路网主骨架的影响，同时由于多年冻土区地处偏远，城镇化发展水平很低，路网主骨架稀疏，该层次仅从两个方面构建路线选择约束条件：其一为路线节点重要度，主要包括社会因素与经济因素；其二为地形地貌因素。

以社会组成要素划分的社会环境下，不同社会组成要素的人口密度不同、资源状况不同；以经济发展要素划分的社会环境下，不同经济发展要素的地区经济发展状况不同。公路项目全过程受到这两方面方面要素的制约影响，故本研究主要从两个角度划分了多年冻土区选线节点重要度，即社会组成要素和经济发展要素。

公路的选线与地形条件有着密切的关系。地形不同区域，气候条件和行车安全也受到很大影响，青藏高原多年冻土区地质条件极为复杂，生态十分脆弱，地形、地质和环境条件的多样性和复杂性问题十分突出，尤其是厚层地下冰、热融滑塌、冻土沼泽、冻胀丘等微地貌造成的道路工程病害特别严重。

5.2.3 模型构建

1）社会因素模型

从社会发展角度出发考虑路线节点的重要度，选取平均人口数量代表社会发展程度，以近 m 年该地区年平均人口数量为指标，路线应选取沿线居民较多的城镇，最大限度地发挥公路带动社会发展的作用。社会因素模型表示为：

$$C_{1,1} = \frac{1}{m}\sum_{l=1}^{m} H_l \tag{5-5}$$

式中 H_l——第 l 年该地区的人口总数。

2）经济因素模型

从经济增长的角度出发考虑路线节点的重要度，综合考虑该地区近年的经济收入水平，选取对当地社会进步有巨大促进作用的城市或乡镇作为沿线控制点。经济因素模型表示为：

$$C_{1,2} = \frac{1}{m}\sum_{l=1}^{m} G_l \tag{5-6}$$

式中 G_l——第 l 年该地区的经济总量。

3）地形地貌考虑

走廊带选择时还应考虑路线经过的地形地貌条件，尽可能避绕大型山川、河流，减少工程规模，兼顾工程经济与运营经济，在力求走廊带短捷、顺直的前提下，采用必须跨越的特大桥或穿越的特大隧道工程，来完成走廊带选择层下初拟走廊带的选择。

5.3 基本线位层选线困难度模型

5.3.1 基本线位层选线模型技术路线图

通过将确定的走廊带划分为若干个分区并引入公路建设困难度模型，结合实际情况选取影响因素，对每一个计算参数根据公度原理确定标度分值，建立函数计算公式，确定权重系数，计算各分区困难度指数，利用分区困难度的大小控制基本线位层公路路线选择，使得路线通过一定范围内困难度相对较小的分区，具体技术路线如图 5-7 所示。

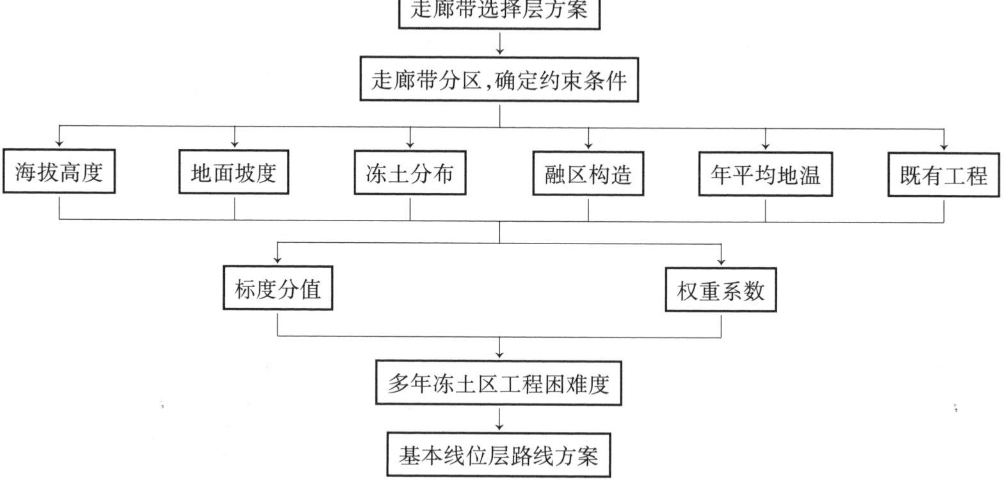

图 5-7 基本线位层公路路线选择技术路线流程

5.3.2 影响因素分析

影响多年冻土区路线工程困难度的指标体系可以从动、静两方面进行分析。静态指标是指其不会随时间的变化而引发工程困难度的变化，主要考虑公路施工过程中地形地貌的影响和运营后由冻土引发的冻土病害两方面。动态指标是指其随时间的变化，会引发后期养护等工程困难程度的增加，重点考虑已有线状工程距离太近对冻土的热干扰。

1）地形地貌方面

（1）海拔高度

海拔高度是地形或地貌的主要形态特征指标。不同的海拔高程对公路建设的各个方面都会产生直接或间接的影响。青藏高原上纵横延展着许多高耸山系，山地、盆地与谷地相间，构成了青藏高原多种多样的地形地貌。青藏高原山岭浑圆，坡度平缓，山体窄，沟谷宽，其间夹着许多盆地，呈现出“远看是山，近看是川”的地貌景观，这在一般地区是不可能出现的。所以，海拔高度是青藏高原多年冻土区选线困难度比较重要的地形地貌指标。

（2）地形坡度

地形坡度也是地形或地貌的主要形态特征指标。不同的地面坡度对线位布局的各方面都会产生直接或间接的影响，如沟深坡陡，对公路路线勘测、施工、养护、运营、结构物的安全、经济、耐久等都将产生重要的影响，而且易产生各类公路灾害，所以对公路建设来讲是一个非常敏感的自然环境要素。青藏高原山系起伏，大部分微观来看仍是山高坡陡，所以对选线困难度而言是一个非常敏感的地形地貌指标。

2）冻土病害

（1）冻土分布

青藏高原多年冻土具有热稳定性差、含水量高、影响因素多、病害率高等诸多特点。冻土病害率因高原岛状冻土、高原连续冻土、高山冻土等不同的分布情况而不同。所以，多年冻土性质具有复杂性和特殊性，是道路设计中面临的主要难题之一。

（2）融区构造

由于晚近时期以来，青藏高原断裂构造的强烈活动，形成了一些纵横交错的水热活动强烈的地热异常带，引起部分地区热流值较高，常由构造地热形成融区。按照融区成因，可分为河流融区、湖泊融区、辐射融区、地热融区与人为融区等。不同的融区构造对道路工程的影响差异较大，是选线困难度中不容忽视的指标。

（3）年平均地温

多年冻土年平均地温是指多年冻土年较差为零的深度处的地温，是控制多年冻土区工程地质条件的主要因素，是反映多年冻土稳定性的一个重要指标，是判定各类工程难易程度的依据。一般而言，当年平均地温分区属高温极不稳定时，高含冰量冻土地段容易产生各种地质病害，对选线非常不利；当年平均地温为低温稳定或低温基本稳定区时，若采用的设计方法得当，则有利于路线的稳定。

3）干扰工程

在自然状态下，多年冻土和其他生态环境要素虽然对外界轻微扰动具有一定的自身负荷能力，随着青藏高原多年冻土区线状工程建设的增加，诱发冻土生态环境发生剧烈变化，进而对生态系统稳定性产生深远的影响。研究表明，密集的线形工程产生的热干扰加剧了多年冻土的升温与退化，导致融化层厚度变化，增大了青藏高原多年冻土区工程困难度，综合考虑其相互影响十分必要。

5.3.3 模型构建

公路工程困难程度主要由上述六个自然环境要素组成。这六个自然环境要素由于性质不同，所表达的内容不同、量纲不同，不能直接建立函数计算公式进行计算，而需根据综合评价理论中不可公度原理（即评判函数属性值的规范化），将上述六个要素首先进行无量纲化标度。困难度模型构建：

$$Z_{2,k} = \sum_{j=1}^{6} \omega_{2,j} X_{2,kj} \tag{5-7}$$

式中 $Z_{2,k}$——基本线位层第 k 个分区的困难度；

$X_{2,kj}$——基本线位层第 k 个分区 j 影响因素的标度分值。

在进行基本线位层公路路线选择时，要依据走廊带各分区内 $Z_{2,k}$ 的大小，尽量通过困难度相对较小的区域。

1）影响因素公度

（1）确定困难度等级

上述六个自然环境要素（或困难程度影响因子）对公路工程建设的影响难易程度可按同一个标准进行分级，即分为无影响、轻度影响、中度影响、严重影响和极严重影响五个等级。

① 海拔高程。青藏高原多年冻土区海拔最低为 4 137 m，最高为 5 231 m，平均约为 4 500 m，海拔相差较大。≤4 600 m 为无影响区，地貌多数为高平原地貌，各种自然条件较好，对线位布局基本无影响；4 600～4 700 m 为轻度影响区，多数呈穹形起伏状，坡度平缓，各种自然条件相对较好，对线位布局影响较小；4 700～4 800 m 为中度影响区，多数山岭浑圆，山体窄，沟谷宽，各种自然条件相对较差，对线位布局影响相对较大；4 800～5 000 m 为严重影响区，多数高差较大，自然条件较差，对线位布局影响较大；>5 000 m 的为极严重影响区，多数为山系上部，各种自然条件一般较为恶劣。

② 地面坡度。公路工程地形一般按地面坡度及海拔高程（绝对高程）和相对高程进行划分。地面自然坡度具有地貌发育与成因、形态特征以及公路开发利用三方面的含义。≤3°的微坡，以高平原为主，侵蚀相对微弱，适宜公路线位布局；3°～20°缓斜坡，以昆仑山口、风火山口、唐古拉山等山口为主；5°～7°（纵坡 9%～12%）是汽车运输界限；8°左右土壤侵蚀开始，12°～15°有深度<20 m 的层状蠕动，是卡车运行的界限。F. G. 伦勒（RwnnNr）和 R. E. 霍顿的坡面侵蚀强度和坡度关系研究认为，20°～60°之间坡面侵蚀强度最大。

③ 冻土分布。青藏高原主要为高海拔多年冻土。高山高原多年冻土仅出现在一定海拔高度以上，分布受地形起伏影响很大，主要分布在一系列大小山头之上，往往发育着厚层地下冰，雪害问题也较为普遍，对线位布局影响非常严重。岛状冻土出现的最低海拔高度的连线即为多年冻土分布下界。由下界往上，冻土分布连续性增大。多年冻土越发育，冻土连续程度越大。连续程度较小的岛状多年冻土地带，不良工程地质现象不甚发育，不良工程地质问题规模较小，对线位布局影响中等。连续冻土区多年冻土发育地区，一些严重的不良冻土现象存在较为普遍，对线位布局影响较严重。

④ 融区构造。青藏高原腹部地带广泛分布着融区。河流融区、湖泊融区往往分布于青藏高原清水河、楚玛尔河等地的湖塘处，由于融区往往仅局限于水域之内，对线位布局影响较小。辐射融区由地表吸收太阳辐射和大气降水渗入导致，多出现在地温较高（高于-1℃）的开阔阶地或平缓的分水岭地带，对路线线位布局有中度影响。地热融区是泉口及断裂附近造成地热异常所致，对选线影响严重。人为融区是由于人类经济活动破坏了冻土层存在的平衡，往往会引起自然生态环境的恶化，对选线有极严重的影响。

⑤ 年平均地温。多年冻土地温状况对线位布局有较大的影响。青藏公路严重路基病害大多发生在冻土年平均地温高于-2.0℃地区。0.5～1.5℃属于深季节冻土区，一年中大部分时间解冻，对公路线位布局影响极度严重。0～0.5℃属于不稳定多年冻土区，对选线影响

仅次于深季节冻土区。-1.0～0℃属于过渡多年冻土区,对线位布局影响适中。-2.0～-1.0℃属于亚稳定多年冻土区,对线位布局有轻度影响。而在年平均地温低于-1.5℃的地区,属于稳定多年冻土区,不但路基相对稳定,路基病害很少发生,对线位布局基本无影响。

⑥ 干扰工程。青藏高原工程走廊带内工程间距大于 300 m 时,工程之间无干扰,而公路走廊带为保护环境,宽度是有限的,所以最大间距不超过 600 m;当工程之间间距为 200～300 m 时,工程之间开始形成干扰,但相互之间影响小,这时可以采用挡板等隔离措施基本消除;当工程之间间距为 150～200 m 时,工程之间开始出现明显干扰,但可以通过隔离等措施进行减弱,对工程有一定的影响;当工程之间间距为 65～100 m 时,相互热干扰严重,尤其是输电管线等会对道路电力设施产生严重干扰,这时必须采取措施;当工程之间间距小于 65 m 时,工程之间干扰极其严重。

(2) 确定标度分值

依据前述的分级确定各分级的标度,具体数值如下:无影响为 0,轻度影响为 1,中度影响为 3,严重影响为 6,极严重影响为 10,对海拔高度、地面坡度、年平均地温和既有工程影响进行定量标度分级(表 5-1),对冻土分布、融区构造进行定性的标度分级(表 5-2)。

表 5-1 影响因素定量标度分级

影响因素指标	不同标度分值的分级				
	0	1	3	6	10
海拔高度(m)	(4 000,4 600]	(4 600,4 700]	(4 700,4 800]	(4 800,5 000]	(4 800,5 000)
地面坡度(°)	(0,3]	(3,6]	(6,10]	(10,20]	(20,90)
年平均地温(℃)	(-5.0,-2.0]	(-2,-1]	(-1,0]	(0,0.5]	(0.5,1.5)
既有工程(m)	(300,600)	(200,300]	(150,200]	(65,150]	(0,65]

表 5-2 影响因素定性标度分级

影响因素指标	不同标度分值的分级				
	0	1	3	6	10
冻土分布	非冻土	融区冻土	高原岛状冻土	高原连续冻土	高山冻土
融区构造	河流融区	湖泊融区	辐射融区	地热融区	人为融区

2) 确定六个因子的权重系数

采用层次分析法确定上述影响因素的作用权重系数,具体计算结果见表 5-3。

表 5-3 选线困难度指数权重计算系数

项 目	海拔高度	地面坡度	年平均地温	既有工程	冻土分布	融区构造
权重系数	0.09	0.16	0.19	0.23	0.15	0.18

5.4 最终线位层可靠度模型

5.4.1 最终线位层选线模型技术路线图

最终线位层是对区域地理及环境的进一步细化，通过对各种影响因素的细化以及约束条件的强化，并在基本线位层确定方案的基础上，进一步分析冻土特性及走廊带工程容纳能力，对局部方案进行优化、比选，确定工程修建的可靠程度，最终确定路线的线位(图 5-8)。

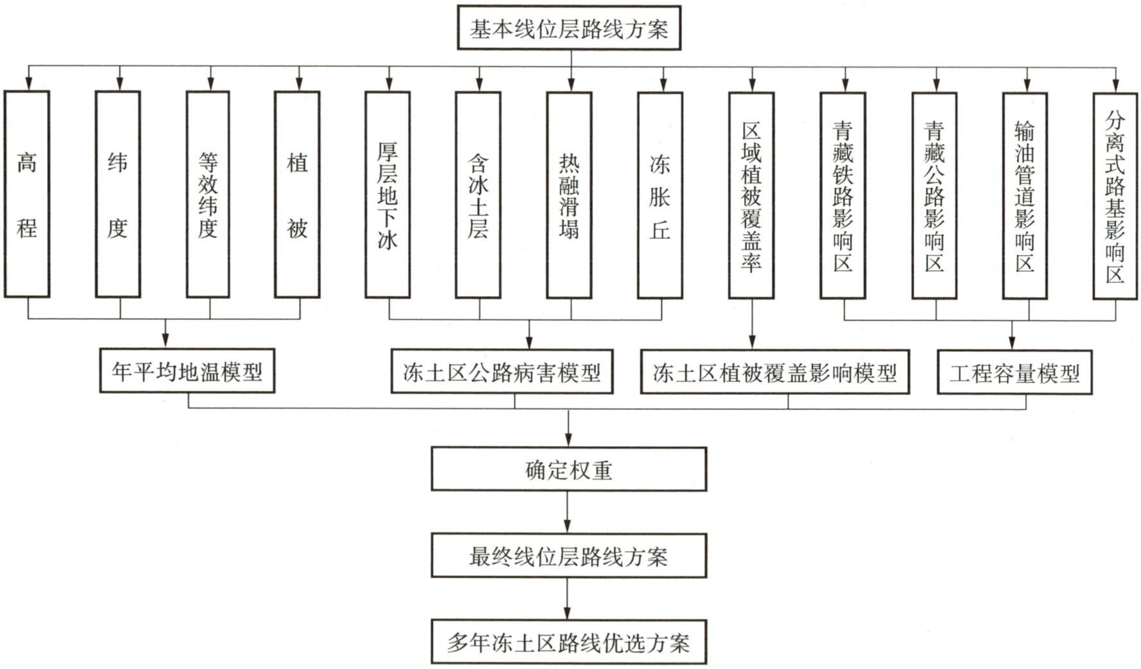

图 5-8 最终线位层公路路线选择流程

5.4.2 可靠度模型构建

最终线位层进一步分析了年平均地温、冻土特性及走廊带工程容纳能力。根据公路建设多年的实践经验，充分考虑由冻土地温、冻土病害、植被覆盖等因素带来的危害，同时兼顾多年冻土区既有工程间的相互热影响，建立的多年冻土区工程可靠性模型包含了多年冻土区平均地温模型 t、冻土公路病害模型 F、冻土区植被覆盖影响模型 Θ 与工程容量模型四个子模型，表示为：

$$D = \alpha_1 t + \alpha_2 F + \alpha_3 \Theta + \alpha_4 V \tag{5-8}$$

式中，α_1、α_2、α_3 分别为多年冻土区平均地温模型、冻土公路病害模型、冻土区植被覆盖影响模型与工程容量模型的权重，利用层次分析法得 $\alpha_1 = 0.12$，$\alpha_2 = 0.64$，$\alpha_3 = 0.08$，$\alpha_4 = 0.17$。

1）年平均地温模型

（1）影响因素分析

① 海拔高程。海拔是影响冻土形成和分布重要因素之一，主要是因为不同海拔高度，多年冻土年平均地温不同。多年冻土区年平均地温随海拔的升高而有规律的降低，这是在国内其他地方都不可能出现。

② 纬度。青藏公路走廊带地处北纬 29°30′～36°25′、东经 90°30′～94°55′之间。青藏高原位于低纬度区，其多年冻土不同于高纬度地区的多年冻土，具有热稳定性差、高温高含冰量冻土分布广泛、对外界气候条件变化敏感性强等特点。多年冻土区年平均地温随纬度的增加而有规律的降低，是影响年平均地温的重要因素之一。

③ 等效纬度。等效纬度是太阳直接辐射对地表的一个长期潜能因子，其由坡向、坡度和纬度共同计算得到，这样就综合考虑了坡度、坡向的影响。等效纬度能够较好地表达青藏公路走廊带沿线年平均地温辐射热交换的影响，对青藏冻土区公路建设来讲是比较重要的影响因素之一。

④ 植被指数。植被随着海拔高度和纬度的不同具有明显的垂直分带性，其变化规律与水、温度、海拔、地形以及植被类型更替变化有关，同时也是影响太阳辐射到地面热量的重要因素。植被指数能够较好地表达青藏公路走廊带沿线地表植被状况和气候情况，是反映年平均地温较好的影响因素。

（2）模型构建

多年冻土区的年平均地温主要由上述四个环境要素组成。首先对四个自然环境要素进行标度分值，其次确定权重，建立年平均地温模型：

$$t = \sum_{i=1}^{4} \lambda_i C_{3,i} \tag{5-9}$$

式中　t——分区年平均地温指数；

$C_{3,i}$——分区计算单元内四个自然环境要素的标度分值；

λ_i——四个要素的权重系数。

① 海拔高程。青藏高原≤2 000 m 年平均地温一般较高，冻土分布较少，为无影响区；2 000～2 500 m 为轻度影响区，多年冻土年平均地温大于−0.5℃，冻土分布少，各种自然条件相对较好；2 500～3 000 m 为中度影响区，多数为重丘区，年平均气温达−1.0℃，属高温不稳定区，各种自然条件相对较差；3 000～4 000 m 为严重影响区，多数为山岭区，年平均地温−2.9℃，冻土分布较多；>4 000 m 的为极严重影响区，年平均地温−3.6℃，属于低温稳定多年冻土区，多数为山岭的上部和高原区，几乎全部覆盖多年冻土，自然条件较恶劣。

② 纬度。青藏高原多年冻土区≤30°30′的纬度地带，多年冻土年平均地温大于-0.5℃，属于高温极不稳定多年冻土区，多年冻土层厚 5~20 m，多为富冰或饱冰冻土，无影响；30°30′~31°30′的纬度地带，为高温稳定区冻土，影响较小；31°30′~33°30′的纬度地带，冻土地温较高，高含冰量冻土分布段落较长，冻土不良现象遍布，影响中度；33°30′~35°0′的纬度地带，该段年平均地温较低，以高含冰量冻土为主，影响较严重；35°0′~36°30′的纬度地带，年平均地温小于-2℃，以高含冰量冻土为主，且冻层厚度最深处达 120 m，影响非常严重。

③ 等效纬度。利用等效纬度的计算公式 $\varphi' = \sin^{-1}(\sin l\cos h\cos\varphi + \cos l\sin\varphi)$（式中，$l$ 为坡度；h 为坡向；φ 为纬度），通过栅格运算生成研究区的等效纬度。利用等效纬度可判断地形的阴阳朝向，当等效纬度不大于纬度时为阳面，反之为阴面。因等效纬度由纬度计算所得，故其划分标准与纬度相同。

④ 植被指数。将青藏公路走廊带自然植被类型和人工植被（农作物）结合其分布状况（即对公路工程建设的影响情况）分为五大类型，即林、灌、草、耕地（农作物）和荒地。无植被覆盖为无影响，耕地为轻度影响，草为中度影响，灌为严重影响，林为极严重影响。

（3）确定影响因素的权重系数

采用层次分析法确定上述影响因素的作用权重系数，具体计算结果见表 5-4。

表 5-4 不同影响因素时选线困难度指数权重计算系数

项 目	海拔高程	纬度	等效纬度	植被覆盖
权重系数	0.49	0.18	0.27	0.06

2）冻土区公路病害模型

（1）影响因素分析

① 厚层地下冰。厚层地下冰的长期强度和允许荷载趋于零。由于其对温度变化最为敏感，人为扰动和路基开挖将使其发生快速融化，因此不容易绕避且大范围分布的厚层地下冰给公路路基的施工和维护造成巨大困难。厚层地下冰的形成和融化是导致多年冻土区地表变形，形成热融滑塌、热融沉陷、热融湖塘，并造成工程建筑物破坏的主要原因。

② 含冰土层。冻土的工程地质性质与冻土中地下冰的含量有很大关系，查明冻土的含冰量、含水率及高含冰量冻土层的分布规律，是做出正确工程设计的前提。高含冰量冻土的形成和融化是冻土区地表变形，形成热融滑塌、热熔沉陷、热融湖塘和造成工程建筑物破坏的主要原因。

③ 热融滑塌。热融滑塌是由人为活动（如工程施工或挖方去土）或自然因素（如河流浸湿坡脚）造成厚层地下冰分布的斜坡上的地下冰暴露，使地下冰不退融化，反复产生新的塌落，影响道路稳定性。

④ 冻胀丘。冻胀丘是判断多年冻土、寻找地下水和判断地下冰发育状况的一种标志。冻胀丘对公路路基及工程建筑物有较大的破坏性。冻胀丘形成时产生的巨大隆胀力会使路

基严重变形,同时靠近桥墩的冻胀丘易使桥墩产生倾斜。

(2) 模型构建

针对多年冻土区内道路病害的影响因素,将研究区域划分为若干个分区,建立了考虑分区中影响因子连续度和发育度的多年冻土区公路病害模型。其中,冻土影响因子连续度是指冻土病害在路线穿越区域的分布连续程度;冻土影响因子发育度是指冻土病害在路线穿越区域的发育程度。具体计算表达式如下:

$$F_k = E_k\gamma_1 + W_k\gamma_2 \tag{5-10}$$

$$E_k = \frac{\sum_{j=5}^{10} S_{kj}}{S_k} \tag{5-11}$$

$$W_k = \sum_{j=5}^{10} \beta_j U_{kj} \tag{5-12}$$

式中 F_k——第 k 个分区的冻土区公路病害指数;

E_k——第 k 个分区中影响因素的连续度;

$S_{k,j}$——第 k 个分区中第 j 个影响因素的面积;

S_k——第 k 个分区的总面积;

W_k——第 k 个分区中影响因素的发育度;

β_j——第 j 种影响因素的权重;

$U_{k,j}$——第 k 个分区中第 j 种影响因素的标度分值;

γ_1——连续度的权重;

γ_2——发育度的权重。

① 厚层地下冰。青藏公路走廊带通过的多年冻土厚层地下冰地区,上限以下 0.5~1 m 范围内是地下冰富集部位,由于接近地表而容易受自然因素(如气温)和人为因素(如公路修建)影响,是道路工程建设的重点研究对象。0~0.25 m 厚的地下冰,含冰量少,地下冰处治容易,无影响;0~0.25 m 厚的厚层地下冰也多以换填的形式进行处理,但由于冰层厚度增加,处治费用略多;0.25~0.50 m 厚的厚层地下冰含冰量较高,冻融过渡区较多,工程地质条件一般;0.50~1.50 m 厚的厚层地下冰一般分布有连续多年冻土,不利于工程设置,工程地质条件较差;2.00~3.00 m 厚的厚层地下冰段具有高含冰量冻土段长、冻土层受外界气候条件影响时热稳定性差的特点,工程建设条件极差。

② 含冰土层。含冰土层的分布受含冰量、含水率和冻层厚度综合影响,当含冰量低于12%时,多年冻土主要为团粒状构造的低含冰量冻土,这种含冰土层埋藏浅,对道路工程几乎无影响。12%~20%低含冰量冻土多呈团粒状或岛状分布,对工程影响性小;含冰量20%~50%时,在该区进行道路修筑时,易形成热融滑塌、热融沉陷、热融湖塘等病害,对道路工程影响严重;在含冰量超过50%的高含冰量冻土层存在的地段修筑路堑、开挖边坡等易使

路基变形，在选线中应该尽量绕避。

③ 热融滑塌。热融滑塌大部分都发生在山岳、丘陵地区。横坡越陡，这种病害越多。本研究用热融滑塌速率反映热融滑塌的严重程度。热融滑塌速率小于 1.0 时，对公路建设几乎无影响；1.0~1.7 的热融滑塌速率缓慢，发生滑塌的规模小，对公路工程影响较小；当热融滑塌速率大于 1.7 时，塌落的物质掩盖了坡脚及两侧暴露的冰层，同时使其上方又有新的地下冰暴露，地下冰再次融化，产生新的塌落，会对公路工程产生较大影响；滑塌速率超过 4.0 的热融滑塌极不稳定，滑塌范围会不断扩大，滑塌瞬间冲击力大，影响范围广，对道路建设的影响极其严重。

④ 冻胀丘。多年冻胀丘主要分布于昆仑山区，规模及危害较大。根据冻土学中的描述，用冻胀系数反映冻胀丘的严重程度。当冻胀系数小于 1.0 时，对公路工程无影响；当冻胀系数为 1.0~3.5 时，说明冻胀丘较小，发育较完全易处理，影响较小；冻胀系数为 3.5~7.0 的冻胀丘已经发育到一定规模，较大，可以用爆破的形式予以清除，对公路工程影响较大；冻胀系数为 7.0~12.0 的冻胀丘尚未发育完全，规模较大，难处理，对公路工程影响严重；当冻胀系数大于 12.0 时，冻胀丘规模大，发育不完全，对公路建设影响极其严重。

（3）确定影响因素的权重系数

采用层次分析法确定上述影响因素的作用权重系数，具体计算结果见表 5-5。

表 5-5 不同影响因素时选线困难度指数权重计算系数

影响因素	厚层地下冰	含冰土层	热融滑塌	冻胀丘
权重系数	0.25	0.37	0.19	0.05

3）冻土区植被覆盖影响模型

由于青藏高原多年冻土区的高寒特性，使得其植被较为稀少，生态环境脆弱而敏感，生态区植被的破坏不仅将影响冻土的稳定性，而且会对公路工程造成危险，因此公路路线的选择应充分考虑冻土区植被覆盖的影响。由于归一化植被覆盖指数（Normalized Difference Vegetation Index，NDVI）是表征地表植物覆盖和生长状况的重要指标，基于 NDVI 构建多年冻土区植被覆盖影响模型。

（1）影响因素分析

植被覆盖度是指植被（叶、茎、枝等）在地面的垂直投影面积占统计区总面积的百分比，是衡量地表植被状况的一个重要指标，也是影响土壤侵蚀与水土流失的主要因子，对于区域环境变化和监测研究具有重要意义。NDVI 用来检测植被生长状态、植被覆盖度和消除部分辐射误差等。目前，应用 NDVI 来估算植被覆盖度的研究较多，NDVI 能反映出植物冠层的背景影响，如土壤、潮湿地面、雪、枯叶、粗超度等，各个 NDVI 在一定条件下能用来定量说明植被的生长状况。NDVI 可由波段反射率比值计算所得，负值表示该区冻土含冰量高，年平均地温低。正值该区年平均地温高，冻土含冰量少。所以说区域植被覆盖率对植被覆盖影响模型来讲是比较重要的自然环境指标。

（2）模型构建

由于青藏高原多年冻土区的高寒特性，使得其植被较为稀少，生态环境脆弱而敏感，生态区植被的破坏不仅将影响冻土的稳定性，而且会对公路工程造成危险，因此公路路线的选择应充分考虑冻土区植被覆盖的影响。由于归一化植被覆盖指数是表征地表植物覆盖和生长状况的重要指标，构建了多年冻土区植被覆盖影响模型，具体计算表达式如下：

$$\Theta = \frac{m\sum_{l=1}^{m} lN_l - \sum_{l=1}^{m} l \sum_{l=1}^{m} N_l}{m\sum_{l=1}^{m} l^2 - \left(\sum_{l=1}^{m} l\right)^2} \tag{5-13}$$

式中　N_l——第 l 年的最大化 NDVI 值。

（3）影响因素公度

根据前文所述，0 表示有岩石或裸土等，正值表示有植被覆盖，且随覆盖度增大而增大；0.3~0.4 区植被覆盖率大，土壤保温性好，年平均地温>0.5℃，工程建设条件好；0.15~0.30 区植被覆盖率较大，土壤以砂砾土为主，年平均地温>-1.0℃，工程建设条件一般；0.05~0.15 区兼有植被和雪、水等，年平均地温低，公路需以填方形式通过，工程建设条件差；-0.10~0.05 区雪、冰含量较高，年平均地温小于-2℃，以高含冰量冻土为主，工程地质条件较差；-0.2~-0.1 区常年分布多年冻土，年平均地温达-3.2℃，工程建设条件极差。

4）**工程容量模型**

（1）影响因素分析

① 青藏铁路。修建青藏铁路不可避免地会进行开挖地表、铲除植被、修筑桥涵、隧道路堤等改变天然地表性状的活动，这些活动都要产生强烈的热侵蚀作用，改变土体与大气的热交换关系，从而使得地气相互作用的产物——冻土的温度场发生变化，导致多年冻土的冰-水、地温等平衡状态发生变化，加剧和引起更多的冻土环境问题。

② 青藏公路。青藏公路的建设过程中，会引起多年冻土天然上限加深，冻土中含水量的变化，以及上限处地下冰融化，尤其在高含冰量的路段。在冻土环境遭受破坏的条件下，路基两侧冻土含水量在空间分布上将发生变化，易造成路基内融化盘以上土层中大量积水。若新建公路与铁路距离太近，则会加剧地温平衡的恶化，破坏冻土区生态平衡，无法恢复。

③ 管道及民用建筑物。根据管道及民用建筑物的冻土环境调查分析，当人为工程距离太小时，多年冻土环境问题主要是热融侵蚀、沙化、地表植被及沼泽衰退、地表景观的破坏等，主要有高温、高含冰量冻土区的冻土退化，热融滑塌，冻胀丘等。

（2）模型构建

青藏高原多年冻土区工程走廊带宽度较为狭窄，布设有包括青藏公路、青藏铁路、格拉成品油管道、兰西拉光缆通信工程、500 kV 输变电工程等在内的五大线性工程，它们会对新建道路形成一定程度的热影响。为避免由于密集的工程构造物形成的热干扰，本研究以路基热影响范围为衡量标准，构建了工程容量模型：

$$V = \zeta_1 Y_{3,11} + \zeta_2 Y_{3,12} + \zeta_3 Y_{3,13} \tag{5-14}$$

式中 V——工程容量指数；

$Y_{3,11}$，$Y_{3,12}$，$Y_{3,13}$——区域内青藏铁路工程、输油管线、青藏公路的长度；

ζ_1，ζ_2，ζ_3——相应变量的权重。

① 影响因素公度。以路基体热效应引起的公路下伏冻土区域温度变化特征值 T_r 与无路基条件下冻土区域温度特征值 T_w 的差值 $\Delta T = T_r - T_w = 0℃$ 作为衡量标准，以年平均地温为 -1.0℃冻土地区，宽 26 m、高 4 m 高速公路为例，得到路基热影响范围（表 5-6）：高速公路与青藏铁路相距 40 m 无热影响；与青藏公路相距 60 m 无热影响；与管线相距 55 m 无热影响。

表 5-6 线形工程的路基热影响范围

线状工程	青藏铁路	输油管线	青藏公路
与其他工程之间间距(m)	40	55	60

以上距离为路基坡脚之间的距离，当路基高度大于 26 m，宽度大于 4 m，以及地温低于 -1.0℃时，工程间的距离要适当增大。

② 确定影响因素的权重系数。采用层次分析法确定上述影响因素的作用权重系数，具体计算结果见表 5-7。

表 5-7 选线困难度指数权重计算系数

线状工程	青藏铁路	输油管线	青藏公路
权重系数	0.16	0.59	0.25

5.4.3 方案优选方法

路线方案比选中需要考虑的影响因素很多，具体到在青藏高原多年冻土区内的公路选线，对其特殊自然环境、冻土特性以及相关公路要求的考量也相应更多、更具体。在实际方案的评价比较时，要根据情况进行补充或调整其他重因素，分析各比选方案对保障青藏高原多年冻土区公路安全的作用或存在问题，确保选出综合指数占优的方案。

多年冻土区路线方案可靠度比选采用综合模糊评价法，用层次分析法（见表 5-8）确定目标层和指标层权重 ω，见表 5-9 和表 5-10。采用隶属度函数确定模糊关系并获得模糊评价矩阵 $\boldsymbol{R}$，把模糊矩阵与权重向量相乘得到评价对象对各个评价等级的隶属程度，$\boldsymbol{S} = \boldsymbol{W} \cdot \boldsymbol{R}$。令 E 为方案评分，则 $E = S \cdot FT$。

根据方案评分 E 与表 5-11 的评分标准比较，提出有相对优势的比较结果，评分值越小则风险越小，对交通安全的保障能力越强；相反，评分值越大则风险越大，对交通安全的保障能力越差。比选方案评价指标见表 5-12。

表 5-8 两级指标

一级指标	二级指标
ωA：年平均地温	ωA_1：海拔高程
	ωA_2：纬度条件
	ωA_3：等效纬度条件
	ωA_4：植被条件
ωB：冻土区公路病害	ωB_1：厚层地下冰
	ωB_2：含土冰层
	ωB_3：热融滑塌
	ωB_4：热融湖塘
	ωB_5：冻胀土
	ωB_6：冻土沼泽
ωC：区域植被覆盖率	ωC_1：高寒草甸
	ωC_2：高覆盖草地
	ωC_3：中覆盖草地
	ωC_4：低覆盖草地
ωD：工程容量	ωD_1：青藏铁路
	ωD_2：青藏公路
	ωD_3：输油管线

表 5-9 目标层权重

项目	ωA	ωB	ωC	ωD
权重	0.117 6	0.639 6	0.076 5	0.116 3

表 5-10 指标层权重

指标	i			
	1	2	3	4
ωA_i	0.489	0.184	0.272	0.055
ωB_i	0.283	0.469	0.181	0.067
ωC_i	0.450	0.289	0.166	0.096
ωD_i	0.157	0.594	0.249	—

表 5-11 评分标准

项目	好	较好	一般	较差	差
分数	[0,20)	[20,40)	[40,60)	[60,80)	[80,100]

表 5-12 **比选方案评价指标**

一级指标	编号	二级指标	差	较差	一般	较好	好
年平均地温条件 A	A_1	海拔条件	路线方案穿越海拔超过 4 800 m 的路段长度比例达到 80%以上	路线方案穿越海拔超过 4 800 m 的路段长度比例大于 60%，小于 80%	路线方案穿越海拔超过 4 800 m 的路段长度比例大于 30%，小于 60%	路线方案穿越海拔超过 4 800 m 的路段长度比例大于 10%，小于 30%	路线方案穿越海拔超过 4 800 m 的路段长度比例小于 10%
			(80,100]	(60,80]	(30,60]	(10,30]	(0,10]
	A_2	纬度条件	路线方案穿越纬度 32°20′~35°45′路段长度比例大于 50%	路线方案穿越纬度 32°20′~35°45′路段长度比例大于 30%，小于 50%	路线方案穿越纬度 32°20′~35°45′路段长度比例大于 20%，小于 30%	路线穿越纬度 32°20′~35°45′路段长度比例大于 10%，小于 20%	路线方案穿越纬度 32°20′~35°45′路段长度比例小于 10%
			(50,100]	(30,50]	(20,30]	(10,20]	(0,10]
	A_3	等效纬度条件	等效纬度大于纬度的路段比例大于 80%	等效纬度大于纬度路段比例大于 50%，小于 80%	等效纬度大于纬度路段比例大于 30%，小于 50%	等效纬度大于纬度路段比例大于 10%，小于 30%	等效纬度大于纬度路段比例小于 10%
			(80,100]	(50,80]	(30,50]	(10,30]	(0,10]
	A_4	植被指数条件	路段平均植被指数小于 0.03	路段平均植被指数大于 0.03，小于 0.05	路段平均植被指数大于 0.05，小于 0.07	路段平均植被指数大于 0.07，小于 0.09	路段平均植被指数大于 0.09
			(7,10]	(5,7]	(3,5]	(1,3]	(0,1]
冻土区公路灾害度条件 B	B_1	厚层地下冰情况	厚层地下冰路段长度比例大于 50%	厚层地下冰路段长度比例大于 30%，小于 50%	厚层地下冰路段长度比例大于 20%，小于 30%	厚层地下冰路段长度比例大于 10%，小于 20%	厚层地下冰路段长度比例小于 10%
			(50,100]	(30,50]	(20,30]	(10,20]	(0,10]
	B_2	含土冰层情况	含土冰层路段长度比例大于 50%	含土冰层路段长度比例大于 30%，小于 50%	含土冰层路段长度比例大于 20%，小于 30%	含土冰层路段长度比例大于 10%，小于 20%	含土冰层路段长度比例小于 10%
			(50,100]	(30,50]	(20,30]	(10,20]	(0,10]
	B_3	热融滑塌情况	热融滑塌灾害区域数量大于 5 处	热融滑塌灾害区域数量大于 3 处，小于 5 处	热融滑塌灾害区域数量大于 2 处，小于 3 处	热融滑塌灾害区域数量大于 1 处，小于 2 处	路段区域无热融滑塌灾害
			(50,100]	(30,50]	(20,30]	(10,20]	(0,10]
	B_4	冻胀丘情况	路线走廊带内直径超过 10 m 的冻胀丘、冰锥数量大于 5 处	路线走廊带内直径超过 10 m 的冻胀丘、冰锥数量大于 3 处，小于 5 处	路线走廊带内直径超过 10 m 的冻胀丘、冰锥数量大于 2 处，小于 3 处	路线走廊带内直径超过 10 m 的冻胀丘、冰锥数量大于 1 处，小于 2 处	路段区域无热融滑塌灾害
			(50,100]	(30,50]	(20,30]	(10,20]	(0,10]

（续表）

一级指标	编号	二级指标	差	较　差	一　般	较　好	好
冻土区植被覆盖影响 C	C_1	高寒草甸	区域内高寒草甸面积比例小于 10%	区域内高寒草甸面积比例大于 10%，小于 30%	区域内高寒草甸面积比例大于 30%，小于 60%	区域内高寒草甸面积比例大于 60%，小于 80%	区域内高寒草甸面积比例达 80%以上
			(90,100]	(70,90]	(40,70]	(20,40]	(0,20]
	C_2	高覆盖草地	区域内高覆盖草地面积比例小于 10%	区域内高覆盖草地面积比例大于 10%，小于 30%	区域内高覆盖草地面积比例大于 30%，小于 60%	区域内高覆盖草地面积比例大于 60%，小于 80%	区域内高覆盖草地面积比例达 80%以上
			(90,100]	(70,90]	(40,70]	(20,40]	(0,20]
	C_3	中覆盖草地	区域内中覆盖草地面积比例小于 10%	区域内中覆盖草地面积比例大于 10%，小于 30%	区域内中覆盖草地面积比例大于 30%，小于 60%	区域内中覆盖草地面积比例大于 60%，小于 80%	区域中覆盖草地面积比例达 80%以上
			(90,100]	(70,90]	(40,70]	(20,40]	(0,20]
	C_4	低覆盖草地	区域内低覆盖草地面积比例小于 10%	区域内低覆盖草地面积比例大于 10%，小于 30%	区域内低覆盖草地面积比例大于 30%，小于 60%	区域内低覆盖草地面积比例大于 60%，小于 80%	区域低覆盖草地面积比例达 80%以上
			(90,100]	(70,90]	(40,70]	(20,40]	(0,20]
工程容量影响 D	D_1	青藏铁路	路线方案与青藏铁路最小间距小于 40 m	路线与青藏铁路最小间距大于 40 m，小于 60 m	路线与青藏铁路最小间距大于 60 m，小于 80 m	路线与青藏铁路最小间距大于 80 m，小于 90 m	路线与青藏铁路最小间距大于 90 m
			(60,100]	(40,60]	(20,40]	(10,20]	(0,10]
	D_2	青藏公路	路线方案与青藏公路最小间距小于 60 m	路线与青藏公路最小间距大于 60 m，小于 80 m	路线与青藏公路最小间距大于 80 m，小于 90 m	路线与青藏公路最小间距大于 90 m，小于 100 m	路线与青藏公路最小间距大于 100 m
			(80,100]	(50,80]	(30,50]	(10,30]	(0,10]
	D_3	输油管线	路线方案与输油管线最小间距小于 55 m	路线与输油管线最小间距大于 55 m，小于 80 m	路线与输油管线最小间距大于 80 m，小于 90 m	路线与输油管线最小间距大于 90 m，小于 100 m	路线与输油管线最小间距大于 100 m
			(80,100]	(50,80]	(30,50]	(10,30]	(0,10]

5.5 实例应用

5.5.1 项目背景简介

运用分层目标法在秀水河至雅玛尔河段进行路线选择，分别对路线节点重要度、工程困难度和工程可靠度进行分析，逐层得到路线最终方案。

1）气象水文

（1）气象

项目地处大陆内部，具有独特的冰缘干旱气候特征，随海拔增高而呈现明显的气候垂直分带性。总体上，沿线跨越了昆仑山以北干旱气候区，昆仑山至唐古拉山间的高原干旱气候区和唐古拉山以南高原亚干旱气候区三大气候区。

（2）水文

拟建路线所处区域属于青藏高原腹地，河流众多，地表水系十分发育，长江、黄河及澜沧江均发源于此。依照水系流域划分，拟建路线从北到南依次经过柴达木内流区、长江流域和长江上游内流区。

2）地形地貌

本项目位于青海省西南部和拉萨北部，按照宏观区域形态划分，区内地貌可分为柴达木盆地和青藏高原两大地貌。拟建路线所经路段除格尔木至南山口属于柴达木盆地南部边缘外，其余路段处于青藏高原腹地。

3）植被生态

项目区沿线主要分布高寒草原、高寒草甸，由于地处高原地区，地温严寒，气候干燥，生态环境恶劣，植物返青生长期短（一般为5—9月），植被覆盖率地，属于异常脆弱的特殊生态系统，植被受到破坏扰动后很难恢复。

4）地质条件

（1）地层岩性

路线走廊带地层发育较为复杂，分属冈底斯地层区的班戈−八宿地层分区、隆格尔−南木林地层分区、拉萨−察隅地层分区，地层出露主要有前寒武系、奥陶系、石炭系、二叠系、三叠系、侏罗系、白垩系、古近系、新近系及第四系。

（2）地质构造

拟建路线主要位于青藏高原腹地，该区地质构造较为活跃，沿线通过较多活动断裂区域，主要有风火山活动断裂系。

（3）新构造运动与地震

工程区新构造运动强烈，主要表现为第四系沉积盆地、隆起带、坳陷带和新构造的发育，并伴有较为强烈的地震和地热活动；区内地震受新构造运动控制非常明显，常沿断陷带一侧分布。

（4）水文地质

拟建路线沿线分布多年冻土分布广泛，构成了项目区内复杂的水文地质条件。总体上区内地下水可以分为两类：季节冻土区地下水和多年冻土区地下水。

5）冻土分布

项目区内多年冻土按照区域划分属青南-藏北高原北部高寒带大片多年冻土区。其发育具有强烈的垂直地带性，冻土发育程度与海拔具有良好的相关性。

5.5.2 走廊带选择层路线方案

实例研究区域位于风火山山区，地形条件较为复杂，本路段冻土类型有融区、少冰冻土、多冰冻土、富冰-饱冰冻土、饱冰-含土冰层等，冻土类型复杂多变，同时局部段落沟谷狭窄，路线布设还受青藏铁路、输油管道、电力电信线的控制。

通过调查分析近 5 年来风火山路段的人口与经济情况，利用社会因素模型和经济因素模型计算，同时进一步考虑该地区地形地貌特点，在走廊带确定层次下，将秀水河、北麓河、风火山、雅玛尔河确定为走廊带确定层下路线的主要控制点，如图 5-9 所示，图中区域人口数量和经济数量图例越大，代表该路线节点越重要。

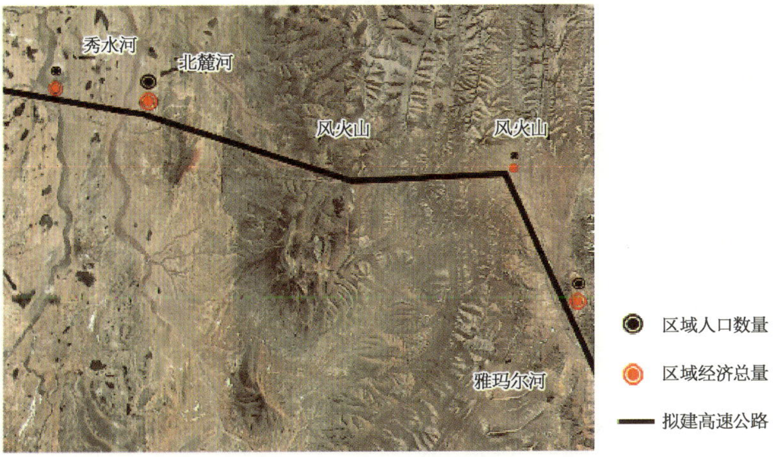

图 5-9 走廊带选择层路线方案

5.5.3 基本路线方案

基本线位层次,研究利用网格法,以 1 km 为一个网格单元进行对走廊带区域进行划分并得到 60 个网格单元,利用 GIS 提取单元网格的高程、坡度、冻土分布、融区构造、年平均地温、既有工程等六种属性数据(表 5-13),依据表 5-1 和表 5-2 完成每个网格单元各属性值的标度分级。采用式(5-7)算得每个网格单元的工程困难度,在走廊带选择层路线方案基础上,使路线依次经过困难度相对较小的网格单元,最后确定基本线位层的路线方案,如图 5-10 所示。工程困难度数值越大,代表该区域工程修建越困难。

表 5-13 工程困难度

序号	高程	坡度	年平均地温	既有工程	冻土分布	融区构造	工程困难度
1	10	1	1	0	1	3	1.94
2	10	1	1	0	1	3	1.94
3	10	0	1	0	1	1	1.42
4	10	3	3	1	1	1	2.51
5	10	0	1	6	1	1	2.8
6	10	0	3	10	3	3	4.76
7	10	0	3	0	6	1	2.55
8	10	0	3	1	3	1	2.33
9	10	0	1	1	0	3	1.86
10	10	0	1	0	6	1	2.17
11	10	0	1	0	6	1	2.17
12	10	0	1	0	10	3	3.13
13	10	0	1	0	6	6	3.07
14	10	0	1	0	0	3	1.63
15	10	0	1	0	6	1	2.17
16	10	0	1	0	10	3	3.13
17	10	1	1	0	10	6	3.83
18	10	0	1	0	10	10	4.39
19	10	0	1	0	10	6	3.67
20	10	0	1	0	10	1	2.77
21	10	0	1	0	10	3	3.13
22	10	0	1	0	0	1	1.27

（续表）

序号	高程	坡度	年平均地温	既有工程	冻土分布	融区构造	工程困难度
23	10	0	1	0	6	1	2.17
24	10	0	1	0	6	6	3.07
25	10	0	1	0	3	3	2.08
26	10	1	3	0	3	3	2.62
27	10	6	3	0	6	3	3.87
28	10	3	1	0	6	6	3.55
29	10	3	1	0	3	3	2.56
30	10	6	1	1	1	3	2.97
31	10	6	3	0	1	1	2.76
32	10	1	3	0	3	0	2.08
33	10	0	3	0	3	0	1.92
34	10	10	6	0	3	0	4.09
35	10	6	3	0	3	0	2.88
36	10	0	3	0	3	0	1.92
37	10	1	3	0	3	0	2.08
38	10	0	6	0	3	0	2.49
39	10	0	3	0	3	0	1.92
40	10	6	3	0	3	0	2.88
41	10	0	10	0	3	0	3.25
42	10	1	3	0	6	0	2.53
43	10	1	3	0	6	0	2.53
44	10	0	10	0	3	0	3.25
45	10	0	10	0	3	1	3.43
46	10	0	3	0	3	0	1.92
47	10	0	3	0	3	0	1.92
48	10	0	3	0	3	0	1.92
49	10	0	6	0	6	0	2.94
50	10	0	3	0	6	0	2.37
51	10	0	3	0	6	1	2.55
52	10	0	3	0	3	0	1.92

（续表）

序号	高程	坡度	年平均地温	既有工程	冻土分布	融区构造	工程困难度
53	10	0	6	0	3	0	2.49
54	10	0	3	0	3	0	1.92
55	10	0	3	1	3	0	2.15
56	10	0	6	1	3	1	2.9
57	10	6	10	0	1	0	3.91
58	10	6	10	0	1	0	3.91
59	10	0	10	0	1	1	3.13
60	10	6	10	0	1	0	3.91

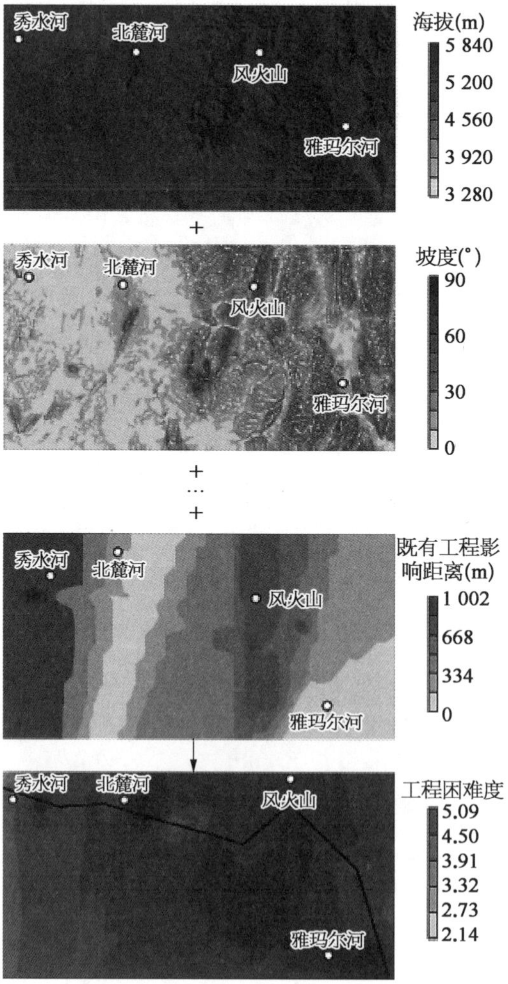

图 5－10　基本线位层路线方案

5.5.4 最终路线方案

1）路线方案的确定

在最终线位选择层次下，利用网格法对基本线位区域进行划分并得到 60 个网格单元，利用 GIS 进一步提取基本线位路线区域内每个网格单元的纬度、病害种类、既有工程等属性信息，见表 5－14，采用式（5－8）～式（5－14）计算得到每个网格单元工程可靠度，在基本线位路线走向的基础上，使得路线依次经过可靠度相对较小的网格单元，最后确定最终的路线方案，如图 5－11 所示。

表 5－14 工程可靠度

序号	年平均地温	冻土公路病害	植被覆盖指数	工程容量	工程可靠度
1	0.88	0.04	0.66	0	0.184
2	0.9	0.03	0.66	0	0.18
3	0.64	0.35	0.44	0	0.336
4	0.42	0.25	0.44	0.25	0.288
5	0.64	0.22	0.36	0.553 85	0.341
6	0.42	0.85	0.44	0.406 73	0.699
7	0.44	0.07	0.36	1	0.296
8	0.42	0	0.44	1	0.256
9	0.64	0.05	0.36	1	0.308
10	0.64	0.03	0.44	0.55	0.225
11	0.62	0.17	0.54	0	0.226
12	0.66	0.42	0.66	0	0.401
13	0.62	0.41	0.66	0	0.39
14	0.64	0.01	0.54	0	0.126
15	0.8	0.15	0.44	0	0.227
16	1	0.36	0.66	0	0.403
17	0.64	0.5	1	0.311 54	0.53
18	0.64	0.71	1.26	0	0.632
19	0.62	0.56	0.81	0	0.498
20	0.66	0.33	0.54	0	0.334
21	0.62	0.46	0.44	0	0.404
22	0.27	0.03	0.12	0	0.061

（续表）

序号	年平均地温	冻土公路病害	植被覆盖指数	工程容量	工程可靠度
23	0. 64	0. 16	0. 54	0	0. 222
24	0. 62	0. 37	1	0	0. 391
25	0. 66	0. 12	0. 66	0	0. 209
26	0. 42	0. 31	0. 66	0. 051 92	0. 31
27	0. 36	0. 7	0. 54	0	0. 534
28	0. 64	0. 43	0. 66	0. 427 89	0. 478
29	0. 62	0. 15	0. 66	0. 432 69	0. 297
30	0. 62	0. 33	0. 54	0. 240 39	0. 37
31	0. 38	0. 34	0. 36	0. 240 39	0. 333
32	0. 36	0. 11	0. 13	0. 5	0. 209
33	0. 36	0. 21	0	0	0. 178
34	0. 42	0. 82	0	0	0. 575
35	0. 4	0. 42	0. 13	0. 15	0. 353
36	0. 38	0. 19	0. 13	0	0. 178
37	0. 4	0. 2	0. 1	0. 15	0. 21
38	0. 36	0. 19	0. 18	0. 6	0. 281
39	0. 3	0. 07	0. 18	0. 5	0. 18
40	0. 16	0. 5	0. 23	0	0. 358
41	0. 3	0. 58	0. 23	0	0. 426
42	0. 32	0. 36	0. 29	0	0. 292
43	0. 16	0. 4	0. 23	0	0. 294
44	0. 22	0. 59	0. 23	0	0. 422
45	0. 32	0. 62	0. 29	0	0. 458
46	0. 34	0. 17	0. 36	0	0. 178
47	0. 38	0. 18	0. 23	0	0. 179
48	0. 42	0. 16	0. 29	0	0. 176
49	0. 4	0. 47	0. 23	0	0. 367
50	0. 44	0. 3	0. 23	0	0. 263
51	0. 38	0. 34	0. 36	0	0. 292
52	0. 36	0. 18	0. 23	0	0. 177
53	0. 34	0. 34	0. 29	0	0. 282

（续表）

序号	年平均地温	冻土公路病害	植被覆盖指数	工程容量	工程可靠度
54	0.38	0.18	0.23	0	0.179
55	0.3	0.24	0.36	0	0.218
56	0.22	0.48	0.29	0	0.357
57	0.16	0.79	0.23	0	0.543
58	0.08	0.8	0.29	0	0.545
59	0.06	0.59	0.23	0	0.403
60	0	0.81	0.29	0	0.542

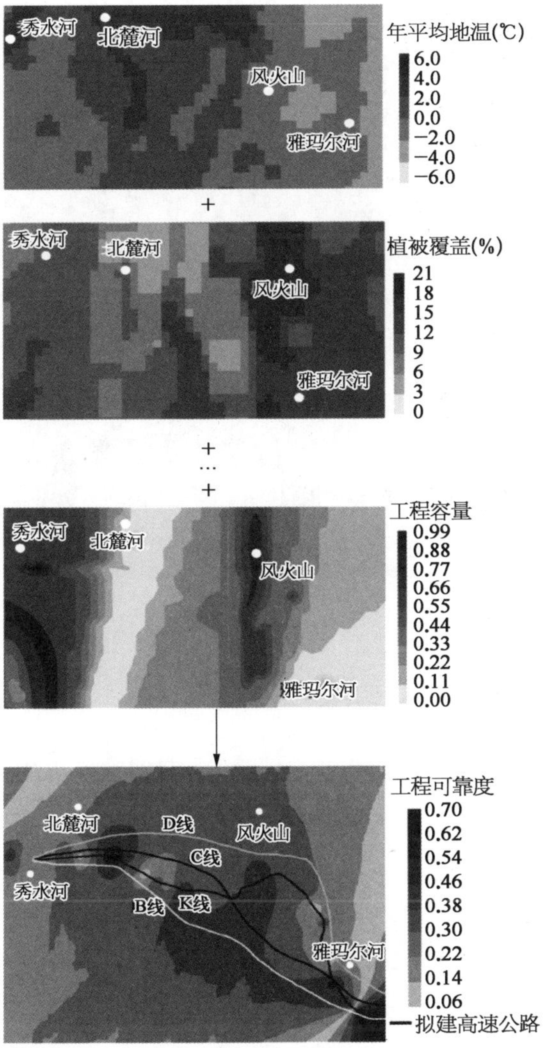

图 5-11 最终线位层路线方案

综上分析，运用分层目标法获得的路线最终方案可以避绕高温和高病害率的冻土区域，避开既有工程间的相互干扰，从而获得B线、K线、C线、D线四条工程困难度低、可靠度高的路线方案，为下一步的工程修建提供参考。

2）路线方案优选

拟建项目在秀水河至雅玛尔河段设计了B线、K线、C线、D线四个方案，如图5-12所示。

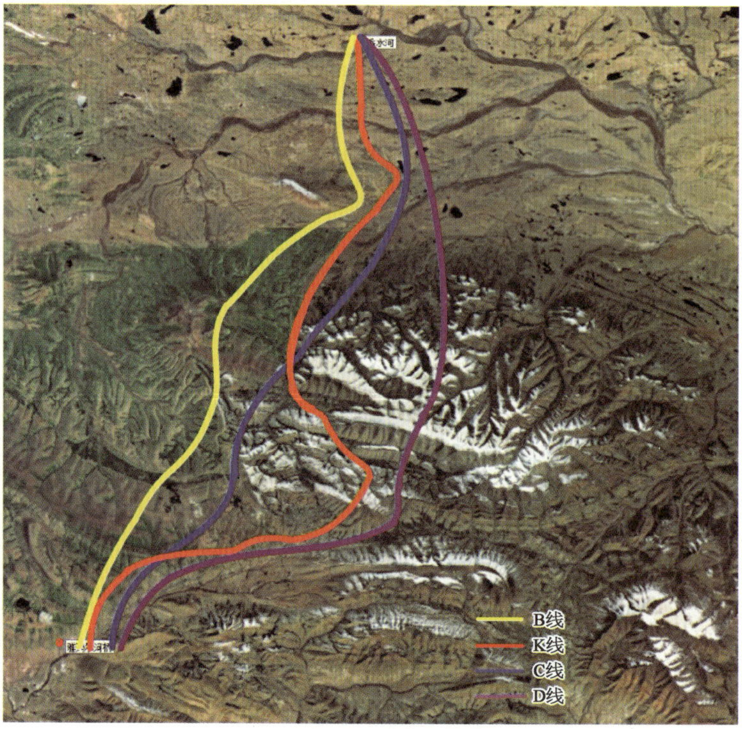

图5-12 路线方案图

B线方案：路线起于秀水河南岸，绕行风火山西侧，穿越玉树藏族自治州治多县，全长47 501.976 m，止于雅玛尔河桥北侧。

K线方案：路线起于秀水河南岸，跨越北麓河，向南到达风火山，沿峡谷布设并通过适当展线，翻越风火山后沿G109东侧布线，全长55 668.735 m，止于雅玛尔河桥北侧。

C线方案：路线起于秀水河南岸，跨越北麓河，向南到达风火山，沿风火山西侧山麓通过隧道穿越风火山，全长48 638.799 m，止于雅玛尔河桥东侧。

D线方案：路线起于秀水河南岸，跨越北麓河，向南到达风火山，沿山脊向南适当展线后通过隧道穿越风火山，全长53 532.533 m。止于雅玛尔河桥东侧。

（1）年平均地温条件评价

① 海拔条件评价见表5-15。

表 5-15 海拔条件评价

项 目	B 线方案	K 线方案	C 线方案	D 线方案
平均海拔超过 4 800 m 的路段长度比例	39.25%	16.53%	43.98%	31.51%
得 分	39.3	16.5	44.0	31.5

② 纬度条件评价见表 5-16，根据各个方案受纬度影响的路线长度进行评价。

表 5-16 纬度条件评价

项 目	B 线方案	K 线方案	C 线方案	D 线方案
得 分	69	81	72	78

③ 等效纬度条件评价见表 5-17。

表 5-17 等效纬度条件评价

项 目	B 线方案	K 线方案	C 线方案	D 线方案
等效纬度大于纬度的路段比例	49.30%	49.18%	69.06%	55.62%
得 分	49.3	49.2	69.1	55.7

④ 植被指数条件评价见表 5-18。

表 5-18 植被指数条件评价

项 目	B 线方案	K 线方案	C 线方案	D 线方案
路段平均植被指数	0.059 5	0.061 0	0.059 4	0.059 3
得 分	4.1	3.9	4.1	4.1

(2) 冻土区公路灾害度评价

① 厚层地下冰情况评价见表 5-19。

表 5-19 厚层地下冰情况评价

项 目	B 线方案	K 线方案	C 线方案	D 线方案
厚层地下冰路段长度比例	58.16%	42.57%	47.18%	56.15%
得 分	58.16	42.57	47.18	56.15

② 含土冰层情况评价见表 5-20。

表 5-20 含土冰层情况评价

项 目	B 线方案	K 线方案	C 线方案	D 线方案
含土冰层路段长度比例	31.20%	18.97%	21.78%	16.41%
得 分	31.2	18.97	21.78	16.41

③ 热融滑塌情况评价见表 5-21。

表 5-21 **热融滑塌情况评价**

项　　目	B 线方案	K 线方案	C 线方案	D 线方案
路线走廊带内热融滑塌灾害区域数量	6	8	6	5
得　　分	60	80	60	50

④ 冻胀丘情况评价见表 5-22。

表 5-22 **冻胀丘情况评价**

项　　目	B 线方案	K 线方案	C 线方案	D 线方案
路线走廊带内直径超过 10 m 的冻胀丘、冰锥	6	4	5	4
得　　分	60	40	50	40

(3) 区域植被覆盖率评价

项目方案中，根据 *NDVI* 指数的不同，将各方案经过区域分为四类植被，分别是高寒草甸（$0.4\leqslant NDVI<0.3$）、高覆盖草地（$0.3\leqslant NDVI<0.15$）、中覆盖草地（$0.15\leqslant NDVI<0$）、低覆盖草地（$0\leqslant NDVI<-0.2$），根据各方案路线中的相应比例进行评价。

① 高寒草甸情况评价见表 5-23。

表 5-23 **高寒草甸情况评价**

项　　目	B 线方案	K 线方案	C 线方案	D 线方案
沿线高寒草甸面积比例	84.63%	39.02%	51.89%	11.18%
得　　分	15.37	60.98	48.11	88.12

② 高覆盖草地情况评价见表 5-24。

表 5-24 **高覆盖草地情况评价**

项　　目	B 线方案	K 线方案	C 线方案	D 线方案
沿线高覆盖草地面积比例	13.17%	10.81%	15.26%	13.07%
得　　分	86.83	89.19	84.74	86.93

③ 中覆盖草地情况评价见表 5-25。

表 5-25 **中覆盖草地情况评价**

项　　目	B 线方案	K 线方案	C 线方案	D 线方案
沿线中覆盖草地面积比例	0.35%	1.81%	0.57%	2.06%
得　　分	99.65	8.19	99.43	97.94

④ 低覆盖草地情况评价见表 5－26。

表 5－26 低覆盖草地情况评价

项　目	B 线方案	K 线方案	C 线方案	D 线方案
沿线低覆盖草地面积比例	1.85%	48.36%	32.28%	73.69%
得　分	98.15	51.64	67.72	26.31

（4）工程容量评价

项目方案中，B 线、K 线、C 线于现有的青藏铁路、青藏公路、输油管线均为相离关系，D 线于现有线状工程存在交叉。各个方案与青藏铁路、青藏公路、输油管线的最小间距见表 5－27。各方案工程容量评价得分见表 5－28。

表 5－27 各个方案与现有工程最小间距表

方　案	青藏铁路	青藏公路	输油管线
B 线(m)	4 151.092	4 513.089	4 436.383
K 线(m)	1 375.844	1 493.866	2 338.830
C 线(m)	1 691.108	2 218.854	2 146.442
D 线	交叉(4 处)	交叉(4 处)	交叉(4 处)

表 5－28 各方案工程容量评价得分

项　目	B 线方案	K 线方案	C 线方案	D 线方案
对青藏铁路的影响程度的得分	4.2	8.1	7.7	80
对青藏公路的影响程度的得分	4.3	8.1	7.7	80
对输油管线的影响程度的得分	4.3	8.1	7.7	80

（5）小结

根据上述各方案的评价指标分数，利用表 5－9 和表 5－10 的目标层和指标层权重得到模糊评价矩阵，进而得到方案评分。经计算得到表 5－29，综合比较后，推荐 K 线方案。

表 5－29 各方案最终得分

项　目	B 线方案	K 线方案	C 线方案	D 线方案
得　分	55.177	50.766	52.307	62.597

第6章

基于既有公路建设与运营状况的青藏高速公路建设模式分析

6.1 青藏高原既有公路技术状况调查与分析

6.1.1 青藏高原既有公路线形概况

青藏高原地区道路从修筑时间上可分为两类：一类为20世纪50—90年代修筑，后经逐步改建达到二级、三级路通行要求，其中以青藏公路G109线、新藏公路G219线最为典型，由于修筑时间久远，且在后期整治改建过程中仅修复了病害严重路段而并未对工程整体路线进行修整，因而通行能力较弱；另一类为2000年以后修建，路线要求较高，以一级、高速公路标准进行修建，通行能力较强，其中以花大高速、共玉公路为典型代表。

1）旧路路线现状分析

修建于20世纪50—70年代的青藏公路G109线、新藏公路G219线，虽全线的平纵面技术指标大幅提高，能够满足二级公路的技术标准，只有局部路段仍然存在一些平曲线半径较小、纵坡较大的情况，但路线状况仍然较差，以青藏公路G109线为例，路线平面技术指标见表6－1。

表6－1 青藏公路G109线路线平面技术指标

项目	单位	路段划分				全线
		格尔木—雅玛尔河	雅玛尔河—唐古拉山	唐古拉山—那曲	那曲—拉萨	
路线长度	km	356.2	217.8	242	322	1 138
交点个数	个	314	170	324	294	1 102
平均每公里交点个数	个/km	0.887	0.781	1.343	0.949	0.978
$R<150$	交点(个)	16	1	38	10	65
$150\leqslant R<300$	交点(个)	52	24	61	45	182
$300\leqslant R<500$	交点(个)	56	39	91	61	247
$500\leqslant R<810$	交点(个)	104	67	75	82	328
$R>810$	交点(个)	86	39	59	96	280
$R<150$	曲线长度(m)	2 479.997	68.262	5 341.679	1 252.691	9 142.629
$150\leqslant R<300$	曲线长度(m)	12 447.682	3 897.068	11 129.519	8 221.746	35 696.02
$300\leqslant R<500$	曲线长度(m)	15 920.609	7 880.909	17 388.554	13 860.117	55 050.19

（续表）

项　目	单　位	路段划分				全线
		格尔木—雅玛尔河	雅玛尔河—唐古拉山	唐古拉山—那曲	那曲—拉萨	
500≤R<810	曲线长度(m)	33 238. 138	15 793. 088	17 920. 701	21 841. 45	88 793. 38
R>810	曲线长度(m)	30 438. 292	10 848. 628	19 832. 959	38 020. 021	99 139. 9
路线增长系数		1. 279	1. 214	1. 421	1. 384	1. 37
最小平曲线半径	m	95	120	60	70	60

注：按照《公路工程技术标准》(JTG B01—2014)，当最大超高为 4%时，设计时速为 120 km/h 的最小半径为 810 m；设计时速为 100 km/h 的最小半径为 500 m；设计时速为 80 km/h 的最小半径为 300 m；设计时速为 60 km/h 的最小半径为 150 m。

根据上述分析，青藏公路全线平曲线半径小于 150 m 的圆曲线为 65 处，占全线总交点的 5. 9%，即全线有 5. 9%的圆曲线不满足 60 km/h 的要求。从长度统计来看，共有 9. 142 km 的圆曲线不满足 60 km/h 的要求，占全线圆曲线的比例为 3. 2%。

全线平曲线半径小于 300 m 的圆曲线为 247 处，占全线总交点的 22. 4%，即全线有 22. 4%的圆曲线不满足 80 km/h 的要求。从长度统计来看，共有 44. 839 km 的圆曲线不满足 80 km/h 的要求，占全线圆曲线的比例为 15. 6%。

全线平曲线半径小于 500 m 的圆曲线为 494 处，占全线总交点的 44. 8%，即全线有 44. 8%的圆曲线不满足 100 km/h 的要求。从长度统计来看，共有 99. 889 km 的圆曲线不满足 100 km/h 的要求，占全线圆曲线的比例为 34. 7%。

全线平曲线半径小于 810 m 的圆曲线为 822 处，占全线总交点的 74. 6%，即全线有 74. 6%的圆曲线不满足 120 km/h 的要求。从长度统计来看，共有 188. 682 km 的圆曲线不满足 120 km/h 的要求，占全线圆曲线的比例为 65. 6%。

2）新建道路路线现状分析

新建共玉公路全线设计速度原则采用 80 km/h，在保障行车安全的前提下，雁口山等局部困难越岭路段平纵面线形指标按设计速度 60 km/h 控制。桥涵设计的汽车荷载等级采用公路-Ⅰ级，其主要技术指标见表 6-2。

表 6-2　共和—玉树(结古)公路主要技术指标

项　目	技术指标			
段落	玛多黄河桥—雁口山段	雁口山越岭段		雁口山—结古
起讫桩号	K490+000—K744+500	K744+500—YK745+986	YK745+986—K754+500	K754+500—K795+900
路线长度(km)	253. 270 056	1. 488 768	8. 445 507	41. 375 718

（续表）

项　目	技　术　指　标			
设计速度(km/h)	80	60	60	80
路基宽度(m)	10	10	10	21.5(一期加宽)
平曲线一般最小半径(m)	400	250	250	400
平曲线极限最小半径(m)	250	125	125	250
不设超高平曲线最小半径(m)	2 500	1 500	1 500	2 500
停车视距(m)	110	75	75	110
最小坡长(m)	200	150	150	200
最大纵坡(%)	5	6	6	5
设计荷载	公路-Ⅰ级			
地震动峰值加速度系数	0.10~0.15g			
设计洪水频率	特大桥 1/300;其他桥涵及路基 1/100			

新建花大公路全线按双向四车道高速公路标准建设,设计速度采用 100 km/h(K146+800—K155+700)、80 km/h(K75+000—K97+000,K123+500—K146+800)、60 km/h(K97+000—K123+500),路基宽度采用 19 m(整体式)、10 m(分离式),汽车荷载采用公路-Ⅰ级,主要技术指标见表 6-3、表 6-4。

表 6-3　路线主要技术指标

项　目		技　术　指　标		
公路等级		高速公路		
设计速度(km/h)		100	80	60
路基宽度(m)	整体	19.0(18.5)		
	分离	10.0		
平曲线极限最小半径(m)		400	250	125
平曲线一般最小半径(m)		700	400	200
不设超高的圆曲线最小半径(m)		4 000	2 500	1 500
缓和曲线最小长度(m)		85	70	50
平曲线最小长度(m)	一般值	500	400	300
最大纵坡(%)		4	4	5
最大超高(%)		6	6	6
最小坡长(m)		250	200	150
纵坡长度限制(m)	4%	800	900	1 000
	5%	600	700	800

（续表）

项　　目		技　术　指　标		
停车视距(m)		160	110	75
凸形竖曲线最小半径(m)	一般值	10 000	4 500	2 000
	极限值	6 500	3 000	1 400
凹形竖曲线最小半径(m)	一般值	4 500	3 000	1 500
	极限值	3 000	2 000	1 000
竖曲线最小长度(m)	一般值	210	170	120
车辆荷载等级	桥涵、路基	公路-Ⅰ级		
	路面	BZZ-100		
设计洪水频率	特大桥	1/300		
	大中桥	1/100		
	其他	1/100		

注：桥梁宽度 18.5

表 6-4　主要技术指标采用情况表

项　　目		技　术　指　标		
公路等级		高速公路		
设计速度(km/h)		100	80	60
路基宽度(m)	整体式	19(18.5)	19(18.5)	19(18.5)
	分离式	10	10	10
平曲线最小半径(m/处)		1 600/1	400/1	400/1
直线最大长度(m)		1 285.535	2 188.368	1 143.248
最大纵坡(%)		4	4	5
最小坡长(m)		310	220	210
竖曲线最小半径(m)	凸形	8 000	6 000	10 000
	凹形	8 000	6 000	8 000

注：1. 其他指标均按《公路工程技术标准》执行。
2. 平曲线最小半径 400 m 共 2 处，分别位于 K84+576.103、K112+854.300 处；最大纵坡 5%，均处于 60 km/h 设计速度段。
3. 整体式路基桥梁宽度 18.5 m。

6.1.2　青藏高原既有公路路基、路面概况

青藏高原地区道路病害调查显示，该地区路面病害主要有横向裂缝、网裂、坑槽、车辙等类型；路基病害主要有沉陷、翻浆、纵裂等类型。各类病害相互作用，彼此促进，最终导致路基路面产生严重损毁，影响了道路通行能力，甚至威胁行车安全性。各种类型病害在青藏公路所占比例及其对道路通行能力影响见表 6-5。

表 6-5 青藏公路各类病害所占比例及其对交通影响

病害分类	病害名称	所占调查病害比例(%)	对道路通行影响
路面病害	横裂、网裂	38	轻
	坑槽	15	中
	车辙、拥包	6	中
路基病害	纵裂	12	中
	沉陷、波浪	25	重
	翻浆	4	轻

各种病害与路基高度的相关性分析表明：沉陷病害随着路基高度的增加而逐渐减少，路基纵向裂缝病害随着路基高度的增加而逐渐增加，翻浆病害与路基高度没有显著关系。为了更加明确地表述多年冻土区各种道路病害与多年冻土特征、路基高度的关系，现将沉陷病害率、波浪病害率、路基纵向裂缝病害率、路面网裂病害率、翻浆病害率与冻土地温、含冰类型、路基高度的关系同时绘于图 6-1～图 6-3。

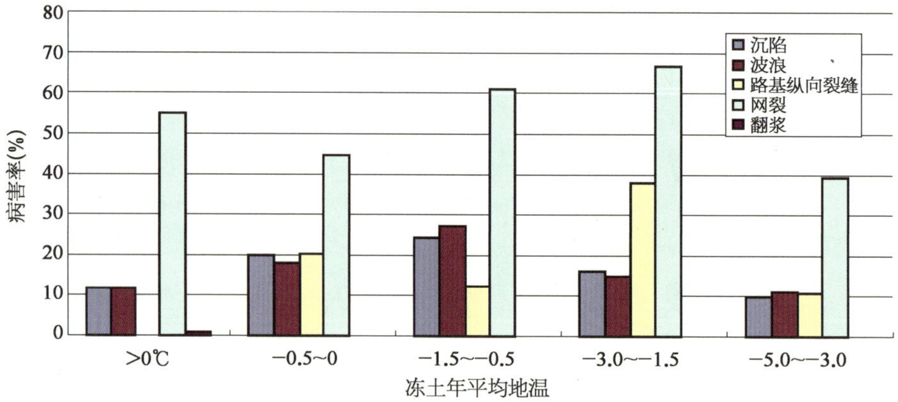

图 6-1 多年冻土区公路不同类型病害与冻土年平均地温的关系

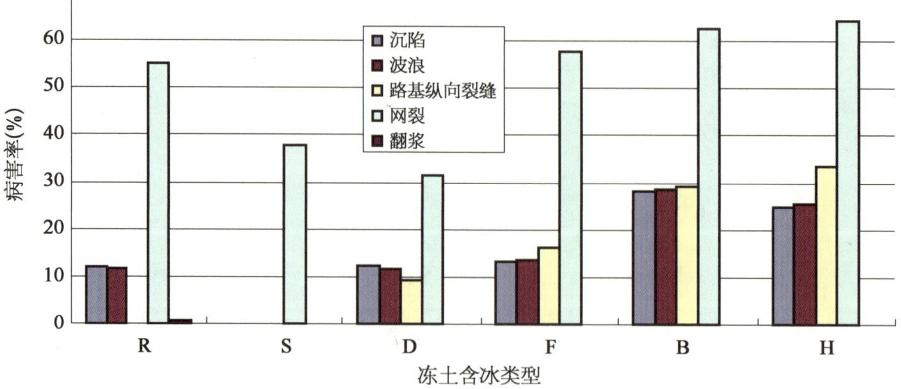

图 6-2 多年冻土区公路不同类型病害与冻土含冰类型的关系

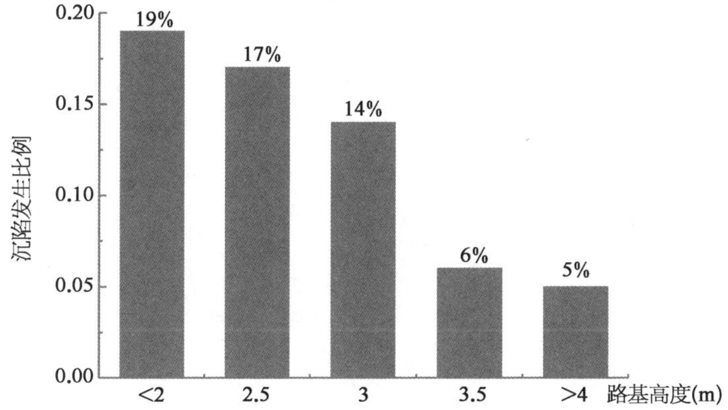

图 6－3　多年冻土区公路不同类型病害与路基高度的关系

调查研究发现青藏地区道路病害率与冻土地温、含冰类型、路基高度和运营时间有着良好的相关性，具有显著的时间、空间尺度效应。不同路基高度、年平均地温、含冰量、上限退化速率情况下，道路病害发生、恶化具有一定周期性。

1）沉陷病害

2013—2015 年病害调查样本显示，低路基路段发生重度沉陷病害路段比例最高，达到 19%，随着填方高度增大，重度沉陷发生率逐步降低，大于 4 m 填方路基，重度沉陷病害比例降至 5%，如图 6－4、图 6－5 所示。

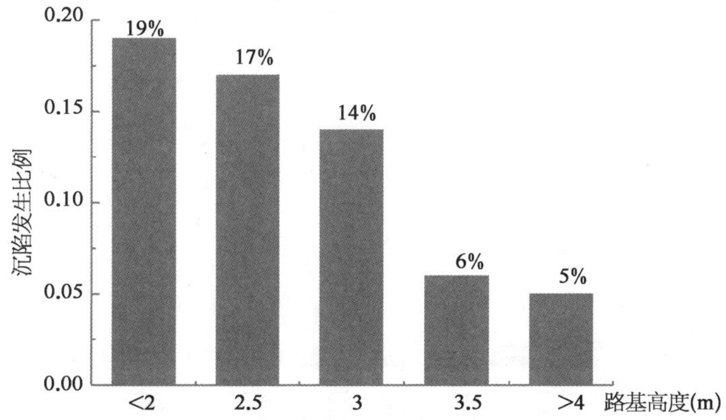

图 6－4　填方高度与沉陷病害关系

青藏公路沉陷病害如图 6－6、图 6－7 所示。

发生在低路基的重度沉陷，均处于高温、高含冰量地区，路基高度过低不能有效阻止路面热量向下传递，冻土上限退化严重，进而造成大面积不均匀沉降。此外，路基边坡坡脚 50 m 范围内，如出现面积大于 100 m^2 热融湖塘时，亦容易造成路基重度沉陷。

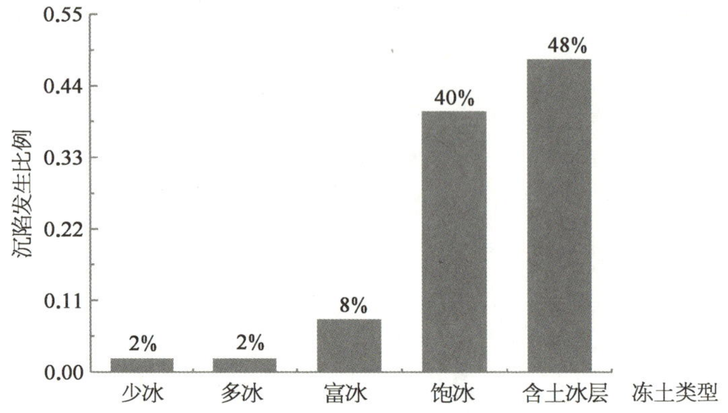

图 6-5 含冰量与沉陷病害关系

图 6-6 沉陷病害测量

图 6-7 沉陷导致波浪病害

2）纵裂病害

大多数纵向裂缝的产生与路基变形、边坡积水、损毁相关，部分采取了特殊处治措施的路基，如热棒路基，易在距离路肩 2~2.5 m 处形成连续纵裂。纵向裂缝一般宽度明显大于横向裂缝，在 2~8 cm 之间。纵裂病害如图 6-8、图 6-9 所示。

图 6-8 边坡滑移造成纵裂

图 6-9 路基沉陷导致纵裂

纵裂尤其是连续性纵裂一旦形成，一般均会快速发展，在 1~2 年内宽度、长度迅速增大，一般的灌缝等养护措施对其影响有限，且路基纵裂一般发生在高路基区域，如图 6－10 所示。

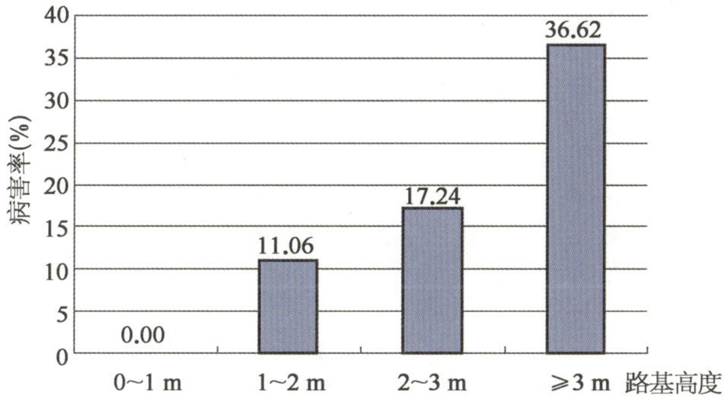

图 6－10　路基纵向裂缝病害与路基高度的关系

3）横向、网状裂缝病害

横向裂缝 75%均为横向贯穿裂缝，即贯通于左右两幅路面，裂缝宽度最小 0. 1 cm，最大 2. 5 cm，且贯穿裂缝宽度较大，一般在 1. 0 cm 以上；未贯穿裂缝宽度较小，在 0. 1 ~ 1 cm 之间，如图 6－11、图 6－12 所示。横裂一般很少单独发生，经常伴有车辙、网裂等病害；横裂的发展与道路是否及时养护密切相关，60%以上未灌缝处理的横缝，在 3 年内宽度或长度继续发展，演化为贯穿性裂缝或其他类型病害，而灌缝后的裂缝病害则发展缓慢。病害比例与填方高度的关系如图 6－13 所示。

图 6－11　路面横裂病害

图 6－12　贯穿路基断面的横裂

网裂是青藏地区道路最常见病害之一。网裂病害的发生具有较强的独立性，仅 17%的网裂病害伴有局部沉陷，大部分网裂的发生与路基、边坡病害关系不大，网裂面积为 5 ~ 80 m^2 之间，裂缝较细，大部分未现松散或变形，但大部分网裂均伴随有不同程度的横向开裂，少数网裂病害是由初期多条横向裂缝联合发展演化而来。从分布上而言，路面病害具有独立性，不同填方路基工况下，横裂网裂分布均有，如图 6－14、图 6－15 所示。

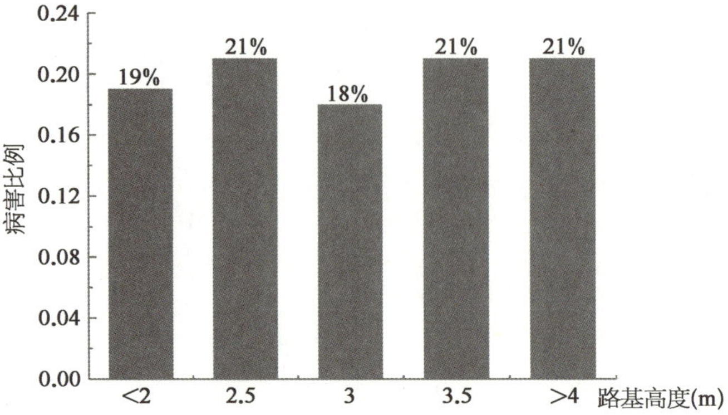

图 6-13　路面横裂病害

图 6-14　路面整体网裂

图 6-15　网裂导致松散

4）车辙、拥包等其他病害

车辙、拥包病害是青藏公路沿线较少的一种病害形式，仅占所有调查病害的 6%左右，如图 6-16、图 6-17 所示。在高温冻土区，道路线形出现较大纵坡路段容易出现该类病害，也有部分病害发生于沉陷较为严重路段。分析其原因，不良的通行条件迫使司机在该路段反复制动、启动，从而导致病害的发生。与车辙伴生的病害一般有拥包、横裂等。

图 6-16　路面车辙

图 6-17　车辙拥包病害

由统计数据可知，车辙拥包病害大多发生在纵坡、路侧积水、沉陷发生处，车辆频繁启动制动及沉陷病害是造成该类病害重要诱因，如图 6－18 所示。此外，个别路段出现了唧浆、泛油病害。唧浆破坏主要由路基翻浆所致，破坏严重段路面面层已发生脱落。泛油多出现在前期整治中采用沥青贯入式路面的路段，程度较轻，对道路通行能力影响较小。

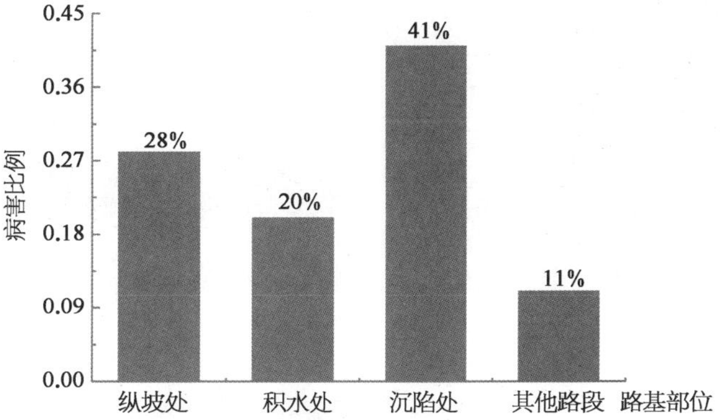

图 6－18 车辙拥包病害发生情况

6.1.3 青藏高原既有公路构造物概况

1）桥梁病害

在对多年冻土区主要道路和改建后的青藏公路及 G214 线上的桥梁结构病害调查基础上，全面地了解和掌握了多年冻土区桥梁工程病害类型及危害情况。青藏公路桥梁工程病害主要类型可概括如下：

① 预制板梁产生较大的挠曲变形，且板梁底部出现较大的裂缝，有的板底混凝土碎落、露筋等。

② 多孔桥桥面出现波浪形的变形，桥面铺装脱落。

③ 伸缩缝掉落、堵塞，板梁端头顶死。

④ 墩台严重剥蚀，部分桩柱露筋，轻型基础墩台沉降，墩台身开裂。

⑤ 锥形溜坡冻胀沉陷破坏。

⑥ 导流堤冻胀、沉陷坍塌等。

2004 年，对青藏公路可可西里—尺曲段的 16 座桥梁的使用状况进行了重新调查。调查结果：桥梁产生病害的有 8 座，占调查数量的 1/2。其中，一般病害的 6 座；轻微病害的 2 座。桥梁使用良好率为 50%。该段桥梁病害主要集中在附属工程，桥梁主体均良好。其中，以锥体护坡破坏及桥下铺砌破坏为甚。

主要病害有：台身裂缝；台尾路面裂缝；锥体护坡破坏；台下、桥下及河床铺砌破坏。

调查表明：多年冻土区桥梁基础的冻胀和融沉，往往是多年冻土区桥梁稳定性破坏的主要原因。某些桥梁由于基础埋置深度不够,防冻胀措施不力,基础冻胀、沉降变形过大,导致桥梁毁坏,如图 6－19～图 6－22 所示。

图 6－19 桥梁整体破坏

图 6－20 桥墩横移

图 6－21 桥墩混凝土剥落,钢筋暴露

图 6－22 桥台锥体护坡破坏

2）涵洞现状

青藏公路调查路段 108 km 共有 51 道涵洞,其中钢筋混凝土盖板涵 46 道,全部为旧涵,新修金属波纹管涵 5 道,见表 5－6。由表可知：该段盖板涵基本完好率为 41.3%,一般破坏率为 21.7%,严重破坏率为 37%,半数以上涵洞已经产生破坏。金属波纹管涵洞使用情况良好,无病害发生,见表 6－6。

表 6－6 青藏公路 K2899—K3007 涵洞调查情况

涵　洞		盖板涵	金属波纹管涵	合计
调查涵洞总数量		46	5	51
基本完好的涵洞	数量(道)	19	5	24
	比例(%)	41.3	100	47.0

（续表）

涵　　洞		盖板涵	金属波纹管涵	合计
一般破坏的涵洞	数量(道)	10		10
	比例(%)	21.7		20.0
严重破坏的涵洞	数量(道)	17		17
	比例(%)	37.0		33.0

G214 线是西部地区干线路网改造的重点，青海境内长 1 084 km，其中 K280+000(鄂拉山北坡)—K660+000 为冻土段。调查路段为黄河沿(K490+000)至查拉坪(K590+000)，全长 100 km，共有涵洞 231 道。其中，钢筋混凝土盖板涵 183 道，金属波纹管涵 47 道，石砌拱涵 1 道，见表 6－7。G214 线涵洞原多以钢筋混凝土盖板涵洞为主，随着金属波纹管涵的应用及推广，在 G214 线的改扩建过程中，对冻土地区的涵洞工程，逐步以适应变形能力更强的金属波纹管涵替代原有的钢筋混凝土盖板涵。

表 6－7　G214 线黄河沿至查拉坪段涵洞数量

	冻土工程地质类型		合　计
	多年冻土区	融区及季节冻土区	
涵洞总数	109	122	231
钢筋混凝土盖板涵	73	110	183
金属波纹管涵	37	10	47
石砌拱涵	0	1	1

从表 6－7 可知：在多年冻土区有 37 道金属波纹管涵，基本完好的涵洞比例为 75.68%，一般破坏的比例为 10.81%，严重破坏的比例为 13.51%；季节冻土区为 10 道，基本完好比例为 80%，一般破坏和严重破坏的比例均为 10%。可以看出，在多年冻土地区有 73 道钢筋混凝土盖板涵，基本完好的比例为 54.79%，一般破坏的比例为 28.78%，严重破坏的比例为 16.43%；季节冻土区为 10 道，基本完好比例为 79.09%，一般破坏的比例为 10%，严重破坏的比例为 10.91%。从以上数据可以看出，在多年冻土区，金属波纹管涵的基本完好率要远远高于钢筋混凝土涵的基本完好率，而在季节冻土区，两者的基本完好率基本相同，说明金属波纹管涵在多年冻土区的适用性要好于钢筋混凝土盖板涵，而在季节冻土区，两者均可使用。

6.2　青藏高速公路建设的影响因素分析

青藏高原广泛分布着大片连续、岛状多年冻土及季节冻土，以及多年冻土区特有的地下冰、冰锥、冰丘、热融湖塘等特殊地质现象，加上极端恶劣的高原气候和极脆弱的高原生态环境，是任何一项工程建设都无法回避的难题。青藏高原极度敏感、恶劣的外部环境，对高速公路这种宽幅度、长距离带状工程的建设，影响的因素更加复杂，面更广，程度更加显著。

青藏高速公路的建设要坚持可持续发展的理念，既要提高公路服务水平，实现青藏走廊运输主通道的功能，也要满足社会进步、经济发展，方便公众使用，同时要保护生态环境，合理利用自然资源。这些方面都是相辅相成、不可分割的。因此，不仅需要运用分层目标法进行青藏高速的合理线位布局，并以优秀的路线总体方案总领路基、路面、桥涵、隧道等工程方案的合理设置，还需要对青藏高速公路采用新建方案还是改扩建方案，采用整体式路基还是分离式路基，以及工程实施采用横向一次建成方案还是分幅分期修建方案等建设模式问题进行深入分析论证，寻求最佳的建设模式，辅以优秀的工程方案，达到青藏高速可持续发展的最终目标。

从确保青藏高速的可持续发展入手，从技术、经济、社会、环境等方面梳理青藏高速建设模式的影响因素，主要有线形指标、冻土地质、干扰工程、生态环境、地形地貌、交通干扰及社会、经济等因素。

6.2.1 线形指标

公路线形不但决定着路基、桥涵、隧道、交叉等构造物设置和规模，而且对公路的通行能力及行车的安全性、舒适性起着决定性的作用。公路线形要与公路等级相匹配，在与周围环境协调的同时，为实现公路功能、满足交通需求提供支撑。高速公路对线形的要求更高，路线布设时根据不同的设计速度采用相应的平面、纵面线形指标，并注重平纵指标的组合设计，保持线形的连续和指标的均衡，与周围的地形地貌等自然环境协调一致，保证良好的视线诱导。

在青藏高原多年冻土区，由于高原低压缺氧环境会造成车辆综合性能衰减，高原反应又会导致驾驶员操作行为迟缓，加上长期积雪冰冻容易造成行车稳定性剧降，严重影响了高原高速公路行车的安全性。因此，青藏高速公路对平纵面线形指标的要求更高、更严。根据《公路工程技术标准》(JTG B01—2014)，一般高速公路的设计速度为 80~120 km/h，而青藏工程走廊内现有的青藏公路基本为二级公路标准，平均行车速度为 70~80 km/h，多数路段的设计速度仅仅为 40~60 km/h，局部地形较差的路段甚至更低，其现有的平纵面线形指标远远小于高速公路的标准。

受既有青藏公路线形指标过低的影响，利用旧路升级改造成高速公路的建设方案必然受到极大的限制。因此，在进行青藏高速新建方案和改扩建方案的比选论证时，应根据青藏公路现有的平纵面线形指标情况，分析其升级改造成高速公路的可利用率，确定其改造后的线形指标能否满足青藏高速的功能需求及保证行车的安全性、舒适性等，将线形指标作为青藏高速新建方案和改扩建方案选取的依据之一。

6.2.2 冻土地质

青藏高原多年冻土带主要集中分布在高原腹地的昆仑山至唐古拉山之间的区域，北界位于昆仑山以北的西大滩一带，南界位于唐古拉山以南的安多一带，南北近 600 km。多年冻土是一种特殊的土体，其物理、力学性质对温度极其依赖，表现为对热的不稳定性。在受工程建设等人类活动干扰时，冻土地温逐渐上升，其自然条件下相对稳定的状态将被打破，冻土逐渐融化，由此引发一系列工程地质问题。多年冻土区的不良地质主要为厚层地下冰、热融滑塌、冻胀丘及冰椎、冻土沼泽等，公路线位布局应充分运用地质选线的手段，尽量绕避这些地质不良路段，将路线布设在少冰、多冰冻土地带或融区。当必须穿越时，应进行详细地勘，根据地质资料确定工程处理方案，然后选择合理的布线位置。

青藏公路由于建设时期较早，限于当时的技术水平及对多年冻土认知的局限，当时的公路选线并未考虑多年冻土的地质问题，致使青藏公路历史病害严重。经过 4 期整治改建工程，虽然青藏公路的现状得到了极大的改善，基本达到了二级公路标准，但整治改建过程中仅是针对病害严重路段，更多的是病害路基的抬高及特殊路基处置，并未将公路线位根据冻土地质情况进行总体改建，因此道路病害依然频繁发生。据历史病害调查分析，青藏公路多年冻土段 40.1%的路段经历了 2 次整治，还有 29.5%的路段经历了 3 次整治，维修频繁且稳定性差，后续仍有发生病害的潜在风险。

青藏公路冻土路基病害严重，整治难度大、效果差。青藏高速改扩建方案主要拟合既有的青藏公路布线，因此需要通过分析青藏公路沿线冻土地质情况和道路病害现状，结合历史病害整治信息，综合确定其改造升级为高速公路的可利用程度，作为青藏高速新建方案和改扩建方案选取的依据之一。

此外，在多年冻土区修筑高速公路，由于路基加宽、加高，导致的横断面吸热面加大等一系列尺度效应问题，使多年冻土的生存条件进一步恶化，如图 6－23 所示。数值计算结果表明，相同季节工况下，宽幅路基沉降值较窄幅路基提高 17.4%～21.3%；相同路基填筑高度工况下，宽幅路基沉降量较窄幅提高 42%～55%；年平均地温每提升 0.5℃，宽幅路基沉降量较

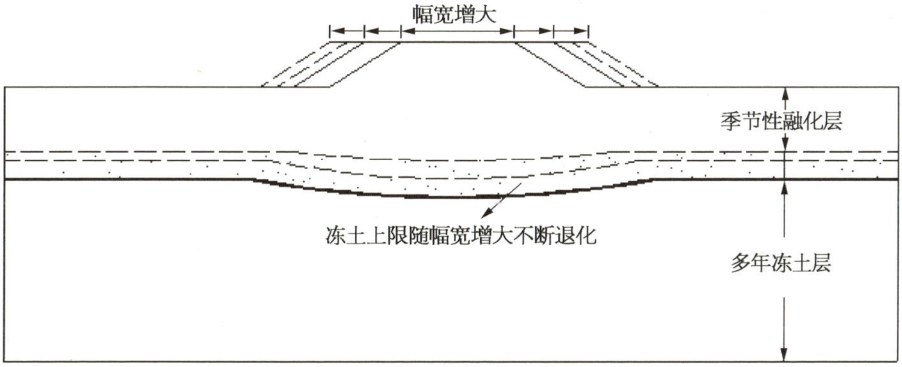

图 6－23　路基尺度效应对融沉变形影响

窄幅提高 30%～40%。

多年冻土区的公路随着路基宽度增大，通过基底吸收与放出的热量也相应增加，并且基底吸热能力大于基底的放热能力，导致基底净吸热随着路基宽度增加也相应增加，对宽幅公路极为不利。因此，应分别对青藏高速在整体式路基建设模式和分离式路基建设模式下，对多年冻土的扰动和破坏程度进行分析，作为其建设模式选取的依据之一。

6.2.3 干扰工程

青藏高速穿越多年冻土区时，工程施工及运营均会对多年冻土产生一定范围的热影响，当与工程走廊内既有的青藏公路、青藏铁路、输油管线等线性工程距离较近时，将产生叠加放大的热学影响，加剧多年冻土升温、退化，引发大规模病害。因此，走廊内的工程容量问题，对高速公路线位布局影响显著。青藏高速路线布设时，应确保与既有线性工程及分离式路基两幅之间的安全距离，尽量减少或消除工程走廊内构筑物群之间的相互热影响。数值模拟的结果表明，在青藏工程走廊修建高速公路，当青藏高速布设在靠近青藏铁路一侧时，整体式建设模式下，其不产生相互热干扰的横向最短距离是 80 m，分离式建设模式下，横向最短距离需要 140 m；当青藏高速布设在靠近青藏公路一侧时，整体式建设模式下，其不产生相互热干扰的横向最短距离是 100 m，分离式建设模式下，横向最短距离需要 160 m。分离式比整体式在横向方向上多出的 60 m，是保证分离式两幅路基不会产生相互热干扰的距离。当青藏高速布设在青藏公路与青藏铁路之间时，整体式建设模式下，为了不产生相互热干扰，三条道路之间至少得相距 100 m，分离式建设模式下，该距离需要达到 160 m。

受青藏高原自然地理环境的影响，工程走廊内的各种现有的线性工程基本沿着青藏公路的两侧修建，局部地形受限路段间距较近。因此，应分析青藏高速新建方案和改扩建方案对走廊内现有的工程构筑物的干扰程度，作为青藏高速新建方案和改扩建方案选取的依据之一。

6.2.4 生态环境

青藏工程走廊在多年冻土区沿线主要分布着高寒草原、高寒草甸，生长着低矮的针刺状蒿草类植物，植物返青生长期短（一般为 5—9 月），植被覆盖率低。沿线动物群落基本上属于高山动物群，区内藏羚羊、野驴、狼、野牦牛、黑颈鹤等动物极为珍稀，均属国家保护动物。高原动物活动范围大，不同季节间觅食、饮水、繁殖等都需要进行大规模、长距离的迁移。

青藏高原多年冻土区海拔高，空气稀薄，气候寒冷、干旱，动植物种类少、生长期短、生物量低、生物链简单，生态系统中物质循环和能量的转换过程缓慢，致使区域生态环境十分脆弱。区域内多年冻土与动植物群落经过长期演化而逐渐形成一种相对平衡的状态，但这种状态是极不稳定，任何自然因素、人为因素的变化都会对冻土环境乃至整个生态环境产生影响。在全球变暖和人为活动的双重影响下，青藏高原多年冻土不断退化，当冻土上限下降到一定深度时，地表水下渗，使地表土层含水量降低，这时往往出现植被消失或被另外种属植被所代替。植被的消失与退化，一方面会影响野生动物的生存，另一方面使得地面失去了一层保温层，反过来又会加剧冻土的退化程度，形成连锁型的深远影响。长期低温和短促的生长季节使多年冻土区内植被一旦破坏，恢复十分困难。公路建设是带状工程，涉及面广，对其周围环境的影响更大，如占用土地、破坏植被、破坏自然生境、分割生物的生存空间等。因此，青藏高原高速公路建设必须将环保理念贯穿于公路的全寿命周期，从设计阶段开始就体现环保先行的原则，将保护生态环境和冻土环境作为重要的设计目标。

青藏高速穿过多年冻土区，同时将穿越可可西里自然保护区和三江源自然保护区，脆弱的生态环境叠加敏感的冻土环境，基于最大限度的环境保护，特别是保证藏羚羊等高原珍稀野生动物的迁徙通道，必须慎重选取高速公路建设方案。因此，应分别分析青藏高速新建方案和改建方案对沿线生态环境的影响程度，特别是保证藏羚羊等野生动物穿越措施的有效性和合理性，作为青藏高速新建方案和改扩建方案选取的依据之一。

此外，藏羚羊有着白昼迁徙穿行，又怕阴影和噪声的生活习性，为保证其迁徙，也要慎重选取青藏高速的建设模式。应分别分析青藏高速整体式建设模式和分离式建设模式对藏羚羊迁徙的影响程度，据此作为青藏高速整体式建设模式和分离式建设模式选取的依据之一。

6.2.5 地形地貌

青藏高原周围大山环绕，南有喜马拉雅山，北有昆仑山和祁连山，西为喀喇昆仑山，东为横断山脉，高原内还有唐古拉山、冈底斯山、念青唐古拉山等。高原上的山脉主要是东西走向和西北—东南走向，海拔大多超过 6 000 m。两组不同走向的山岭相互交错，把高原分隔成许多盆地、宽谷和湖泊。青藏工程走廊在西大滩向南进入青藏高原，依次穿越东昆仑山系、长江源头残山高平原、唐古拉山等三个地貌区。沿线总体地势起伏不大，地形较开阔平缓，但昆仑山、风火山、开心岭、头二九山、唐古拉山等越岭段地势变化较剧烈，昆仑山峡谷和雁石坪峡谷等个别沟谷狭窄弯曲，两侧山坡陡峻。

在这些局部地形复杂路段，高速公路这种线形要求高、建筑幅面宽的线性工程受地形条件的约束极大，加上现有的青藏公路、青藏铁路、输油管线等线性工程同样受地形约束，密集地布设在狭窄的通道内，更是加重了对高速公路方案的干扰。因此，应分析青藏高速不同的建设方案和建设模式在地形条件困难路段的适宜性，作为其新建方案和改扩建方案选取，以及整体式建设模式和分离式建设模式选取的依据之一。

6.2.6 交通干扰

青藏高速公路的建设，不可避免地会对青藏工程走廊内现有的道路特别是青藏公路的交通造成一定的干扰，同时给行车安全带来隐患。主要的交通干扰形式有：青藏高速施工期间，由于青藏公路兼作施工辅道，大量的施工车辆上下青藏公路，将对现有的交通流形成平面交织和拥堵等干扰；高速公路方案对青藏公路产生交叉、改造或改移的需要时，这些影响路段的交通流会受到施工作业的严重干扰。青藏高速采用不同的建设方案，其对青藏公路的交通干扰形式及程度是不同的。

青藏公路是所有进藏公路中最佳的一条路线，汇集了绝大多数公路方式出行的交通量，同时也承担了大部分进藏的客货运量。青藏高速建设期间，必须保障青藏公路的交通顺畅和安全，除了采取交通组织和保通方案之外，更应该从源头出发，寻求合理的高速公路建设方案，规避可能产生严重交通干扰的方案。因此，应分析青藏高速不同的建设方案对青藏公路及周边路网产生的交通干扰，据此作为青藏高速新建方案和改扩建方案选取的依据之一。

6.2.7 社会、经济

公路选线时，不仅要坚持“安全选线、地质选线、地形选线、生态选线”的原则，还要坚持“经济选线”。青藏高原人口密度低，人口基数及变化小，加上海拔高、高原气候恶劣，大大影响了人类的生长发育和自下而上发展，以及各种经济活动的开展。同时，在目前经济条件和科学技术力量有限的情况下，很难做到充分有效地开发、利用区域内丰富的自然资源。受这一社会、经济特点的影响，以及高原自然地理环境的制约，区域社会、经济条件落后，发展缓慢。为取得良好的社会经济效益，高速公路建设需要综合考虑区域经济发展、产业布局，符合区域发展规划，尽可能满足沿线政府、群众的要求，促进城市的经济发展，加快城市化进程，并尽可能地辐射和带动周边地区的社会、经济发展。此外，高速公路建设还要考虑工程本身的经济性，运用工程造价手段，从工程投资角度对青藏高速的建设方案、建设模式以及工程的实施方案等进行全面的经济分析论证，选择造价合理、技术可行的方案。

6.3 青藏高速公路的建设模式

由于青藏高原特殊的自然地理环境，青藏高速公路建设面临着许多的技术难题。为了保证工程建设的顺利，首先得明确一个合理、经济的建设模式。通过上一节的分析可知，冻土地质、生态环境、地形地貌等众多的因素共同影响着高速公路建设模式的选择，应综合各个影响因素，经过详细、全面的技术、经济、社会及环境等分析来确定建设模式。

6.3.1 建设方案分析比选

根据《国家公路网规划》，青藏高速公路的路线总体走向大体与青藏公路(G109 线)及青藏铁路一致，需穿越西大滩至安多大片多年冻土区，以及可可西里自然保护区和三江源自然保护区，沿线城镇稀少，路网稀疏，交通量小，地形条件较好。青藏高速公路多年冻土段的建设首先需考虑新建方案和沿青藏公路的改扩建方案两种建设方案的选取问题。

1）建设方案的提出

（1）新建方案

新建方案即青藏高速沿青藏公路或青藏铁路一侧的适当位置，采用整体式路基形式或分离式路基形式新建一条高速公路。既有的青藏公路继续保留，对于局部干扰青藏公路的路段，需要进行改建恢复，确保其仍发挥国道功能，方便非机动车、摩托车、行人等各类地方交通出行。

（2）改扩建方案

改扩建方案即青藏高速利用青藏公路的线位资源，将其从现有的二级公路标准改扩建为高速公路标准。根据前述青藏公路的道路现状及工程走廊现状，改扩建方案可采用整体式改扩建和分离式改扩建两种模式。整体式改扩建模式是综合考虑旧路现状、地形、地质、冻土及干扰工程等条件，分段采用两侧加宽或单侧加宽的方式，将青藏公路改造成整体式路基形式的高速公路。分离式改扩建模式是将青藏公路进行升级改造作为高速公路的半幅，在青藏公路一侧的适当位置新建高速公路的另外半幅，共同组合成分离式路基形式的高速公路。

这两种模式在将既有的青藏公路改扩建为高速公路后，高速公路将实施封闭式管理，沿线的非机动车、农用车、摩托车及行人等将无法利用高速公路通行，必须要沿高速公路新建一条开放式的道路，以满足上述交通需求。同时，根据《国家公路网规划》，青藏公路属于国道网，青藏高速属于国高网，分属于两种不同的公路网体系，它们的功能定位及服务对象均不相同。将现有的青藏公路改扩建为国家高速后，必须要新建一条公路，发挥国道的服务功能，并将其恢复为 G109 国道编号。因此，青藏高速采用改扩建方案后，必须新建一条新的国道，总体走向与既有的青藏公路基本一致，原则上沿高速公路布设兼具施工辅道的功能，其技术标准宜和既有青藏公路的技术标准保持一致，基本为二级公路标准。

2）建设方案的比选

（1）从线形指标分析

① 新建方案的技术标准。

青藏高速采用新建方案，道路的平纵面线形指标参照《公路工程技术标准》的规定，应根据公路功能，结合交通量、地形条件等确定技术等级及主要技术指标。

青藏高速作为国家高速公路规划网的重要组成部分，是其他省区连接西藏的主通道，是青藏高原上的交通大动脉，是社会发展和民族团结的生命线，是我国重要的国防公路。因此，青藏高速担负着主要干线公路的功能，是国家公路网的主骨架，全国性跨省综合运输大通道，服务于首都、区域中心、省会、军事战略要地等节点之间的便捷连接通道。

考虑到青藏高速特殊的公路功能，以及其里程长、涉及影响区多、影响区范围分布广等特点，对青藏高速格尔木至拉萨全线进行了交通量预测。预测采用“四阶段推算法”和“MD

模型”的方法，将未来交通量分为社会客运交通量、社会货运交通量、旅游交通量、其他运输交通量四个部分进行分别预测（预测结果见表6－8、表6－9）。交通量预测结果表明，各路段远景设计年限交通量均大于15 000 pcu/d。

表6－8 青藏高速交通量（年平均）

路 段	里程(km)	交通量(pcu/d)				
		2020年	2025年	2030年	2035年	2040年
格尔木南—那赤台互通	68.3	6 421	9 318	12 427	15 449	17 893
那赤台互通—西大滩互通	33.07	6 355	9 224	12 302	15 293	17 711
西大滩互通—不冻泉互通	61.16	6 451	9 364	12 488	15 524	17 978
不冻泉互通—五道梁互通	86.33	6 549	9 504	12 675	15 756	18 248
五道梁互通—唐古拉山互通	140.85	6 741	9 784	13 048	16 220	18 782
唐古拉山互通—雁石坪互通	89.52	7 133	10 295	13 673	16 953	19 623
雁石坪互通—温泉兵站互通	56.28	7 520	10 817	14 322	17 729	20 493
温泉兵站互通—安青互通	70.64	7 557	10 871	14 393	17 817	20 595
安青互通—安多互通	63.38	7 747	11 144	14 754	18 265	21 112
安多互通—扎仁互通	40.02	8 264	11 772	15 563	19 218	22 207
扎仁互通—那曲北互通	60.94	8 583	12 268	16 165	19 977	23 107
那曲北互通—那曲南互通	22.65	7 825	10 857	14 155	17 294	19 794
那曲南互通—香茂互通	57.24	8 677	11 755	15 311	18 651	21 486
香茂互通—古露互通	25.38	8 662	11 764	15 330	18 683	21 517
古露互通—乌玛塘互通	38.28	8 647	11 773	15 348	18 715	21 547
乌玛塘互通—当雄互通	32.87	8 834	12 029	15 681	19 116	22 003
当雄互通—宁中互通	24.72	10 332	14 131	18 330	22 232	25 574
宁中互通—羊八井互通	56.69	10 067	13 767	17 858	21 659	24 918
羊八井互通—德庆互通	26.92	9 900	13 539	17 563	21 301	24 505
德庆互通—古荣互通	25.82	10 543	14 419	18 704	22 685	26 097
古荣互通—拉萨西互通	18.85	10 017	13 699	17 771	21 553	24 793
拉萨西互通—拉萨南枢纽	13.49	9 705	13 242	17 148	20 781	23 887
全线加权平均		7 812	11 050	14 566	17 940	20 719
年均增长率(%)		7.18	5.68	4.26	2.92	

表 6－9 青藏高速交通量（旅游高峰期）

路　段	里程（km）	交通量（pcu/d）				
		2020 年	2025 年	2030 年	2035 年	2040 年
格尔木南—那赤台互通	68.3	7 986	11 595	15 462	19 217	22 260
那赤台互通—西大滩互通	33.07	7 904	11 478	15 306	19 022	22 034
西大滩互通—不冻泉互通	61.16	8 025	11 651	15 538	19 310	22 366
不冻泉互通—五道梁互通	86.33	8 139	11 817	15 758	19 584	22 702
五道梁互通—唐古拉山互通	140.85	8 378	12 164	16 221	20 160	23 366
唐古拉山互通—雁石坪互通	89.52	8 862	12 793	16 987	21 057	24 395
雁石坪互通—温泉兵站互通	56.28	9 340	13 438	17 789	22 017	25 472
温泉兵站互通—安青互通	70.64	9 386	13 505	17 877	22 125	25 598
安青互通—安多互通	63.38	9 623	13 844	18 328	22 682	26 241
安多互通—扎仁互通	40.02	10 261	14 640	19 350	23 895	27 655
扎仁互通—那曲北互通	60.94	10 663	15 241	20 078	24 808	28 719
那曲北互通—那曲南互通	22.65	9 717	13 486	17 590	21 495	24 619
那曲南互通—香茂互通	57.24	10 770	14 580	18 994	23 145	26 680
香茂互通—古露互通	25.38	10 748	14 588	19 013	23 181	26 712
古露互通—乌玛塘互通	38.28	10 726	14 595	19 031	23 216	26 743
乌玛塘互通—当雄互通	32.87	10 978	14 943	19 483	23 751	27 348
当雄互通—宁中互通	24.72	14 572	19 821	25 497	30 543	34 835
宁中互通—羊八井互通	56.69	14 122	19 212	24 721	29 629	33 805
羊八井互通—德庆互通	26.92	13 795	18 770	24 165	28 979	33 079
德庆互通—古荣互通	25.82	14 591	19 859	25 577	30 694	35 052
古荣互通—拉萨西互通	18.85	14 013	19 065	24 537	29 415	33 564
拉萨西互通—拉萨南枢纽	13.49	13 645	18 514	23 776	28 467	32 450
全线加权平均		9 943	14 040	18 470	22 688	26 174
年均增长率（%）		7.14	5.64	4.20	2.90	

青藏高速多年冻土区段虽然海拔较高，但地形条件较好，沿线绝大部分路段地形开阔平坦，适宜高速公路建设，同时结合公路功能及交通量需求分析，应分段采用设计速度为 100 km/h 和 120 km/h 的双向四车道高速公路标准建设。具体建设标准及分段见表 6－10。

表 6－10 分段技术标准

路 段	路段长度(km)	设计速度(km/h)	车道数	路基宽度(m)
西大滩—不冻泉	75.966	100	4	26(13)
不冻泉—雁石坪	319.171	120	4	26(13.25)
雁石坪—温泉兵站	56.3	100	4	26(13)
温泉兵站—安多	134	120	4	26(13.25)
共计	585.437			

注：括号内为分离式路基宽度。

② 新建方案的主要指标。

运用分层目标法在 1∶50 000 数字化地形图上进行了青藏高速新建方案的线位布设，主要线形指标见表 6－11。

表 6－11 青藏高速多年冻土段新建方案主要线形指标统计

序号	项 目	单位	线形指标统计	占比(%)
1	平曲线最小半径	m/处	800/1	—
2	$710 \leqslant R < 1\,000$	个	6	3.7
3	$1\,000 \leqslant R < 4\,000$	个	99	61.5
4	$4\,000 \leqslant R < 5\,500$	个	27	16.8
5	$R \geqslant 5\,500$	个	29	18.0
6	最大纵坡	%/m	3.9%/730	—
7	纵坡≤3%	个	508	96.8
8	3%<纵坡≤4%	个	17	3.2
9	最短坡长	m/处	400/1	—
10	凸形竖曲线最小半径	m/处	6 882/1	—
11	凹形竖曲线最小半径	m/处	6 000/1	—

注：根据《公路工程技术标准》(JTG B01—2014)及《公路路线设计规范》(JTG D20—2006)，$R = 710$ m 是设计速度为 120 km/h，最大超高为 6%时的圆曲线最小半径；$R = 1\,000$ m 是设计速度为 120 km/h 时的圆曲线一般最小半径；$R = 4\,000$ m 是设计速度为 100 km/h 时的不设超高的圆曲线最小半径；$R = 5\,500$ m 是设计速度为 120 km/h 时的不设超高的圆曲线最小半径；3%、4%分别是设计速度为 120 km/h 和 100 km/h 时的最大纵坡。

由表 6－11 可见，青藏高速多年冻土段新建方案的平面指标均能满足设计速度 120 km/h 的要求，且仅有 6 个圆曲线半径小于一般最小半径 1 000 m，占全段圆曲线的 3.7%；纵面指标中仅 17 处纵坡不满足设计速度 120 km/h 的要求，但能满足设计速度 100 km/h 的要求，占全段纵坡的 3.2%，主要位于昆仑山口、雁石坪和安多北面的寨拉木曲果等 3 处地形较困难路段。

③ 改扩建方案的主要指标。

青藏高速采用改扩建方案，拟合既有的青藏公路线形布线，主要受青藏公路现有的线形指标控制。基于对青藏公路雷达测量的 LAS 数据对其进行线位拟合后，统计青藏公路现有的主要线形指标，见表 6－12。

表 6－12 **青藏公路多年冻土段线形指标现状统计**

序号	项　目	单位	线形指标统计	占比(%)
1	平曲线最小半径	m/处	85/1	—
2	$R<135$	个	50	7.6
3	$135 \leqslant R<270$	个	122	18.5
4	$270 \leqslant R<440$	个	124	18.8
5	$440 \leqslant R<710$	个	142	21.7
6	$710 \leqslant R<1\,000$	个	62	9.4
7	$1\,000 \leqslant R<4\,000$	个	139	21.1
8	$4\,000 \leqslant R<5\,500$	个	9	1.4
9	$R \geqslant 5\,500$	个	10	1.5
10	最大纵坡	%/m	7.14/240	—
11	纵坡≤3%	个	775	89.9
12	3%<纵坡≤4%	个	53	6.2
13	4%<纵坡≤5%	个	27	3.1
14	5%<纵坡≤6%	个	5	0.6
15	纵坡≥6%	个	2	0.2

注：根据《公路工程技术标准》(JTG B01—2014)及《公路路线设计规范》(JTG D20—2006)，$R=135$ m 是设计速度为 60 km/h，最大超高为 6%时的圆曲线最小半径；$R=270$ m 是设计速度为 80 km/h，最大超高为 6%时的圆曲线最小半径；$R=440$ m 是设计速度为 100 km/h，最大超高为 6%时的圆曲线最小半径；5%、6%分别是设计速度为 80 km/h 和 60 km/h 时的最大纵坡。

由表 6－12 可见，青藏公路多年冻土段全段有 172 处圆曲线半径小于 270 m，占全段总交点数的 26.1%，即有 26.1%的圆曲线不满足 80 km/h 的要求，不符合高速公路标准。圆曲线半径大于 440 m，即满足设计速度 100 km/h 以上的有 362 处，占总数的 55.1%。在纵坡方面，全段有 34 处纵坡不满足设计速度 100 km/h 的要求，占全段纵坡的 3.9%。既有青藏公路平面指标过低，且普遍存在着交点间距过近、平曲线长度过短、指标运用不够连续均衡等平面指标缺陷。同时，青藏公路的纵面普遍存在着变坡频繁、坡长过于破碎、竖曲线半径偏小、越岭段纵坡过大、与平面指标配合欠妥等纵面指标缺陷。

青藏公路现有的较低的线形指标，使得青藏高速公路采用改扩建方案时，如果过分迁就既有青藏公路的线形，则改建后的平纵面线形指标将较低，与青藏高速的公路功能、交通需

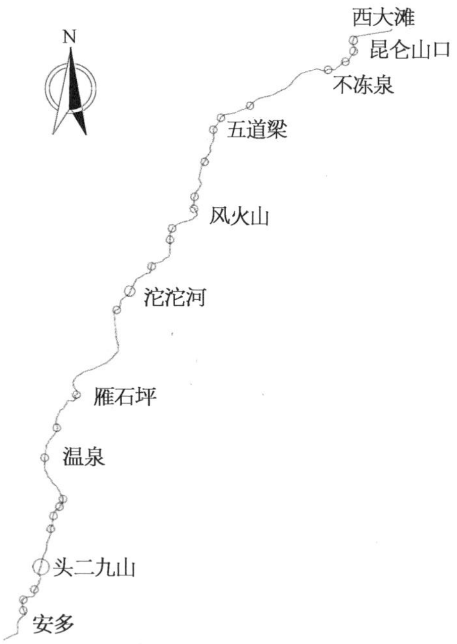

图 6-24 改扩建方案局部改线位置示意图

求、沿线地形条件等不相匹配。如果改扩建方案过多提高线形指标,则会大幅地降低对既有青藏公路的利用率。

本着尽量拟合青藏公路的线形,提高旧路利用率,同时适当提高线形指标,尽量提升公路服务水平的原则,进行了青藏高速改扩建方案的平面布线。方案对青藏公路局部平曲线半径过小不能满足高速公路平面指标要求的路段考虑裁弯取直,对局部纵坡过大不满足纵面指标的路段进行了必要的改线展坡,对主要城镇过境线进行了改移绕行。除了局部必要的新建之外,方案尽量拟合旧路布线。如图 6-24 所示,全段改线新建方案合计 143.7 km,占全段的 24.7%,即改扩建方案对青藏公路线位资源的利用率为 75.3%。

改扩建方案的平面指标统计见表 6-13。

表 6-13 青藏高速多年冻土段改扩建方案主要线形指标统计

序号	项　目	单位	线形指标统计	占比(%)
1	平曲线最小半径	m/处	320/1	—
2	270≤R<440	个	12	4.1
2	440≤R<710	个	42	14.5
2	710≤R<1 000	个	31	10.7
3	1 000≤R<4 000	个	143	49.3
4	4 000≤R<5 500	个	29	10.0
5	R≥5 500	个	33	11.4

由表 6-13 可见,适当提高线形指标后的改扩建方案,全段圆曲线半径均大于 270 m,即均满足设计速度 80 km/h 的要求。全段圆曲线半径大于 440 m,即满足设计速度 100 km/h 以上的有 278 处,占总数的 95.9%。

综上所述,从线形指标角度分析,虽然改扩建方案对青藏公路局部路段进行了改线新建,在旧路利用率保持 75.3%的基础上极大地改善了青藏公路的线形指标,但新建方案的线形指标更高,指标间的组合更连续、均衡,平纵面配合更加灵活、合理,更能满足青藏高速公路的功能要求,有利于行车的安全性和舒适性。

(2) 从冻土地质分析

青藏高速采用新建方案可根据沿线冻土类型及分布情况,灵活布置线位,尽量在融区或少冰、多冰冻土区布线，并尽量绕避冰锥、冰丘、热融湖塘等不良地质路段。同时，总结所取得的科研成果，依托青藏公路、共玉公路及花大高速的冻土段示范工程建设，积累了较为成熟的冻土处置技术，完全能够科学、合理、灵活、有效地处理沿线的冻土地质带来的工程建设问题。

青藏高速采用改扩建方案时，主要拟合既有的青藏公路布线，受旧路沿线的冻土地质及公路冻土病害影响显著。根据 6.1 节中对青藏公路病害调查显示，青藏公路 2013—2015 年各类病害调查中，路面病害占比 59%，路基病害占比 41%；对道路通行影响较大的病害共占 58%，其中路基病害 37%，路面病害 21%。可见，路基病害对道路通行的影响程度更加严重。

青藏公路穿越多年冻土区近 600 km，受公路沥青路面不断吸热影响，冻土上限不断退化，导致路基沉降不断发展，严重影响道路稳定性。为了评价青藏公路改扩建成高速公路的可利用程度，将其历史病害调查资料、冻土地质资料、整治改建历史、病害现状等数据进行综合整理，从冻土地质、历史病害和病害现状三个方面进行综合分析，逐段细化评价青藏公路的使用性能。

① 冻土工程地质评价：根据对工程的影响程度分为四类。良好，一般不考虑冻土地基的冻胀和融沉问题；较好，冻土地带有一些冻胀量和融沉量，只需采取一些简单措施，不致引起公路破坏；不良，冻土地带往往出现较大的融沉量和冻胀量，造成公路破坏，季节冻土区内，细粒土及水分补给充分的地段常翻浆，须采取特殊措施；极差，多为饱冰冻土和含土冰层地段，融沉、冻胀、排水固结以及地下冰长期流变等作用，引起地基剧烈变形，导致公路破坏，只有采取专门设计和措施，才能保持公路正常运行。

② 历史病害评价：根据青藏公路四次整治改建情况，分别统计路基、路面的整治改建次数，并逐段进行整体评价，最终分为优、良、差三个等级。在所有优等路段中，大部分路基、路面仅进行过一次整修，认为其历史性能良好，在满足高速公路线形的条件下，可直接利用旧路进行改扩建；在所有良等段落中，大部分路基经历 2 次整治，或路基虽整治 1 次，但路面整治超过 3 次，认为该类段落存在后续发生病害的潜在风险，在满足高速公路线形的条件下，可进行改扩建方案，但须采取冻土处置措施进行加固处理；在所有差等段落中，大部分路基已经历 3 次整治，维修频繁且稳定性差，认为即使进行改造加固，也存在致灾风险，不宜进行高速公路改扩建。

③ 病害现状评价：根据道路现行状况，评价其路面 PCI 值，并根据 PCI 值大小，将道路现行状况划分为优、良、差三个等级：其中分值大于 85 为优，70 ~ 85 为良，小于 70 为差。

在上述三项指标中，经交叉分析，认为地质评价与病害现状评价结果在一定程度上可被病害历史所反映，因此取基础权重 1；历史病害评价结果具有相对独立性，且对评价结果影响显著，故取权重 1.5。经综合计算后，得到青藏公路使用性能评价结果，见表 6 - 14。

表 6－14 青藏公路综合评价结果

等级划分	长度(km)	所占比例(%)	利用评价
优	102	18	直接利用
良	276	49	改造后利用
差	188	33	很难利用

由表 6－14 可见，青藏公路仅有 102 km 的路段在满足高速公路线形的条件下，可直接利用旧路进行改扩建，占全段的 18%；有 276 km 的路段在满足高速公路线形的条件下，经采取冻土处置措施改造后，才能进行高速公路改扩建，占全段的 49%；有 188 km 的路段，即使改造后也有致灾风险，不能被用于高速公路改扩建。

综上所述，从冻土地质的角度分析，青藏高速采用改扩建方案时，由于既有青藏公路冻土病害严重，有 33%的路段不能被利用，有 49%的路段虽然能利用，但必须采取冻土处置措施，处理难度大、效果差，旧路的可利用程度及经济性较低。采用新建方案时，冻土段路基处理更灵活有效，处置技术也更加成熟。

（3）从干扰工程分析

青藏工程走廊内有着众多的线形工程，除了青藏公路，主要还有青藏铁路、格拉成品油管道、兰—西—拉光缆通信工程、500 kV 输变电工程等重大工程。这些重大的线性工程沿着青藏公路错落地分布着，在局部段落与青藏公路之间距离很近。此外，在有城镇、村落等居民点的段落内，有着密集的地方电力、通信等管线设施，基本布设在青藏公路的路侧。在多年冻土区，由于冻土对温度的敏感性，各种类型的工程构筑物对多年冻土都存在着或多或少的横向热干扰。关于青藏走廊工程容量的研究表明，青藏高速公路的线位布设，应与既有工程构筑物之间保持合理的安全距离，降低或消除工程相互之间的横向热干扰。

青藏高速采用改扩建方案，将青藏公路升级加宽，将对路侧既有的线形工程产生极大的干扰，不但造成大量的工程拆迁，更会引起工程群之间的相互热干扰，加剧下伏多年冻土的升温、退化，引发严重的冻土病害。

青藏高速采用新建方案，则可运用工程容量的研究成果，灵活选择公路线位，合理避让既有构筑物，并保持与各类既有工程之间的安全间距，减少横向热干扰，降低对冻土的破坏，同时减少工程拆迁量，降低造价。

因此，从工程干扰的角度分析，青藏高速采用新建方案更有利于降低工程间的热干扰，有利于保护多年冻土。

（4）从生态环境分析

青藏高速穿越多年冻土区内的可可西里自然保护区和三江源自然保护区的路段，需要更加注重生态环境的保护，尤其是藏羚羊等青藏高原特有的珍稀野生动物的迁徙保护。青藏公路历时几十年，经过 4 次整治改建，虽然升级改造成了二级公路标准，但现有的动物通道、桥涵等便利动物穿行的构筑物数量仍然偏少。而由于青藏公路开放式的道路形式，加上较低的路基高度，以及小交通流、低行驶速度的交通特性，使得藏羚羊等野生动物即使缺少穿行通道，也能较方便地从公路路面横向穿越青藏公路，进行迁徙活动。

青藏高速采用改扩建方案，将青藏公路升级改造成高速公路标准后，需对道路进行封闭，阻碍野生动物的迁徙穿行。由于青藏公路现有的路基高度较低，改造成高速公路时，就现有的路基高度很难增设足够数量供野生动物穿行的动物通道。若抬高路基高度设置桥涵等动物通道，则又会降低对旧路的利用率。

青藏高速新建方案在穿越自然保护区时，可根据野生动物的迁徙特性，科学合理地设置各种形式和规模的桥涵等动物通道，保障野生动物迁徙路径的畅通，降低公路建设给生态环境带来的不利影响。

综上所述，从生态环境角度分析，青藏高速采用新建方案对生态环境尤其是动物迁徙的影响更小。

(5) 从地形地貌分析

青藏高速走廊沿线大部分路段地形条件较好，地势较开阔平坦，但也有局部越岭段、沟谷段地形条件较复杂，如昆仑山峡谷、风火山、开心岭、雁石坪峡谷、唐古拉山等路段，山坡陡峻，沟谷弯曲狭窄，相对高差大。在这些地形较差路段，青藏公路顺应地势布线，采用的线形指标更低，普遍存在着平曲线半径过小，纵坡过大，坡长过于破碎等缺陷。同时，受地形限制，铁路、电力、输油等工程设施“拥挤”在狭小的沟谷地带，干扰严重。

高速公路采用改扩建方案，在上述地形条件下较为困难，突出存在着线形指标差、既有工程干扰严重等问题。新建方案则可以根据地形选线的原则，辅以桥梁、隧道等工程措施进行合理绕避。

综上所述，从地形地貌的角度分析，青藏公路采用新建方案，在地形条件复杂的路段，线位布局更加灵活合理，有利于提高公路服务水平，保证行车的安全性和舒适性。

(6) 从交通干扰分析

青藏高速采用新建方案，对包括青藏公路在内的既有道路交通的干扰主要有两种情况：一种是施工车辆增多及其上下施工便道会导致与现有交通流的平面交织增多，造成交通干扰；另一种是新建高速公路与既有道路交叉或局部改移旧路时，对既有交通流产生干扰。这样的交通干扰在区域交通总量比较小的青藏高原多年冻土地区，基本是可控、可承受的。

青藏公路是一条最重要的进藏路线，担负着 80% 的进藏物资的运输。因此，青藏高速采用改扩建方案时，必须进行交通组织设计和交通安全设计，保证青藏公路的安全、畅通。改扩建时，若先实施辅道，然后将青藏公路的交通流转移到辅道，之后再实施改扩建工程，这样对青藏公路的交通干扰与新建方案造成的交通干扰基本相当；如果没有增设辅道转移交通流，直接在既有交通流的运行下进行改扩建工程，即使采取交通管制的方式疏导交通，其对既有交通流的干扰也是非常严重的。

此外，在城镇过境段，由于城镇顺着青藏公路两侧建设、发展，该段青藏公路已经兼具市政道路的功能，将青藏公路升级改建成高速公路，必将增加建筑拆迁，同时高速公路的封闭也会对城镇形成空间分隔和交通阻断，严重影响城镇发展和地方交通出行。而新建方案在城镇过境段，均需结合城镇总体规划布线，在解决城镇交通出行的同时，又能给城镇发展留够空间。

由此可见，从交通干扰分析，青藏公路采用改扩建方案，会增加保通设计成本，其在城镇过境段升级成封闭式高速公路，更是会严重干扰城镇发展及居民交通出行。因此，采用新建方案，对既有的交通干扰较小。

从上述分析可知，青藏高速采用新建方案，有利于根据道路功能及技术标准，合理选用技术指标，保持线形的连续、均衡，确保行车安全、舒适；有利于根据冻土分布及不良地质情况，遵循地质选线的原则，灵活布设线位，降低冻土危害；有利于根据既有工程构造物的情况，按照工程容量的研究成果布设线位，尽量减少工程间的热干扰，保护冻土；有利于根据沿线生态特性，遵循生态选线的原则，合理布设野生动物通道，保护生态环境；有利于根据沿线地形条件，遵循地形选线的原则，辅以桥梁、隧道等工程措施，改善公路线形，提升公路服务水平。而青藏高速采用改扩建方案，对青藏公路沿线现有的交通流干扰严重。同时，由于青藏公路冻土路基病害段落较长、程度严重、处理困难，加上受现有线形指标过低的限制，升级改造成高速公路标准的实际利用率将低于六成，再加上需要新建一条二级公路标准的辅道以恢复 G109 国道，青藏高速改扩建方案在总的工程规模方面并没有很大的优势。因此，推荐采用新建方案。

6.3.2 建设模式分析比选

1）建设模式的提出

青藏高原多年冻土区范围广，生态环境脆弱，人口稀少，土地开发程度小，道路用地主要以草地、荒地为主。青藏高速新建工程应对不同的建设模式带来的不同影响进行综合分析，选定最适宜冻土区环境的公路建设模式。

青藏高速多年冻土段的建设模式有整体式建设模式和分离式建设模式两种。整体式建设模式，即按照整体式路基的断面形式新建高速公路，青藏公路兼作施工辅道。分离式建设模式是按照分离式路基的断面形式新建高速公路，青藏公路作为施工辅道。

2）建设模式的比选

（1）从冻土地质分析

多年冻土区高速公路由于铺设高吸热性的沥青路面，以及幅面增宽引起的尺度效应，路基吸热量较普通路基将大幅增加。整体式宽幅路基新的吸热特征对于下伏冻土的热状况将产生怎样的影响；分幅修建将如何改善下部冻土的热状况。利用数值仿真手段，考虑全球气候变暖背景，依据宽幅沥青路面辐射能量平衡过程研究所提供的边界条件，对宽幅路基修建完成后 20 年的热状况进行预测研究，分析整体式和分离式不同建设模式对下部冻土的影响。

① 整体式建设模式的冻土影响分析。

A. 最大融化深度。通过对不同路基高度条件下最大融化深度随路基宽度变化的数值分析，结果表明，在所有地温条件下，最大融化深度随路基宽度的增大线性增大。同时，宽度的增加也引起了融化盘面积的增大。因此，高速公路整体式建设模式下的宽幅路基势必出现比窄幅路基更为严重的融沉问题。

B. 冻土年平均地温。通过对不同路基高度条件下冻土年平均地温随路基宽度变化的数值分析，结果表明，冻土年平均地温随路基宽度变化较小，其变化幅度明显受初始年平均地温的影响，初始年平均地温越低，冻土年平均地温的增幅随路基宽度的增加就越大。路基宽度效应更多地表现为在浅地表附近的聚热效应，其影响范围仅限于冻土上限附近的浅地表温度，对冻土年平均地温没有明显的影响。

C. 基底总吸热量。通过对不同路基高度条件下基底总吸热量随路基宽度变化的数值分析，结果表明，在所有路基高度条件下，基底总吸热量随路基宽度的增大线性增大。路基宽度效应对基底总吸热量有着明显的影响，其主要影响机制为宽幅路基的中心聚热效应和路基宽度的变化引起的基底吸热面积的变化。

D. 冻土融化潜热量。通过对不同路基高度条件下冻土融化潜热量随路基宽度变化的数值分析，结果表明，在所计算的地温条件下，路基下冻土融化潜热量随路基宽度的增大线性增大。冻土融化潜热量对路基宽度极为敏感，当路基宽度增加后，聚热效应增加，路基下最大融化深度增大，融化盘无论是在深度还是宽度上都有所增大，因此造成冻土融化潜热量显著增大。

E. 热融蚀敏感系数。通过对不同路基高度条件下热融蚀敏感系数随路基宽度变化的数值分析，结果表明，随着路基宽度的增加，热融蚀敏感系数快速增大。因此，对于宽幅路基而言，聚热效应不仅引起了更大的吸热量，而且这些热量更多地用于了冻土融化，势必引发更为严峻的融沉危害。

② 分离式建设模式的冻土影响分析。

为对比整体式路基和分离式路基的尺度效应对路基热收支状态的影响，设计了一个典型地温和路基高度下的对比工况，分离式路基宽度为 13 m，两幅间距为 1 m，路基高度为 2 m，年平均地温为−1.5℃。考虑到施工的影响，两幅路基之间的天然地表部分边界条件同于边坡，经数值计算进行对比分析。

A. 地温分布。整幅和分幅路基地温分布对比显示，分幅路基中心线下的人为上限位置变化不大，但是两幅之间区域的人为上限较天然上限有所下降。分析表明，分离式路基之间地表部分边界温度比原来天然地表的边界温度高；两幅路基之间存在着横向和纵向的相互热影响。

B. 最大融化深度和年平均地温。整幅和分幅路基中心线下地温曲线对比分析表明，整体式和分离式的建设模式在最大融化深度和冻土年平均地温方面没有表现出明显的尺度效应。

C. 基底总吸热量。整幅和分幅路基基底热流密度随时间的变化曲线对比分析表明，尽管整幅变为分幅后，基底吸热面积增大，但是同时整幅路基的聚热效应也得到了削弱，致使基底热流密度减小，因此总的结果是基底总吸热量的减小。

D. 冻土融化潜热量。整幅和分幅路基融化盘对比分析表明，尽管分离式建设模式削弱了整体式路基的聚热效应，路基下冻土融化深度有所抬升，但是由于基底面积的增加和幅间部分的连贯融化，融化盘面积和冻土融化潜热量都明显增大。

由上述分析可知，当采用整体式建设模式，路基宽度增大后，地温的滞后效应导致年平均地温基本不变，聚热效应引起最大融化深度加深，再加上路基基底吸热面积的增大，共同引起吸热量和冻土融化潜热量的增加，最终同样反应为热融蚀敏感系数的增大，势必引发比窄幅路基更为严重的融沉危害。当整体式路基变为分离式路基后，虽然基底吸热面积增大，但是削弱了整体式路基的聚热效应，基底总吸热量是减小的，路基下冻土融化深度有所抬升。因此，在多年冻土区高速公路建设中，为减小公路工程对多年冻土的扰动和破坏，降低融沉风险，采用分离式建设模式是有效的。

（2）从生态环境分析

青藏高速多年冻土段经过可可西里自然保护区和三江源自然保护区，生态环境极其脆弱，应最大限度地保护环境。

保护区内野生动物较多，公路建设需考虑野生动物迁徙穿行的需求，尤其是藏羚羊的季节性穿越，是国际国内关注的重点。不同的路基断面形式对于野生动物的穿行效果在国际上研究很少，根据国际经验，整体式路基的桥梁通道白昼阴影面积较大，这对于白昼穿越的动物不利。但整体式路基下的通道噪声较分离式路基的要小些，这对于动物又是有利的。考虑到藏羚羊是在白昼穿越通道的，而对于交通噪声可以通过设置隔音墙、铺设静音路面材料等技术手段加以控制，因此分离式路基更有利。

经过初步观测，10 m 宽的路基形式对于藏羚羊来说是可以利用的，且藏羚羊有适应的过程，乐观的估计，未来可能更加容易利用该桥梁。因此，高速公路分离式路基对于藏羚来说，似乎更容易适应。而整体式路基 26 m 的宽度由于产生的阴影面积巨大，藏羚羊能否适应存在疑问。因此推测，分离式路基更适合藏羚羊的穿越，且两幅路基的间距越大越有利。

虽然分离式路基施工干扰面比整体式路基的要大，对植被系统的保护不利，但是可通过采用半铺草皮植被繁殖、根茎粉碎繁殖等植被恢复技术，对植被系统进行补偿、恢复。

综上所述，从生态环境角度分析，青藏高速采用分离式建设模式，辅以降噪措施及植被恢复技术，可最大限度地保护生态环境。

（3）从地形地貌分析

从地形地貌分析，西大滩至安多多年冻土段沿线城镇分布少，大部分地区为无人区，地形条件较好，用地条件宽松，路线布设自由度高，仅在局部狭窄的沟谷段，路线布设会受到一定的限制。通过在 1∶50 000 数字化地形图上布线表明，无论是采用整体式路基还是采用分离式路基,均满足路线布设要求。但相对而言,分离式路基布设更加灵活多变,在现有工程构造物分布密集的路段,通过平面布线能灵活避让,减少工程热干扰和拆迁工程量;在地形横坡较陡的路段,能通过高低路基设计克服横向高差,减少工程开挖,保护冻土环境。

因此,从地形地貌的角度分析,分离式建设模式在青藏工程走廊这种山区的地形条件下,具有一定的优势。

(4) 从工程投资分析

运用分层目标法,根据前面拟定的新建方案的分段技术标准,在 1 : 50 000 数字化地形图上进行了青藏高速整体式和分离式建设模式的路线方案布局,并分别从路基、路面、桥涵、隧道、互通等各专业进行了工程方案的布设,分别估算了两种建设模式的工程规模及造价。结果显示,分离式建设模式的总造价比整体式建设模式高了 58.93 亿元,占比 6.68%,具体见表 6 - 15。

表 6 - 15　不同建设模式的工程规模比较

序号	工 程 项 目		整 体 式	分 离 式
1	路线长度(km)		585.437	585.437
2	路基土石方数量(m^3)	填土方	43 642 016	50 188 318
		填石方	1 823 475	2 133 717
		挖土方	2 444 243	2 782 413
		挖石方	7 332 933	8 347 240
3	防护排水(万 m^3)		279.541	467.923
4	冻土路基处理(万 m^3)	冲击挤入砂砾	536.48	670.60
		填筑砂砾	567.48	709.35
		片块石	884.30	1 105.37
		碎石层	104.90	131.12
		砂砾上垫层	43.07	53.84
5	路面($\times 10^3$ m^2)		7 799.87	8 105.23
6	桥梁长度(m/座)	特大桥	123 488/49	123 488/49
		大桥	105 198/280	105 198/280
		中桥	3 102/53	3 102/53
7	涵洞(道)		959	959
8	隧道长度(m/座)	特长隧道	3 220/1	3 220/1
		长隧道	4 010/2	4 010/2
		中隧道	540/1	540/1
		短隧道	0/0	0/0
9	桥隧比例(%)		40.9	40.9
10	互通式立交(处)		8	8

（续表）

序号	工 程 项 目	整 体 式	分 离 式
11	服务区、停车区(处)	7	7
12	通道(道)	367	367
13	投资估算(亿元)	881.87	940.80
14	平均每公里造价(万元)	15 063	16 070

从上述分析可知，虽然青藏高速采用分离式建设模式的工程投资比整体式高6.68%，但有利于减小路基对多年冻土的扰动和破坏，保护冻土环境；同时，通过辅以路面降噪措施，更有利于藏羚羊等野生动物的顺利迁徙穿行，保护生态环境。基于青藏高原特殊的自然地理环境及特别严格的环境保护要求，推荐采用分离式建设模式。

6.3.3 建设实施方案分析比选

1）建设实施方案的提出

青藏高速采用分离式路基的建设模式，考虑到同走廊同走向的青藏公路已经基本达到二级公路标准，且路况较好；同时，多年冻土区沿线地广人稀，远景交通量的预测结果表明，青藏高速建成通车相当长一段时期内交通量较低。因此，青藏高速多年冻土段存在着分幅分期修建的可能。据此分别提出青藏高速横向一次建成的实施方案和分幅分期建设的实施方案。

（1）一次建成方案

全段一次性建成双向四车道分离式高速公路，既有青藏公路兼作辅道，供地方车辆使用。

（2）分期实施方案

全段一期新建一幅分离式高速公路，与青藏公路组合使用；二期修建另外一幅，形成完整的分离式高速公路，青藏公路仍兼作辅道。

2）建设实施方案的比选

（1）从生态环境分析

高速公路一次建成模式在施工过程中，对环境的影响是一次性的，当高速公路施工结束后一段时间内，区域生态环境会趋于一种新的平衡状态。高速公路采用分期实施方案时，一期工程施工对生态环境产生影响后，生态环境慢慢恢复，进行二期工程的施工作业，会再次影响区域的生态环境，造成二次破坏，极大的不利于生态环境保护及恢复。

（2）从服务社会发展分析

① 一次建成方案。

青藏高速采用一次建成方案，直接按照高速公路标准进行建设、运营管理，全线汽车分向、分车道行驶并全部控制出入，道路服务水平高，无论从格尔木至拉萨方向还是从拉萨至格尔木方向,行车时间均大大降低,行车舒适性高。

高速公路建成后,加上同走向的青藏公路,青藏工程走廊内将同时具有一条双向双车道二级公路和一条双向四车道高速公路提供交通通行服务,服务水平将大大提升,极大地促进沿线经济、社会加快发展。

② 分期实施方案。

青藏高速采用分幅分期实施方案,一期建成以后,青藏公路仍宜保持双向通行,保持现有的交通组织管理及地方交通流的出行习惯。

先修的一幅高速公路的交通组织有两种方式:一种是采用双向通行的方式,根据《公路工程技术标准》规定,分离式高速公路实行横向分幅分期修建时"为安全计,先期修建的一幅按双向通车时,应按二级公路通车条件管理",即相当于一条双向双车道二级公路;另一种是采用单向通行的方式,基于青藏走廊是重要进藏物质运输通道的功能,通行方向应为格尔木至拉萨方向,这种方式相当于一条单向双车道的高速公路。

一期高速采用第一种交通组织方式时,与青藏公路共同组合成"2+2"的模式,青藏走廊内相当于两条二级公路的通行能力;采用第二种交通组织方式时,与青藏公路共同组合成"3+1"的模式,青藏走廊内格尔木至拉萨方向的通行能力与一次建成方案的相同,相对而言,拉萨至格尔木方向的通行能力极弱,仅是一个二级公路车道,青藏走廊两个方向的公路服务水平极其不平衡。无论是"2+2"模式还是"3+1"模式,其服务水平明显低于一次建成方案,服务社会发展的效果较差。

综上所述,从服务社会发展的角度分析,青藏高速一次建成方案将极大地提升青藏工程走廊的道路服务水平,为青藏走廊发挥进藏物质运输主通道的功能起到极大的支撑作用,有利于更好地服务沿线经济、社会发展,促进西藏跨越式发展。

(3) 从工程投资分析

工程造价估算结果表明,一次建成方案总投资为 940.80 亿元;分期实施方案总投资为 975.21 亿元,其中一期投资为 501.84 亿元,二期投资为 473.37 亿元(见表 6-16)。分期实施方案较一次建成方案初期投资少 438.96 亿元,但总投资增加了 34.41 亿元。

表 6-16 不同实施方案的工程规模比较表

序号	工程项目		高速公路一次建成方案	分期实施方案	
				一期工程	二期工程
1	路线长度(km)		585.437	585.437	585.437
2	公路用地(亩)		68 219	44 629	23 590
3	路基土石方数量(m^3)	填土方	50 188 318	32 685 142	18 483 354
		填石方	2 133 717	1 358 196	825 775
		挖土方	2 782 413	1 765 664	1 143 843
		挖石方	8 347 240	5 721 198	2 876 777

（续表）

<table>
<tr><th rowspan="2">序号</th><th colspan="2" rowspan="2">工　程　项　目</th><th rowspan="2">高速公路一次建成方案</th><th colspan="2">分期实施方案</th></tr>
<tr><th>一期工程</th><th>二期工程</th></tr>
<tr><td>4</td><td colspan="2">防护及排水（万 m^3）</td><td>462.69</td><td>234.96</td><td>234.96</td></tr>
<tr><td>5</td><td colspan="2">路面（$\times10^3$ m^2）</td><td>8 088.28</td><td>4 052.62</td><td>4 052.62</td></tr>
<tr><td rowspan="5">6</td><td rowspan="5">冻土路基处理（万 m^3）</td><td>冲击挤入砂砾</td><td>670.60</td><td>335.30</td><td>335.30</td></tr>
<tr><td>填筑砂砾</td><td>709.35</td><td>354.67</td><td>354.67</td></tr>
<tr><td>片块石</td><td>1 105.37</td><td>552.69</td><td>552.69</td></tr>
<tr><td>碎石层</td><td>131.12</td><td>65.56</td><td>65.56</td></tr>
<tr><td>砂砾上垫层</td><td>53.84</td><td>26.92</td><td>26.92</td></tr>
<tr><td rowspan="3">7</td><td rowspan="3">桥梁长度（m/座）</td><td>特大桥</td><td>123 488/49</td><td>61 744/24.5</td><td>61 744/24.5</td></tr>
<tr><td>大桥</td><td>105 198/280</td><td>52 599/140</td><td>52 599/140</td></tr>
<tr><td>中、小桥</td><td>3 102/53</td><td>1 551/26.5</td><td>1 551/26.5</td></tr>
<tr><td>8</td><td colspan="2">涵洞（道）</td><td>959</td><td>479.5</td><td>479.5</td></tr>
<tr><td rowspan="4">9</td><td rowspan="4">隧道长度（m/座）</td><td>特长隧道</td><td>3 220/1</td><td>3 220/1</td><td>3 220/1</td></tr>
<tr><td>长隧道</td><td>4 010/2</td><td>4 010/2</td><td>4 010/2</td></tr>
<tr><td>中隧道</td><td>540/1</td><td>540/1</td><td>540/1</td></tr>
<tr><td>短隧道</td><td>0/0</td><td>0/0</td><td>0/0</td></tr>
<tr><td>10</td><td colspan="2">互通式立交（处）</td><td>8</td><td>4</td><td>4</td></tr>
<tr><td>11</td><td colspan="2">通道（道）</td><td>367</td><td>183.5</td><td>183.5</td></tr>
<tr><td>12</td><td colspan="2">桥隧比例（%）</td><td>40.9</td><td>40.9</td><td>40.9</td></tr>
<tr><td>13</td><td colspan="2">投资估算（亿元）</td><td>940.80</td><td>501.84</td><td>473.37</td></tr>
</table>

注：1 亩 = 666.67 m^2。

从上述分析可知，青藏高速采用横向一次建成的实施方案，避免了对沿线生态环境造成二次破坏，有利于植被恢复；同时，一次建成以后，将极大地提升青藏走廊的通行能力，有力地支撑其发挥进藏物资运输主通道的功能，有利于服务区域经济、社会发展；而且一次建成方案的工程总投资较低。因此，推荐采用一次建成方案。

第7章

青藏高速公路线位布局基本原则与总体方案设计

7.1 青藏高速公路线位布局的控制因素分析

2004年，京藏高速公路被纳入国家“7918高速公路网”，是7条首都放射线之一。随着京藏高速公路北京至格尔木段的陆续建成，以及国家“一带一路”倡议构想的提出，格尔木至拉萨段青藏高速公路的建设日益迫切。

由于青藏高原特殊的地理环境，青藏高速公路建设必须面对多年冻土、高寒缺氧和生态脆弱三大世界性难题。其中，穿越多年冻土区的路段是青藏高速公路建设的重点和难点。多年冻土区的高速公路线位布局必须从设计、施工、运营到养护的全寿命周期进行总体把控，重点围绕如何减少多年冻土对公路建设和运行的影响而展开。

根据青藏高速公路线走廊的总体走向，通过现场踏勘调查，并结合收集的社会、经济、交通、路网等各类基础资料，以及多年冻土区公路建设的科研成果，运用分层目标法基本理论，分层分析青藏高速多年冻土段线位布局的控制因素。路线走廊层的控制因素主要有：大型地形地貌、城镇分布及规划、路网规划。基本线位层的控制因素主要有：地形地貌形态、冻土病害及干扰工程。最终线位层的控制因素主要是一些比较具体、细部的环境特征及外部条件，如冻土年平均地温、工程容量等冻土有关的具体特性，以及环境保护、军事设施等建设条件等。

7.1.1 地形、地质

青藏高原多年冻土区平均海拔4 500 m以上，由南向北依次穿越东昆仑山系、长江源头残山高平原、唐古拉山等三个地貌区。除了局部越岭段和沟谷段地形条件较差外，其余路段地形开阔、平坦。

青藏高原多年冻土区域内，由北向南分布有昆仑山活动断裂系、可可西里活动断裂系、风火山活动断裂系、乌丽活动断裂系、通天河活动断裂系、温泉盆西边界活动断裂系、安多-错那湖活动断裂系等七条断裂，与青藏高速走廊带相交。公路沿线不良地质主要为泥石流、崩塌、滑坡、强震区、沼泽湿地、人工洞穴、涎流冰、积雪、风积沙以及不良冻土地质等。

7.1.2 城镇规划

安多县的城市总体规划（图7－1）对青藏高速多年冻土段的路线方案有重要的影响。安多县是藏北门户，是新兴的高原生态旅游城市，其主导发展方向是：南北扩展，以北为主，向南为辅。城市布局分为城中片区、城北片区和城南片区。

城中片区以现有建成区为主，是行政中心、商业中心所在地，主要承担行政、商贸、文化娱乐、体育休闲、旅游服务等多种功能，也是居住人口相对集中的片区。城北片区以居住为

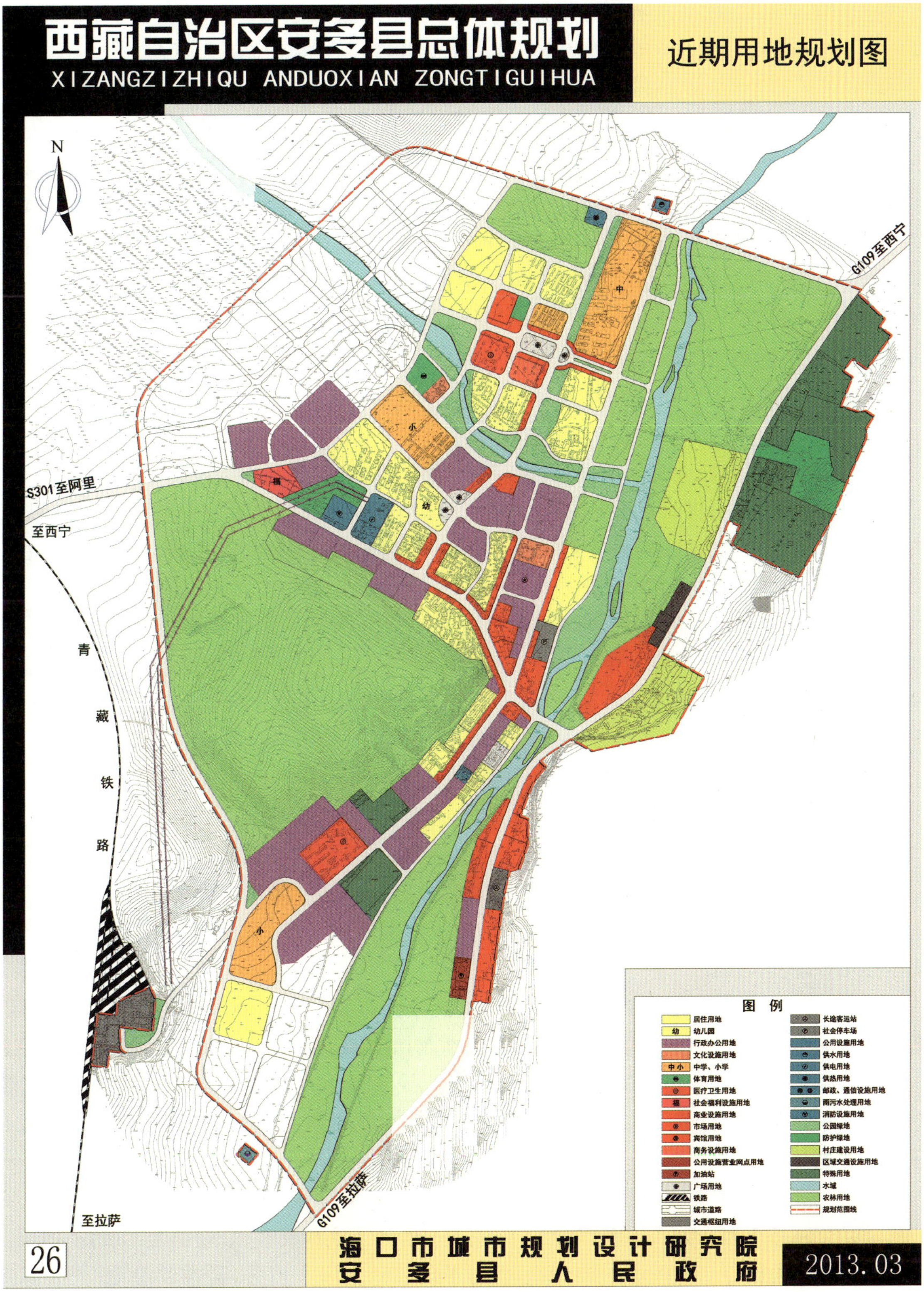
西藏自治区安多县总体规划
XIZANGZIZHIQU ANDUOXIAN ZONGTIGUIHUA
近期用地规划图
N
S301至阿里
至西宁
G109至西宁
青
藏
铁
路
G109至拉萨
至拉萨
图 例
居住用地
幼儿园
行政办公用地
文化设施用地
中学、小学
体育用地
医疗卫生用地
社会福利设施用地
商业设施用地
市场用地
宾馆用地
商务设施用地
公用设施营业网点用地
加油站
广场用地
铁路
城市道路
交通枢纽用地
长途客运站
社会停车场
公用设施用地
供水用地
供电用地
供热用地
邮政、通信设施用地
雨污水处理用地
消防设施用地
公园绿地
防护绿地
村庄建设用地
区域交通设施用地
特殊用地
水域
农林用地
规划范围线
26
海口市城市规划设计研究院
安多县人民政府
2013.03

图 7-1 安多县总体规划

主,并以安多县中学为核心,作为安多县教育科研基地。城南片区为安多县产业集中区,以二类工业为主,同时布局相应仓储设施及城市货运设施。

7.1.3 路网规划

2013年印发的《国家公路网规划(2013—2030年)》中,青藏高速被列入国家公路网规划,是国家高速公路网中G6京藏高速公路的重要组成部分。京藏高速公路主要节点有北京、张家口、集宁、呼和浩特、包头、临河、乌海、银川、中宁、白银、兰州、西宁、格尔木、拉萨。青藏高速由格尔木至拉萨,连接了青海省与西藏自治区,是西藏的重要出藏通道,它的建设将改写西藏与外界不通高速公路的历史,拉近西藏与其他省区的距离,密切西藏与其他省区的联系,对促进西藏、青海地区社会经济发展和改善民生,将起到巨大的推动作用。

7.1.4 多年冻土

采用卫星遥感结合地面调查,初步判别南北界位置,进一步利用钻探和综合物探逐步逼近冻融交界面的方法,探明了多年冻土区南北界的精确位置。其北界位于西大滩,昆仑山北坡,在北纬35°43′附近,海拔高度约4 400 m;南界位于安多谷地,夏木拉山南麓,在北纬32°21′附近,海拔高度约4 800 m。

冻土的热稳定性主要与冻土的年平均地温和含冰量有关。根据年平均地温,多年冻土可分为高温多年冻土和低温多年冻土。根据含冰量,多年冻土可分为少冰、多冰、富冰、饱冰和含土冰层五种类型。随着多年冻土年平均地温和含冰量的增大,冻土的融沉性逐渐变大,稳定性逐渐变差,对路线布局的影响权重就越大。

此外,厚层地下冰、热融滑塌、冻胀丘及冰椎、冻土沼泽等不良冻土地质也影响着线位布局。

厚层地下冰是指土体中体积含冰量一般超过50%,土颗粒好似悬浮在冰中。当路线经过这种地质路段时,修筑公路的人为活动以及建成后的公路主体就会破坏多年冻土的天然热平衡状态,使得厚层地下冰逐渐融化,多年冻土上限不断下降,造成路基严重下沉、变形,甚至会损坏桥涵等设施。

热融滑塌是多年冻土区特有的滑坡类型。当公路以路堑形式通过多年冻土段,特别是高含冰量冻土段,边坡下的冰层受人为活动干扰而出露地表,随着气温的升高不断融化,土体受融水稀释,在重力作用下逐渐下滑,使新的冰层继续露出,再次融化,如此反复而形成热融滑塌。热融滑塌发育范围大,发展速度快,治理难度大,破坏后的环境不易恢复,对路基工程破坏极大。

冻胀丘、冰椎一般是土层在有地下水补给的条件下,受冻结膨胀作用而局部隆起成丘状地形。受公路修筑和人为活动的影响,可使地下水由无压逐渐变有压,而引起冻胀丘、冰椎。

冻土沼泽主要分布在排水不畅、地形相对平坦的高平原和山谷,暖季成湿地,下部有冻土层,规模较大,植被茂盛,常有泥炭层存在,腐殖质含量高。沼泽中的冻土含冰量一般较大,融化后易形成泥浆,当路基经过时,极易产生滑动,影响路基稳定。

7.1.5 干扰工程

在青藏高速的工程走廊带内,有着青藏公路、青藏铁路、格拉成品油管道、兰—西—拉光缆通信工程和 500 kV 输变电工程等五大线性工程。高速公路布线时,不可避免地会与这些既有工程产生干扰。除了造成构筑物拆迁和现有交通通行的干扰外,更重要的是这些既有工程在修筑以及运营期间不可避免地影响着下部多年冻土,导致了冻土的升温及退化。青藏高速公路显著增加的路面宽度以及沥青路面的强烈吸热效应,必将带来更大的横向热干扰,在这狭长的工程走廊内,将与这些既有的线性工程相互影响,多因素耦合叠加,增加路线布局的困难度。

7.1.6 环境保护

1) 植被

青藏高速多年冻土段沿线主要是高寒草原生态系统、高寒草甸生态系统,地温严寒,气候干燥,生态环境恶劣,属于异常脆弱的特殊生态系统。区内植被覆盖率低,均属低矮的针刺壮蒿草类植物。仅风火山南北坡、沱沱河南岸至开心岭、开心岭南麓、温泉断陷盆地中个别低洼处、唐古拉山垭口两侧、扎加藏布曲河谷地及安多谷地等几段植被较为发育。同一地段不同部位植被的发育程度存在较大差异,一般地势较高陡、横坡大于 25°的坡地上,寒冻石流比较发育,极少生长植物;在横坡 15°~25°的坡地上,植被覆盖面积小于 50%,冻融作用常造成草皮撕裂,为融冻泥流物质的主要供给源;横坡 3°~9°的融冻泥流扇上,则蒿草丛生,草墩密布,其中多年冻土层上水发育的地方,常常形成沼泽化湿地。

2) 野生动物

依据中国动物地理区划,青藏高速多年冻土段沿线动物群落主要为高山寒漠动物区和高山草甸草原动物群。区内野生动物资源丰富,藏羚羊、野驴、狼、野牦牛、黑颈鹤等动物极为珍稀,均属国家保护动物。高原动物活动范围大,不同季节间觅食、饮水、繁殖等都需要进行大规模、长距离的迁移。

3) 主要环境敏感点

青藏高速多年冻土段沿线的环境敏感点主要有可可西里国家级自然保护区、三江源自然保护区。

(1) 可可西里国家级自然保护区

可可西里国家级自然保护区位于青海省玉树藏族自治州西部,保护区的范围为:东至青藏公路,西至青海省界,北至昆仑山脉的博卡雷克塔克山,南至格尔木唐古拉山镇与治多县界,总面积约 4.5 万 km^2;核心区在可可西里山与乌兰乌拉山—冬布勒山之间,面积 1.55 万 km^2。

2017 年 7 月，青海可可西里获准成为世界自然遗产。

可可西里自然保护区主要是保护藏羚羊、野牦牛、藏野驴、藏原羚、白唇鹿、棕熊等珍稀野生动物，拥有野生动物多达 230 多种；拥有高等植物 200 多种，以矮小的草本和垫状植物为主，木本植物极少，仅存在个别种类，如匍匐水柏枝、垫状山岭麻黄。

（2）三江源国家级自然保护区

三江源国家级自然保护区地处青藏高原腹地，是长江、黄河、澜沧江的发源地，被誉为“中华水塔”。西南与西藏自治区接壤，东部与四川省毗邻，北部与青海省都兰县相接，总面积为 36.6 万 km^2。三江源自然保护区是中国面积最大的自然保护区，也是世界高海拔地区生物多样性最集中的地区和生态最敏感的地区。

三江源自然保护区有国家重点保护动物 69 种，其中国家一级重点保护动物有藏羚羊、野牦牛、雪豹等 16 种，国家二级重点保护动物有岩羊、藏原羚等 53 种；野生维管束植物有 2 238 种，占全国植物总数的 8%。

7.1.7 军事设施

本项目沿线有国防控制区和部队设施，对路线方案有一定的影响。主要有西大滩的军事训练区域、温泉兵站等。

7.2 青藏高速公路线位布局的基本原则

根据上节分析的主要控制因素，运用分层目标法基本理论，青藏高速多年冻土段线位布局的基本原则逐层梳理如下：

7.2.1 走廊带选择原则

青藏高原多年冻土区地质情况复杂，多年冻土地段长，对温度的变化非常敏感，生态环境脆弱。在天然状态下，基本处于相对稳定的状态，当受工程建设等人为活动侵扰时，冻土环境将发生变化，并导致一系列工程问题。特别是像公路这种长距离的带状构筑物穿越多年冻土区时，冻土的影响更为敏感、复杂。在多年冻土区内确定走廊带基本走向时，除了考虑上述基本问题选出一些碎部控制点，突出“冻土工程地质选线”特点，同样也需要考虑一般地区常规的对选线的影响因素。具体选线原则如下：

① 服从《国家高速公路网规划》中关于北京至拉萨高速公路在青藏境内的总体走向、主要控制点，应充分体现国家和青海省、西藏自治区对公路使用功能的要求，分析区域路网布局，大范围分析各种可能的路线走廊通道。

② 分析区域路网布局及本项目功能定位的特殊性，重视项目的地形、地质、气象、水文条

件，选择有利地形布线，应将路线走廊带布设在地质条件相对较好、路网布局较为合理的区域范围。

③ 应充分重视项目的地形条件和地质条件，选择有利地形布线，对于路线所经区域工程地质和水文地质条件应进行深入调查勘察，应将路线走廊带布设在地形地质条件相对较好的区域范围，最大限度减少工程规模，节省工程造价。

④ 应充分重视沿线地方政府和相关单位的意见。

⑤ 充分重视区域冻土环境特征，查清多年冻土的分布范围、类型、物理性质、地下冰、融沉特性、冻土上限等冻土特征，并据此作为路线走廊方案研究的主控因素，选择有利冻土条件布设路线。

⑥ 项目区位于青藏高原，冻土环境脆弱，且部分路段位于可可西里保护区和三江源保护区，基于最大限度地保护区域自然环境，路线方案应尽量与既有的青藏公路或青藏铁路布设在同一走廊空间内，尽量避免大范围、远距离另辟路线走廊。

7.2.2 基本线位选择原则

青藏高原多年冻土区走廊带主要确定了起、终点间基本走向，在这有限的走廊带范围内，地形地质、冻土分布情况、密集的线形工程等对冻土环境的干扰与改变，将加剧下部多年冻土升温、退化，引发大规模病害，更对高速公路选线产生极其重要的影响。在走廊带确定的基础上，应充分重视区域冻土环境特征，查清多年冻土的分布范围、类型、物理性质、地下冰、融沉特性、冻土上限等冻土特征，并据此作为路线走廊内基本线位选择主控因素，选择有利冻土条件布设路线。结合一般地区常规的选线原则及上述困难度模型的分析结果，总结出以下基本线位选择原则：

① 在满足主骨架公路功能的前提下，适当兼顾地方的合理要求，使沿线城镇、重要景区等主要交通发生源之间实现有效的连接，促进沿线地方经济的发展。

② 应充分重视与其他运输方式和重大项目的协作配合，注重与区域公路网规划的衔接、协调，根据各自的功能和建设情况，处理好与青藏铁路的交叉关系，做好与 G109 线、青海 S308 线、西藏 S301 线等主要干线公路的衔接，使整个区域骨架、干线公路布局合理，最大限度发挥拟建项目的功能，满足区域交通运输需求，以最大限度发挥高速公路的功能和效益。

③ 应尽量避免穿过自然保护区、风景名胜区等环境敏感区(点)，重视环境保护，实现可持续发展；应尽可能避让不可移的文物；应充分考虑并尊重当地藏族同胞的宗教习俗，路线应避免穿越或拆迁“神山”“白塔”等宗教活动场所及建筑。

④ 路线穿越牧区、草原路段，充分考虑牧区放牧需求，合理设置放牧通道，且路线布设应尽量少占牧场、草场。

⑤ 对于路线穿越山脉需设置特长隧道时，应细化研究所有可能的隧址方案，充分论证工程实施的可行性。

⑥ 路线通过山坡时，宜选择在平缓、干燥、向阳的地带。这里的多年冻土埋藏较深，埋藏

的冰较少，稳定性好。在积雪地区，路线应选择在积雪轻微的山坡上。

⑦ 路线宜选择土质良好的地带通过。所谓良好土壤是指块石、碎石、卵石、砂砾等粗颗粒土和含水量少的硬塑至半干硬的黏性土。有这些土壤的地段，地表干燥，土壤冻胀性小，力学性质好，有利于基底稳定。即使有多年冻土存在，一般亦含冰量不大，有利于保证路线质量。

⑧ 路线应尽可能避免通过不良地质地段，如热融湖（塘）地段、厚层地下冰地段、冻土沼泽地段、冰椎、冰丘地区等地段。

⑨ 当路线完全绕避厚层地下冰地段代价过高时，应根据具体情况，将路线选在厚层地下冰地段狭窄处或厚度较薄处通过。

⑩ 路线尽量少通过多年冻土不稳定地区及年平均地温高于-0.5℃的高温冻土区。

⑪ 路线通过丘陵地区时，宜选择在缓坡上部。路线穿越山岭采用隧道方案时（如在风火山、昆仑山），当地层条件相近，产生短隧道群方案和单一长隧道方案时，宜采用长隧道方案或将短隧道尽量合并，以减少由于隧道洞口过多对洞身冻土的影响和节省采取保温等工程措施的投资等。同时，尽量避免将隧道位置放在地下水和厚层地下冰中，还要尽量避免将洞口段放在冻土不良地质现象发育地带。

⑫ 路线通过河谷地段时，最好选择河流融区或高阶地稳定多年冻土地段。当路线跨越大河需设置大、中桥时，应选择在单一地层地段，如融区地段或基底均为少冰冻土的河段，避免将一座桥设在融区和冻土两种不同的地基上。但是应避免在融区附近的多年冻土边缘地带定线，当路线必须穿过冻土时，则应以较短的距离通过多年冻土地带。

⑬ 路线通过厚层地下冰、热融滑塌、热融湖塘、冰锥、冻胀丘、冻土沼泽等冻土不良地质现象发育地段时，应尽量避绕。尽量把路线选择在地表比较干燥的地带和岩石、碎石、粗沙土等少冰冻土地带。同时，在地下水发育及有冰锥、冻胀丘的地方，应以路堤通过，路堤高度宜不小于2.0 m，路线最好在冰锥、冻胀丘下侧一定距离以外通过；热融滑塌地段，路线宜从滑坡体下方以路堤通过；热融湖塘地段，路线应以路堤通过，并高出最高水位0.5 m。

⑭ 当路线经过主要的活动断裂带时，尽量避开断裂带，难以绕避时，应在活动断裂带较窄处以简易工程大角度通过，不宜在活动断裂带内设置大中桥、高桥、隧道等高填深挖、难以修复的大型建筑物。

⑮ 路线经过一般的活动断裂带时，尽量避免设置高桥、压缩孔跨缩短桥长、桥改涵等工程。

⑯ 路线经过斜坡地质灾害区时，尽量绕避岩堆、崩塌、危岩、落石、滑坡及斜坡不良冻土现象发育地段。

⑰ 路线经过地热区时，路线应尽可能远离地表温泉出露地带，对于由地热活动引起滑坡的地段，首先应避开大量滑坡地段和大型古老滑坡体，对难以避开者，在摸清其性质和稳定状态的基础上采取相应的处理措施。

⑱ 路线经过风沙地区时，应遵循以下原则：

A. 合理绕避严重流沙地段，路线要从整体的施工、养护、运营等多方面进行综合研究。

B. 必须穿过风沙地段时，要充分利用各种有利地形，将路线尽量选择在沙害较轻的湖滩地、河谷阶地、古河床及扇缘等地带。

C. 路线必须穿过流动沙丘时，要由流沙最窄地段通过，并将路线布设在沙丘的逆风侧吹蚀部位，利用沙丘中的低矮处穿越，尽可能利用较开阔的丘间低地等。

D. 尽量使路线方向与主导风向平行或小角度相交，以减少路基的风蚀和沙埋。

E. 结合地形、风向选择合理的平曲线形及纵断面。

⑲ 路线经过风吹雪地区时，应遵循以下原则：

A. 路线走向应与风雪流盛行风向平行（隧道除外）或夹角尽量小，特别是傍山路线更应注意这一点。一般来说，在雪源条件相似的情况下，路线与风雪流盛行风向夹角越小，雪灾越轻。

B. 路线海拔高度低，则积雪晚、融雪早，受雪灾影响时间相对比高海拔处短，故一般越岭路线以低海拔通过为宜；阳坡日照时间较阴坡长，太阳辐射强，雪融快，所以路线一般应设在阳坡；若阳坡地形过于破碎，修路费工很大或阴坡有茂密森林，则走阴坡。

C. 路线走山腰线不如走山脊线。一般不要穿行两山夹峙的隘道地带，尤其应该避免陡峻山坡下的傍山线。

⑳ 路线经过自然保护区时，应遵循以下原则：

A. 坚持绕避原则。路线尽量绕避自然保护区，无法避让时，要避免过多穿行于已划定的自然保护区内的缓冲区；路线必须穿越湿地的，要保证不切割地表水和地下水的流向，以保证湿地的连通性，因此以多设桥为宜。

B. 设置野生动物通道。具体措施如下：

a. 留有足够的动物迁徙和种群之间交流的通道，以满足其繁衍和迁徙的需要。

b. 对动物通道的设置要有长远打算。

c. 依据对环境的最终影响评价所确定的野生动物通道，科学合理地设置动物通道。通过的方式主要有：桥梁下部通过、隧道上部通过和路基缓坡平交通过。

d. 修建公路对野生动物通道与栖息环境产生较大影响的地段，适当采取生态工程补偿的形式减弱其影响。

e. 从长远出发，充分考虑青藏公路具有旅游公路的性质，较好地发挥其观光功能，加强生态再造工程。

㉑ 当路线必须通过沼泽地段时：

A. 路线通过冲、洪积阶地范围宽广的大片沼泽区时，应选在沼泽的边缘，如必须在大片沼泽中间通过时，应尽量选择在沼泽中稍高处通过。

B. 路线通过缓山坡沼泽时，如路线方向与山坡走向平行时，路基沼底横向坡度最陡，在融化季节路堤常会产生滑动。所以，选线时应尽量避免通过沼底横向坡度较陡的地段，否则应在进行详细的测绘勘探并搜集足够的资料后，进行个别设计、特殊处理，以保证路基的稳定。

㉒ 当路线通过冰椎、冰丘地区时，应根据水文地质条件确定路线位置：

A. 冰椎、冰丘水源一般来自多年冻土层上水，在这种情况下，路线应在远离冰椎、冰丘的下方通过，距离宜在几十米以外。应避免在冰椎、冰丘上方的地下水通路上通过。有时为了避免冰椎、冰丘的威胁，甚至将路线选择在冰椎、冰丘附近下方的多年冻土沼泽中，也是比较安全的。如果必须在冰椎、冰丘近处通过时，应进行详细的测绘及勘探，收集足够的资料，采取必要的防护措施。

B. 当冰椎、冰丘水源为多年冻土层间水或层下水时，地下水一般均具有较大的承压性，此时路线应选在冰椎、冰丘的上方几十米处，尽量以填方通过。因为这种地下水不受冻土上限变化及基底土壤压实的影响，选在其上方可避免积冰对路线的威胁。

㉓ 路线跨越分水岭时，为争取高度，多选在低矮的垭口通过。这些地段大都有多年冻土存在（零星岛状多年冻土带除外）。因此，越岭地段的选线工作应首先进行大面积地质调查，利用地表植物法调绘，并结合勘探，弄清分水岭的地质和水文地质特征，以及有无多年冻土分布和沼泽、冰丘、冰椎、厚层地下冰等不良地质情况后进行。尽可能将路线定在分水岭上的非多年冻土区内通过。当无法避开多年冻土层时，亦应尽量选择在覆盖层较薄、冻土含冰量较少的地段或风化轻微、地下水量少的基岩中通过，从而避免或减少因冻土破坏而造成的病害。对采用深挖路堑还是建隧道通过分水岭，应进行全面的经济技术比较来加以决定。

㉔ 应考虑不同工程间的热影响，尽量减少已有工程间的相互热扰动和热影响叠加，高速公路与青藏铁路间距宜大于 40 m，与青藏公路间距宜大于 60 m，以上距离为路基坡脚之间的距离，当路基高度大于 26 m，宽度大于 4 m，以及低温小于 −1.0℃时，工程间的距离要适当增大。

7.2.3 最终线位选择原则

随着青藏高原多年冻土区基本线位的确定，与比例尺的进一步扩大，路线的冻土环境更加敏感与脆弱。青藏五大线状工程穿越青藏高原多年冻土区，冻土特有的工程问题将对工程设计、施工和安全运营产生重要影响。由于干扰工程属于点线结构的工程特点，即干扰工程的稳定性关系到整条路线的稳定性，因此多年冻土的分布特征对于公路选线具重要意义。为此，研究了多年冻土变化特征及其影响因素，预测走廊内多年冻土及融区的发展变化趋势，分析多个线形工程叠加效应对沿线冻土环境的影响规律及相互作用机理，评估青藏高速走廊内工程叠加风险，预估走廊带内工程容量及规模，最终根据预测结果检验和优化高速公路线位布局。在此基础上，结合公路工程特点，就路线的选线选位的原则进行了分析和确定。结合上述可靠度模型的分析结果，以及以往有关路线选线的研究成果，提出公路最终选线和选位的总体原则。

① 对于沿河段路线，应在充分调查、收集沿线河流历史水文资料的基础上，经过计算确定设计水位，并据此严格控制路基设计高度。

② 多年冻土区路基应尽量采用填方,尽可能避免挖方、零断面或低填浅挖断面及高度小于 1.0 m 的低填方地段。如受条件限制时,亦要缩短零断面、半填半挖及低填浅挖路段的长度。在饱冰冻土和厚层地下冰地段,应避免以挖方通过。

③ 对于高温区含土冰层埋藏较浅、厚度较大的地段,高温区的高含冰量冻土地段,以及地层粗细颗粒交错、路基难以保证均匀变形的地段,实施以桥代路设计原则。既能提高工程的可靠性,又保护了自然环境。

④ 选线时要注意取土条件,设置集中取土场,规定运土路线,严禁在路线两侧取土和随意开辟运土便道,以避免形成热融湖塘。取土场设置时应满足以下原则:

A. 尽量将站址选择在基岩和粗颗粒土等对建筑物有利地段,避免把站址选在含冰量高的冻土及厚层地下冰分布地段。

B. 在冻土不良现象发育地带和多年冻土不稳定地段不宜设站。

C. 大面积季节融化土地区属于强冻胀地段,不宜设站。

D. 应考虑地表排水条件,将车站设在排水条件较好的路段,并使站址尽量靠近水源。

E. 尽量少设站点。由于高原生活、工作条件极为恶劣,在满足输送能力要求的前提下,应最大限度地减少车站数量,以减少管理人员和对自然环境的破坏。另外,沿线的居民聚集点十分稀少,在车站的设置上应尽量靠近居民点。

⑤ 当路线与青藏公路并行时,既要考虑对冻土的干扰,又要给公路留有充分的改扩建余地(一般地段为 100 m 以内),并尽量靠近公路,以避免对生态环境的再次切割和对野生动物的再次侵扰。

⑥ 在条件允许的情况下,尽量选用较大的线形指标,提高车辆的运行速度,缩短驾驶员及乘客在高原的通过时间。

⑦ 路线经过斜坡地质灾害区时,应遵循以下原则:

A. 路线高程设计时,既要保证路线高程高出规定洪水频率的设计水位,又要避免路线高悬于斜坡之上,造成工程量增大。要充分利用既有地形条件,并结合地质灾害发育情况统筹考虑。

B. 地质灾害轻微的斜坡地段,应该进行绕行和取直路线的方案比选。首先比选斜坡地质灾害处理的工程费用,然后进行路线绕行和取直的比选。

C. 地质灾害严重的斜坡地段,以路基通过不能保证路线安全时。应考虑内移建隧道方案。在陡坡地段,斜坡地质灾害危害性大,隧道埋藏厚度不足时,路线内移建隧道有困难,此时可考虑外移设桥梁通过。

⑧ 风吹雪地区进行路基设计时,应遵循以下原则:

A. 在雪源丰富地区,不论路线走向与盛行风向夹角如何,都会发生较严重的雪灾,故在进行路基设计时,应尽量少设路堑,多采用路堤形式。若路堑难以避免,则应根据当地移雪量的大小,在上风一侧加宽、加深边沟,抬高路基。

B. 半填半挖的背风路段、迎风路段可视具体情况,适当增加一些挖方。

C. 对路线不长但雪灾极严重的高山垭口等路段可采用隧道、明洞或棚洞等构造物。上述构造物造价虽高,但防雪效果好。

D. 排水设计。在雪源丰富地区,融雪季节到来后,融雪径流大,因此应注意排水设计,有明显沟谷处,要见沟设涵,使融水及时排除,以保证路基稳定。

⑨ 当路线通过热融湖塘地段,路基高度要考虑最高水位、波浪侵袭高度及路堤修筑后的壅水高度等因素。

⑩ 当路线通过多年冻土沟谷沼泽时,因沼泽呈带状分布,绕行不能明显减少路线跨越沼泽的长度,应采用路堤特殊设计方法,以路线最短、平面最好的原则跨过沼泽。

⑪ 在冰椎、冰丘地区的山坡或分水岭地段,当有地下水存在时,由于挖方会暴露地下水,造成堑内积冰病害,在路堑内产生新的冰椎、冰丘,因此在经勘探发现路堑有地下水时,应尽量改移路线位置,以横断面选线,将挖方改为填方通过;或展长路线,抬高路线设计高程。

⑫ 多年冻土区隧道位置选择:

A. 越岭隧道定位标高应尽可能根据多年冻土温度与厚度确定,隧道最大埋深宜在多年冻土层内的中下部穿越,即使整个隧洞在多年冻土中穿越(防止地下水危害)。

B. 构造谷地、断陷谷盆两侧的傍山隧道,应尽可能回避从构造破碎融区(道)中穿越,若不能回避,其定位标高应适当放低(有利于在侧向设横向盲井、盲沟、泄水洞及缩短进出口段穿越多年冻土的长度)。

C. 冻土隧道进出口(含门洞内外)应尽可能回避从厚层地下冰层中穿越。

D. 隧道进出口段应选择有利排泄地表水和地下水,以及不利于风吹雪堆积的地形位置。

E. 岛状冻土区隧道应尽量选择隧道之上有较大面积多年冻土覆盖(防地表水直接渗入补给)的位置,尽量回避隧道之上为非多年冻土且有汇(集)水沟槽和洼地位置,回避在隧道底板之上有常年性富水地层穿越。

⑬ 青藏高原多年冻土区河流发育,因地形、地貌、气候影响,该区具有独特的桥涵水文特征和冻土不良现象。桥梁设计中既要考虑环境、气候对建筑物的影响,又要处理厚层地下冰、冰锥、冻胀丘、热融滑塌、热融湖塘、融融冻泥流等不良地质,并且在桥式、孔径、基础设计等方面对冻土区要有较好的适应性。大、中桥宜选择在河流贯通融区内水文条件有利的河段,非贯通融区宜选择基底为少冰冻土的河段,并尽量避免把桥的墩台分设在融区和多年冻土两种不同的地基上。尽量避免将大、中桥选择在分布有较大冰锥处,当有厚层地下冰时,宜选择在冰层较窄较薄的地段通过。桥址应在原河位置,不做改河(沟)处理。在结构形式上,一般采用简支梁桥,减轻施工养护的困难。桥梁基础尽量避免河床热状况的扰动和防止融沉、冻胀作用对桥梁结构的破坏。

⑭ 高速公路与管线距离宜大于 55 m,高速公路分离式路基间距宜大于 65 m,以上距离为路基坡脚之间的距离,当路基高度大于 26 m,宽度大于 4 m,以及低温小于-1.0℃时,工程间的距离要适当增大。

7.3 青藏高速公路的线位布局

青藏高速多年冻土段在进行路线方案布局时，运用分层目标法，首先在卫星影像图及 1∶50 000 数字化地形图上进行大范围的研究，根据国高网中关于青藏高速的总体走向，结合沿线的地形地貌、城镇分布及规划，寻求可能的路线走廊方案。在此基础上，运用作者多年来的研究成果，如冻土地质类成果（主要包括工程地质评价图、冻土年平均地温分布图、冻土含冰量分布图、冻土活动层厚度分布图等）、地表覆盖信息类成果（主要包括地表覆盖信息图、植被盖度分布图、积雪分布图、冻融灾害分布图等）、预报预测类成果（主要包括未来 50 年多年冻土年平均地温分布图、未来 50 年多年冻土活动层厚度分布图、工程容量评价图、热融风险分区图等），分段布设了多个路线线位方案。依次分段研究比选如下：

7.3.1 西大滩至不冻泉段线位布局

本段共布设了 K 线方案、B3 线方案、B4 线方案三个路线方案（图 7－2、图 7－3）。K 线方案和 B3 线方案是针对昆仑山峡谷的越岭方案提出的，B4 线方案是在 B3 线的基础上提出的西大滩局部比较方案。

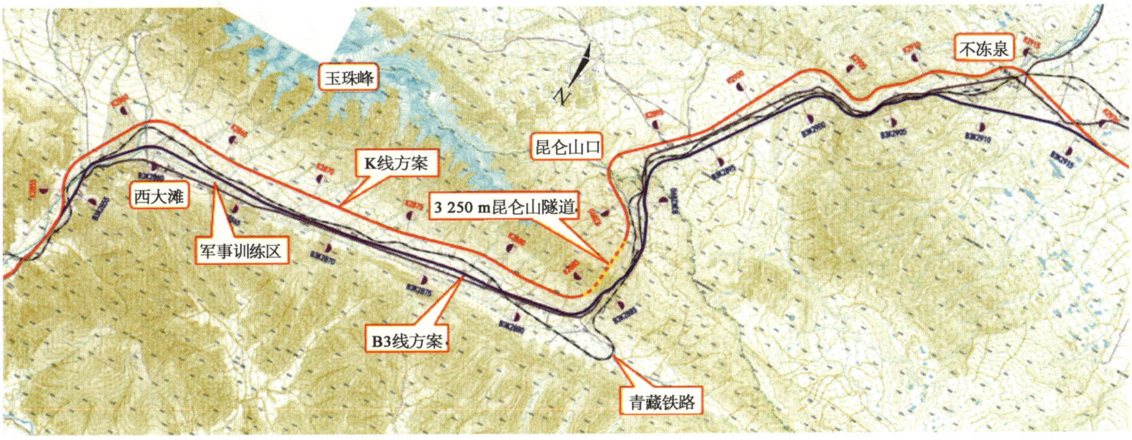

图 7－2 西大滩至不冻泉段路线方案图

1）主要控制因素

本段路线由西大滩穿越昆仑山峡谷至不冻泉，从海拔 4 000 m 爬升至 4 785 m，海拔变化集中在狭窄弯曲的昆仑山峡谷段（图 7－4），昆仑山峡谷段的越岭方案是线位布局的关键。西大滩附近是多年冻土区的北界位置，冻土类型复杂多变，并且存在着多处泥石流；同时，段落内干扰工程密集，主要有青藏铁路、青藏公路、格拉输油管线、电力电信线等，在青藏公路

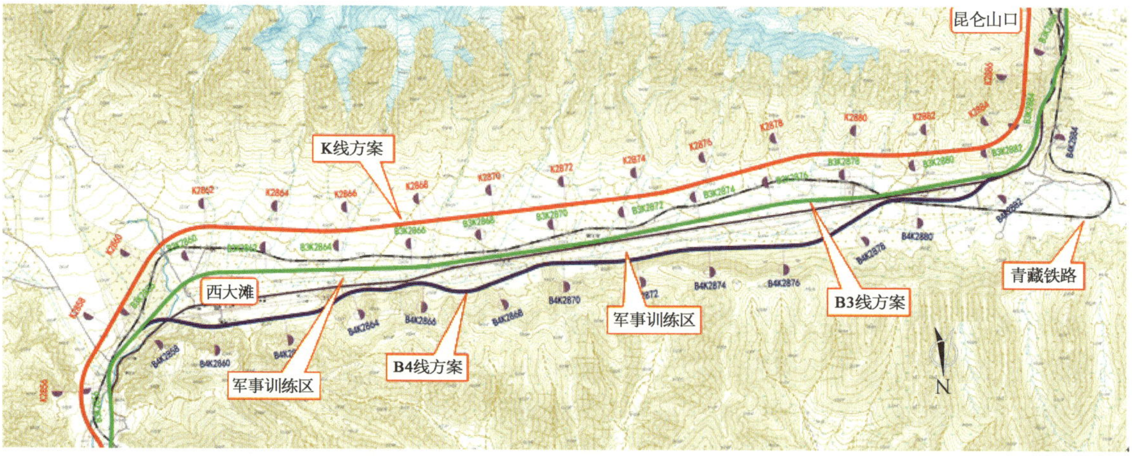

图 7-3　西大滩段局部路线方案图

图 7-4　昆仑山峡谷地貌

两侧还有部队的军事训练基地，均影响着路线布设。

2）B3 线与 B4 线局部方案比选

B3 线和 B4 线两个方案均与青藏公路路侧的军事训练区有干扰。B4 线沿青藏公路右侧山脚布线，沿线存在多处泥石流，地质条件较差；同时，与格拉输油管线并行布设，有 4 次交叉，且与青藏公路有两次交叉，工程干扰严重；方案从西大滩油库北侧通过，距离油库较近，存在安全隐患。B3 线沿青藏铁路和青藏公路中间区域并行布线，与 B4 线方案相比，对既有工程的干扰少，地质条件好。

两个局部方案相比，B4 线方案缺点较多，故不再深入研究。

3）K 线与 B3 线方案比选

K 线布设在青藏铁路的左侧，设置一处 3 250 m 的隧道穿越昆仑山峡谷，B3 线沿青藏公路布线，采用明线方式翻越昆仑山峡谷。

（1）多年冻土

根据多年冻土含冰量分布图，两方案冻土分布情况见表 7－1。由表可见，K 线方案穿越多年冻土里程共计 44.27 km，其中低含冰量段落为 26.115 km，高含冰量的段落为 18.155 km；B3 线方案穿越多年冻土里程共计 38.497 km，其中低含冰量段落为 21.06 km，高含冰量段落为 17.437 km。两方案相比，B3 线占优。

表 7－1　冻土分布情况　（km）

方　案	融　区	少冰–多冰	富冰–饱冰	饱冰–含土冰层
K 线	2.995	26.115	12.763	5.392
B3 线	1.725	21.060	9.610	7.827

（2）干扰工程

K 线方案与青藏公路、青藏铁路、管线等距离均较远，符合冻土区工程容量的要求。此外，K 线方案仅在比较段终点不冻泉处与青藏铁路交叉一次，为下穿铁路桥的方式，对铁路运营干扰较小；且大部分路段远离青藏公路布设，仅在不冻泉与青藏公路交叉一次，对青藏公路交通干扰也较小。

B3 线方案基本与 G109 线或铁路并行布设，与沿线输油管线、高压输电线、电力电信线相伴而行，局部段落与现有工程距离较近，在多年冻土环境下容易产生横向热干扰。此外，B3 线在四工区至不冻泉区段内与青藏铁路布设在同一山坡上，距离较近且在铁路上坡方向，施工期间容易对铁路运营造成干扰。而且 B3 线方案与青藏铁路共发生 3 次交叉，分别在小南川、铁路望昆站西和昆仑山峡谷。虽然青藏高速均能利用铁路桥下穿，但小南川处由于铁路桥下空间不够青藏高速与青藏公路同时下穿，需改移青藏公路并上跨铁路，间接对青藏铁路运营造成干扰。同时，B3 线在昆仑山峡谷内受地形限制，需以高架桥的方式上跨青藏公路布线，施工期交通组织困难，对青藏公路交通流的干扰极大。

可见，B3 线对既有工程的热干扰和交通干扰均较大。

（3）交通安全

昆仑山峡谷路段属于阴坡，一旦出现降雪，积雪难以融化。K 线方案以隧道形式穿越，不受冰冻积雪的影响，且平均纵坡为 1.5%/4.43 km，坡度较缓，行车较安全。而 B3 线方案采用明线，受冰冻积雪的影响大，加上该段平均纵坡为 3.36%/3.9 km，坡度较大，行车安全性相对较差。

（4）环境保护

比较段沿线藏羚羊、野牦牛等野生动物较多。B3 线方案与青藏公路、青藏铁路距离较近，对野生动物产生叠加效应比较明显，不利于动物穿行。K 线方案与青藏公路、青藏铁路距离较远，对野生动物穿行影响较小，环保效果较好。

(5) 工程投资规模

K 线方案和 B3 线方案的工程规模比较见表 7-2。由表可见,K 线方案工程规模略大,建安费比 B3 线高 4.79 亿。

表 7-2 工程规模比较

序号	工 程 项 目		K 线	B3 线
1	路线长度(km)		68.7	64.327
2	路基土石方数量(m^3)	填土方	5 334 259	4 992 241
		填石方	236 695	1 170 394
		挖土方	341 720	390 131
		挖石方	1 025 160	1 170 393
3	防护排水(万 m^3)		46.0	38.6
4	冻土路基处理(万 m^3)	冲击挤入砂砾	42.19	28.72
		填筑砂砾	50.40	28.99
		片块石	65.91	33.84
		碎石层	7.85	3.97
		砂砾上垫层	7.84	2.16
5	路面($\times 10^3$ m^2)		922.75	775.53
6	桥梁长度(m/座)	特大桥	8 375/5	10 341/6
		大桥	16 990/38	20 030/56
		中、小桥	819/11	955/14
7	涵洞(道)		131	107
8	隧道长度(m/座)	特长隧道	3 250/1	—
		长隧道	—	—
9	互通式立交(处)		2	2
10	通道(道)		61	25
11	桥隧比例(%)		42.8	48.6
12	建安费(亿元)		77.86	73.07
13	平均每公里建安费(万元)		11 334	11 359

4) **推荐意见**

综上所述,K 线方案设置了一处 3 250 m 的特长隧道穿越昆仑山峡谷,虽然工程规模略大,但极大地改善了路线纵坡,也有利于应对冰雪灾害天气,交通运营安全性高;而且 K 线与五大线性工程距离较远,符合工程容量的要求。同时,大间距也有利于野生动物的穿越,环保效果更好。因此，暂推荐 K 线方案。

7.3.2 不冻泉至楚玛尔河段线位布局

本路段位于可可西里自然保护区边缘，地形平坦、地势开阔（图 7－5）。沿线生态环境脆弱，野生动物出没频繁，是藏羚羊的主要迁徙地带。段落内多年冻土属于饱冰-含土冰层，冻土特征较为单一，线位布设不受冻土分区影响。本段路线布设的受控因素少，且青藏公路左右侧的布线条件相当，因此仅在青藏公路右侧布设了一条 K 线方案（图 7－6），以便于利用青藏公路组织施工。

图 7－5　不冻泉至楚玛尔河段沿线地貌

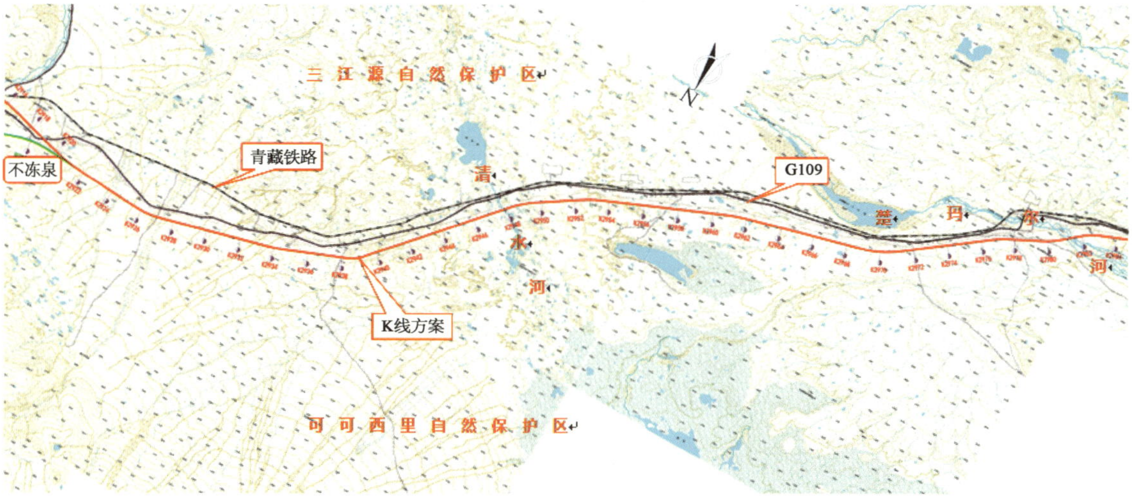

图 7－6　不冻泉至楚玛尔河段路线方案图

7.3.3 楚玛尔河至秀水河段线位布局

本路段沿线地形较平坦，局部略有起伏，地形条件较好（图 7－7）。根据多年冻土分布情况，青藏铁路左侧以饱冰-含土冰层为主，青藏公路西侧的冻土类型较多，局部为低含冰量冻土区。路线布设时，考虑到尽量避让高含冰量冻土区，故将线位沿青藏公路右侧区域布设，全段共设置了 K 线和 B4－1 线两个方案（图 7－8）。

图 7－7　沿线地貌

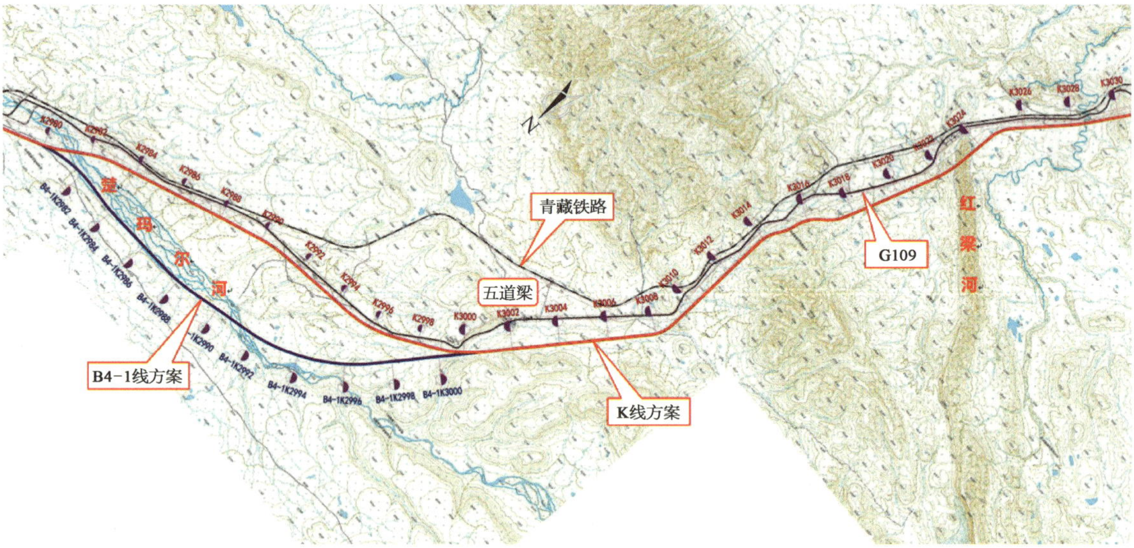

图 7－8　楚玛尔河至秀水河段路线方案图

1）**主要控制因素**

本路段位于可可西里自然保护区，沿线野生动物较多，是藏羚羊季节性迁徙的主要通道，生态环境较为敏感，是影响线位布局的重要因素。区域多年冻土类型复杂多变，有融区、少冰－多冰冻土、饱冰－含土冰层、富冰－饱冰冻土、含土冰层等类型，部分区域的冻土类型呈岛状分布。冻土分布情况是线位布局的另一个重要影响因素。此外，还需考虑工程容量的因素，避免与青藏公路等既有工程形成干扰。

2）**K 线与 B4－1 线局部方案比选**

K 线遵循工程容量的原则沿青藏公路右侧布设，B4－1 线沿楚玛尔河右岸融区布线。

（1）多年冻土

根据多年冻土含冰量分布图，两方案冻土分布情况见表 7－3。由表可见，两个方案穿过高含冰量冻土的长度基本相当。但 B4－1 线利用楚玛尔河融区布线，沿线穿越多年冻土的总里程较短，多年冻土影响较小。

表 7－3 冻土分布情况 (km)

方 案	融 区	少冰–多冰冻土	饱冰–含土冻土
K 线	0.7	18	2.2
B4－1 线	10	10	1.8

(2) 环境保护

根据调研，藏羚羊在昆仑山口至五道梁之间全段均有分布，主要集中于不冻泉至五道梁段，尤其以楚玛尔河至五道梁之间最为集中，该段是藏羚羊季节性迁徙的主要通道，也几乎为藏羚羊迁徙的唯一通道。

K 线方案以最短的距离跨越楚玛尔河，藏羚羊等野生动物也能以最短的距离通过高速公路，降低了对野生动物的干扰，有利于生态保护。同时，在满足工程容量的基础上，尽量靠近青藏公路布线，避免对保护区环境产生新的破坏带，有利于环境保护。

B4－1 线方案沿楚玛尔河河道布设，由于藏羚羊迁徙是沿楚玛尔河的河道，因此高速公路占据了藏羚羊的迁徙位置，藏羚羊迁徙时需沿约高速公路行走近 9 km，对野生动物的干扰非常大，不利于生态保护。此外，B4－1 线与青藏公路最大距离约 4 km，对保护区环境产生了一条新的破坏带，不利于环境保护。

3) 推荐意见

综上所述，B4－1 线方案对藏羚羊季节性迁徙干扰非常大，另辟较远的新线对植被破坏大。相较而言，K 线方案在满足工程容量的基础上，尽量靠近青藏公路布线，对保护区的环境破坏较小，且对藏羚羊迁徙的干扰最小，更有利于环境保护。虽然沿线经过的冻土段落较长，但基本为少冰–多冰冻土，辅以较成熟的冻土路基处理技术，能有效减小冻土危害。因此，暂推荐 K 线方案。

7.3.4 秀水河至雅玛尔河段线位布局

本段需翻越风火山，地形条件复杂，共布设了 K 线、B5 线、B5－1 线和 B6 线四个方案（图 7－9、图 7－10）。其中，B5－1 线是 K 线的风火山局部比较方案，B6 线是 B5 线的风火山局部比较方案，K 线与 B5 线是全段比较方案。

1) 主要控制因素

本段翻越风火山段地形复杂，线位最高海拔为 4 950 m，且冬季积雪严重。风火山段的越岭方案是全段线位布局的关键。同时，段落内冻土类型复杂多变，有融区、少冰冻土、多冰冻

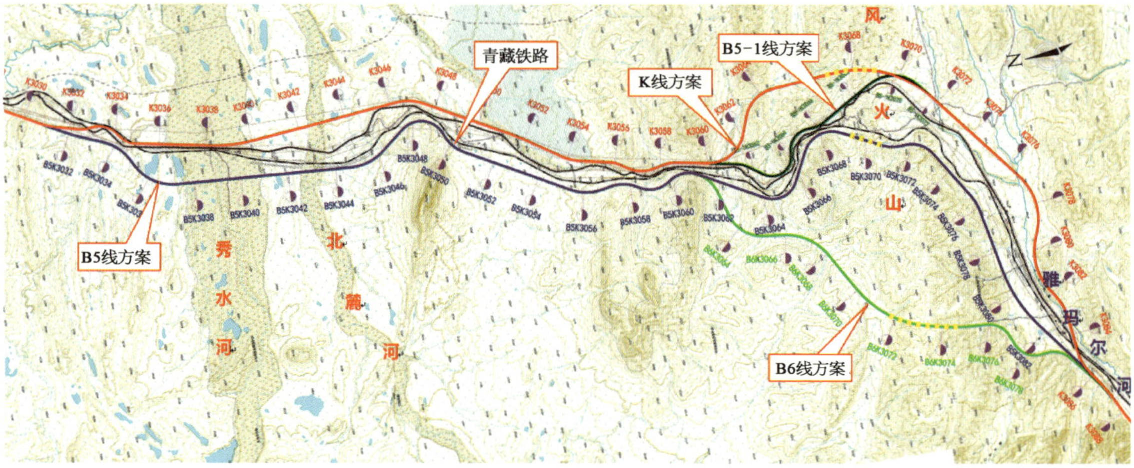

图 7-9 秀水河至雅玛尔河段路线方案图

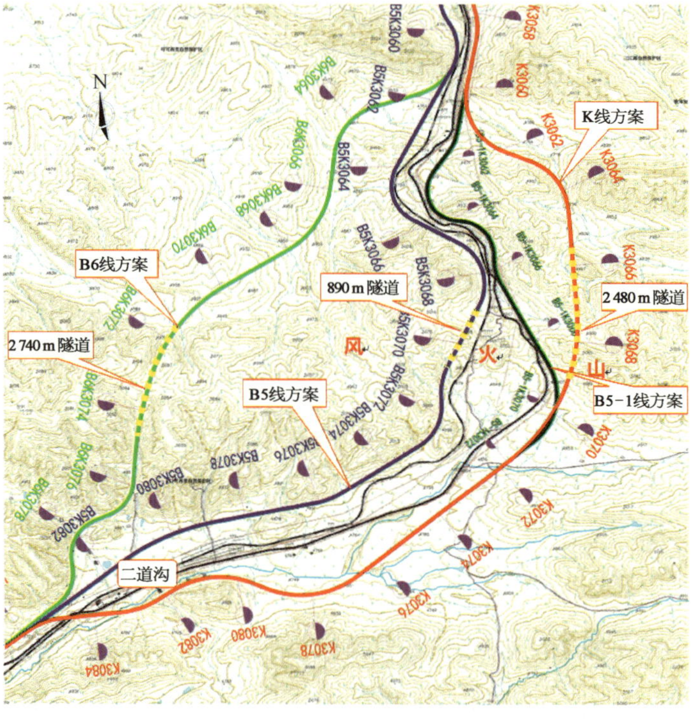

图 7-10 风火山局部路线方案图

土、富冰-饱冰冻土、饱冰-含土冰层等，也是线位布局的重要影响因素。此外，本段局部沟谷狭窄，青藏铁路、输油管道、电力电信等既有工程集中，其干扰问题也会影响到线位布局。

2）B5 线与 B6 线局部方案比选

两个方案均采用隧道方案穿越风火山。

(1) 环境保护

本路段青藏公路西侧为可可西里自然保护区,东侧为三江源自然保护区。B5 线方案沿青藏铁路右侧布线,属于既有的工程走廊内,避免对保护区环境产生新的破坏带,有利于环境保护。B6 线与青藏公路距离较远,最大距离约 7.6 km,对保护区环境产生了一条新的破坏带,不利于环境保护。相较而言,B5 线有利于环境保护。

(2) 干扰工程

B6 线方案远离青藏铁路,对铁路不存在干扰。B5 线方案沿铁路西侧布设,虽然满足了工程容量要求,避免了与既有工程的热干扰,但距离铁路较近,部分路段位于铁路的上方坡面,在施工期易对铁路运营造成一定的干扰。相较而言,B6 线工程干扰更小。

(3) 工程规模

B6 线比较段长 23.253 km,设置桥梁 6 970 m/7 座,设置隧道 2 740 m/1 座;B5 线对应的比较段长 26.758 km,设置桥梁 14 372 m/28 座,设置隧道 890 m/1 座。相比而言,B5 线长了 3.505 km,总的工程规模略大,但冻土隧道长度短,施工难度小。

B5 线与 B6 线两个局部方案相比,B6 线虽然工程规模略小,但冻土隧道长,施工难度大,而且对自然保护区的环境破坏较大。因此,不再对 B6 线进行深入研究。

3) K 线与 B5-1 线局部方案比选

K 线方案以隧道方式穿越风火山,B5-1 线以明线方式翻越风火山。

(1) 线形指标

平面指标上,K 线方案最小平曲线半径为 1 500 m;B5-1 线最小平曲线半径为 800 m,小于 1 500 m 的平曲线共有 4 处。K 线方案的平面指标高。

纵面指标上,K 线方案在风火山北段和南段的平均纵坡分别为 2.01%/10.49 km 和 2.55%/4.96 km;B5-1 线方案在风火山北段和南段的平均纵坡分别为 2.25%/7.85 km 和 2.58%/5.96 km。K 线方案的纵面指标较高。

可见,K 线方案的线形指标较高,有利于行车安全和舒适。

(2) 冰雪灾害

风火山路段海拔高,气候恶劣。根据调查,青藏公路在风火山段(K3068—K3077)易受积雪影响,加上连续上坡,重型车辆爬坡困难,极易造成拥堵。结合多源遥感数据信息,对青藏高速公路沿线积雪空间分布特征调查,分析了风火山段的积雪情况(图 7-11、图 7-12)。路段内平均积雪日数为 34 d,年平均雪深为 0.276 cm,年均地表温度为-0.362℃,年均地表温度较低,路段积雪量小但易发生结冰现象。

K 线方案最高海拔为 4 920 m,采用长隧道方案通过,海拔在 4 900 m 以上的明线长度为 450 m;B5-1 线方案最高海拔为 4 948 m,采用明线方式,且在阴坡面,海拔在 4 900 m 以上的明线长度为 2.7 km。相较而言,K 线方案受冰雪影响小。

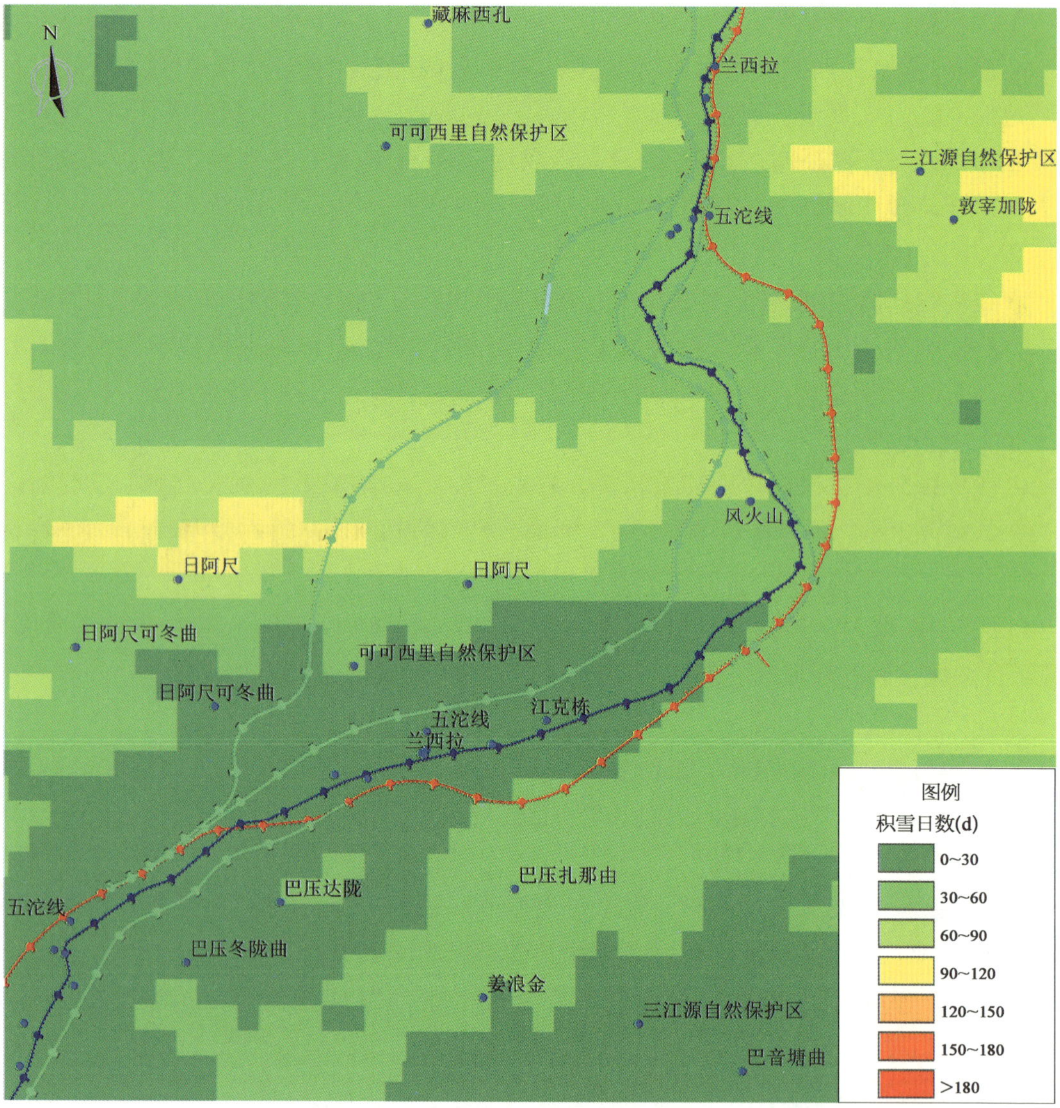

图 7-11 风火山段积雪日数空间分布图

（3）多年冻土

根据多年冻土含冰量分布图，两方案冻土分布情况见表 7-4。由表可知，两个方案穿越多年冻土的总长基本一致，但 B5-1 线方案经过的高含冰量冻土段较长，冻土危害大，且该方案存在 1.1 km 的连续挖方路段，不利于保护冻土。

表 7-4 冻土分布情况 (km)

方 案	少冰-多冰冻土	富冰-饱冰冻土
K 线	7.487	5.035
B5-1 线	5.693	7.040

图 7-12 风火山积雪情况

(4) 干扰工程

K 线方案在青藏公路的左侧山沟布设,沿线无其他设施分布,无干扰。

B5-1 线方案沿青藏公路布线,沿线既有工程较多,主要有青藏公路、输油管线、电力电信线等。路线与输油管线及电力电信线多次交叉,局部段落对青藏公路有改移,存在着较严重的工程热干扰及交通干扰。

(5) 工程投资规模

K 线方案和 B5-1 线方案的工程规模比较见表 7-5。由表可见,K 线方案工程规模较大。

表 7-5 工程规模比较

序号	工程项目		K 线	B5-1 线
1	路线长度(km)		12.500	12.734
2	路基土石方数量(m^3)	填土方	57 323	361 897
		填石方	2 639	—
		挖土方	198 916	384 908
		挖石方	596 748	1 154 724
3	防护排水(万 m^3)		12.0	11.0
4	冻土路基处理(万 m^3)	冲击挤入砂砾	5.66	3.44
		填筑砂砾	5.58	3.37
		片块石	0.93	9.20
		碎石层	0.11	1.09
		砂砾上垫层	0.16	1.58

（续表）

序号	工　程　项　目		K 线	B5－1 线
5	路面（$\times 10^3$ m^2）		51.98	101.154
6	桥梁长度（m/座）	特大桥	6 785/3	5 683/3
		大桥	975/2	2 653/5
		中、小桥	0/0	0/0
7	涵洞（道）		6	12
8	隧道长度（m/座）	长隧道	2 480/1	—
		中隧道	—	—
9	互通式立交（处）		0	0
10	通道（道）		0	2
11	桥隧比例（%）		81.9	65.4
12	建安费（亿元）		20.68	16.59
13	平均每公里建安费（万元）		16 548	13 026

K 线与 B5－1 线两个局部方案相比，K 线方案虽然工程规模较大，但线形指标高，受冰雪灾害影响小，有利于行车安全和舒适，且与既有工程无干扰。故风火山段采用 K 线方案。

4）K 线与 B5 线方案比选

K 线方案布设在青藏公路左侧，B5 线方案布设在青藏铁路右侧。

（1）多年冻土

根据多年冻土含冰量分布图，两方案冻土分布情况见表 7－6。由表可见，K 线方案穿越多年冻土段落共计 57.364 km，其中高含冰量冻土段 23.055 km；B5 线穿越多年冻土段落共计 54.437 km，其中高含冰量冻土段 12.66 km。B5 线冻土危害较小。

表 7－6　冻土分布情况　（km）

方　案	融　区	少冰－多冰冻土	多冰－富冰冻土	富冰－饱冰冻土	饱冰－含土冻土
K 线	3.145	28.719	5.59	14.935	8.120
B5 线	1.445	35.277	6.500	2.780	9.880

（2）干扰工程

K 线方案布设在青藏公路左侧，沿线管线较多，风火山前的路段地形条件相对较好，布线时遵循工程容量的原则，与既有工程保持安全距离，尽量消除横向热干扰；风火山段避开狭窄的沟谷地形，线位与现有的通道较远，沿线无其他设施分布，无干扰。

B5 线方案布设在青藏铁路右侧，有 6 处距离铁路较近，虽然满足工程容量要求，无热干扰，但路线位于铁路上方的坡面上，施工期易对铁路运营造成影响。沿线无管线分布，无工程热干扰。

相较而言，K 线方案基本无工程干扰，较优。

(3) 工程投资规模

K 线方案和 B5 线方案的工程规模比较见表 7－7。从工程投资来看，K 线投资规模略大。

表 7－7 **工程规模比较**

序号	工 程 项 目		K 线	B5 线
1	路线长度(km)		57.129	55.882
2	路基土石方数量(m^3)	填土方	4 527 515	1 009 431
		填石方	133 903	960 175
		挖土方	1 560 450	1 009 431
		挖石方	390 113	3 028 293
3	防护排水(万 m^3)		51.8	44.2
4	冻土路基处理(万 m^3)	冲击挤入砂砾	54.86	37.06
		填筑砂砾	63.77	37.06
		片块石	182.08	105.99
		碎石层	22.1	12.53
		砂砾上垫层	18.23	8.93
5	路面($\times 10^3$ m^2)		648.45	557.13
6	桥梁长度(m/座)	特大桥	17 351/7	10 929/6
		大桥	9 704/24	20 031/39
		中、小桥	0/0	370/5
7	涵洞(道)		70	68
8	隧道长度(m/座)	长隧道	2 480/1	—
		中隧道	—	890/1
9	互通式立交(处)		0	0
10	通道(道)		20	3
11	桥隧比例(%)		51.6	58
12	建安费(亿元)		74.17	71.86
13	平均每公里建安费(万元)		12 983	12 859

5) 推荐意见

综上所述，K 线方案基本无工程热干扰及交通干扰；风火山段设置一处 2 480 m 长隧道，虽然工程规模略大，冻土隧道施工较难，但改善了高速公路的线形指标，同时越岭段受冰雪灾害影响的段落短，极大地提高了行车的安全性和舒适性。因此，暂推荐 K 线方案。

7.3.5 雅玛尔河至沱沱河段线位布局

本段大部分路段地形平坦、地势开阔，局部路段地势有一定的起伏，布线较自由，在青藏公路和青藏铁路的左侧布设了 B7 线方案，在右侧布设了 K 线方案(图 7－13)。

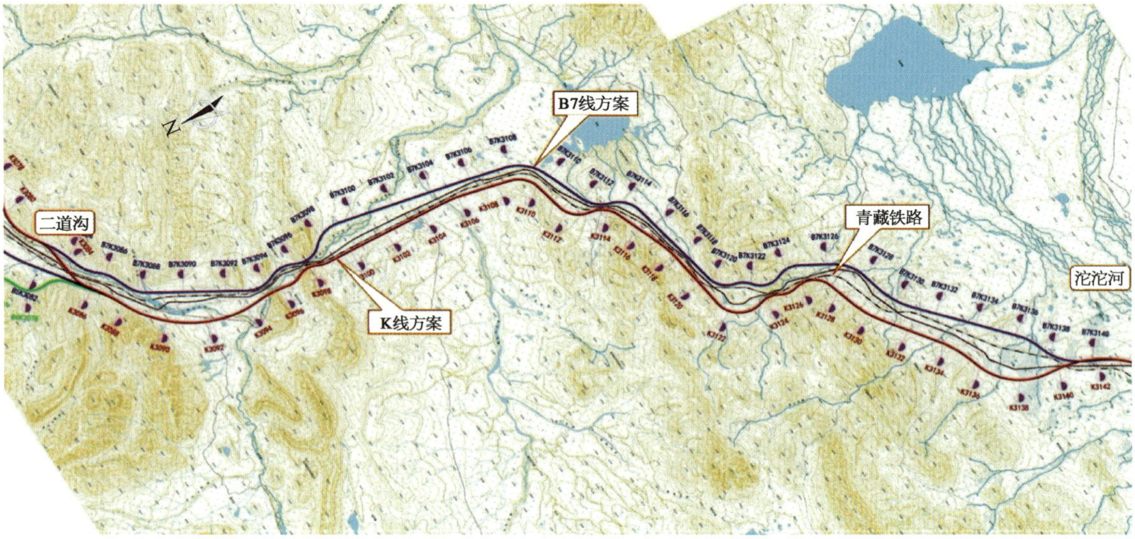

图 7－13 雅玛尔河至沱沱河段路线方案图

1) 主要控制因素

本段地形条件较好，局部沟谷狭窄段，青藏铁路、青藏公路、管线等设施集中，对路线布局影响较大；区域内冻土类型复杂多变，包含了融区、少冰-多冰冻土、富冰-饱冰冻土、饱冰-含土冰层等，部分区域的冻土呈岛状分布，也是线位布局的重要影响因素。

2) 方案比选

(1) 多年冻土

根据多年冻土含冰量分布图，两方案冻土分布情况见表 7－8。由表可见，K 线方案经过的多年冻土段共计 42.045 km，其中高含冰量冻土段 11.065 km；B7 线方案经过的多年冻土段共计 43.62 km，其中高含冰量冻土段 18.67 km。K 线方案冻土危害较小。

表 7－8 冻土分布情况 (km)

方　案	融　区	少冰-多冰冻土	多冰-富冰冻土	富冰-饱冰冻土
K 线	19.507	28.77	2.21	11.065
B7 线	16.267	20.710	4.240	18.670

(2) 干扰工程

K 线方案和 B7 线方案布线时均考虑了工程容量的影响，避免与既有工程的热干扰。两个方案均有局部路段布设在铁路上方的坡面上，施工期间均会给铁路运营造成一定的干扰。此外，K 线方案两次下穿铁路桥，其中在沱沱河附近下穿铁路桥时，与青藏公路发生交叉，需局部改移青藏公路，对既有交通造成一定的影响。B7 方案与青藏铁路和青藏公路均无交叉影响。相较而言，K 线方案对既有交通干扰较大。

（3）冰雪灾害

现场勘查发现，高原地区阴阳坡的效应非常明显，冬季阳坡积雪少或基本无积雪，阴坡的积雪较多，难以融化。K 线方案布设在青藏公路西侧，属于阳坡，日照时间相对较长，有利于冰雪的融化。B7 线方案布设在青藏公路的东侧，属于阴坡，日照时间短，不利于冰雪的融化。相较而言，K 线方案冰雪影响小，行车更安全。

（4）工程投资规模

K 线方案和 B7 线方案的工程规模比较见表 7－9。由表可见，K 线方案工程投资规模略小。

表 7－9　工程规模比较

序号	工　程　项　目		K 线	B7 线
1	路线长度(km)		61.53	59.887
2	路基土石方数量(m^3)	填土方	5 419 735	2 109 946
		填石方	206 275	2 351 260
		挖土方	241 245	783 753
		挖石方	723 734	2 351 259
3	防护排水(万 m^3)		53.3	51.3
4	冻土路基处理(万 m^3)	冲击挤入砂砾	89.31	58.81
		填筑砂砾	88.19	59.77
		片块石	39.72	75.85
		碎石层	4.75	8.81
		砂砾上垫层	6.52	11.73
5	路面($\times 10^3$ m^2)		877.93	812.16
6	桥梁长度(m/座)	特大桥	9 563/5	11 158/6
		大桥	14 344/37	13 971/34
		中、小桥	264/4	198/3
7	涵洞(道)		99	97
8	互通式立交(处)		0	0
9	通道(道)		32	31
10	桥隧比例(%)		39.2	42.3
11	建安费(亿元)		63.78	65.71
12	平均每公里建安费(万元)		10 365	10 973

3）**推荐意见**

综上所述，K线方案冻土危害较小，且布设在阳坡，受积雪冰冻影响较小，有利于行车安全。另外，K线方案工程投资规模略小，虽然对既有交通存在一定的影响，但可通过交通组织将影响降低到较小的程度。因此，暂推荐K线方案。

7.3.6 沱沱河至开心岭段线位布局

本路段仅沿青藏公路左侧布设了一条K线方案(图7－14、图7－15)。线位布局的关键是选择较好的冻土区，同时处理好高速公路与唐古拉山镇的关系，以及穿越开心岭的位置。

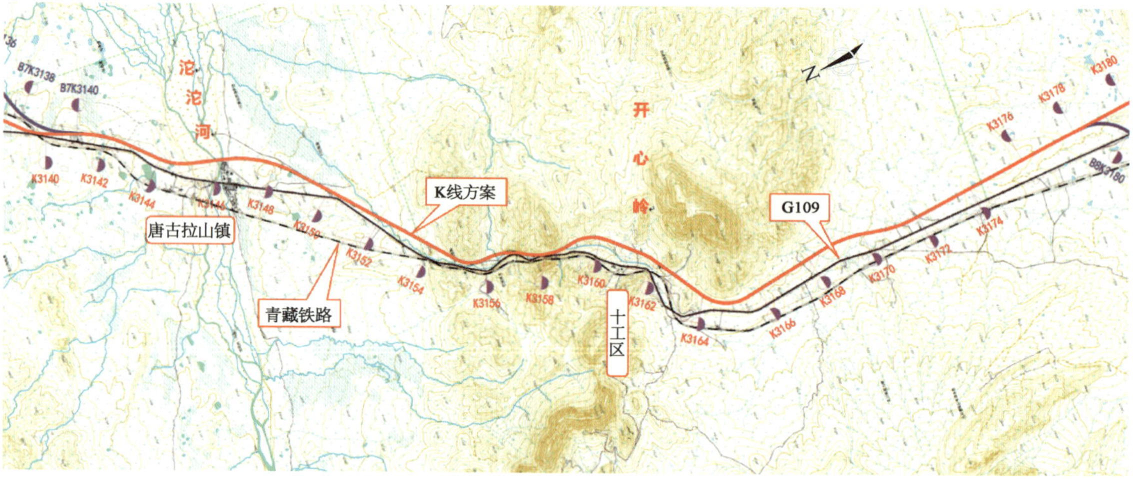

图7－14 沱沱河至开心岭段路线方案图

图7－15 沿线地形地貌

1）**多年冻土**

在沱沱河流域属于融区，沱沱河至开心岭属于多冰冻土，开心岭属于少冰冻土，开心岭以南属于饱冰-含土冰层。根据多年冻土含冰量分布图及年平均地温分布图可知，K线方案布设在青藏公路左侧，与布设在右侧相比，穿越的低含冰量冻土段较长，穿越的高含冰量冻土段较短，有利于减少冻土危害。

2）唐古拉山镇

镇区右侧有青藏铁路，为了方便镇区车辆上下高速公路，K 线方案从唐古拉山镇左侧通过，布设互通立交的条件较好。

3）开心岭段

青藏铁路在开心岭布设于青藏公路右侧山坡上，山坡较陡，局部路段铁路以挖方路堑通过；而且输油管线、电力电信设施等均布设在青藏公路右侧，使得高速公路在该侧的布线条件较差。相对而言，K 线方案从青藏公路左侧布线，虽然地形稍复杂，但区域内干扰工程较少，避免了与既有工程的热干扰，同时还避免了与青藏铁路交叉。

综上所述，K 线方案布设在青藏公路左侧，优势明显，故仅布设一条方案。

7.3.7 开心岭至十二工区段线位布局

本路段地形地貌变化较大，开心岭至雁石坪前的段落地形平坦、地势开阔，布线条件好；雁石坪峡谷段地形条件复杂，布线条件较差。全段共布设了 K 线与 B8 线两个方案，其中 K 线方案沿布曲河左岸布线，B8 线方案沿青藏铁路的右侧布线（图 7－16、图 7－17）。

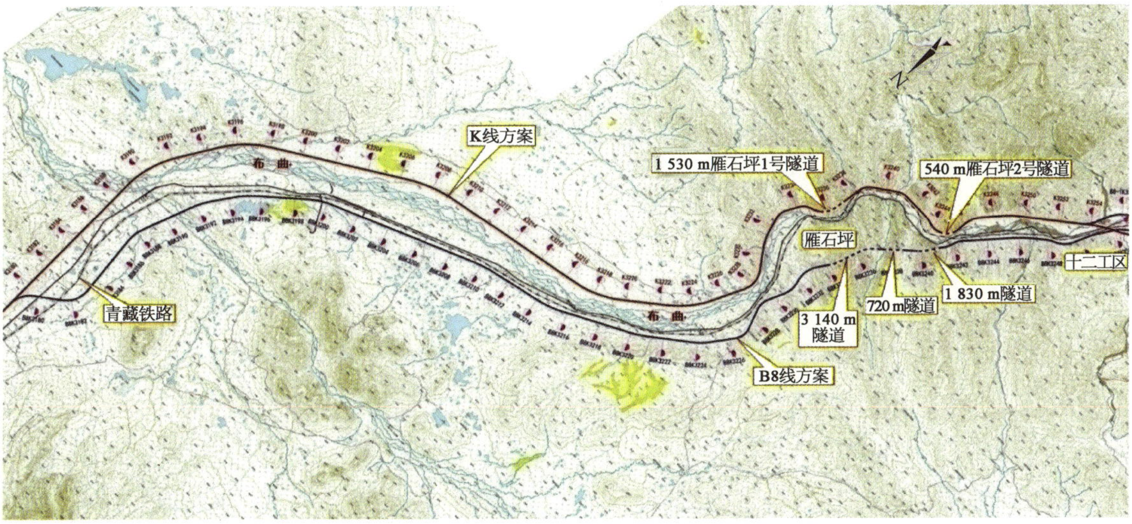

图 7－16　开心岭至十二工区段路线方案图

1）主要控制因素

雁石坪峡谷地形复杂，青藏公路、青藏铁路、输油管线、电力电信线等工程拥挤在狭窄弯曲的走廊里，既有工程干扰十分严重，再加上雁石坪镇区、规划区等影响，该段路线布设条件

图 7－17 沿线地形地貌

差。穿越雁石坪峡谷的方案是全段线位布局的关键。同时，段落内冻土类型复杂多变，有河流融区、少冰-多冰冻土、富冰-饱冰冻土、饱冰-含土冰层等，也是线位布局的重要影响因素。

2）方案比选

（1）多年冻土

根据多年冻土含冰量分布图，两方案冻土分布情况见表 7－10。由表可见，K 线方案经过的多年冻土段共计 28.76 km，其中高含冰量冻土段 11.24 km；B8 线方案经过的多年冻土段共计 66.5 km，其中高含冰量冻土段 33.59 km。K 线方案冻土危害明显较小。

表 7－10 冻土分布情况 （km）

方 案	融 区	少冰-多冰冻土	富冰-饱冰冻土	饱冰-含土冰层
K 线	54.6	17.52	5.45	5.79
B8 线	11.4	32.91	22.2	11.39

（2）干扰工程

K 线方案大部分路段在布曲河左岸，没有干扰工程分布，仅在雁石坪峡谷段与青藏铁路并行较近，但满足工程容量要求，不存在工程热干扰；局部段落布设在铁路上方的坡面，对铁路运营有一定的影响；在比较段终点与青藏公路和青藏铁路各交叉一次，有一定的交通干扰；与雁石坪镇区隔河相对，没有干扰。

B8 线沿铁路布线，与既有工程之间满足工程容量要求，不存在工程热干扰；但大部分路段与铁路并行，且在铁路上方坡面，坡面略显陡峭，对铁路运营影响的段落较长；在比较线起点与青藏公路和青藏铁路各交叉一次，有一定的交通干扰；线位在雁石坪镇区右侧较远处以隧道方式穿越，与镇区无干扰。

相较而言，K 线方案工程干扰较小。

（3）与地方路网的衔接

雁石坪镇是青海进入西藏的第一个镇，位于安多县北部，是青藏线上的重要结点，来往的过境车辆往往选择在此休息、吃饭、住宿。因此，高速公路过境雁石坪镇需要设置互通立交，与地方路网衔接，满足地方车辆的出行需求。

K 线方案沿布曲河左侧布设，结合雁石坪镇镇区规划，互通立交可布设在雁石坪镇北面，布曲河左侧，并通过设置连接线与青藏公路衔接，衔接条件较好。

B8 线布设在铁路右侧的山坡上，互通布设困难，且与青藏公路高差较大，受到铁路阻隔，互通立交布设时需修建较长的连接线展线下山，并设置高架桥跨越铁路，才能与青藏公路衔接。衔接点距雁石坪镇较远，衔接条件较差。

相较而言，K 线方案与地方路网衔接较有利。

（4）工程投资规模

B8 线方案长 77. 899 km，设置桥梁 29 240 m/37 座、隧道 5 690 m/3 座。对应的 K 线方案长 83. 365 km，设置桥梁 25 010 m/52 座、隧道 2 070 m/2 座。相较而言，K 线方案路线长了 5. 466 km，但桥梁少了 4 230 m，隧道短了 3 620 m，工程规模较小。

3）推荐意见

综上所述，K 线方案沿融区布线，冻土危害较小，对既有工程干扰小，互通布设有利，与地方路网衔接条件较好，而且工程规模较小。因此，暂推荐 K 线方案。

7. 3. 8 十二工区至温泉兵站段线位布局

本段沟谷较宽阔，地形条件较好，共布设了 K 线和 B8－1 线两个方案。其中，K 线方案沿青藏公路右侧山脚布线，B8－1 线沿青藏铁路左侧、布曲河的右侧布线（图 7－18、图 7－19）。

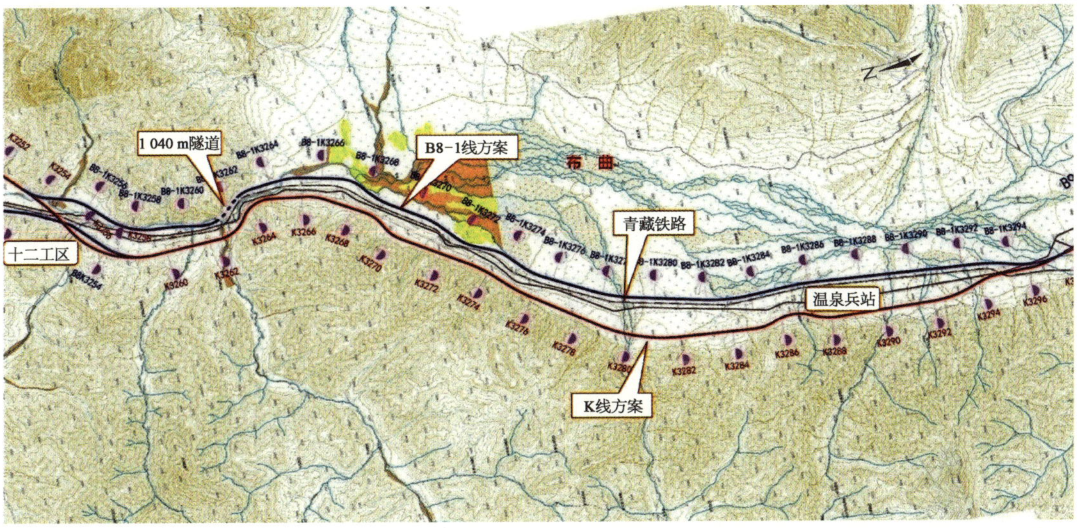

图 7－18 十二工区至温泉兵站段路线方案图

图 7－19 沿线地形地貌

1）主要控制因素

段落内冻土类型复杂多变，有河流融区、少冰-多冰冻土、富冰-饱冰冻土、饱冰-含土冰层等，是线位布局的重要影响因素。同时，与青藏公路、青藏铁路、输油管线、电力电信线等既有工程之间的干扰，对线位布局的影响较大。此外，沿线有不良地质存在，也影响着线位布局。

2）方案比选

（1）多年冻土

根据多年冻土含冰量分布图，两方案冻土分布情况见表 7－11。由表可见，K 线方案经过的低含冰量路段、高含冰量路段均较长，冻土危害较大。

表 7－11 冻土分布情况 （km）

方 案	融 区	少冰-多冰冻土	富冰-饱冰冻土
K 线	32.098	7.05	5.1
B8－1 线	39.764	1.05	2

（2）干扰工程

两个方案布线时，均满足工程容量的要求，与既有工程基本不存在热干扰。

K 线方案两次与青藏铁路交叉，一次为上跨，一次为下穿，上跨处在施工期对青藏铁路运营有一定的干扰。

B8－1 线方案与铁路无交叉，但局部路段距离铁路较近，在隧道出洞后，路线布设在铁路上方的坡面上，在施工期对铁路运营有一定的干扰。

（3）工程地质条件

经地质勘查，K 线方案沿线发育泥石流等不良地质，且沿路线方向分布有断裂带，与路线基本平行，工程地质条件较差；B8－1 线方案沿铁路布设，不受泥石流影响，距离断裂带也较远，工程地质条件较好。

（4）冰雪灾害

K 线方案布设在青藏公路右侧，属于阳坡，日照时间相对较长，有利于积雪的融化，对行车安全有利；B8－1 线方案在起点段落，沿左侧山脚布线，属于阴坡，日照时间短，不利于积雪的融化，不利于行车安全。

（5）工程投资规模

K 线方案和 B8－1 线方案的工程规模比较见表 7－12。由表可见，K 线方案工程规模略小。

表 7－12 **工程规模比较**

序号	工 程 项 目		K 线	B8－1 线
1	路线长度（km）		44.248	42.814
2	路基土石方数量（m^3）	填土方	4 377 760	4 382 014
		填石方	436 490	83 797
		挖土方	368 678	27 932
		挖石方	1 106 035	83 797
3	防护排水（万 m^3）		37.2	36.6
4	冻土路基处理（万 m^3）	冲击挤入砂砾	65.33	50.74
		填筑砂砾	65.17	49.86
		片块石	13.98	17.96
		碎石层	1.67	2.14
		砂砾上垫层	—	3.09
5	路面（$\times10^3$ m^2）		672.64	620.46
6	桥梁长度（m/座）	特大桥	3 368/2	9 629/6
		大桥	10 024/29	5 478/14
		中、小桥	163/2	264/4
7	涵洞（道）		86	69
8	隧道长度（m/座）	长隧道	—	1 040/1
		中隧道	—	—
9	互通式立交（处）		1	1
10	通道（道）		34	33
11	桥隧比例（%）		30.6	38.3
12	建安费（亿元）		41.82	45.07
13	平均每公里建安费（万元）		9 451	10 526

3）推荐意见

综上所述，K 线方案虽然经过的冻土段较长，但主要为低含冰量冻土，辅以较成熟的冻土路基处理技术，可有效降低冻土危害。考虑到 K 线方案受冰雪影响较小，行车较安全，同时工程规模较低，暂推荐 K 线方案。

7.3.9 温泉兵站至安多段线位布局

本路段为唐古拉山越岭段，受地形控制，布设了 K 线和 B9 线两条大走廊方案。其中，K 线沿青藏铁路的走廊布设，B9 线沿青藏公路的走廊布线。

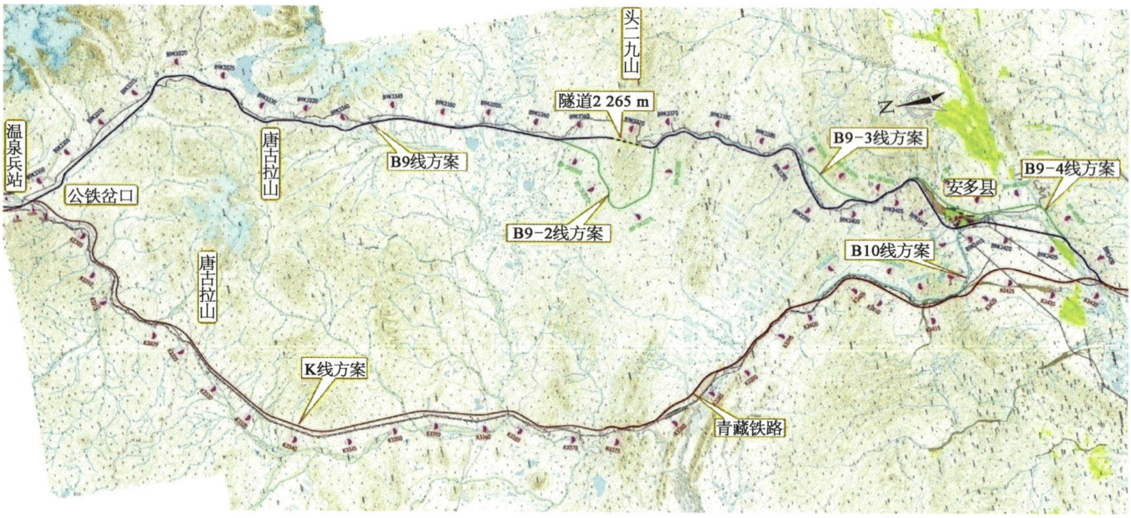

图 7－20 温泉兵站至安多段路线方案图

1）主要控制因素

本段翻越唐古拉山段地形、地质条件较复杂，线位最高海拔为 5 248 m，冬季积雪严重。唐古拉山越岭方案是全段线位布局的关键。同时，段落内冻土类型复杂多变，有融区、少冰冻土、多冰冻土、富冰-饱冰冻土、饱冰-含土冰层等，也是线位布局的重要影响因素。本段局部沟谷狭窄，青藏公路、青藏铁路、输油管道、电力电信等既有工程集中，其干扰问题也会影响到线位布局。此外，靠近安多县的路段，需要考虑为地方经济社会服务的因素。

2）方案比选

（1）地形条件

B9 线沿青藏公路走廊布设，沿线地势起伏相对较大，地貌复杂多变，由丘陵、河谷平原、山地组成（图 7－21），线位翻越唐古拉山的最高海拔为 5 248 m。

K 线沿铁路走廊布设，地势起伏相对较小，沿线地貌主要由河谷平原和丘陵组成（图 7－22），线位翻越唐古拉山的最高海拔为 5 095 m。

图 7－21 青藏公路走廊地形地貌

图 7－22 青藏铁路走廊地形地貌

相较而言，K 线方案沿线地形条件较好。

（2）地质条件

B9 线方案沿线经过约 8 km 的热融湖塘区；K 线仅经过零散的热融湖塘区，在安多县西侧、无人区沟口左侧存在一处不稳定边坡。相较而言，B9 线地质条件较差。

（3）多年冻土

根据多年冻土含冰量分布图，两方案冻土分布情况见表 7－13。由表可见，K 线方案经过多年冻土段共计 94.325 km，其中高含冰量段共计 69.67 km；B9 线方案经过多年冻土段共计 94.96 km，其中高含冰量段共计 54.075 km。相较而言，B9 线冻土危害较小。

表 7－13 冻土分布情况 （km）

方 案	融 区	少冰-多冰冻土	多冰-富冰冻土	富冰-饱冰冻土	饱冰-含土冰层
K 线	24.632	21.590	3.065	30.665	39.005
B9 线	7.717	26.930	13.955	22.970	31.105

(4) 干扰工程

B9 线沿公路走廊，地形条件较复杂，输油管线、电力电信线集中分布在走廊内。局部沟谷狭窄弯曲的路段，高速公路线位与既有工程具有一定的干扰。

K 线沿铁路走廊，地形条件较好，大部分地势开阔，布线自由，管线等设施少，与既有工程干扰明显较小。

(5) 线形指标

K 线方案沿线地势开阔，起伏小，道路平纵断面指标相对较高，沿线没有长大纵坡。

B9 线方案沿线地势起伏大，局部沟谷弯曲狭窄，平纵面指标相对较低。沿线有两处长大纵坡，一处位于唐古拉山下坡方向，平均纵坡为 2.96%/6.89 km；另一处位于头二九山下坡方向，平均纵坡为 2.71%/5.72 km。

相较而言，K 线方案线形指标较好，有利于行车安全。

(6) 冰雪灾害

结合多源遥感数据信息，对青藏高速公路沿线积雪空间分布特征进行调查，对于路线翻越唐古拉山段的积雪情况进行了分析(图 7-23)。

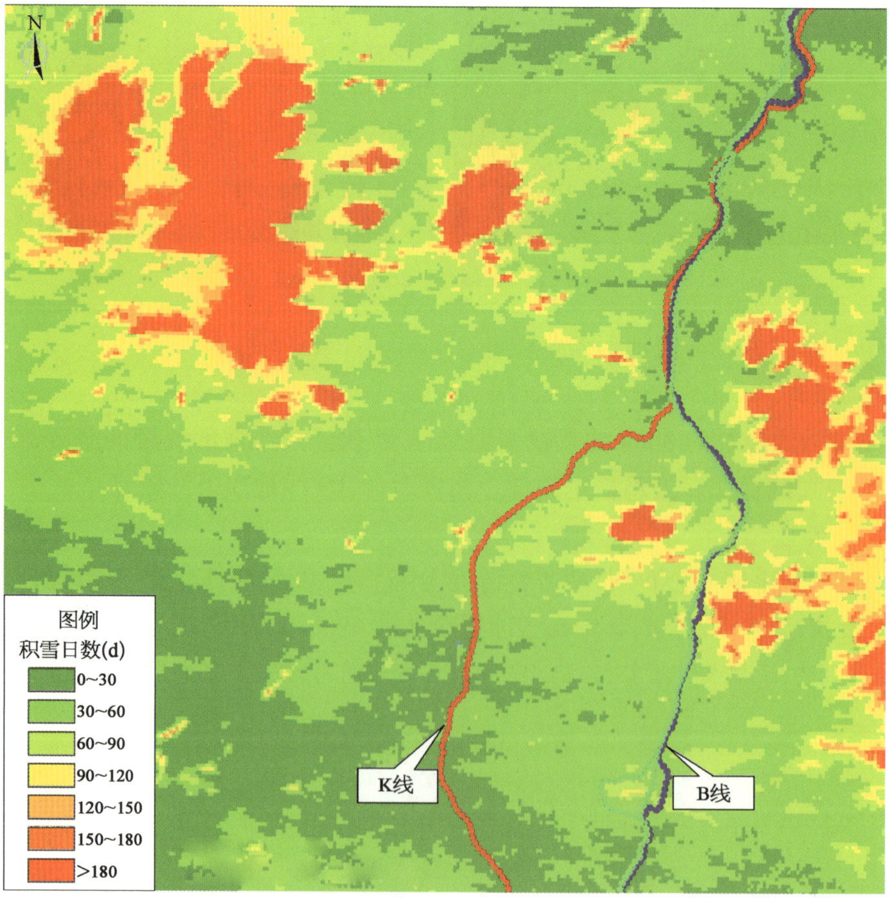

图 7-23 唐古拉山段积雪日数空间分布图

K 线走廊平均积雪日数为 34 d。其中,里程 K3278—K3354 路段积雪天数超过 30 d,平均积雪日数达 45 d。该路段年平均雪深为 0.216 cm,年均地表温度为 0.368℃,路段积雪量小且不易发生结冰现象。

B9 线走廊在翻越唐古拉山段,由于线位海拔高,平均积雪天数达到 80 d。除此之外,大部分路段积雪天数超过 45 d。

相较而言,B9 线受冰雪的影响更大。

(7) 社会经济服务

B9 线方案沿青藏公路布设,沿线无乡镇,对地方经济发展的带动性较差;K 线方案沿线经过岗尼乡,路线与安青线相交并设置安青立交,安青立交距离岗尼乡仅 20 km,高速公路的建设方便了岗尼乡及安青线沿线其他乡镇的对外交通出行,对促进岗尼乡各项事业的发展起到了极大的推动作用。

因此,K 线方案更利于为地方社会、经济服务。

(8) 工程投资规模

K 线方案和 B9 线方案的工程规模比较见表 7-14。从工程投资规模来看,K 线方案工程规模略大。

表 7-14 **工程规模比较**

序号	工程项目		K 线走廊	B9 线走廊
1	路线长度(km)		138.417	136.395
2	路基土石方数量(m^3)	填土方	9 749 879	6 650 776
		填石方	511 033	607 921
		挖土方	808 831	1 466 331
		挖石方	2 426 494	4 398 994
3	防护排水(万 m^3)		98.6	119.8
4	冻土路基处理(万 m^3)	冲击挤入砂砾	131.71	54.57
		填筑砂砾	150.85	62.23
		片块石	360.81	217.49
		碎石层	42.35	25.28
		砂砾上垫层	15.76	17.23
5	路面($\times 10^3$ m^2)		1 980.64	1 908.22
6	桥梁长度(m/座)	特大桥	24 535/10	20 003/9
		大桥	27 201/62	29 111/74
		中、小桥	1 638/33	823/12
7	涵洞(道)		236	223
8	隧道长度(m/座)	特长隧道	—	—
		长隧道	—	2 265/1

（续表）

序号	工 程 项 目	K 线走廊	B9 线走廊
9	互通式立交(处)	2	2
10	通道(道)	74	87
11	桥隧比例(%)	38.5	38.2
12	总造价(亿元)	219.18	215.79
13	平均每公里造价(万元)	15 835	15 821

3）推荐意见

综上所述,K 线沿青藏铁路的走廊布设,沿线大部分路段地势开阔,布线条件较好,线形指标优,加上冬季积雪时间较短,行车安全性高,但造价偏大。另外,K 线还具有与既有工程干扰小、对地方经济社会带动大等优点。因此,暂推荐 K 线方案。

参考文献

[1] Aoyama K, Ogawa S, Fukuda M. Temperature dependencies of mechanical properties of soils subjected to freezing and thawing[M]. Rotterdam: A. A. Balkema Publishers, 1985.

[2] Brewer M C. Petroleum exploration and protection of the environment on the national Petroleum reserve in Alaska[C]// Proceedings of 4th International Conference on Permafrost, Vol. 2. Washington D. C. : National Academy Press, 1983: 133 - 134.

[3] Brown J, Hemming J E. Workshop on environmental protection of permafrost terrain[J]. Northern Engineering, 1980, 12(2): 30 - 36.

[4] Brown J, Grave N A. Physical and thermal disturbance and protection of permafrost[J]. CREEL Special Report, 1979: 79 - 85.

[5] Burgess M M, Grechisschev, et al. Monitors of engineering-geological process along pipeline routes in permafrost Terrain in Mackenzie River Valley, Canada and Nadym area, Russia[C]// Proceedings of 6th International Conference on Permafrost, Vol. 1. Guangzhou: South China University of Technology Press, 1993: 54 - 59.

[6] Carter J P, Small J C, Booker J R. A theory of finite elastic consolidation[J]. Int J Solids Struct, 1977, 13(5): 467 - 478.

[7] Chamberlain E J. Frost heave of saline soils[C]// Proceedings of the 4th International Conference on Permafrost. Washington D. C. : National Aca Press, 1983, 1: 121 - 126.

[8] Chamberlain E J, Gow, et al. Effect of freezing and thawing on the permeability and structure of soils[J]. Engineering Geology, 1979, 13(1 - 4): 73 - 92.

[9] G H Johnston. Permafrost Engineering Design and Construction[J]. John Wiley & Sons, 1981: 48 - 50.

[10] Eigenbrod K D. Effects of cyclic freezing and thawing on volume changes and permeabilities of soft fine-grained soils[J]. Canadian Geotechnical Journal, 1996, 33(4): 529 - 537.

[11] Esch D C. Design and performance of road and railway embankments on permafrost[C]// Proceedings of 4th International Conference on Permafrost, Vol 2. Washington D. C. : National Academy Press, 1983: 25 - 30.

[12] Foriero A, Ladanyi B. FEM assessment of large-strain thaw consolidation[J]. Journal of Geotechnical Engineering, 1995, 121(2): 126-138.

[13] Gibson R E, England G L, Hussey M J L. The theory of one dimensional consolidation of saturated clays: I. Finite non-linear consolidation of thin homogeneous layers[J]. Geotechnique, 1967, 17(2): 261-273.

[14] Gibson R E, Schiffman R L, Cargill K W. The theory of one dimensional consolidation of saturated clays: II. Finite nonlinear consolidation of thick homogeneous layers[J]. Can Geotech J, 1981, 18(2): 280-293.

[15] Gilpin R R. A model for the prediction of ice lensing and frost heave in soils[J]. Water Resource Research, 1980, 16(5): 918-930.

[16] Goughnour R R, Andersland O B. Mechanical properties of a sand-ice system[J]. Journal of the Soil Mechanics and Foundations Division, 1968, 94(4): 923-950.

[17] Grave N A. Development and environmental protection in the permafrost zone of the USSR: A review [C]// Proceedings of 4th International Conference on Permafrost, Vol. 2. Washington D. C.: National Academy Press, 1983: 116-124.

[18] Hallet B. Solute redistribution in freezing ground[C]// Proceedings of 3th International Conference on Permafrost. Ottawa: National Research Council of Canada, 1978.

[19] Bing Hui, He Ping, Yang Chengsong, et al. Impact of sodium sulfate on soil frost heaving in an open system[J]. Applied Clay Science, 2007, 35(3-4): 189-193.

[20] IPCC. In Climate Change 2007: The Physical Science Basis[C]// Contribution of Working Group I to the Fourth Assessment Report of the Intergovernmental Panel on Climate Change. New York: Cambridge University Press, 2007: 996.

[21] J P Zarling, W A Braley, D C Esch. Thaw Stabilization of roadway embankments[C]// Proceedings of 4th International Conference on Permafrost, Vol. 2. Trondheim: Tapir Publishers, 1983: 1352-1357.

[22] Qi Jilin, Ma Wei, Song Chunxia. Influence of freeze — thaw on engineering properties of a silty soil[J]. Cold Regions Science and Technology, 2008, 53(3): 397-404.

[23] Konard J M, Morgenstern N R. A mechanistic theory of ice lens formation in fine-grained soils[J]. Canadian Geotechnical Journal, 1980, 17(4): 473-486.

[24] Konard J M, Morgenstern N R. The segregation potential of a freezing soil[J]. Canadian Geotechnical Journal, 1981, 18(4): 482-491.

[25] Konrad J M. Physical processes during freeze — thaw cycles in clayey silts[J]. Cold Regions Science and Technology, 1989, 16(3): 291-303.

[26] Krivosheion B L. Thermal interaction between pipeline and environment[C]// Proceedings of 4th International Conference on Permafrost, Vol. 2. Washington D. C.: National Academy Press, 1983: 242-247.

[27] L Sanchez, E Romero, A Castillo, et al. Field study of methidathion in soil amend with biosolid and a cationic surfactant under different irrigation regimes: solute transport modeling[J]. Chemosphere, 2006, 63: 616-625.

[28] Lai Yuanming, Jin Long, Chang Xiaoxiao. Yield criterion and elasto-plastic damage constitutive model for frozen sandy soil[J]. International Journal of Plasticity, 2009, 25(6): 1177-1205.

[29] Lee W, Bohra N C, Altschaeffl A G, et al. Resilient modulus of cohesive soils and the effect of freeze-thaw[J]. Canadian Geotechnical Journal, 1995, 33(2): 559-568.

[30] Lemaitre J. Anisotropic damage law of evolution[J]. European Journal of Mechanics, 2000, 19 (2): 187-208.

[31] Ling Xianzhang, Zhu Zhanyuan, Zhang Feng, et al. Dynamic Elastic Modulus of Frozen Soil from the Embankment of Beiluhe Basin along the Qinghai-Tibet Railway[J]. Cold Regions Science and Technology, 2009, 57(1): 7-12.

[32] Morgenstern N R, Nixon J F. One-dimensional consolidation of thawing soils[J]. Canadian Geotechnical Journal, 1971, 8(4): 558-565.

[33] Morgenstern N R, Smith L B. Thaw-consolidation tests on remoulded clays[J]. Canadian Geotechnical Journal, 1973, 10(1): 25-40.

[34] Nassar I N, Robert Horton. Heat, Water, and Solute Transfer in Unsaturated Porous Media: I-Theory Development and Transport Coefficient Evaluation[J]. Transport in Porous Media, 1997, 27(1): 17-38.

[35] Nelson R A, Luscher U, Rooney J W, et al. Thaw strain data and thaw settlement predictions for Alaskan soils[C]// Proceedings of the 4th International Conference on Permafrost. Washington D. C.: USA Natl Acad Press, 1983: 912-917.

[36] Nixon J F. Discrete ice lens theory for frost heave in soils[J]. Canadian Geotechnical Journal, 1991, 28 (6): 843-859.

[37] Nixon J F, Morgenstern N R. Thaw-consolidation test on undisturbed fine-grained permafrost [J]. Canadian Geotechnical Journal, 1974, 11: 202-214.

[38] O Neill K, Miller R D. Exploration of a rigid-ice of frost heave[J]. Water Resource Research, 1985, 21 (3): 281-296.

[39] Qi J L, Ma W. Influence of freeze — thaw on the strength of over-consolidated soils[J]. Chinese Journal of Geotechnical Engineering, 2006, 28(12): 2082-2086.

[40] Satoshi Akagawa. Experimental study of frozen fringe characteristics [J]. Cold Region Science and Technology, 1988, 15(3): 209-223.

[41] Shen Mu, Ladanyi B. Modeling of coupled heat, moisture and stress field in freezing soil[J]. Cold Regions Science and Technology, 1987, 14: 237-246.

[42] Li Shuangyang, Lai Yuanming, Zhang Shujuan, et al. An improved statistical damage constitutive model for warm frozen clay based on Mohr-coulomb criterion[J]. Cold Regions Science and Technology, 2009, 57(2-3): 154-159.

[43] Speer T L, Waston G H, Rowley R K. Effects of ground ice variability and resulting thaw settlements of buried warm oil pipelines[J]. Proc. 2nd Int. Cont. Permafrost, 1973: 746-751.

[44] T S Vinson, Li J C. Dynamic properties of frozen sand under simulated earthquake loading conditions [C]// Proceedings of the Seventh World Conference on Earthquake Engineering. Turkish National Committee on Earthquake Engineering, 1980, 3: 65-72.

[45] T S Vinson, T Chaichanavong, R L Czajkowski. Behavior of frozen clays under cyclic axial loading[J]. Journal of the Geotechnical Engineering Division, 1978, GT7(104): 779-800.

[46] Taylor G S, Luthin J N. A model for coupled heat and moisture transfer during soil freezing[J]. Canadian Geotechnical Journal, 1978, 15(3): 548-555.

[47] V G Kondratyev, et al. Geocryological studies for railway construction (state, Primary tasks)[C]// Proceedings of 5th International Conference on Permafrost, Vol. 1. Trondheim: Tapir Publishers, 1988: 1407-1413.

[48] Viklander P. Permeability and volume changes in till due to cyclic freeze-thaw[J]. Canadian Geotechnical Journal, 1998, 35(3): 471-477.

[49] Watson G H, Slusarchuk W A, Rowley R K. Determination of some frozen and thawed properties of permafrost soils[J]. Canadian Geotechnical Journal, 1973, 10(4): 592-606.

[50] Wu Qingbai, Li Shuxun, Liu Yongzhi. The Impact of Climate Warming on Permafrost and Qinghai-Tibet Railway[J]. Engineering Sciences, 2006, 4(2): 92-97.

[51] Yang M X, Wang S L, Yao T D, et al. Desertification and its relationship with permafrost degradation in Qinghai-Xizang (Tibet) plateau[J]. Cold Regions Science and Technology, 2004, 39(1): 47-53.

[52] Lai Yuanming, Li Shuangyang, Qi Jilin, et al. Strength distributions of warm frozen clay and its stochastic damage constitutive model[J]. Cold Regions Science and Technology, 2008, 53(2): 200-215.

[53] Zhang J, Ma X, Zheng B. Experimental study on mechanism of subgrade deformation in permafrost regions along Qinghai-Tibetan Railway[C]// Proceeding of the Ninth International Conference on Permafrost. University of Alaska Fairbanks, 2008: 2043-2048.

[54] 陈飞熊,李宁,程国栋. 饱和正冻土多孔多相介质的理论构架[J]. 岩土工程学报,2002,24(2): 213-217.

[55] 陈建兵,汪双杰,章金钊,等. 青藏公路空间效应与多年冻土区公路修筑技术[J]. 公路. 2008,5: 1-9.

[56] 陈建兵,汪双杰,章金钊. 青藏公路高路基病害的形成及其机理研究[J]. 长安大学学报(自然科学版),2008,28(6): 30-35.

[57] 陈建兵,章金钊. 国际冻土研究动态——第八届国际冻土大会综述[J]. 公路,2004(1): 94-98.

[58] 陈肖柏,邱国庆,王雅卿,等. 重盐土在温度变化时的物理化学性质和力学性质[J]. 中国科学(A辑),1988,4: 429-438.

[59] 程国栋,李培基,张祥松,等. 气候变化对中国积雪、冰川和冻土的影响评估[M]. 兰州: 甘肃文化出版社,1997.

[60] 程国栋,赵林. 青藏高原开发中的冻土问题[J]. 第四纪研究,2000,20(6): 521-531.

[61] 程国栋. 局地因素对多年冻土分布的影响及其对青藏铁路设计的启示[J]. 中国科学(D辑),2003,33(6): 602-607.

[62] 程国栋. 青藏铁路工程与多年冻土相互作用及环境效应[J]. 中国科学院院刊,2002,1: 21-25.

[63] 程国栋. 用冷却路基的方法修建青藏铁路[J]. 中国铁道科学,2003,24(3): 1-4.

[64] 丁一汇. 中国西部环境变化的预测中国西部环境演变评估(第二卷)[M]. 北京: 科学出版社,2002.

[65] 董元宏,赖远明,陈武. 多年冻土区宽幅公路路基降温效果研究——一种L形热管-块碎石护坡复合路基[J]. 岩土工程学报,2012,34(6): 1043-1049.

[66] 董元宏,朱东鹏,张会建,等.应用于冻土路基的XPS保温板力学性能[J].中国公路学报,2015,28(12):64-68.
[67] 费雪良,李斌.开放系统条件下硫酸盐盐渍土盐胀特性的实验研究[J].公路,1997,4:7-12.
[68] 高江平,吴家惠,邓友生,等.硫酸盐渍土膨胀规律的综合影响因素的实验研究[J].冰川冻土,1996,18(2):170-177.
[69] 郭正刚,牛富俊,湛虎,等.青藏高原北部多年冻土退化过程中生态系统的变化特征[J].生态学报,2007,27(8):3294-3301.
[70] 何平,程国栋,俞祁浩,等.饱和正冻土中的水、热、力场耦合模型[J].冰川冻土,2000,22(2):135-138.
[71] 何平,程国栋,朱元林.冻土黏弹塑损伤耦合本构理论[J].中国科学(D辑),1999,29(增1):34-38.
[72] 何平,朱元林,张家懿,等.饱和冻结粉土的动弹模与动强度[J].冰川冻土,1993,15(1):170-174.
[73] 何瑞霞,金会军,常晓丽,等.格拉管道环境变化与管道工程问题的防治措施[J].油气储运,2009,28(9):75-78.
[74] 黄兴法,曾德超,练国平.土壤水热盐运动模型的建立与初步验证[J].农业工程学报,1997,13(3):32-36.
[75] 加拉古里亚.人为引起冻土条件变化的预报性评价方法[M].兰州:甘肃科学技术出版社,1992.
[76] 金龙,汪双杰,穆柯,等.青藏公路热棒路基降温效能[J].交通运输工程学报,2016(4):45-58.
[77] 靳德武.青藏高原多年冻土区斜坡稳定性研究[D].西安:长安大学,2004.
[78] 李洪升,刘增利,梁承姬.冻土水热力耦合作用的数学模型及数值模拟[J].力学学报,2001,33(5):621-629.
[79] 李宁,陈波,陈飞熊.冻土路基温度场、水分场、变形场三场耦合分析[J].土木工程学报,2003,36(10):66-71.
[80] 李萍.饱水正冻土中冻结缘成因和特征的实验研究[D].兰州:中国科学院寒区旱区环境与工程研究所,2000.
[81] 李新.冰冻圈信息系统及其应用研究[D].兰州:中国科学院,1998.
[82] 刘建坤,刘奉喜,房建宏.青海热水煤矿多年冻土区列车引起的地面振动检测与模拟[J].冰川冻土,2004,26(4):177-180.
[83] 刘永智,吴青柏,张建明,等.高原冻土区冻土地温温度场研究[J].公路,2000,2:4-8.
[84] 马巍,程国栋,吴青柏.多年冻土地区主动冷却地基方法研究[J].冰川冻土,2002,24(5):579-587.
[85] 马巍,程国栋,吴青柏.解决青藏铁路建设中冻土工程问题的思路与思考[J].科技导报,2005,1:23-28.
[86] 马小杰,张建明,郑波,等.青藏铁路路基下高温-高含冰量冻土旁压试验研究[J].岩土力学,2008,29(3):764-768.
[87] 苗天德,郭力,牛永红,等.正冻土中水热迁移问题的混合物理论模型[J].中国科学(D辑),1999,29(增刊):8-14.
[88] 南卓铜,李述训,程国栋.青藏高原多年冻土变化情景预测[J].中国科学(D辑),2004,34(6):528-534.

[89] 牛富俊,程国栋,赖远明. 青藏高原多年冻土区热融滑塌型斜坡失稳研究[J]. 岩土工程学报,2004,26(3):402-406.

[90] 秦大河,丁一汇,王绍武,等. 中国西部环境演变及其影响研究[J]. 地学前缘,2002,9(2):321-328.

[91] 沈忠言,张家懿. 围压对冻结粉土动力特性的影响[J]. 冰川冻土,1997,19(3):245-251.

[92] 盛煜,马巍,侯仲杰. 正冻土中水分迁移的迁移势模型[J]. 冰川冻土,1993,15(1):140-143.

[93] 施烨辉,何平,卞晓琳. 青藏铁路高温冻土动力学参数试验研究[J]. 路基工程,2006,5:93-95.

[94] 童长江,吴青柏,刘永智,等. 青藏公路沿线冻土环境工程地质评价及冻土工程处理[M]//第五届全国冰川冻土学大会论文集(上). 兰州:甘肃文化出版社,1996:373-376.

[95] 汪双杰,黄晓明,陈建兵,等. 无动力热管冷却冻土路基研究[J]. 公路交通科技,2005,22(3):1-4.

[96] 汪双杰,李祝龙,章金钊,等. 多年冻土地区公路修筑技术[M]. 北京:人民交通出版社,2008.

[97] 汪双杰,陈建兵,黄晓明. 冻土路基护道地温特征研究[J]. 岩石力学与工程学报,2006,01:146-151.

[98] 汪双杰,陈建兵,黄晓明. 热棒路基降温效应的数值模拟[J]. 交通运输工程学报,2005,03:41-46.

[99] 汪双杰,陈建兵,金龙,等. 基于能量平衡的多年冻土区公路设计理论研究[J]. 冰川冻土,2014,04:782-789.

[100] 汪双杰,陈建兵,金龙,等. 冻土路基热收支状态的尺度效应[J]. 中国公路学报,2015,12:9-16.

[101] 汪双杰,陈建兵,李仙虎. 多年冻土地区公路修筑技术研究与工程实践[J]. 冰川冻土,2009,02:384-392.

[102] 汪双杰,陈建兵,章金钊,等. 青藏高原多年冻土区公路修筑技术之进展[J]. 中国科学(E 辑),2009,01:8-15.

[103] 汪双杰,陈建兵,章金钊. 保温护道对冻土路基地温特征的影响[J]. 中国公路学报,2006,01:12-16.

[104] 汪双杰,陈建兵. 青藏高原多年冻土路基温度场公路空间效应的非线性分析[J]. 岩土工程学报,2008,10:1544-1549.

[105] 汪双杰,崔福庆,陈建兵,等. 基于地气耦合模型的多年冻土区宽幅路基温度场数值模拟[J]. 中国公路学报,2016,06:169-178.

[106] 汪双杰,方靖,韩艳. 青藏公路运行速度特性研究[J]. 中国公路学报,2010,01:13-18.

[107] 汪双杰,郭腾峰,刘建蓓,等. 中国公路运行速度体系与工程应用技术研究[J]. 中国公路学报,2010,01:1-7.

[108] 汪双杰,黄晓明,侯曙光. 多年冻土区路基路面变形及应力的数值分析[J]. 冰川冻土,2006,02:217-222.

[109] 汪双杰,霍明,周文锦. 青藏公路多年冻土路基病害[J]. 公路,2004,05:22-26.

[110] 汪双杰,李祝龙,武憨民. 多年冻土地区公路筑路技术研究现状与新课题[J]. 冰川冻土,2003,04:471-476.

[111] 汪双杰,李祝龙. 中国多年冻土地区公路修筑技术研究[J]. 公路交通科技,2008,01:1-9.

[112] 汪双杰,刘戈,叶莉,等. 多年冻土区宽幅路基热效应防治对策研究[J]. 中国公路学报,2015,12:26-32.

[113] 汪双杰,孙斌祥,徐学祖,等.路堤块石自然对流机理的室内模拟试验研究[J].中国公路学报,2004,02:19-24.

[114] 汪双杰,台电仓.改性沥青结合料低温性能评价指标[J].长安大学学报(自然科学版),2007,03:25-30.

[115] 汪双杰,王佐,袁堃,等.青藏公路多年冻土地区公路工程地质研究回顾与展望[J].中国公路学报,2015,12:1-8.

[116] 汪双杰,熊丽,张驰,等.多年冻土区公路病害模糊专家预测方法[J].交通运输工程学报,2016,04:112-121.

[117] 汪双杰,闫晓敏,张驰,等.多年冻土区公路路线选择分层目标法[J].交通运输工程学报,2016,04:1-13.

[118] 汪双杰,张驰,金龙,等.基于模糊综合评判的山区危险性急弯路段辅助决策方法[J].中国公路学报,2015,12:120-127.

[119] 汪双杰,章金钊,黄晓明,等.高原多年冻土地区 SBR 改性沥青路面应用研究[J].石油沥青,2004,03:23-26.

[120] 汪双杰,周文锦.青藏公路沿线环境演化及环境保护对策[J].公路,2005,01:37-41.

[121] 王根绪,胡宏昌,王一博,等.青藏高原多年冻土区典型高寒草地生物量对气候变化的响应[J].冰川冻土,2007,29(5):671-679.

[122] 王继志,等.高寒地区冻土层对结构地震反应的影响[J].地震工程与工程振动,1997,17(1):46-52.

[123] 王兰民,张冬丽,吴志坚,等.地温对冻土动力特性及其场地震动参数的影响[J].中国地震,2003,19(3):195-205.

[124] 王丽霞,凌贤长.多年冻土场地路基地震动位移性状研究[J].世界地震工程,2004,20(2):112-116.

[125] 王绍令,米海珍.青藏公路铺筑沥青路面后路基下多年冻土的变化[J].冰川冻土,1993,15(4):566-573.

[126] 王绍令,赵秀峰,郭东信,等.青藏高原冻土对气候变化的响应[J].冰川冻土,1996,18(增刊):157-165.

[127] 吴青柏,刘永智,童长江.青藏公路沿线冻土工程地质研究[J].公路,2000,2:1-4.

[128] 吴青柏,刘永智,童长江,等.寒区冻土环境与工程环境间的相互作用[J].工程地质学报,2000,8(3):281-287.

[129] 吴青柏,沈永平,施斌.青藏高原冻土及水热过程与寒区生态环境的关系[J].冰川冻土,2003,25(3):250-255.

[130] 吴青柏,朱元林,刘永智.人类工程活动下冻土环境变化评价模型[J].中国科学(D 辑),2002,32(2):142-147.

[131] 吴志坚,王兰民,马巍,等.地震荷载作用下冻土的动力学参数试验研究[J].西北地震学报,2003,25(3):210-214.

[132] 吴紫汪,马巍.冻土强度与蠕变[M].兰州:兰州大学出版社,1994.

[133] 吴紫汪,张家懿,王雅卿,等.冻土融化下沉性的初步研究[M]//中国科学院兰州冻土研究所集刊.

北京：科学出版社，1981：104－112.

[134] 徐学燕，仲丛利. 冻土的动力特性研究及其参数确定[J]. 岩土工程学报，1998，20(5)：77－81.

[135] 徐学祖，王家澄，张立新. 冻土物理学[M]. 北京：科学出版社，2001.

[136] 许健，牛富俊，林战举. 高温高含冰量冻土路基流变特性数值分析[J]. 中国铁道科学，2008，29(5)：13－19.

[137] 杨成松，何平，程国栋，等. 含盐冻结粉质粘土单轴抗压强度试验研究[J]. 工程力学，2006，23(1)：144－148.

[138] 岳汉森. 土壤在冻融过程中水-热-盐耦合运移数学模型之初探[J]. 冰川冻土，1994，16(4)：308－313.

[139] 臧恩穆，吴紫汪. 多年冻土退化与道路工程[M]. 兰州：兰州大学出版社，1999.

[140] 张殿发，郑琦宏. 冻融条件下土壤水盐运移规律模拟研究[J]. 地理科学进展，2005，24(4)：46－55.

[141] 张立新，蒲毅彬，廖全荣，等. 正冻土中水分场和密度场耦合变化过程的动态观测[J]. 中国科学(D辑)，1999，28(5)：459－462.

[142] 张立新，徐敦祖，邓友生. 含氯化钠冻土未冻水含量与冻融过程关系的特征[J]. 冰川冻土，1995，17(3)：258－262.

[143] 赵淑萍，朱元林，何平，等. 冻土动力学参数测试研究[J]. 岩石力学与工程学报，2003，22(增2)：2677－2681.

[144] 赵锡红，孙红，罗冠威. 损伤土力学[M]. 上海：同济大学出版社，1999.

[145] 周国庆. 间歇冻结抑制人工冻土冻胀机理分析[J]. 中国矿业大学学报，1999，28(5)：413－416.

[146] 周幼吾，郭东信，等. 中国冻土[M]. 北京：科学出版社，2000.

[147] 朱林楠，吴紫汪，刘永智. 青藏高原东部的冻土退化[J]. 冰川冻土，1995，17(2)：120－124.

[148] 朱林楠，吴紫汪，刘永智，等. 青藏高原东部多年冻土退化对环境的影响[J]. 海洋地质与第四纪地质，1995，15(3)：129－135.

[149] 朱元林，张家懿，吴紫汪. 冻土地基的融化压缩沉降计算[M]//青藏冻土研究论文集. 北京：科学出版社，1983：134－138.

[150] 朱元林，张家懿. 冻土的弹性变形及压缩变形[J]. 冰川冻土，1982，4(3)：29－40.